DESCRIPTION
DE
L'ÉGYPTE,
RECUEIL
DES OBSERVATIONS ET DES RECHERCHES
QUI ONT ÉTÉ FAITES EN ÉGYPTE

PENDANT L'EXPÉDITION DE L'ARMÉE FRANÇAISE.

SECONDE ÉDITION

DÉDIÉE AU ROI

PUBLIÉE PAR C. L. F. PANCKOUCKE.

TOME VINGT-TROISIÈME.

HISTOIRE NATURELLE

ZOOLOGIE

ANIMAUX INVERTÉBRÉS (suite), ANIMAUX VERTÉBRÉS.

IMPRIMERIE
DE C. L. F. PANCKOUCKE.

M. D. CCC. XXVIII.

DESCRIPTION

DE

L'ÉGYPTE.

DESCRIPTION

DE

L'ÉGYPTE

OU

RECUEIL

DES OBSERVATIONS ET DES RECHERCHES

QUI ONT ÉTÉ FAITES EN ÉGYPTE
PENDANT L'EXPÉDITION DE L'ARMÉE FRANÇAISE.

SECONDE ÉDITION

DÉDIÉE AU ROI

PUBLIÉE PAR C. L. F. PANCKOUCKE.

TOME VINGT-TROISIÈME.

HISTOIRE NATURELLE

ZOOLOGIE

ANIMAUX INVERTÉBRÉS (suite). ANIMAUX VERTÉBRÉS.

PARIS

IMPRIMERIE DE C. L. F. PANCKOUCKE

M. D. CCC. XXVIII.

ZOOLOGIE

ANIMAUX INVERTÉBRÉS
(SUITE)

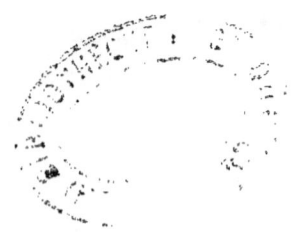

HISTOIRE NATURELLE.

EXPLICATION SOMMAIRE

DES PLANCHES

D'ÉCHINODERMES

DE L'ÉGYPTE ET DE LA SYRIE,

Publiées par Jules-César SAVIGNY,

Membre de l'Institut;

OFFRANT UN EXPOSÉ DES CARACTÈRES NATURELS DES GENRES
AVEC LA DISTINCTION DES ESPÈCES,

PAR VICTOR AUDOUIN[*].

OBSERVATIONS PRÉLIMINAIRES.

M. Cuvier a fondé sous le nom d'échinodermes la première classe des animaux rayonnés; elle a pour caractère essentiel : la peau bien organisée, soutenue souvent par une sorte de squelette, armée de pointes

---

[*] Voyez tome XXII, page 111, la Note concernant l'explication sommaire des planches dont les dessins ont été fournis par M. J.-C. Savigny pour l'Histoire naturelle de l'ouvrage.

ou d'épines articulées et mobiles; une cavité intérieure où flottent les viscères. M. de Lamarck a fait de la division des échinodermes le second ordre de la classe des radiaires, et il l'a caractérisé ainsi : peau opaque, coriace ou crustacée, le plus souvent tuberculeuse, épineuse même, et, en général, percée de trous disposés par séries; des tubes rétractiles aspirant l'eau, et sortant par les trous dont la peau est percée; une bouche simple, presque toujours située inférieurement, et, en général, armée de parties dures à son orifice; des vaisseaux pour le transport des fluides propres; une cavité simple ou divisée, particulière au corps dans la plupart.

M. de Lamarck divise cet ordre en trois sections :

1re *Section.* LES STELLERIDES. — Peau non irritable, mais mobile; corps déprimé, à angles ou lobes rayonnans et mobiles; point d'anus. Ce sont les genres *comatule, euryale, ophiure, astérie.*

2e *Section.* LES ÉCHINIDES. — Peau intérieure, immobile et solide; corps non contractile, subgloduleux ou déprimé, sans lobes rayonnans; un anus distinct de la bouche. A cette section appartiennent les genres *scutelle, clypeastre, fibulaire, échinonée, galérite, ananchite, spatangue, cassidule, nucléolite et oursin.*

3e *Section.* LES FISTULIDES. — Ici viennent se ranger les genres *actinie* [1], *holothurie, fistulaire, priapule et siponcle.*

On trouvera plusieurs de ces genres sur les planches de M. Savigny. Nous ne pourrons malheureusement pas

[1] M. Savigny place le genre actinie parmi les polypes.

donner toujours le nom des espèces, car la connaissance des couleurs est souvent nécessaire pour leur détermination, et l'on sait que nous sommes privés, non-seulement de ce genre de secours, mais que nous ne possédons aucune note qui puisse y suppléer.

Les planches d'échinodermes sont au nombre de neuf, savoir :

    Comatules, ophiures. . . . . Pl. 1.
    Ophiures. Pl. 2.
    Astéries. . . . . Pl. 3.
    Astéries. . . . . Pl. 4.
    Astéries. . . . . Pl. 5.
    Oursins (sous-genre cidarite). . . . . Pl. 6.
    Oursins (sous-genre cidarite), oursins proprement dits, scutelle, spatangue. . . . . Pl. 7
    Holothuries (sous-genre fistulaire), holothuries proprement dites. . . . . Pl. 9.

EXPLICATION SOMMAIRE

DES PLANCHES.

PLANCHE I.

COMATULES, OPHIURES.

Genre COMATULE, *COMATULA.*

Fig. 1 et 2.

Le genre *comatule* a été créé aux dépens des astéries de Linné, par M. de Lamarck, qui l'a distingué par ces caractères : corps orbiculaire, déprimé, rayonné, à rayons de deux sortes, dorsaux et marginaux, tous munis d'articulations calcaires ; rayons dorsaux très-simples, filiformes, cirreux, petits, rangés en couronne sur le dos du disque ; rayons marginaux toujours pinnés, beaucoup plus grands que les rayons simples, leurs pinnules inférieures allongées, abaissées en dessous, entourant le disque ventral ; bouche inférieure, centrale, isolée, membraneuse, tubuleuse, saillante.

M. de Lamarck a décrit huit espèces.

La figure 1. 2 paraît être la *comatula multiradiata*, comatule multirayonnée de M. de Lamarck, vue en dessous. Seba l'a représentée[1], et c'est à la figure de cet auteur, plutôt qu'à celle de l'Encyclopédie, que nous rappor-

[1] *Locupl. rer. natur. Thesaur.* tom. III, tab. IX, fig. 3 et 4.

tons l'espèce qu'on voit ici : la figure 1. 2 représente le même individu en dessus. Plusieurs des rayons ont été coupés; on voit très-bien les rayons simples qui garnissent le disque dorsal : 1. 3, portion d'un des rayons marginaux très-grossi et vu en dessous ; 1. 4, la même portion vue en dessus; 1. 5, les deux dernières articulations d'une branche d'un des rayons marginaux excessivement grossies : le pénultième article est denticulé sur son bord, et le dernier multi-onguiculé; 1. 6, un des rayons dorsaux très-grossi.

La figure 2. 1 est sans doute une espèce distincte, puisque M. Savigny l'a désignée sous un numéro particulier. On ne voit ici que quelques-unes de ses parties; mais elles présentent des caractères assez tranchés : 2. 1 montre le disque inférieur ou ventral dont les rayons ont été coupés à l'origine de leur division, E est la bouche et H l'anus; 2. 2 offre un des rayons de cette espèce, vu en dessous et très-grossi; gg les sortes de petits pieds articulés de la surface inférieure. Sa taille naturelle est représentée sous le n°. 2. $2'$: la figure 2. 3 montre une des pinnules du rayon précédent, excessivement grossie.

Genre OPHIURE, *OPHIURA*.

Fig. 3.

Le genre ophiure de M. de Lamarck est caractérisé ainsi par ce zoologiste : corps orbiculaire, déprimé, à dos nu, ayant dans sa circonférence une rangée de rayons allongés, grêles, cirreux, simples, papilleux ou épineux sur les côtés, presque pinnés; face inférieure des rayons aplatie et sans gouttière ou canal ; bouche inférieure et centrale ; des trous aux environs de la bouche.

Ces espèces d'étoiles de mer impriment à leurs rayons des mouvemens ondulatoires, s'accrochent aux corps sous-marins et changent ainsi de place avec assez d'agilité. Les espèces décrites par M. de Lamarck et qu'il a pu observer, sont au nombre de douze. Il cite quelques figures à l'appui des descriptions qu'il en donne ; mais la tentative que nous avons faite pour comparer les figures de M. Savigny avec celles de tous les auteurs qui l'ont précédé, a été presque toujours infructueuse : tant est grande la dissemblance de nos objets gravés avec ceux qui ont été représentés jusqu'à ce jour. On s'en convaincra en comparant les planches de l'Encyclopédie avec celles de l'ouvrage d'Égypte. Nous aurions pu nous aider des descriptions de M. de Lamarck, si nous avions eu sous les yeux les dessins de nos gravures ; mais déjà nous avons dit que cette ressource nous a manqué.

La figure 3. *1* est une ophiure qu'on devra rapprocher de l'*ophiura echinata*, ophiure hérissée de M. de Lamarck. Nous basons cette analogie sur les détails représentés par Müller[1] : 3. *1*, cette ophiure représentée ici au trait et de grandeur naturelle. 3. *2*, le même individu grossi ; 3. *3*, le disque de l'ophiure vu en dessous et grossi : quatre des rayons sont coupés près du disque, le cinquième est conservé dans son entier ; 3. *4*, partie centrale du disque très-grossie : — E, ouverture buccale. 3. *5*, portion d'un des rayons considé-

[1] *Zool. Dan.* tab. 93.

rablement grossie et vue eu dessus ; 3. *6,* la même en dessous : les lettres g , g , d indiquent les mêmes parties que dans la figure suivante. 3. *7,* coupe transversale et verticale d'un rayon de cette espèce : — d , d , d , épines mobiles ; — g , petit pied charnu inférieur : il en existe une paire à chaque segment ou articulation du rayon. 3. *8,* autre individu de grandeur moindre , figuré simplement au trait, et indiquant sans doute une variété de la même espèce ; 3. *9,* cette variété grossie, vue en dessus, et dont on n'a représenté qu'un rayon ; 3. *10,* portion du disque excessivement grossie, vu en dessous, et de trois-quarts : — g, g, i, i montrent quelques-unes des parties dures qui existent inférieurement.

PLANCHE 2.

OPHIURES.

En comparant les figures 1, 2 et 3 aux espèces représentées par Müller, on leur trouve plusieurs points de ressemblance avec *l'ophiura fragilis*[1] et *l'ophiura tricolor*[2] de M. de Lamarck ; mais il serait difficile de donner une détermination précise.

La figure 1 est assez petite : 1. *1* donne sa grandeur naturelle ; 1. *2* la représente grossie et en dessus. On ne voit aucun détail de ses parties.

L'espèce figurée sous le n°. 2 est de plus grande taille : 2. *2,* la même grossie et vue en dessus ; les numéros qui suivent montrent les détails de cette es-

---

[1] Müller, *loco citato,* tab. 98 [2] Müller, *loco citato,* tab. 97.

pèce. 2. *3*, individu dont un des rayons est figuré en entier; les autres sont tronqués à leur base. 2. *4*, portion d'un rayon très-grossie et vue en dessus; 2. *5*, la même partie représentée en dessous; 2. *6*, coupe transversale et verticale d'un segment de rayon; 2. *7*, une des épines grossie; 2. *8*, épine la plus inférieure grossie : elle est convertie en un crochet tridenté.

La figure 3 offre une espèce plus petite que la précédente : 3. *1* indique la grandeur naturelle; 3. *2*, la même grossie et vue en dessus; 3. *3*, le même individu vu en dessous et grossi; 3. *4*, disque représenté en dessous et très-grossi; 3. *5*, portion d'un rayon excessivement grossie et vu en dessus; 3. *6*, la même portion vue en dessous : — d, les épines qui la garnissent; — g, les appendices charnus. 3. *7* coupe verticale d'un rayon : — d, d, d, d, d, les épines; — g, l'appendice charnu ayant à sa base une épine conformée en crochet. 3. *8, 9 et 10*, épines supérieures, épine moyenne et inférieure très-grossies; cette dernière est très-courte et a la forme d'un crochet.

La figure 4 ressemble, sous plusieurs rapports, à une espèce de Müller[1], que M. de Lamarck rapporte avec doute à son *ophiura squammata*; elle est cependant beaucoup plus petite, et le nombre des rayons est de six. 4. *1* montre la taille naturelle d'un individu très-grêle dans toutes ses parties; 4. *2*, le même grossi et vu en dessus.

La figure 5. *1* représente un individu très-voisin de l'espèce précédente, mais dont le disque et les rayons

[1] *Loco citato*, tab. 99.

sont plus larges; 5. 2, cet individu grossi et vu en dessus; 5. 3, le même vu en dessous : cinq des rayons sont tronqués à leur base. 5. 4, portion centrale et inférieure du disque excessivement grossie; 5. 5, portion de rayon vue en dessus; 5. 6, la même partie représentée en dessous; 5. 7, coupe verticale d'un rayon.

PLANCHE 3.

ASTÉRIES.

Le genre *astérie* de M. de Lamarck est un démembrement de celui de Linné, et se compose d'espèces ayant pour caractères : corps suborbiculaire, déprimé, divisé dans la circonférence en angles, lobes ou rayons disposés en étoiles; face inférieure des lobes ou des rayons munie d'une gouttière longitudinale, bordée de chaque côté d'épines mobiles et de trous pour le passage de pieds tubuleux et rétractiles; bouche inférieure et centrale dans le point de réunion des sillons inférieurs. Les espèces de ce genre sont très-nombreuses, et les figures qu'en ont données les auteurs sont assez médiocrement exécutées.

Nous n'avons trouvé aucune espèce connue parfaitement identique à celle qu'on voit sur cette planche, et qui est représentée de grandeur naturelle. Nous la croyons nouvelle et nous la nommons *asterius Savignyi*, astérie de Savigny.

La figure 1. 1 montre cet individu en dessus et de grandeur naturelle; 1. 2 représente une portion du même, vue en dessous : — g, les appendices tubuleux rangés dans la gouttière de chaque rayon. La figure 1. *3* offre la coupe verticale et transversale d'un rayon très-grossi : — d, épines simples de la face inférieure; — d', tubercules épineux de la face supérieure; — g, g, appendices tubuleux dans leur position naturelle : le côté droit de la figure présente les épines dessinées au trait et distinguées entre elles par des lettres grecques. 1. *4* et 1. *5* : g, g, tubes rétractiles excessivement grossis. 1. *6, 7, 8* et *9* : d', d', d', d', tubercules épineux de la surface du rayon vus sous diverses faces : ils sont simples à leur base, et leur sommet élargi en disque est entouré de petites épines en baguette ; le centre de ce disque est nu ou garni d'une épine longue et aiguë.

PLANCHE 4.

ASTÉRIES.

La figure 1. *1* représente l'*asterias aranciaca*, astérie frangée de M. de Lamarck, vue en dessus, et dont le disque et une des branches seulement sont complètement gravés : cette espèce varie beaucoup de grandeur. La figure 1. *2* montre le même individu en dessous : les appendices charnus et rétractiles se voient dans les gouttières de chaque rayon. Les autres figures donnent les détails de cette espèce : la figure 1. *3* offre la coupe verticale d'une seule moitié de rayon grossie : — d, les épines supérieures; — g, l'appendice charnu; — $\beta, \gamma, \delta, \xi, \theta$, épines qui garnissent le bord externe, χ, épines inférieures. 1. *4* représente l'arrangement des épines courtes et tuberculeuses de la face supérieure : —

d′ sont les baguettes qui terminent supérieurement ces épines. On voit en f uu appendice légèrement courbé, qui n'est pas représenté dans la figure précédente. La figure 1. 5 montre un des tubercules vu en dessus; 1. 6, les épines latérales de la figure 1. 3 vues en dessous : les mêmes lettres indiquent les mêmes épines. 1. 7 et 1. 8, deux des épines latérales β et γ, excessivement grossies : — d′, d′, petites baguettes de la base. 1. 9 : χ, triple épines de la face inférieure du rayon. 1. 10, petite pièce qui semble appartenir aux rayons, et qui peut-être le termine.

La figure 2 est une fort jolie espèce, qui a la plus grande analogie avec l'*asterias calcar*, astérie éperon de M. de Lamarck, qu'on trouve représentée dans Seba, tome III, table 7, figure 9, et qui existe dans la Collection du Muséum d'histoire naturelle de Paris : cette espèce, n'offrant que cinq rayons, appartiendrait à la variété a (*asterias calcar quinque angula*, Lam.). Le n°. 2 donne sa grandeur naturelle; la figure 2. 2 la montre en dessus, et les figures 2. 3 et 2. 4 la représentent en dessous; les autres numéros sont consacrés à des détails. 2. 5 donne le grossissement des espèces de chaînons de la face supérieure; 2. 6 offre une portion de la partie inférieure très-grossie : on remarque, de chaque côté, les appendices tubuleux et rétractiles. 2. 7 est un détail pris sur le bord de la gouttière qui existe inférieurement à chaque rayon; la figure 2. 8 représente une des cinq écailles épanouies qui se voient autour de l'ouverture centrale.

La figure 3 nous paraît être l'*asterias seposita*, astérie

réseau-rude de M. de Lamarck; du moins il est certain qu'elle a des rapports avec la figure assez grossière de Seba, qu'il a citée : la figure 3. *1* montre cette espèce en dessus, et 3. *2* en dessous; le n°. 3. *3* donne le détail très-grossi de l'une des cinq divisions qui entourent l'ouverture centrale inférieure; le n°. 3. *4* représente une portion de la surface inférieure d'un rayon dont la gouttière est fermée.

PLANCHE 5.

ASTÉRIES.

La seule espèce figurée sur cette planche se rapproche évidemment de l'*asterias reticulata*, astérie réticulée des auteurs; mais elle s'en distingue par les tubercules épineux, rangés en série sur le milieu de chaque rayon. Sous ce rapport, cette belle espèce ressemble à une très-petite astérie figurée par Seba [1], et qu'il désigne sous le nom d'étoile de mer à mamelons. Nous la croyons identiquement la même, et nous la nommerons, à cause de cela, *asterias mamillata*, astérie à mamelons.

La figure 1. *1* montre cette espèce en dessus, et la figure 1. *2* la représente en dessous; 1. *3*, deux tubercules de la face supérieure très-grossis et vus de profil; 1. *4*, portion supérieure d'un rayon, grossie; 1. *5*, un des angles inférieurs de l'ouverture centrale, très-grossi; 1. *6*, moitié d'une portion inférieure d'un rayon, très-grossie; 1. *7* et 1. *8*, portions des bords de la gout-

[1] *Loco citato*, tome III, tab. 5, fig. 5 et 6.

tière, très-grossies, prises sur le disque central et sur une des branches.

PLANCHE 6.

OURSINS.

Les oursins, vulgairement nommés *hérissons de mer*, constituaient autrefois un genre très-étendu, que plusieurs naturalistes et, entre autres, M. de Lamarck ont partagé en divers sous-genres. Ce dernier auteur a créé à ses dépens ceux de scutelle, de clypeastre, de fibulaire, d'échinonée, de galérite, d'ananchite, de spatangue, de cassidule, de nucléolite, d'oursin proprement dit et de cidarite : quelques-uns de ce sous-genre ont été figurés par M. Savigny.

L'espèce unique qu'on voit sur cette planche appartient au genre cidarite, dont les caractères sont : corps régulier, sphéroïde ou orbiculaire-déprimé, très-hérissé; à peau interne solide, testacée ou crustacée, garnie de tubercules perforés au sommet, sur lesquels s'articulent des épines mobiles, caduques, dont les plus grandes sont bacilliformes; cinq ambulacres complets qui s'étendent, en rayonnant, du sommet jusqu'à la bouche, et bordés chacun de deux bandes multipores presque parallèles; bouche inférieure centrale, armée de cinq pièces osseuses, surcomposées postérieurement; anus supérieur, vertical.

La figure 1. 2 représente, en dessous, une très-belle espèce de cidarite, dont les épines ont une très-grande longueur. Nous ne l'avons rencontrée dans aucune collection, et elle ne paraît point avoir été décrite. Nous la nommons, *cidarites Savignyi,* cidarite de Savigny. On doit la rapprocher des quatre espèces figurées par Seba[1]. Le n°. 1. 2 montre, dans un grossissement très-fort, une des baguettes courtes et en faisceau de la face inférieure; le n°. 1. 3 est une des baguettes longues, excessivement grossie et tronquée.

PLANCHE 7.

OURSINS.

La figure 1 est une espèce de cidarite que nous croyons être la *cidarites baculosa,* cidarite bâton-rude de M. de Lamarck : elle s'en rapproche par une foule de caractères. Le n°. 1. 1 offre cette espèce en dessous; 1. 2 la fait voir en dessus; 1. 3 la représente de trois-quarts et privée d'épines, et 1. 4 vue de profil. Les n°. 1. 5, 1. 6, 1. 7 et 1. 8 montrent les divers genres de baguettes qui garnissent sa surface.

La figure 2 appartient au genre oursin proprement dit, que M. de Lamarck caractérise ainsi : corps régulier, enflé, orbiculaire, globuleux ou ovale, hérissé, à peau interne solide, testacée, garnie de tubercules imperforés, sur lesquels s'articulent des épines mobiles, caduques; cinq ambulacres complets, bordés chacun de deux bandes multipores, divergentes, et qui s'étendent, en rayonnant, du sommet jusqu'à la bouche; bouche inférieure centrale, armée de cinq pièces osseuses, surcomposées postérieurement; anus supérieur vertical.

[1] *Loco citato,* tome III, pl. 13, fig. 5, 6, 7 et 9.

L'espèce figurée sous le n°. 2. *1* paraît être de grandeur naturelle. Est-ce un jeune individu, ou bien est-ce sa taille constante? c'est ce qu'il est difficile de décider. Nous ne connaissons pas non plus la couleur des épines; de sorte qu'il reste beaucoup de doutes sur la détermination de cette espèce. Si cette figure représente un jeune individu, on pourrait le rapporter à l'*echinus esculentus*, oursin comestible, Lam.; si, au contraire, cette taille est naturelle, comme cela est plus probable, on doit le rapprocher de l'*echinus pallidus*, oursin pâle, Lam., avec lequel il a beaucoup d'analogie. La fig. 2. *2* montre, en dessous, cette espèce, qui est peut-être grossie : les tentacules font saillie entre les épines. 2. *3* individu dépourvu de ses piquans; 2. *4* son contour, et 2. *5* son profil; 2. *6* un des tentacules très-grossi; 2. *7* et 2. *8* baguettes.

La figure 3 fait partie du genre scutelle, dont les caractères sont : corps aplati, elliptique ou suborbiculaire, légèrement convexe en dessus, plane en dessous, à bord mince, presque tranchant et garni de très-petites épines; ambulacres bornés, courts, imitant une fleur à cinq pétales; bouche inférieure centrale; anus entre la bouche et le bord.

L'espèce qu'on voit figurée ici est la *scutella bifissa*, scutelle double entaille de M. de Lamarck. La figure 3. *1* montre cette espèce en dessus; 3. *2*, la représente en dessous; 3. *3*, la même de profil pour montrer son aplatissement; les n°^{os}. *3*, *4*, *5*, *6* et *7* font voir des détails grossis.

Les figures 4, 5 et 6 appartiennent au genre spatangue, que M. de Lamarck caractérise ainsi : corps irrégulier, ovale ou cordiforme, subgibbeux, garni de très-petites épines; quatre ou cinq ambulacres bornés et inégaux ; bouche inerme, transverse, labiée, rapprochée du bord; anus latéral, opposé à la bouche.

La figure 4 est le *spatangus crux Andreæ*, spatangue croix de saint André, de M. de Lamarck; le n°. 4. *1* montre cette espèce en dessus, et dépourvue de ses épines; 4. *2*, la même en dessous; 4. *3*, la même de profil; 4. *4*, la même vue de face.

Les figures 5. *1* et 6. *1* pourraient appartenir à une seule et même espèce, probablement le *spatangus canaliferus*, spatangue à gouttière de M. de Lamarck; les deux individus sont privés de leurs piquans : les n°°. 5. *2* et 6. *2* les montrent de profil.

PLANCHE 8.

HOLOTHURIES.

Le genre des holothuries de Linné a été divisé par M. de Lamarck en quelques sous-genres. Les espèces qu'on voit ici appartiennent à celui des fistulaires, *fistularia*, qui est caractérisé ainsi : corps libre, cylindrique, mollasse, à peau coriace, très-souvent rude, papilleuse; bouche terminale, entourée de tentacules dilatés en plateau au sommet : à plateau divisé ou denté; anus à l'extrémité postérieure.

Les espèces propres à ce genre, de même que celles qui font partie du genre holothurie proprement dit, sont très-difficiles à déterminer, soit d'après les figures des auteurs, qui sont généralement très-mauvaises, soit d'après les individus conservés dans les collections, où ils se déforment complètement.

La figure 1. *1* est une fistulaire de moyenne taille et qui peut-être est nouvelle : — H, l'anus; 1. 2, partie antérieure vue en dessous; — E, ouverture buccale : — w, série des tentacules, au nombre de dix-neuf, qui entourent la bouche; 1. w, un des tentacules du cercle buccal, isolé et grossi; 1. f et 1. g, deux tentacules de la surface du corps.

2. *1*. Fistulaire de très-grande taille. Sa peau paraît molle dans toute son étendue; elle est garnie de nombreux tentacules rétractiles : — H, anus; — w, tentacules formant un cercle autour de l'ouverture buccale, au nombre de dix-neuf; 2. w, un des tentacules isolé; 2. f, un des tentacules de la partie supérieure et tout-à-fait postérieure du corps; 2. g, autre tentacule de l'espèce de ceux qui garnissent tout le corps.

3. *1*. Fistulaire très-distincte de l'espèce précédente par sa taille, par le nombre des tentacules buccaux, et par la forme de ceux du corps : — H, anus; 3. w, un tentacule du cercle de la bouche, isolé : ce cercle en présente seulement dix-huit; 3. f, un tentacule de la face dorsale; 3. g, un tentacule de la face ventrale.

La figure 4. *1* est une espèce de même taille que la figure 1, mais très-différente : — H, anus; 4. 2, partie antérieure vue en dessous; — E, ouverture buccale entourée par un cercle auquel on compte dix-huit tentacules : il existe immédiatement en arrière une sorte de sillon triangulaire. 4. 3, extrémité postérieure vue de face et grossie; — H, anus; 4. w, un des tentacules du cercle de la bouche; 4. g, un des tentacules du corps.

5. z. Cette petite espèce offre plusieurs traits de ressemblance avec la figure 6 de la planche 9; elle est cependant distincte : on compte dix-neuf tentacules autour de la bouche, et on en distingue un vingtième hors de rang et rapproché du centre : — H, anus; 5. z, partie postérieure vue de face : — H, anus; 5. w, un des tentacules de la bouche; 5. g, un des tentacules du corps.

PLANCHE 9.

HOLOTHURIES.

Le genre *fistulaire* de M. de Lamarck se continue sur cette planche. Toutes les espèces, à l'exception de la dernière, lui appartiennent.

La figure 1. z est une très-grande espèce à corps épineux et très-coriace : — w, tentacules buccaux au nombre de dix-neuf; — H, anus; 1. w, un des tentacules buccaux, isolé et grossi; 1. 2, 1. 3 et 1. 4, tentacules épineux de la surface inférieure et supérieure du corps.

La figure 2. z est une petite espèce qu'on pourrait prendre pour un jeune individu de la précédente, et à laquelle on compte vingt tentacules buccaux; 2. 2, portion antérieure vue en dessous : — w, tentacules buccaux : — E, ouverture buccale; 2. 3 et 2. 4, deux tentacules du corps.

La figure 3. z représente une espèce remarquable par sa forme et par le sillon médian de son corps; la figure 3. 2 appartient peut-être à la même espèce : 3. 3, portion antérieure de celle-ci, vue en dessous; — w, les tentacules buccaux au nombre de dix-neuf; — E, ouverture buccale offrant en arrière une sorte de sillon triangulaire; 2. w, un des tentacules buccaux, isolé; 3. *4* et 3. *5*, tentacules du corps, isolés et grossis.

Les figures 4. *1* et 5. *1* pourraient bien ne pas différer entre elles : M. Savigny ne représente aucun détail. On voit en H leur anus.

La figure 6. *1* est la *fistularia impatiens*, fistulaire impatiente de M. de Lamarck : — w, tentacules buccaux au nombre de dix-neuf; 6. *2*, la même représentée en dessous : — H, anus : — w, tentacules buccaux; 6. w, un des tentacules buccaux, isolé; 6. *3*, un des tentacules du corps grossi.

Le figure 7 appartient au genre des holothuries proprement dits, que M. de Lamarck caractérise ainsi : corps libre, cylindrique, épais, mollasse, très-contractile, à peau coriace, le plus souvent papilleuse; bouche terminale, entourée de tentacules divisés latéralement, subrameux ou pinnés; cinq dents calcaires à la bouche; anus à l'extrémité postérieure.

La figure 7. *1* est l'*holothuria glutinosa*, holothurie glutineuse de M. de Lamarck, figurée de grandeur naturelle : —w, les tentacules de la bouche au nombre de quatorze. La figure 7. *2* montre la partie antérieure avec les tentacules buccaux contractés; 7. w'; un de ces tentacules contracté et grossi; 7. w, tentacule déployé et vu en dehors; 7. w⁻, le même vu en dedans. Le n°. 7. *3* semble représenter une portion des tégumens des tentacules très-grossie.

2.

EXPLICATION SOMMAIRE

DES PLANCHES

DE ZOOPHYTES

DE L'ÉGYPTE ET DE LA SYRIE,

PUBLIÉES PAR JULES-CÉSAR SAVIGNY,

MEMBRE DE L'INSTITUT;

OFFRANT UN EXPOSÉ DES CARACTÈRES NATURELS DES GENRES AVEC LA DISTINCTION DES ESPÈCES,

PAR VICTOR AUDOUIN[*].

LE nom de ZOOPHYTES, qui signifie *animaux-plantes*, a été appliqué aux animaux les plus inférieurs de l'échelle animale, et qui joignent à la simplicité de l'organisation une disposition rayonnante des organes qui les font ressembler plus ou moins parfaitement à des espèces de fleurs. C'est dans ce sens que M. Cuvier adopte le nom de zoophytes, et qu'il en fait le synonyme d'*animaux rayonnés*[1]. D'autres naturalistes, parmi lesquels nous

---

[*] *Voyez* tome XXII, page 111, la Note concernant l'*Explication sommaire des planches dont les dessins ont été fournis par* M. J.-C. SAVI-GNY *pour l'*HISTOIRE NATURELLE DE L'OUVRAGE.

[1] Les ZOOPHYTES, ou animaux rayonnés de M. Cuvier, sont divisés

citerons M. de Lamarck, n'admettent pas cette distinction, et rejettent comme erroné le terme qui l'exprime. Nous ignorons quelle était l'opinion de M. Savigny; mais nous voyons, par la dénomination qu'il a placée en titre des trois planches qu'on a sous les yeux, qu'il appliquait le nom de zoophytes à une classe dans laquelle il rangeait principalement les éponges, et que M. de Lamarck place parmi les polypiers empâtés[1]. Ces trois planches de M. Savigny sont rangées dans l'ordre suivant :

    Éponges charnues, éponges à piquans. . . . Pl. 1.
    Éponges à réseaux. . . . . Pl. 2.
    Éponges à réseaux. . . . . Pl. 3.

Nous avons fait d'inutiles recherches pour la détermination des diverses espèces figurées sur ces planches, et la privation où nous sommes de toute espèce de notes, de dessins et d'objets en nature, est devenue ici plus sensible que partout ailleurs. En effet, les éponges sont si mal connues, et les figures qu'ont données les auteurs sont si peu nombreuses et si imparfaites, qu'il eût été trop hasardeux de chercher à appliquer d'aussi faibles ressources à la confection de notre travail. Nous nous sommes donc bornés à distinguer les espèces par un numéro, et à rattacher à chacune d'elles les détails nombreux que M. Savigny a fait représenter

---

en cinq classes : les *échinodermes*, les *vers intestinaux*, les *acalèphes*, les *polypes* et les *infusoires*.

[1] Ces planches devraient être placées dans leur ordre naturel, après les polypes, immédiatement avant celles qui représentent les algues.

avec soin. Par ce moyen, les naturalistes qui s'occuperont un jour d'une monographie de ce genre, pourront mettre à profit les figures de M. Savigny, et son travail ne sera pas perdu pour la science.

Nous avons cru reconnaître douze espèces distinctes dans la planche 1.

La planche 2 en présente neuf, et la planche 3 n'en offre que trois.

M. Savigny a fait figurer très-grossies, dans la planche 1, n°. 4, et sous les lettres $\beta, \lambda, \varkappa, \gamma, \delta, \theta, \tau$, les épines simples ou complexes d'une très-petite éponge. Des observations analogues et très-curieuses ont été faites dernièrement par M. Grant[1]; elles prouvent que M. Savigny avait parfaitement vu les détails de l'organisation de ces corps singuliers, et elles nous font regretter de n'avoir pu connaître son opinion sur les fonctions de ces corps singuliers : peut-être avait-il précédé, dans ses découvertes, l'auteur anglais que nous venons de citer, et au travail duquel nous renvoyons.

[1] *Annales des sciences naturelles*, par MM. Audouin, Brongniart et Dumas, tome xi, page 150, et planche 21.

EXPLICATION SOMMAIRE

DES

PLANCHES D'ASCIDIES

DE L'ÉGYPTE ET DE LA SYRIE,

Publiées par Jules-César SAVIGNY,

Membre de l'Institut;

OFFRANT UN EXPOSÉ DES CARACTÈRES NATURELS DES GENRES
AVEC LA DISTINCTION DES ESPÈCES,

PAR VICTOR AUDOUIN[*].

OBSERVATIONS PRÉLIMINAIRES.

La classe des ascidies, fondée par M. Savigny[1], correspond à celle des tuniciers de M. de Lamarck[2], et à l'ordre des mollusques-acéphales sans coquilles de M. le baron Cuvier[3]. Ses caractères sont : test mou, constitué par une enveloppe extérieure distinctement orga-

---

[*] *Voyez* tome XXII, page 111, la Note concernant l'*Explication sommaire des planches dont les dessins ont été fournis* par M. J.-C. Savigny *pour* l'histoire naturelle de l'ouvrage.

[1] *Mémoires sur les animaux sans vertèbres*, deuxième partie, premier fascicule.

[2] *Histoire naturelle des animaux sans vertèbres*, t. III, p. 80.

[3] *Règne animal*, t. II, p. 495.

nisée, pourvue de deux ouvertures, l'une branchiale, l'autre anale; manteau formant une tunique intérieure, pourvue également de deux ouvertures correspondantes et adhérentes à celles du test; branchies occupant en tout ou en partie la surface d'une cavité membraneuse attachée aux parois intérieures du manteau; bouche dépourvue de feuillets labiaux, et placée vers le fond de la cavité respiratoire, entre les deux branchies. M. Savigny partage cette classe en deux ordres, les *ascidies téthydes* et les *ascidies thalides*. Nous avons déjà fait connaître leurs caractères dans cet ouvrage [1], et nous avons exposé la division du premier ordre en familles, avec le tableau des genres qu'il renferme [2]. Nous ne devons parler ici que des genres et des espèces représentés sur la planche unique que nous avons trouvée entre les mains des graveurs.

Ces genres, au nombre de deux, POLYCLINUM et APLIDIUM, appartiennent à la famille des téthyes : ils font partie de la division des téthyes composées, et se rangent dans la quatrième section; leur orifice branchial ayant seul six rayons réguliers.

[1] *Voyez* tome xxii, pages 1ʳᵉ et suivantes.
[2] M. Savigny ayant été surpris par sa maladie avant la publication des *Ascidies thalides*, nous n'avons pu rien dire de ce second ordre.

EXPLICATION SOMMAIRE
DES PLANCHES.

ASCIDIES COMPOSÉES.

PLANCHE I.

POLYCLINES, APLIDES.

Genre POLYCLINE, *POLYCLINUM.* Sav.

Fig. 1, 2, 3, 4.

Le genre polycline, *polyclinum*, ou astrole de M. de Lamarck, est le dixième genre de la famille des téthyes de M. Savigny ; il se distingue par les caractères suivans : *corps commun* sessile, gélatineux ou cartilagineux, polymorphe, composé de systèmes plus ou moins multipliés, convexes, radiés, qui ont chacun une cavité centrale et communément une circonscription apparente; *animaux* (dix à cent cinquante) placés à des distances très-inégales de leur centre commun; *orifice branchial* à six angles intérieurs et à six rayons extérieurs, saillans et égaux, l'*anal* prolongé horizontalement, point distinct à son issue, ou distinct, mais irrégulièrement découpé, et concourant à former le bord saillant et frangé de la cavité du système; *thorax* cylindrique, grand; *mailles* du tissu respiratoire dépourvues de papilles; *abdomen* inférieur pédiculé, plus petit que le thorax; *ovaire* unique attaché par un pédicule sur le côté de la cavité abdominale, et pendant au-dessous.

M. Cuvier [1] donne une beaucoup plus grande extension au genre polycline; il lui réunit les aplidies, les didemnes, les eucélies, les diazones, les sigillines, qu'il ne considère que comme des petits groupes spécifiques.

M. Savigny [2] décrit six espèces: quatre d'entre elles sont figurées sur cette planche.

I. 1. POLYCLINUM saturnium, *Polycline saturnienne.* Sav.

<small>Cette espèce habite le golfe de Soueys, et se trouve fixée sur les rochers ou sur le sable.</small>

Le corps est presque gélatineux, étendu en masse horizontale, peu convexe, irrégulière dans son contour, rude au tact, d'un brun teint de violet, à systèmes peu multipliés, mais très-nombreux en individus (cent et plus) pourvus de cavités bien ouvertes. Les sommités particulières sont extrêmement rapprochées, toutes arrondies et un peu colorées en jaunâtre; les orifices sont fauves.

---

[1] *Loco citato*, t. II, p. 501.
[2] *Mémoires sur les animaux sans vertèbres*, IIe partie, 2e fascicule, page 189.

Le diamètre de la face ou du corps a trois à cinq pouces, et la grandeur totale de chaque individu est d'une ligne trois quarts.

Les animaux sont verticaux, leur enveloppe est demi-transparente, d'un brun-noirâtre nuancé de violet.

1. 1 Corps ou masse de grandeur naturelle, montrant une infinité de petits mamelons jaunâtres groupés, pour la plupart, autour de quelques grands pores ou centres communs.

1. 2. Une portion de la masse, montrant la forme des mamelons et celle de deux grands pores, autour desquels ils se groupent.

1. 3. Un des mamelons, isolé et très-grossi, afin de montrer qu'ils donnent passage, lorsqu'ils s'ouvrent, à de petites étoiles mobiles : on aperçoit de face une des étoiles qui fait saillie.

1. 4. Cette étoile dégagée du mamelon, et vue en dessus : elle n'est autre chose que l'orifice branchial ou oral de l'animal; ses rayons sont au nombre de six.

1. 5. Coupe verticale et grossie, offrant la disposition des animaux dans leur test ou enveloppe commune. On remarque que chacun d'eux occupe trois cellules bien distinctes et ne communiquant que par une ouverture étroite. La plus grande loge contient le thorax, la seconde l'abdomen, et la troisième l'ovaire. Indépendamment de ces cellules, on voit un orifice central communiquant à l'extérieur, et qui est commun à tous les individus du même système : à cette aire centrale aboutit l'appendice anale.

28   EXPLICATION DES PLANCHES.

1.   6. Individu isolé et très-grossi pour rendre distincte son organisation. On reconnaît facilement le thorax, qui est la partie du corps la plus développée; l'abdomen et l'ovaire rempli d'œufs. Le thorax montre l'orifice branchial ou oral divisé en six tentacules; l'appendice anal très-développé en lanière membraneuse et courbe; au-dessous est l'intestin qui renferme des matières. Un pédicule étroit unit le thorax à l'abdomen; celui-ci est simple, ovoïde, lisse et charnu; l'intestin est placé au côté gauche du ventricule abdominal ou estomac, qui ici est très-visible. L'ovaire vient ensuite; il est ovale et terminé par un filet tubuleux plus ou moins long.

1.   6'. Cet individu de grandeur naturelle.

1.   7. Portion antérieure du même individu, excessivement grossie. On voit l'orifice branchial, et l'appendice anal, qui a au-dessus de lui l'organe que M. Savigny désigne sous le nom de tubercule antérieur.

1.   8. Portion d'une polycline qu'on pourrait croire déformé par la contraction, mais qui est peut-être un jeune individu.

I. 2. POLYCLINUM cythereum, *Polycline cythéréenne.* Sav.

Cette polycline habite aussi le golfe de Soueys, et se trouve sur les rochers.

Le corps est gélatineux, étendu en masse horizontale, peu convexe, irrégulière dans son contour, lisse, d'un violet clair, à systèmes peu multipliés, mais très-nombreux en individus, pourvus de cavités peu ouvertes, d'un violet foncé. Les sommités particulières sont arrondies et rapprochées au centre de chaque système, plus écartées et elliptiques à leur circonférence, colorées en jaunâtre; les dernières sont divisées par un trait plus obscur; les orifices sont fauves.

Les dimensions de la masse générale et des individus qu'elle contient sont les mêmes que dans l'espèce précédente. Les animaux sont verticaux au centre du système et très-inclinés à la circonférence; leur tunique est d'un fauve léger.

2. 1. Corps ou masse de grandeur naturelle.
2. 2. Portion de la masse générale grossie.
2. 3. Coupe un peu oblique d'une portion de l'enveloppe commune, offrant des individus de tout âge, situés à diverses profondeurs.
2. 4, 5, 6, 7, 8, 9, 10, 11, 12, 13. Différens individus très-grossis et de divers âges; ils offrent des variétés singulières de forme. Les fig. 2. 7, 8 et 9 sont des individus très-complets, qui, bien qu'on les reconnaisse pour être de la même espèce, présentent encore des différences individuelles curieuses. Le n°. 2. 6 représente la portion antérieure d'un individu, dans laquelle est mis à nu l'orifice oral, divisé en six rayons ou tentacules.

I. 3. POLYCLINUM uranium, *Polycline uranienne*.
Cette espèce a été recueillie dans le golfe de Soucys.

La masse est cartilagineuse, orbiculaire, convexe, d'un violet foncé; elle offre un système unique, très-nombreux en individus, et pourvu d'une cavité centrale fort petite, à laquelle aboutissent plusieurs sillons jaunâtres venant de la circonférence : les sommités particulières sont pressées et arrondies ; les orifices sont jaunes.

La masse générale a dix à douze lignes de diamètre, et chaque individu a deux lignes et demie de longueur.

Tous les animaux sont de couleur fauve et situés perpendiculairement : leur sac branchial offre, de chaque côté, douze à treize vaisseaux transverses; l'abdomen est de taille médiocre, il tient au thorax par un pédicule long et fin : l'ovaire a la forme d'une massue très-allongée.

3. 1. Corps ou masse de grandeur naturelle.
3. 2. Cette masse grossie, montrant, à sa circonférence, des filamens ou appendices rameux qui probablement servent à la fixer aux corps sous-marins.
3. 3. Coupe verticale grossie, offrant la disposition des animaux dans l'enveloppe générale. On remarque trois loges vides : la portion du thorax qui les remplissait a été enlevée. Cela a lieu nécessairement lorsqu'on tranche ces masses; qui enveloppent une infinité d'individus qui y sont disséminés et non rangés en lignes transversales.
3. 4. Individu très-grossi, représenté avec sa tunique. On reconnaît les mêmes parties que dans la première espèce; on distingue en plus l'organe que M. Savigny nomme sillon dorsal; il part du tubercule postérieur situé à la base de l'orifice oral, et vient gagner le canal intestinal,

près du pédicule de l'abdomen. 3. 4'. Cet individu de grandeur naturelle.

3.   5. Autre individu dépouillé de sa tunique et offrant à nu le réseau branchial de la cavité thoracique. C'est une sorte de réseau transparent, élastique, dont la structure est très-régulière; il est composé de bandelettes qui se joignent par devant à un filet simple, et s'attachant, par derrière, à deux autres filets qui s'étendent le long du dos.

3.   6. Portion supérieure d'un individu, vue de profil et montrant le sommet de l'orifice oral, qui est clos et contracté.

I. 4. POLYCLINUM isiacum, *Polycline isiaque.*

On trouve cette polycline dans le golfe de Soueys.

Le corps ou l'enveloppe est subcartilagineux, étendu en masse horizontale, peu convexe, d'un violet clair, à systèmes plus ou moins nombreux en individus, confondus ou peu distincts dans leur circonscription, à cavités centrales fort petites. Les sommités particulières sont arrondies et groupées au centre de chaque système, éparses et elliptiques à leur circonférence, colorées en jaunâtre; les dernières sont marquées d'un trait brun qui leur donne l'aspect d'un grain de blé ou d'orge : chaque orifice est d'un jaune foncé; le diamètre total de la masse est de trois à quatre pouces; les individus qu'elle contient atteignent une ligne un quart au plus de longueur; les animaux sont comprimés et situés verticalement au centre des systèmes; ils sont en même temps déprimés et placés presque horizontalement à leur circonférence : leur couleur est fauve; leur tunique est diaphane, ouverte très-haut, à orifice transverse et comme à deux lèvres : la lèvre supérieure paraît renflée et voûtée.

4. 1. Corps de grandeur naturelle.

4. 2. Portion de cette masse grossie, vue en dessus et montrant un grand nombre d'individus groupés en systèmes. On distingue très-bien, dans les groupes supérieurs, la petite aire ou cavité centrale commune à tous les individus du même système.

4. 3. Individu pris vers le centre d'un système : la transparence de la tunique permet d'apercevoir la structure de la cavité thoracique. Le sac branchial est composé de vaisseaux très-larges qui séparent de petites mailles carrées au nombre de quatorze à quinze pour chaque rang longitudinal, et de sept à huit pour chaque rang transverse. L'abdomen est conformé comme dans les espèces précédentes, seulement il est plus volumineux. 4. 3′. Taille naturelle de cet individu.

4. 4. Autre individu pris à la circonférence d'un système, et très-grossi : le corps, au lieu d'être cylindrique ou comprimé, est déprimé et montre ses deux orifices de face, l'orifice branchial et l'orifice anal ; le sac branchial ne remplit pas, à beaucoup près, la capacité de la tunique, qui semble dilatée des deux côtés.

4. 5. Le même retourné. On remarquera surtout l'écartement des artères branchiales, indiqué par celui des cordons dorsaux.

Genre APLIDE, *APLIDIUM*. Sav.

Fig. 5 et 6.

Le genre aplide, *aplidium*, fondé par M. Savigny, et que M. de Lamarck a nommé en français pulmonelle, est très-voisin du précédent. Il appartient également à la famille des téthyes, et a pour caractères : *corps commun* sessile, gélatineux ou cartilagineux, polymorphe, composé de systèmes très-nombreux ; peu saillans, annulaires, subelliptiques, qui n'ont point de cavité centrale, mais qui ont une circonspection visible, *animaux* (trois à vingt-cinq) placés sur un seul rang, à des distances égales de leur centre ou de leur axe commun ; *orifice branchial* divisé en six rayons égaux ; l'*anal* dépourvu de rayons, peu ou point distinct ; *thorax* cylindrique ; mailles du tissu respiratoire pourvues de papilles ? *abdomen* inférieur, sessile, de la grandeur du thorax ; *ovaire* unique, sessile, attaché exactement sous le fond de la cavité abdominale, et prolongé perpendiculairement. M. Savigny [1] a décrit six espèces qu'il a rangées dans deux tribus : la première renferme les espèces dont les animaux sont oblongs, à ovaire plus court que le corps ; la deuxième comprend celles dont les animaux sont filiformes et à ovaire beaucoup plus long que le corps.

On voit ici les figures de deux espèces appartenant à la première tribu.

[1] *Loco citato*, page 182.

I. 5. APLIDIUM lobatum, *Aplide lobé*. Sav.

>Cette espèce, qui doit être distinguée de l'*alcyonium pulmonaris* d'Ellis et Sollander, ou *alcyonium ficus* de Linné, habite le golfe de Soueys et la Méditerranée, sur les côtes de l'Égypte.

Le corps ou la masse est demi-cartilagineux, étendu en masse horizontale, épaisse, d'un gris-cendré, relevée de gibbosités ou de lobes saillans, inégaux et irrégulièrement arrondis; les systèmes sont excessivement nombreux en individus, et très-rapprochés; les orifices sont à rayons simples et de couleur jaunâtre; le diamètre de la masse est de quatre à six pouces, et la grandeur totale de chaque individu, une ligne et demie; l'enveloppe générale est peu transparente et remplie de petits graviers : la tunique de chaque animal est jaune, de même que tous les viscères, et garnie, sur le thorax, d'une vingtaine de nervures musculaires, brunes et très-fines.

5. 1. Corps ou masse de grandeur naturelle. Il est d'un gris-cendré et couvert à sa surface d'un nombre infini de petits points saillans.

5. 2. Portion de l'enveloppe très-grossie, et montrant les mamelons étoilés de la surface.

5. 3. Coupe verticale du même système, moins grossie. On voit les corps charnus des animaux; ils sont verticaux, disposés parallèlement les uns à côté des autres, et séparés par de minces cloisons.

5. 4. Un individu très-grossi et vu du côté droit. L'intestin se recourbe en arrière et monte à

l'orifice anal en traversant obliquement l'abdomen ; l'ovaire est plein d'œufs : on aperçoit un œuf plus gros ou un fœtus qui fait saillie au-devant du thorax. 5. 4' montre cet individu de grandeur naturelle.

5.   5. Autre individu très-grossi, vu du côté gauche. Son intestin se recourbe en avant et suit le bord antérieur de l'abdomen pour arriver à l'orifice anal ; l'ovaire est dégarni d'œufs.

5.   6. Coupe transversale de l'estomac, faisant voir le ventricule abdominal formé par cinq cellules intérieures.

5.   7. Orifice branchial ou oral très-grossi.

I. 6. APLIDIUM tremulum, *Aplide tremblant*. Sav.

On trouve cette espèce attachée aux madrépores et aux fucus dans le golfe de Soueys.

Le corps est gélatineux ; il s'elève en masse un peu convexe, non lobée, molle, demi-transparente et blanchâtre. Les systèmes d'animaux sont très-serrés, et les orifices ont des rayons simples et obtus ; le diamètre de la masse est de un à deux pouces, et la grandeur totale de l'individu égale une ligne, une ligne et demie ; l'enveloppe générale, qui est transparente, est communément salie par un sable fin. La conformation de l'animal et de ses viscères est semblable à ce qu'on voit dans l'espèce précédente ; le thorax est d'un jaune ferrugineux, marqué de deux rangs de taches dorsales brunes ; l'abdomen et les ovaires sont du même jaune que le thorax.

6.   1. Corps ou masse de grandeur naturelle, fixé sur un madrépore.

3.

6. 2. Portion de cette masse grossie.
6. 3. Individu isolé et très-grossi, vu du côté droit.
   6. 3′. Le même de grandeur naturelle.
6. 4. Autre individu vu du côté gauche.
6. 5. Troisième individu vu du côté gauche. Les différences que ces animaux présentent sont individuelles et se rencontrent dans la même masse; elles indiquent des différences d'âges.

Nous croyons utile de transcrire ici la description détaillée que M. Savigny[1] a donnée d'une des espèces du genre aplide; elle servira à faire mieux comprendre l'organisation des divers animaux qu'on voit figurés sur cette planche.

Dans l'*aplidium lobatum*, la bouche des animaux est ronde, un peu hexagone, entourée de six tentacules aplatis, courts et pointus; ces petits tentacules sont fixés aux six rayons de l'ouverture de la cellule par une fine membrane, et supportés, par un cou cylindrique, rétractile, qui leur permet de s'élever et de s'épanouir à la surface du polypier, ou de s'abaisser et de rentrer dans son intérieur. Ils ne peuvent d'ailleurs se retirer en eux-mêmes, comme ceux des limaces, et moins encore s'incliner et se plonger dans l'estomac; faculté que possèdent ces organes chez quelques autres familles. Le cou, la bouche, les tentacules, sont ici les seules parties véritablement rayonnantes; les autres affectent plutôt cette apparence symétrique qu'on retrouve constam-

[1] *Loco citato*, II⁰ partie, 1ᵉʳ fascicule, page 5.

ment chez les animaux d'un ordre supérieur. Au-dessous du cou, le corps du polype est comprimé par les côtés, et il se divise en deux tronçons ou cavités distinctes qui peuvent prendre les noms de *thorax* et d'*abdomen*. Le thorax, plus court et plus cylindrique que l'abdomen, est charnu, opaque, marqué de nervures longitudinales, sillonné sur les côtés, de quatorze à quinze rides transverses, étranglé sensiblement à sa partie moyenne, enfin épaissi et tronqué à sa base, dont les deux bords descendent obliquement en arrière; il est aussi un peu bossu près du cou, où l'on remarque un tubercule poreux. A ce tubercule aboutissent deux vaisseaux bruns parallèles, qui parcourent le dos sur sa longueur. La région antérieure du thorax ou la poitrine est également pourvue d'un tubercule rond, et au-dessous elle laisse échapper l'*appendice anal*, filet membraneux qui pénètre dans la substance du polypier et se fixe à son écorce [1]. C'est sans doute par son moyen que les animaux particuliers du même alcyon communiquent les uns avec les autres, et jouissent, en quelque sorte, d'une existence commune. A la base de cet appendice est l'ouverture de l'anus.

C'est dans la cavité du thorax qu'est situé le principal ventricule ou le *ventricule thoracique* : il a la forme d'une bourse, et est divisé transversalement par des plis en nombre égal à celui des rides extérieurs. Le thorax est revêtu, surtout par derrière, d'une peau très-colorée,

---

[1] Il faut jeter les yeux sur les figures précédentes pour voir ces diverses parties avec netteté; plusieurs sont moins apparentes dans les aplides que dans les polyclines.

et son opacité dérobe à l'œil les organes qu'il contient. Il n'en est pas de même de l'abdomen, dont la peau, extrêmement fine et transparente, laisse apercevoir tous les viscères intérieurs. On peut d'abord distinguer un petit canal membraneux, ondulé, qui descend du ventricule thoracique en se dirigeant vers le dos : c'est l'*intestin grêle*. Vers le milieu de l'abdomen, cet intestin se dilate en une poche elliptique un peu comprimée, le *ventricule abdominal*[1], dont les côtés séparés du centre par deux profondes incisions, forment deux cellules oblongues, légèrement courbées, et opposées l'une à l'autre. Après un court trajet, l'intestin se dilate de nouveau en une poche globuleuse beaucoup plus petite que la première, en une sorte de *cœcum*. Le reste de ce canal, qu'on peut considérer comme le *gros intestin*, descend jusqu'au bas de l'abdomen; il se recourbe ensuite comme un siphon, et va, en remontant jusqu'à la poitrine, se terminer à l'*anus*. Le gros intestin est presque toujours rempli, depuis son origine jusqu'à l'anus, d'une matière assez compacte, quelquefois grumeleuse, plus souvent homogène, d'un gris-jaunâtre, moulée par petites masses arrondies ou ovoïdes, mais que, malgré leur forme, on prendrait à tort pour des œufs ou pour des amas d'œufs : ce sont les *excrémens*.

L'organe de la génération termine inférieurement le corps du polype : c'est un sac oblong, membraneux, quelquefois vide, mais le plus souvent occupé par vingt-cinq à trente corpuscules oviformes, attachés à deux ou trois cordons ondulés. Ces corpuscules sont sans doute

[1] *Voyez* la figure 5. 6.

des germes, et le sac un véritable ovaire. Il ne paraît pas communiquer immédiatement avec l'abdomen. Les germes inférieurs sont ordinairement les plus gros : à leur maturité le sac s'ouvre sans doute, et les laisse échapper par un petit canal qui monte avec le rectum. On trouve en effet souvent un des corpuscules engagé dans ce canal et faisant saillie au-devant du thorax [1].

[1] *Voyez* la figure 5.

EXPLICATION SOMMAIRE

DES

PLANCHES DE POLYPES

DE L'ÉGYPTE ET DE LA SYRIE,

Publiées par Jules-César SAVIGNY,

Membre de l'Institut;

OFFRANT UN EXPOSÉ DES CARACTÈRES NATURELS DES GENRES
AVEC LA DISTINCTION DES ESPÈCES,

PAR VICTOR AUDOUIN.[*]

OBSERVATIONS PRÉLIMINAIRES.

La grande division des POLYPES constitue aujourd'hui, dans la plupart des méthodes, une grande classe que M. de Lamarck caractérise ainsi : animaux gélatineux, à corps allongé, contractile, n'ayant aucun autre viscère antérieur qu'un canal alimentaire à une seule ouverture; bouche distincte, terminale, soit munie de cils mouvans, soit entourée de tentacules ou de lobes en rayons; aucun organe particulier connu pour le sentiment, la respiration, la fécondation; reproduction

---

[*] *Voyez* tome XXII, page 111, la *Note concernant l'explication sommaire des planches dont les dessins* ont été fournis par M. J.-C. SAVIGNY pour l'HISTOIRE NATURELLE DE L'OUVRAGE.

par des gemmes tantôt extérieurs, tantôt internes, quelquefois amoncelés; la plupart adhérant les uns aux autres, communiquant ensemble et formant des animaux composés.

M. Cuvier a établi, dans cette classe, deux ordres qu'il a subdivisés en familles. M. de Lamarck en a admis quatre : son premier ordre est celui des *polypes ciliés*, le second comprend les *polypes nus*, le troisième les *polypes à polypiers*, et le quatrième les *polypes flottans*.

M. Savigny paraît réunir, sous le nom général de polypes, et à quelques exceptions près, les mêmes animaux que M. de Lamarck : il en sépare les éponges, auxquelles il conserve le nom général de zoophytes.

Voici le titre que porte chaque planche[1] :

Actinies, polypes, tubifères.	Pl. 1.
Isaures libres, isaures fixes, nephthées.	Pl. 2.
Polypes corticaux.	Pl. 3.
Madrépores.	Pl. 4.
Madrépores.	Pl. 5.
Polypes à tuyaux.	Pl. 6.
Flustres.	Pl. 7.
Flustres.	Pl. 8.
Flustres.	Pl. 9.
Flustres.	Pl. 10.
Cellaires.	Pl. 11.
Cellaires.	Pl. 12.
Catenaires, chlidonies, gemellaires.	Pl. 13.
Dyasmées, plumulaires.	Pl. 14.

[1] Plusieurs de ces titres étant déjà gravés, et quelques-unes des planches ayant été publiées, on a été contraint de les conserver tels qu'ils étaient.

EXPLICATION SOMMAIRE

DES PLANCHES.

PLANCHE I.

ACTINIES, POLYPES TUBIFÈRES.

Le genre actinie, *actinia* de Linné, appartient à la classe des acalèphes de M. Cuvier et aux radiaires échinodermes de la section des fistulides de M. de Lamarck : il comprend ces espèces curieuses d'animaux connus vulgairement sous le nom d'*anemones de mer*, à cause de la ressemblance qu'ils présentent avec une fleur lorsqu'ils sont épanouis. Ce genre est caractérisé ainsi par les naturalistes : corps cylindracé, charnu, susceptible de contraction et de dilatation, fixé par sa base et ayant la faculté de se déplacer; bouche terminale servant en même temps d'anus, bordée d'un ou plusieurs rangs de tentacules en rayons se fermant et disparaissant par la contraction.

Les espèces de ce genre sont très-nombreuses et difficiles à distinguer : celles qu'on voit représentées ici ont peut-être été déjà décrites ; mais l'ignorance où nous sommes de leurs couleurs et les mauvaises figures que l'on trouve dans les auteurs, ne nous ont pas permis de les reconnaître.

La figure 1 est une espèce à tentacules assez allongés : 1. *1* la représente épanouie; 1. 2 la fait voir en dessous, c'est-à-dire par son point adhérent ou sa base; 1. *3* la montre de profil, avec les tentacules contractés.

L'espèce de la figure 2 a des tentacules très-courts : 2. *1* la montre en avant, avec le disque déployé; 2. 2 paraît être une coupe transversale faite au-dessous du disque; 2. *3* représente de profil et grossie cette même espèce dans l'état de contraction.

Les autres figures de cette planche appartiennent à l'ordre des polypes tubifères, que M. de Lamarck[1] a établi d'après des observations communiquées par M. Savigny à l'Académie des sciences, et qui, malheureusement, sont restées inédites. Voici les caractères que M. de Lamarck assigne à ce nouvel ordre : polypes réunis sur un corps commun, charnu, vivant, soit simple, soit lobé ou ramifié, et constamment fixé par sa base; point de polypier au dehors, point d'axe solide à l'intérieur; surface entièrement ou en partie chargée d'une multitude de petits cylindres tubiformes, rarement rétractiles en entier; bouche terminale; huit tentacules pectinés; point d'anus; un estomac; huit demi-cloisons longitudinales au-dessous de l'estomac; huit intestins de deux sortes; six paquets de gemmes ressemblant à six ovaires. Cet ordre comprend quatre genres : *anthélie*, *xénie*, *ammothée* et *lobulaire*.

La figure 3 appartient au genre xénie, *xenia*, que M. de Lamarck caractérise ainsi, d'après M. Savigny : corps commun, produisant, à la surface d'une base rampante, des tiges un peu courtes, épaisses, nues,

[1] *Histoire des animaux sans vertèbres*, tome II, page 403.

divisées à leur sommet; à rameaux courts, polypifères à leur extrémité; polypes non rétractiles, cylindriques, fasciculés presqu'en ombelle, et ramassés, au sommet des rameaux, en têtes globuleuses, comme fleuries; ayant huit grands tentacules profondément pectinés. Cette espèce de xénie est la xénie bleue, *xenia umbellata* de M. de Lamarck; elle habite la mer Rouge. Les ombelles sont d'un bleu foncé en dessus, glauque en dessous; les pinnules des tentacules sont grêles, profondes, serrées, et disposées sur deux rangs de chaque côté.

La figure 3. *1* représente un groupe fixé sur un madrépore : 3. *2*, un polype grossi et dont les tentacules sont repliés sur eux-mêmes; 3. *3* et 3. *4*, un tentacule du même individu, vu en dessus et en dessous : la tige qui supporte les pinnules est très-élargie; 3. *5*, le même individu épanoui; 3. *6*, son tentacule, dont la tige médiane est très-étroite; 3. *7*, coupe transversale de la base du polype; 3. *8*, sorte de tumeur qui se développe à la base de certains individus, et qui est occasionée par la présence d'un petit crustacé de l'ordre des *entomostracés*. On voit plusieurs de ces tumeurs sur la masse du polypier, figurées sous le n°. 3. *1*.

Les figures 4, 5, 6 et 7 nous paraissent être des anthélies. Le genre anthélie, *anthelia*, Sav., a pour caractères, suivant M. de Lamarck : corps commun étendu en plaque mince, presque aplatie sur les corps marins; les polypes non rétractiles, saillans, droits et serrés, occupant la surface du corps commun; huit tentacules pectinés. M. de Lamarck observe que M. Savigny connaît cinq espèces, mais qu'il n'en a mentionné qu'une seule dans son mémoire; peut-être cette espèce qu'il nomme *anthelia glauca* est-elle représentée ici sous le n°. 4 ou sous le n°. 5 : ces deux figures appartenant, sinon à la même espèce, au moins à deux espèces très-rapprochées, nous n'assignons pas de noms aux autres espèces, parce que nous espérons que le mémoire de M. Savigny pourra un jour être livré au public. Nous n'insistons point sur les détails représentant les tentacules, ils se laissent aisément comprendre.

La figure 8 nous semble être le genre ammothée [1], *ammothea*, caractérisé ainsi dans l'ouvrage de M. de Lamarck : corps commun, se divisant en plusieurs tiges courtes et rameuses ; à derniers rameaux ramassés, ovales-conoïdes, en forme de chatons, et partout couverts de polypes; polypes non rétractiles, à corps un peu court et à huit tentacules pectinés sur les côtés. Cette espèce est l'*ammothea virescens*, ammothée verdâtre de Savigny et de M. de Lamarck.

[1] Nous avons hésité long-temps sur la détermination du genre auquel appartient cette espèce, et nous avons été tentés de la rapporter au genre *lobulaire*, à cause de la portion de la figure qui représente le polypier privé d'animaux : nous supposions alors que les polypes étaient contractés au point d'être cachés dans la masse, et ce caractère de contractilité les rangeait nécessairement dans le genre *lobulaire*; mais les autres caractères sont tellement semblables à ceux que M. de Lamarck donne au genre *ammothée*, que nous l'y avons placée; l'état de la figure 8. *i* pouvant être expliqué, en admettant que M. Savigny a tranché les polypes pour qu'on voie la structure de la masse commune.

PLANCHE 2.

ISAURES LIBRES, ISAURES FIXES, NEPHTHÉES.

Cette planche, qui est publiée depuis plusieurs années dans les livraisons de cet ouvrage, porte des noms de genres qui, faute de renseignemens, n'ont été mentionnés par aucun naturaliste. Nous n'avons nous-mêmes aucun moyen d'en savoir plus que ce que montre la gravure.

Les figures 1, 2, 3 et 4 appartiennent au nouveau genre isaure de M. Savigny, et les figures 5 et 6 sont des nephthées.

Le genre isaure, que M. Savigny divise en isaures libres et en isaures fixes, a de grands rapports avec les actinies. Les espèces fixes avoisinent beaucoup les zoanthes, et toutes se rapprochent tellement du genre palythoé, *palythoa* de M. Lamouroux, que nous les y plaçons, bien qu'il soit très-mal caractérisé. Selon M. Lamouroux, les palythoés sont des polypiers en plaque étendue, couverte de mamelons nombreux, cylindriques, de plus d'un centimètre de hauteur, réunis entre eux et à cellules isolées, presque cloisonnées longitudinalement, et ne contenant qu'un seul polype à douze tentacules. Il paraît que M. Lamouroux n'a pas eu occasion d'examiner des individus frais : aussi sa description est-elle inexacte sous beaucoup de rapports. Au contraire, M. Lesueur a pu étudier ces animaux sur le vivant, et il les a rapprochés des actinies, en établissant avec eux[1] un nouveau genre sous le nom de mamillifère, *mamillifera*. Nous adopterons le nom de Lamouroux de préférence à celui d'Isaure, qui se trouve, il est vrai, inscrit depuis long-temps au bas de la planche, mais qui n'a jamais été caractérisé. Nous diviserons les palythoés en palythoés libres et en palythoés fixées ou agrégées sur une base commune.

La figure 1 est une palythoé libre évidemment nouvelle et que nous dédierons à M. Savigny : 1. 1, la *palythoa Savignyi*, de grandeur naturelle; 1. 2, la même grossie et détachée du point sur lequel elle était fixée; 1. 3, le même individu vu par sa face supérieure : — w, ses tentacules; 1. 4 et 1. 5, coupes verticales du même dans les deux circonstances d'épanouissement et de contraction.

La figure 2 est une palythoé fixée que nous dédierons à M. Lesueur : elle offre quelques rapports avec les espèces décrites par M. Lamouroux et par M. Lesueur; mais on lui reconnaît de grandes différences qui autorisent sa distinction. Nous ne pouvons rien dire de ses couleurs. La figure 2. 1 représente un groupe de trois *palythoa Lesueurii* : — β, β, deux individus contractés; — γ, γ, deux individus épanouis; 2. 2, la sommité d'un individu grossi : — E, bouche; — w, tentacules; 2. 3, un des individus vu de face : 2. 4 et 2. 5, coupes verticales de l'intérieur du corps. M. Lamouroux a fait représenter[2] les figures 1 et 5 pour les comparer à son

---

[1] *Journal of the Academy of natural Sciences of Philadelphia*, tome 1, page 178, pl. VIII, fig. 2.

[2] *Exposition de l'ordre des polypiers*, page 78, pl. 79, fig. 11 et 12.

genre *montlivaltia*, qu'on trouve à l'état fossile; mais ce genre lui-même est peut-être bien une palythoé.

La figure 3 est une espèce qui a les plus grands rapports avec les zoanthes, par l'organisation intérieure et la manière dont les individus sont groupés; cependant la forme des tentacules, qui alternativement sont grands et petits, en fait une palythoé. Nous la nommerons *palythoa Bertholletii*, en l'honneur de Berthollet, collaborateur de cet ouvrage. 3. *1*, groupe nombreux en individus et fixé sur un madrépore : on remarque, au milieu d'eux, un alcyon ; 3. *2*, un individu isolé avec les tentacules reployés en dedans; 3. *3*, coupe verticale du même : — w, les tentacules; 3. *4*, sommité d'un individu dont les tentacules sont renversés en dehors : — E, bouche : — w, tentacules; 3. *5*, le même vu de face.

La figure 4 représente une autre espèce très-grêle et allongée, à laquelle nous imposerons le nom de *palythoa Perii*, palythoé de Le Père [1]; 4. *1*, deux individus fixés sur un madrépore; 4. *2*, portion de l'un d'eux très-grossie : — w, tentacules.

Les figures 5 et 6 appartiennent sans doute au genre nephthée, dont M. Savigny a fait inscrire le nom au bas de la planche. Ce nouveau genre avoisine, sous plusieurs rapports, celui qui précède; mais il s'en distingue essentiellement par l'espèce de masse ou de tige rameuse sur laquelle sont implantés les animaux, à peu près comme cela se voit dans les xénies et dans les ammothées. Nous ne chercherons pas à caractériser autrement ce genre, espérant que M. Savigny pourra un jour en

[1] M. Le Père est un des collaborateurs de l'ouvrage d'Égypte.

faire connaître l'organisation, qu'il paraît avoir étudiée avec grand soin. Nous dédierons les espèces représentées sous le n°. 5 et sous le n°. 6, à deux collaborateurs de cet ouvrage, M. le comte Chabrol, préfet de la Seine, et M. Cordier, professeur au Jardin du roi.

La figure 5 est la *nephthea Chabrolii*, nephthée de Chabrol : le n°. 5. *1* présente un groupe entier et de grandeur naturelle; 5. *2*, l'extrémité d'un rameau grossi, autour duquel sont implantés les polypes; 5. *2'*, grandeur naturelle de cette espèce de chaton; 5. *3*, un polype isolé et grossi excessivement : les tentacules sont très-obtus, au nombre de huit, et cachés; on remarque que sa surface est hérissée et entrelardée d'acicules fort curieux, que l'on retrouve sur l'espèce suivante ainsi que dans les gorgones. M. Bory de Saint-Vincent croit que ces corps singuliers sont indépendans du polypier; il les regarde comme des êtres microscopiques devant former un nouveau genre. 5. *4*, le même individu vu sous une autre face; 5. *5*, portion de l'individu précédent montrant très-grossies les espèces d'acicules qui garnissent son enveloppe extérieure; 5. *6*, quatre de ces acicules excessivement grossis : ils sont fusiformes et garnis eux-mêmes d'aspérités; 5. *7*, morceau coupé dans la base du polypier, et montrant, très-grossies, les espèces de petits poils qu'on aperçoit à peine à sa surface, et qui ne sont autre chose que les acicules déjà représentés : on voit qu'ils garnissent non-seulement la surface, mais qu'ils entrelardent toute la masse.

La figure 6 est la *nephthea Cordieri*, nephthée de Cordier : 6. *1*, un individu complet et de grandeur naturelle; 6. *2,* un rameau isolé très-grossi et garni de polypes; 6. *2',* le même de grandeur naturelle; 6. *3,* un polype isolé et très-grossi; 6. *4,* le même offrant l'orifice buccal ouvert; 6. *5,* individu dont la tunique a été ouverte et renversée pour montrer à nu les huit tentacules w qui entourent l'ouverture; 6. *6,* la même portion épanouie et vue de face ; w, les tentacules; 6. *7* et 6. *8,* deux coupes transversales du polypier, montrant les cloisons très-nombreuses qui partagent son intérieur en autant de cellules irrégulières. On voit, sur la plupart de ces figures, les singulières épines que nous avons fait remarquer dans l'espèce précédente.

PLANCHE 3.

POLYPES CORTICAUX.

Le nom général de *polypes corticaux* a été donné, par M. Cuvier, à sa troisième famille des polypes à polypiers, comprenant un grand nombre de genres, et à laquelle appartiennent ceux de gorgone, d'alcyon et d'alcyonelle, que M. Savigny a représentés sur cette planche.

La figure 1 est une espèce du genre gorgone, *gorgonia*. Ce genre est ainsi caractérisé : polypier fixé et dendroïde, composé d'un axe central et d'un encroûtement corticiforme; axe épaté et fixé à sa base, caulescent, rameux, substrié en dehors, plein, corné, flexible; encroûtement recouvrant l'axe et ses rameaux; mou, charnu et contenant les polypes dans l'état frais; spongieux, poreux, friable dans son dessèchement, et parsemé de cellules superficielles et saillantes; huit tentacules en rayons à la bouche des polypes. L'espèce qu'on voit ici paraît voisine de la *gorgonia petechizans*, gorgone piquetée de Pallas : 1. *1*, individu de grandeur naturelle fixé sur un madrépore; 1. *2*, portion de l'axe grossi, montrant la manière dont les oscules sont groupés; 1. *3*, un des oscules plus grossi; 1. *4*, autre oscule excessivement grossi et montrant les ouvertures du polype; 1. *5*, spinules qu'on remarque sur la gorgone et qui paraissent être de petits animaux microscopiques indépendans. On les retrouve sur d'autres genres très-différens; par exemple, sur les nephthées [1].

La figure 2 représente un véritable alcyon, *alcyonium*. Ce genre est caractérisé ainsi par M. de Lamarck : polypier polymorphe, mollasse ou charnu dans l'état frais, plus ou moins ferme, dur ou coriace dans son dessèchement; composé de fibres cornées, très-petites, entrelacées et empâtées par une pulpe persistante; des oscules le plus souvent apparens et diversement disposés à la surface. Polypes à huit tentacules dans la plupart. Les espèces de ce grand genre ont été de beaucoup réduites par les belles observations de M. Savigny, qui a fait voir que plusieurs d'entre elles appartenaient à la classe des ascidies. Cependant les véritables alcyons sont encore très-nombreux et assez mal caractérisés. La fig. 2 est un alcyon dont la couleur ne nous est pas connue; nous craindrions de nous tromper en le regardant comme nouveau ou en le rapportant à quelques-unes des espèces déjà décrites : 2. *1* le représente de grandeur

[1] *Voyez* la planche précédente, fig. 5.

naturelle; 2. *2*, portion du même individu grossi; 2. *3*, autre portion coupée dans différens sens et montrant l'organisation intérieure qui paraît très-simple; 2. *4*, ouverture supérieure vue en dedans; 2. *5* et 2. *6*, portions des tégumens montrant très-grossis les espèces de poils qui les garnissent.

L'animal qu'on aperçoit sous le n°. 3 est tellement différent de tous les autres, et si peu nettement caractérisé, qu'on serait tenté de le placer dans le règne végétal : il nous paraît représenter une espèce voisine de l'*alcyonium bursa*, alcyon bourse de Linné, et se rapproche aussi de la *spongia urceolus* de Müller[1] : 3. *1* représente cette espèce de grandeur naturelle; 3. *2*, portion de sa surface très-grossie et montrant les espèces de petits disques ovalaires qui la garnissent.

La figure 4 est une superbe espèce que nous rapportons avec doute au genre alcyonelle, *alcyonella* de M. de Lamarck. Ce genre alcyonelle, d'abord confondu avec les alcyons, dont il se rapproche beaucoup, en a été distingué avec raison par M. de Lamarck, qui lui assigne pour caractères : polypier fixé, encroûtant, à masse épaisse, convexe et irrégulière, constitué par une seule sorte de substance, et composé de l'agrégation de tubes verticaux, subpentagones, ouverts à leur sommet; polypes à corps allongé, cylindrique, offrant, à leur extrémité supérieure, quinze à vingt tentacules droits, disposés, autour de la bouche, en un cercle incomplet d'un côté. On ne connaît encore qu'une espèce, l'*alcyonella stagnarum*, qu'on a trouvée en Europe, dans les étangs.

[1] *Zoologia Danica*, pl. 157, fig. 3.

L'espèce qu'a figurée M. Savigny, et que nous lui dédierons, est évidemment distincte, et ne présente pas, à beaucoup près, tous les caractères assignés au genre : ainsi nous noterons, comme une différence importante, la très-petite quantité des tentacules qui sont au nombre de douze, comme dans les alcyonidies de M. Lamouroux. Nous ne croyons pas cependant qu'on doive la rapporter à ce dernier genre. La figure 4. *1* montre une masse entière de l'*alcyonella Savignyi* adhérente à un corps étranger, sur lequel on remarque deux coquilles qui paraissent être des petites planorbes : cette circonstance nous autorise à croire que ce polypier est fluviatile. 4. *2*, une portion de la même masse grossie et faisant voir de face des cellules dans lesquelles sont logés autant de polypes qui en sortent plus ou moins complètement; 4. *3*, fragment de la masse précédente très-grossi et montrant l'organisation des loges et la forme de l'animal, avec les tentacules rentrés ou saillans; 4. *4*, portion de l'alcyonelle de grandeur naturelle, vue par derrière pour montrer comment elle s'étend; 4. *5*, partie postérieure ou base de l'alcyonelle qui était cachée dans la figure précédente, et dont on voyait seulement saillir le bord supérieur; 4. *6*, extrémité supérieure d'un polype, figurée au trait et vue de profil; 4. *7, 8, 9, 10, 11* et *12*, bouche du polype vue de face et avec les différens degrés de développement des tentacules.

PLANCHE 4.

MADRÉPORES.

Linné réunissait sous le nom de madrépores un grand nombre de polypiers pierreux, que M. de Lamarck et plusieurs autres zoologistes ont depuis subdivisés en plusieurs genres très-distincts, dont quelques-uns sont représentés dans les planches 4 et 5.

La figure 1 paraît appartenir au genre turbinolie, *turbinolia*, caractérisé ainsi par M. de Lamarck : polypier pierreux, libre, simple, turbiné ou cunéiforme, pointu à sa base, strié longitudinalement en dehors, et terminé par une cellule lamellée en étoile, quelquefois oblongue.

M. de Lamarck décrit huit espèces, qui toutes sont fossiles. Celle qu'on voit ici serait-elle dans ce cas ? nous ne saurions le décider ; cependant, à en juger par son état parfait de conservation, on peut la croire vivante. Nous la dédierons à M. Geoffroy Saint-Hilaire, collaborateur de cet ouvrage et professeur au Jardin du roi.

La figure 1. 2 représente la *turbinolia Geoffroyi*, turbinolie de Geoffroy, de grandeur naturelle : 1. 2 montre une lame isolée et très-grossie.

La figure 2 est une caryophyllie, *caryophyllia*. Ce genre a pour caractères : polypier pierreux, fixé, simple ou rameux ; à tige et rameaux subturbinés, striés longitudinalement et terminés chacun par une cellule lamellée en étoile. Les espèces sont très-nombreuses : celle qu'on voit ici offre de grands rapports, par la texture de ses lames, avec la *caryophyllia carduus*, caryophillie piquante ; mais elle est simple et non rameuse. Il faudrait donc, si on la rapportait à cette espèce, supposer qu'elle est encore jeune et que, plus tard, elle se serait ramifiée. La figure 2. *1* représente cette espèce de grandeur naturelle ; 2. *2* paraît être un très-jeune individu ; 2. *3* offre une coupe longitudinale de l'espèce n°. 2. *1*.

La figure 3 nous semble appartenir au genre pocillopore, *pocillopora*, très-voisin de celui des porites, et qui s'en distingue par ces caractères : polypier pierreux, fixé, phytoïde, rameux ou lobé ; à surface garnie, de tous côtés, de cellules enfoncées, ayant les interstices poreux ; cellules éparses, distinctes, creusées en fossette, à bord rarement en saillie et à étoiles peu apparentes, leurs lames étant étroites et presque nulles. Cette belle espèce nous paraissant nouvelle, nous la dédierons au général Andréossy, collaborateur de cet ouvrage. La figure 3. *1* représente le *pocillopora Andreossyi*, pocillopore d'Andréossy, de grandeur naturelle : 3. *2*, portion de l'individu précédent, très-grossie ; 3. *3*, coupe verticale d'une des cellules ; 3. *4*, cette cellule vue de face ; 3. *5*, autre cellule également vue de face, et dans laquelle on n'aperçoit pas les cloisons principales qui sont peut-être masquées par le polype.

La figure 4 appartient au genre madrépore proprement dit, *madrepora*, auquel M. de Lamarck reconnaît pour caractères : polypier pierreux, fixé, subdendroïde, rameux ; à surface garnie de tous côtés de cellules saillantes, à interstices poreux; cellules éparses, distinctes, cylindracées, tubuleuses, saillantes; à étoiles presque nulles; à lames très-étroites. L'espèce représentée ici paraît être le *madrepora abrotanoïdes*, madrépore abrotanoïde; on peut cependant remarquer qu'il existe quelques différences.

La figure 5 paraît être un porite : cette détermination est bien certaine pour la figure 4. Le genre porite, *porites*, est caractérisé ainsi dans l'ouvrage de M. de Lamarck : polypier pierreux, fixé, rameux ou lobé, et obtus; à surface libre, partout stellifère; étoiles régulières, subcontiguës, superficielles ou excavées; à bords imparfaits ou nuls; à lames filamenteuses, acéreuses ou cuspidées. Nous n'osons pas donner un nom à la fig. 5, dans la crainte qu'elle ne soit déjà connue; ce qu'il ne nous a pas été possible de décider avec certitude. Les figures 5. *2*, *3* et *4* présentent des détails grossis.

La figure 6 est le *porites clavasia*, porite clavasie : 6. *1* montre un individu de grandeur naturelle; 6. *2*, coupe verticale d'une cellule très-grossie; 6. *3*, plusieurs cellules réunies, vues de face.

PLANCHE 5.

MADRÉPORES.

Les espèces de madrépores représentées sur cette planche sont des astrées ou des méandrines proprement dites.

Le genre astrée, *astrea*, a pour caractères : polypier pierreux, fixé, encroûtant les corps marins, ou se réunissant en masse hémisphérique ou globuleuse, rarement lobée; surface supérieure chargée d'étoiles orbiculaires ou subanguleuses, lamelleuses, sessiles. M. de Lamarck décrit un grand nombre d'espèces, parmi lesquelles nous avons cru reconnaître celles qu'on voit sur cette planche.

La figure 1 est l'*astrea galaxea*, astrée galaxée de M. de Lamarck : 1. 1, ce madrépore de grandeur naturelle; 1. 2, trois de ses étoiles très-grossies pour montrer leur disposition : elles sont anguleuses et excavées.

La figure 2 est une espèce qui se rapproche des astrées rotuleuse, annulaire et ananas, mais que nous ne saurions rapporter avec certitude à l'une ou à l'autre. Il serait possible qu'elle fût nouvelle : il faudrait voir ce polypier en nature pour le comparer avec ceux qui existent dans les collections; il reste souvent des doutes sur les déterminations faites uniquement sur des figures, quelque parfaites qu'elles soient. 2. 1 est le polypier de grandeur naturelle; 2. 2, quatre étoiles très-grossies; 2. 3, coupe verticale.

La figure 3 est l'*astrea dipsacea*, astrée cardère de M. de Lamarck : 3. 1 montre le polypier de grandeur naturelle; 3. 2, une des étoiles très-grossie; 3. 3 est une coupe qui nous semble appartenir à la figure 4, et qui est taillée dans une des anfractuosités parfaitement circulaires que l'on remarque à la figure 4. 1[1].

Le genre méandrine, *meandrina*, est parfaitement

---

[1] Ce serait donc par erreur que l'on aurait mis le n°. 3. 3; il faudrait le remplacer par le n°. 4. 3.

reconnaissable aux caractères suivans : polypier pierreux, fixé, formant une masse simple, convexe, hémisphérique ou ramassée en boule; surface convexe, partout occupée par des ambulacres plus ou moins creux, sinueux, garnis, de chaque côté, de lames transverses, parallèles, qui adhèrent à des crêtes collinaires.

La figure 4 se rapproche beaucoup de la *meandrina labyrinthica*, méandrine labyrinthiforme de M. de Lamarck, et ne s'en distingue peut-être pas spécifiquement. 4. 2 représente deux circonvolutions très-grossies; 3. *3* semble appartenir à cette espèce, et montrer la coupe d'une des circonvolutions circulaires qui se voient dans la figure 4. 1.

PLANCHE 6.

SERTULAIRES.

La figure 1 pourrait être considérée comme une coralline de M. de Lamarck, ou *amphiroa* de M. Lamouroux; elle se rapproche de la *corallina tibulus*, coralline chausse-trappe, Lam., et se trouve très-mal figurée, dans Ellis et Solander, par M. Lamouroux[1]. La fig. 1. 2 représente, excessivement grossi, un des petits corps ramusculeux qu'on voit épars sur la base de l'individu 1. 1. Ce polypier paraît devoir constituer un genre nouveau.

La figure 2 représente un polypier très-curieux et d'une très-petite taille, auquel je reconnais quelque analogie avec le genre mélobésie de M. Lamouroux : nous

[1] Planche 21, figure e.

proposons d'en faire un genre nouveau, sous le nom de codonite, *codonites*[1]. Chaque polypier ressemble à un petit grelot, et est percé d'un trou au sommet : il existe une base aplatie, qu'on croirait avoir été ajoutée après coup, et qui forme une espèce de rebord circulaire; l'intérieur n'offre pas de cloison, mais seulement des épines fixées aux parois et dirigées vers le centre du polypier. Nous dédierons cette espèce à notre intime ami M. Milne Edwards. La figure 2. *1* représente le *codonites Edwardsii*, codonite d'Edwards, de grandeur naturelle et fixé sur un corps marin; 2. *2*, une portion grossie; 2. *3*, un des codonites isolé très-grossi, et coupé verticalement pour montrer son intérieur.

La figure 3 est un des polypiers les plus curieux que l'on connaisse : quand on l'examine à la loupe, on croirait voir un oursin en miniature; mais sa structure interne ne permet pas de se méprendre sur cette apparence extérieure. Ce polypier appartient au genre mélobésie, *melobesia* de M. Lamouroux; mais cet auteur en a si mal fixé les caractères, qu'il serait inutile de les rechercher sur l'espèce qu'on voit ici : nous nous sommes assurés qu'elle appartient au genre mélobésie, en consultant la belle collection du colonel Bory de Saint-Vincent, qui possède plusieurs échantillons provenant de M. Lamouroux. Nous ne saurions déterminer si l'espèce qu'on voit ici est la *melobesia verrucosa*, mélobésie verruqueuse, que M. Lamouroux décrit vaguement sans la figurer, et qu'il indique comme originaire de la Méditerranée. Si l'identité est impossible

---

[1] Du grec κωδων, sonnette, grelot.

à établir, ou si l'espèce qu'on voit ici est nouvelle, nous proposons de la nommer *melobesia radiata*, mélobésie radiée. La figure 3. *1* représente plusieurs individus fixés sur une espèce de fucus; la figure 3. 2 montre un des individus grossi et vu en dessus : sa base forme une expansion circulaire qui dépasse de beaucoup le polypier proprement dit; la figure 3. *3* est le même individu renversé ou vu par sa base; la fig. 3. *4* offre une coupe verticale montrant la structure singulière du polypier : on voit que les espèces de tuyau d'orgues placées en rangées simples, aboutissent tous par leur base à des galeries qui communiquent entre elles.

Les figures 4, 5 et 6 sont des espèces de sertulariées d'un genre nouveau et très-distinct; on pourrait le nommer proboscine, *proboscina*. Les cellules sont alvéolaires et allongées en trompe; on remarque des vésicules formées par la dilatation inférieure et latérale des cellules : la surface est verruqueuse. La figure 4 portera le nom de M. Bory de Saint-Vincent. Le n°. 4. *1* montre la *proboscina Boryi*, proboscine de Bory, de grandeur naturelle et fixée sur un fucus; 4. 2, la même excessivement grossie.

La figure 5 sera nommée *proboscina Lamourouxii*, proboscine de Lamouroux : le n°. 5. *1* la montre de grandeur naturelle et fixée sur une petite moule; le n°. 5. 2 représente le même individu excessivement grossi.

La figure 6 se trouvera désignée sous le nom de *proboscina sertularoïdes*, proboscine sertularoïde, à cause de l'analogie qu'elle a avec certaines espèces de sertulariées. 6. *1*, individu de grandeur naturelle, fixé sur un fucus; 6. *2*, un individu de cette espèce, très-grossi; 6. *3*, le même retourné pour montrer l'organisation de la face opposée; 6. *4*, portion de cet individu montrant une utricule ou vésicule gemmifère excessivement grossie; 6. *5*, la même partie vue sous sa face opposée; 6. *6*, portion de la même espèce vue de profil.

La figure 7 appartient au genre cellaire, *cellaria*, que M. de Lamarck caractérise ainsi : polypier phythoïde, à tiges tubuleuses, rameuses, subarticulées, cornées, luisantes, lapidescentes ; cellules sériales, soit concaténées, soit adnées ou incrustées à la surface du polypier; vessies gemmifères, nulles ou constituées par des bulles qui se trouvent sur certaines espèces. La figure 7 est la *cellaria salicornioïdes*, cellaire salicornioïdes de Lamouroux[1] : le n°. 7. *1* la montre de grandeur naturelle; 7. *2* la représente très-grossie; 7. *3* est un fragment de l'individu précédent, excessivement grossi; 7. *4* et 7. *5* montrent deux coupes transversales de cette cellaire, prises sur deux points différens; l'un est à quatre loges, l'autre en a seulement trois.

PLANCHES 7, 8, 9 et 10.

FLUSTRES.

Nous réunissons sous le nom général de flustres, *flustra*, le genre flustre proprement dit, et le genre cellépore, *cellepora*. Ce qui nous a décidé à ne pas séparer ces deux genres, c'est l'impossibilité où nous

[1] *Polypes flexibles*, page 127.

avons été de les distinguer toujours l'un de l'autre : en effet, une des principales différences consiste dans l'état membraneux ou dans l'état presque pierreux de ces polypiers; et il nous était impossible de constater cette nature sur de simples gravures[1]. Cependant, nous avons pu quelquefois reconnaître évidemment le genre propre; et le caractère qui nous a servi davantage pour arriver à cette distinction, consiste dans l'aplatissement du bord inférieur des cellules, qu'on remarque le plus souvent dans le genre flustre. Mais cette particularité n'est pas toujours sensible, et, de plus, il n'est point possible de la constater dans les espèces dont les cellules n'ont pas été représentées de profil. Au reste, voici les caractères de ces deux genres :

Genre FLUSTRE, *FLUSTRA*.

CARACTÈRES : *polypier* submembraneux, flexible, lapidescent, frondescent ou en croûte mince, constitué par des cellules contiguës, adhérentes, disposées par rangées nombreuses, soit sur un seul plan, soit sur deux plans opposés; *cellules* sessiles, courtes, obliques, à ouverture terminale, irrégulière, souvent dentée ou ciliée sur le bord.

Genre CELLÉPORE, *CELLEPORA*.

CARACTÈRES : *polypier* presque pierreux, poreux intérieurement, étendu en croûte ou relevé et fron-

[1] Ce qui nous a encore porté à adopter le nom de *flustres* pour le titre général des planches, c'est que M. Savigny avait déjà inscrit ce nom au bas de deux planches qui renferment très-certainement des cellépores.

descent; à expansions aplaties, lobées ou rameuses, subconvolutes, non flexibles; à surface externe cellulifère; *cellules* urcéolées, submembraneuses, ventrues, un peu saillantes, contiguës, confuses, à ouverture resserrée.

La figure 1 représente une espèce de cellépore qui ne semble pas différer du *cellepora pumicosa*, cellépore ponce, qui se trouve très-mal figuré dans les auteurs, comme cela a lieu, du reste, pour toutes les espèces de ce genre. 1. *1*, polypier de grandeur naturelle, fixé β sur une espèce de fucus; 1. *2*, le même très-grossi; 1. *3*, cellules excessivement grossies.

La figure 2 est une espèce nouvelle, à laquelle nous donnerons le nom de *cellepora Lancretii*, cellépore de Lancret[1] : 2. *1* le représente de grandeur naturelle, et fixé ββ sur une espèce d'hydrophite. M. Bory de Saint-Vincent l'a reçu de Nice. 2. *2*, le même grossi; 2. *3*, une des cellules détachée et montrant la vésicule ovifère ˙K; 2. *4*, cellule vue de face et un peu en dessus.

La figure 3 est une très-belle espèce évidemment nouvelle, que nous dédierons à M. Bory de Saint-Vincent : 3. *1*, le *cellepora Boryi*, cellépore de Bory, de grandeur naturelle, et fixé ββ sur un hydrophite du genre *cystoceira*, que M. Bory de Saint-Vincent possède dans sa collection avec l'indication de la mer Rouge. 3. *3*, 3. *4*, 3. *5*, 3. *6*, cellules à différens degrés de développement, et vues sous diverses faces.

La figure 4 offre une espèce que nous croyons également nouvelle, et qui portera le nom de M. Costaz[2] :

[1] Collaborateur de cet ouvrage.   [2] Collaborateur de cet ouvrage.

elle a quelque analogie avec la précédente. 4. *1*, le *cellepora Costazii*, cellépore de Costaz, de grandeur naturelle, et fixé ββ sur une branche de *cystoceyra* de la mer Rouge; 4. *2*, le même grossi; 4. *3*, 4. *5* et *6*, loges isolées, et vues sous diverses faces.

La figure 5 paraît être une autre espèce nouvelle de cellépore, fixée sur des feuilles de sargosse de la mer Rouge; nous la dédierons à M. Protain, collaborateur de cet ouvrage : 5. *1*, le *cellepora Protainii*, cellépore de Protain, représenté de grandeur naturelle ββ; 5. *2*, le même grossi.

La figure 6, qui est aussi nouvelle, sera nommée *cellepora Redoutei*, cellépore de Redouté[1]. Cette espèce est fixée sur une feuille du *sargossum latifolium*, qu'on trouve dans la mer Rouge.

La figure 7 représente un cellépore qu'on voit fixé sur un fragment de coquille; nous le dédierons à M. Bernard, collaborateur de cet ouvrage : 7. *1*, *cellepora Bernardii*, cellépore de Bernard, de grandeur naturelle βββ; 7. *2* et 7. *3*, le même grossi.

La figure 8 est une jolie espèce peut-être du genre cellépore? qui portera le nom de *cellepora Jacotini*[2] (*flustra?*), cellépore de Jacotin : 8. *1*, individu de grandeur naturelle, fixé β sur un madrépore; 8. *2*, le même grossi.

La figure 9 est une espèce nouvelle de cellépore? (*flustra?*) appliquée sur une tige de madrépore; nous lui donnerons le nom de *cellepora Persevalii*, cellépore

[1] Peintre d'histoire naturelle, l'un des voyageurs de l'expédition d'Égypte.
[2] Collaborateur de cet ouvrage.

de Parseval[1]. 9. 1′, individu β de grandeur naturelle ; 9. 2, le même grossi ; 9. 3, cellule isolée, vue de profil : — ʺκ, vésicule ovifère développée ; 9. 4, portion supérieure d'une cellule vue de face.

La figure 10 représente une nouvelle espèce de cellépore, que nous nommerons *cellepora Raigii*, cellépore de Raige[2] : 10. 1′ montre un individu β de grandeur naturelle et appliqué à la surface d'une coquille ; 10. 2, portion du même grossie.

La figure 11 est une espèce très-curieuse, qui offre de l'analogie avec la précédente. Nous la dédierons à feu Descostils, collaborateur de cet ouvrage : 11. 1′ β, le *cellepora Descostilsii*, le cellépore de Descostils de grandeur naturelle et fixé sur une tige de madrépore ; 11. 2, une portion grossie ; 11. 3, extrémité supérieure d'une loge vue de face.

PLANCHE 8.

FLUSTRES.

On peut regarder comme des cellépores la plupart des espèces figurées sur cette planche ; elles nous paraissent presque toutes nouvelles, et nous croyons convenable de les distinguer par des noms.

La figure 1 paraît voisine du *cellepora? ovoïdea*, cellépore? ovoïde de Lamouroux : nous n'osons pas l'en distinguer ; cette espèce offre plusieurs des caractères des flustres proprement dits.

---

[1] M. Parseval de Grandmaison, collaborateur de cet ouvrage.
[2] Collaborateur de cet ouvrage.

La figure 2 est un genre propre, que M. Lamouroux a établi sous le nom d'hippothoé, *hippothoa*, et qu'il a caractérisé ainsi : *polypier* encroûtant, capillacé, rameux; rameaux divergens, articulés; chaque articulation composée d'une seule cellule en forme de fuseau; ouverture polypeuse ronde, très-petite, située près du sommet de la cellule.

M. Lamouroux donne la figure de la seule espèce vivante qu'il décrit, et la nomme *hippothoa divaricata*, hippothoé divergente. Cette figure est si mauvaise, et la description spécifique si incomplète, qu'il est impossible de décider si l'espèce qu'a présentée M. Savigny est réellement distincte : dans ce doute, nous préférons cependant la rapporter à l'*hippothoa divaricata*, Lam., qui est originaire de la Méditerranée. Les autres espèces de cette planche, qui sont des cellépores ou plutôt des flustres, nous paraissent nouvelles.

Nous nommerons la figure 3, flustre? de Cécile, *flustra? Cecilii*; la figure 4, qui en est très-voisine, flustre? de Dubois, *flustra? Duboisii*; la figure 5, cellépore? de Larrey, *cellepora? Larreyi*; la figure 7, cellépore? de Denon, *cellepora? Denonii*; la figure 8, cellépore de Malus, *cellepora Malusii*; la figure 9, flustre? de Rozière, *flustra Rozieri*. Toutes ces dénominations rappellent les noms recommandables de plusieurs des collaborateurs de cet ouvrage. Enfin, la figure 6 se rapproche beaucoup du cellépore? de Mangneville, *cellepora Mangnevilla* de Lamouroux, auquel nous la rapportons provisoirement[1].

[1] Nous nous dispensons de donner, pour cette planche et pour les deux

PLANCHE 9.

FLUSTRES.

Les espèces représentées sur cette planche offrent, pour la plupart, des caractères qui nous semblent plutôt propres aux flustres qu'au genre cellépore : nous croyons aussi pouvoir affirmer que chacune de ces espèces est nouvelle; du moins, est-il certain qu'elles ne ressemblent en rien aux mauvaises figures et aux descriptions incomplètes que nous ont laissées les auteurs. Nous pensons faciliter les citations en les distinguant par des noms.

La figure 1 sera nommée *flustra? Legentilii*, flustre? de Legentil; la figure 2, *flustra? Dutertrei*, flustre? de Dutertre; la figure 3, *flustra? Leperei*, flustre? de Lepère; la figure 4, *flustra? Marcelii*, flustre? de Marcel; la figure 5, *flustra? Genisii*, flustre? de Saint-Genis[1]. Ces cinq espèces sont originaires de la mer Rouge. Les figures 6 et 7 sont également de la mer Rouge. M. Bory de Saint-Vincent, qui les possède dans sa collection, a nommé la première flustre couronnée, *flustra coronata*; et la seconde, *flustra ombracula*, flustre en ombrelle.

Les espèces 8, 9, 10 et 11 ont été recueillies dans

---

suivantes, une explication détaillée des objets figurés séparément; tous portent le numéro de l'espèce à laquelle ils appartiennent. Les numéros 7 et la lettre β indiquent l'aspect général et la grandeur naturelle; *x désigne la vésicule ovifère. Les numéros 2, 3, 4, 5, montrent des détails grossis.

[1] Toutes ces espèces sont dédiées à des collaborateurs de cet ouvrage.

5.

68 EXPLICATION DES PLANCHES.

la Méditerranée : la figure 8 portera le nom de *flustra Balzaci*, flustre de Balzac; la figure 9, *flustra Jaubertii*, flustre de Jaubert; la figure 10, *flustra Nouetii*, flustre de Nouet, et la figure 11, *flustra Bouchardii*, flustre de Bouchard [1].

La figure 12 est un flustre? de la mer Rouge, que nous dédierons à M. Pouillet [2], *flustra Pouilletii*. Les figures 13 et 14 sont également de la mer Rouge : le premier portera le nom de *flustra Bequerelii*, flustre de Bequerel [3]; le second, *flustra Montferrandii*, flustre de Montferrand [4].

PLANCHE 10.

FLUSTRES.

Les espèces qu'on voit sur cette planche paraissent être, la plupart, de véritables flustres. Nous n'avons pu reconnaître, comme décrite, que celle figurée au n°. 7 : c'est le *flustra impressa*, flustre comprimé de Lamouroux. Nous dédierons toutes les autres espèces à des savans distingués de notre époque. La figure 1 sera nommée *flustra Aragoi*, flustre Arago; la figure 2, *flustra Gayii*, flustre de Gay-Lussac; la figure 3, *flustra Thenardii*, flustre de Thénard; la figure 4, *flustra Laplacii*, flustre de Laplace; la figure 5, *flustra Poissonii*, flustre de Poisson; la figure 6, *flustra Brongniartii*, flustre de

---

[1] Collaborateurs de la *Description de l'Égypte*.

[2] Professeur de physique, membre de la Société philomatique.

[3] Physicien distingué, membre de la Société philomatique.

[4] Professeur de physique au collége de Versailles.

Brongniart; la figure 8, *flustra Latreillii*, flustre de Latreille; la figure 9, *flustra Lacroixii*, flustre de Lacroix; la figure 10, *flustra Savartii*, flustre de Savart; la figure 11, *flustra Rosselii*, flustre de Rossel, et la figure 12, *flustra Dumerilii*, flustre de Duméril.

PLANCHE 11.

CELLAIRES.

Nous rapportons les quatre espèces figurées sur cette planche au genre acamarche, *acamarchis* de M. Lamouroux, caractérisé ainsi par cet auteur : polypier dichotome; cellules unies, alternes, terminées par une ou deux pointes latérales, avec une vésicule à leur ouverture. Cependant les figures 2, 3 et 4 pourraient en être distinguées : elles avoisinent, sous plusieurs rapports, le genre *canda* de M. Lamouroux; mais les caractères de ce dernier sont trop vaguement exprimés, pour que nous osions y ranger définitivement ces trois espèces : nous les réunirons donc aux acamarchis. La figure 1 appartient évidemment au genre acamarche : c'est l'*acamarchis*, assez improprement nommée *neritina*, néritine de M. Lamouroux. 1. 1', cette espèce de grandeur naturelle; 1. 2, un des rameaux très-grossi et montrant les espèces de globules ovifères ou propagules arrondis, auxquels Ellis a ridiculement donné la figure de petites coquilles; 1. 3, le même rameau vu par sa face opposée; 1. 4, portion d'un rameau excessivement grossie et vue du côté des propagules sphériques; 1. 5, la même portion vue retournée.

EXPLICATION DES PLANCHES.

La figure 2 se rapproche davantage que les suivantes des acamarches proprement dites. Nous la dédierons au collaborateur distingué de cet ouvrage, M. Jollois, *acamarchis Jolloisii* : 2. *1'*, individu de grandeur naturelle; 2. *2*, portion du même grossie; 2. *3*, la même portion vue par la face opposée; 2. *4*, fragment d'un rameau excessivement grossi; 2. *5*, le même fragment retourné.

La figure 3 s'éloigne déjà, sous bien des rapports, de l'espèce n°. 1. Nous la dédierons à feu Berthollet, *acamarchis Bertholletii* : 3. *1'*, individu de grandeur naturelle; 3. *2*, portion grossie; 3. *3*, la même vue de face; 3. *4* et 3. *5*, deux fragmens des deux figures précédentes, excessivement grossis et vus sous leurs deux faces.

La figure 4 fait le passage au genre crisie. Cette espèce, dont l'organisation est très-curieuse, sera dédiée à notre savant ami M. Geoffroy Saint-Hilaire : 4. *1'* représente l'*acamarchis Geoffroyi*, acamarches de Geoffroy, de grandeur naturelle; 4. *2*, un des rameaux de cette espèce très-grossi; 4. *3*, le même vu par sa face opposée; 4. *4*, portion d'un rameau excessivement grossi et montrant les espèces d'opercules subcrénelés qui ferment imparfaitement les cellules : on remarque aussi les filamens latéraux, dont un supporte, à son extrémité, une espèce d'expansion flabelliforme; 4. *5*, la même portion de rameau retournée.

PLANCHE 12.

CELLAIRES.

Toutes les espèces de cette planche appartiennent au genre crisie, *crisia*, caractérisé ainsi par M. Lamouroux : polypier, phytoïde, dichotome ou rameux; cellules à peine saillantes, alternes, rarement opposées avec l'ouverture sur la même face.

La figure 1 est la *crisia pilosa*, crisie velue de M. Lamouroux. Cet auteur l'a si imparfaitement caractérisée, qu'il serait impossible de la reconnaître en s'attachant à sa phrase descriptive. Heureusement M. Lamouroux avait donné cette espèce à M. Bory de Saint-Vincent, et la détermination a été faite sur un échantillon étiqueté de la main de M. Lamouroux. L'individu décrit par M. Lamouroux était originaire de la Méditerranée : la figure 1. 1' représente cette espèce de grandeur naturelle; 1. 2, portion du même individu, grossie; 1. 3, la même portion vue sous son autre face; 1. 4, fragment d'une tige excessivement grossie : — β, sorte de valve operculaire masquant imparfaitement l'ouverture de la cellule; — κ, vésicule gemmifère. 1. 5, le même fragment vu de profil; 1. 7, β, valve operculaire isolée et vue de face : — β', la même de profil.

La figure 2 est la *crisia ciliata*, crisie ciliée de M. Lamouroux, toujours d'après les échantillons étiquetés de la main de ce naturaliste; car la figure d'Ellis, qui la représente, et la description de M. Lamouroux, sont tellement défectueuses, qu'on n'y reconnaît aucun des caractères que M. Savigny a fait représenter si parfaitement. En comparant notre espèce avec une autre figure d'Ellis que M. Lamouroux cite pour sa *crisia reptans*, crisie rampante, et en s'attachant à la description qu'il en donne, on croirait qu'elle se rapporte plutôt à cette dernière; mais l'étiquette de l'auteur ne permet pas de supposer qu'il se soit mépris lui-même sur sa détermination. La figure 2. $\imath'$ est sa grandeur naturelle; 2. 2, portion grossie; 2. 3, la même portion vue sous son autre face; 2. 4, fragment de la figure 2. 2, très-grossi : — β, valve operculaire; — ʺκ, vésicule gemmifère. 2. 5, fragment de la figure 2. 3, excessivement grossi.

La figure 3 offre quelque analogie avec la *crisia scruposa*, crisie raboteuse de M. Lamouroux, représentée par Ellis; cependant il y a tout lieu de croire qu'elle constitue une espèce nouvelle, que nous proposons de nommer *crisia Delilii*, crisie de Delile, en l'honneur du savant botaniste, collaborateur de cet ouvrage. M. Bory la possède dans sa collection avec l'indication de la mer Rouge : elle est très-blanche, fragile, crétatacée et d'un aspect soyeux. La figure 3. $\imath$ représente cette crisie de grandeur naturelle : elle adhère à une espèce de fucus; 3. 2, portion de l'individu précédent, grossie; 3. 3, la même portion vue sous son autre face; 3. 4, fragment très-grossi : — β, valve operculaire; — ʺκ, vésicule gemmifère. 3. 5, le même fragment retourné.

La figure 4 est une très-belle espèce de crisie, que M. Bory de Saint-Vincent a eu occasion d'observer à

Barcelonne, et qu'on trouve aussi en Corse et à Alexandrie : elle est moins crétacée que les autres, moins blanche, de couleur grisâtre, d'un aspect soyeux; son port est très-élégant : nous proposons de la nommer *crisia Boryi*, crisie de Bory. La figure 4. *1* montre cette espèce de grandeur naturelle; 4. *2*, une portion de cette espèce grossie; 4. *3*, la même portion vue sous une autre face; 4. *4*, un fragment très-grossi : — ··K, vésicule gemmifère; 4. *5*, le même fragment retourné; 4. *6*, portion du même, vue de profil.

PLANCHE 13.

CATENAIRES, CHLIDONIES, GEMELLAIRES.

Cette planche renferme trois genres, que M. Savigny avait distingués sous les noms de catenaire, chlidonie et gemellaire. Les deux premiers correspondent à celui d'eucratée de M. Lamouroux, et le troisième appartient à son genre loricaire.

La figure 1 est une espèce du genre eucratée, *eucratea*, caractérisé ainsi par M. Lamouroux : polypier phytoïde, articulé; chaque articulation composée d'une seule cellule simple et arquée, avec un appendice sétacé; ouverture oblique. Cette espèce se rapproche beaucoup de l'*eucratea chelata*, eucratée cornet; mais elle en diffère essentiellement par les petits prolongemens en forme d'épines ou de cornes placés de chaque côté : nous la nommerons *eucratea Contei*, eucratée de Conté[1],

---

[1] L'un des membres de la Commission d'Égypte.

La figure 1. i' montre cette espèce de grandeur naturelle, et fixée sur un fragment de fucus; 1. 2, un rameau grossi; 1. 3, trois cellules très-grossies, vues de face; 1. 4, deux cellules du même, vues de profil; 1. 5, les mêmes sous leur autre face.

La figure 2 est une magnifique espèce du même genre, que nous dédierons à M. le général Lafont[1], *eucratea Lafontii*. M. Bory de Saint-Vincent, qui possède cette espèce, l'a reçue de la mer Rouge et de la Méditerranée. La figure 2. i' représente l'*eucratea Lafontii*, eucratée de M. Lafont, de grandeur naturelle et fixée sur un fragment de fucus; 2. 2, portion grossie montrant la manière dont chaque polypier se fixe pour former des chaînons d'une certaine longueur, et se ramifier ensuite; 2. 3, une loge du polypier isolée, très-grossie et vue de profil : — ̈κ, vésicule gemmifère. 2. 4, deux polypiers réunis; l'un, vu de face, porte un germe ̈κ; l'autre, vu de profil, est dépourvu de vésicule gemmifère, et présente, à son orifice, des tentacules en languette au nombre de cinq : toute la surface est garnie de verrues ocelées. 2. 5, les deux mêmes polypiers vus par la face opposée; 2. 6 et 2. 7, deux polypiers montrant de face l'ouverture de leur cellule.

La figure 3 portera le nom d'*eucratea Cordieri*, eucratée de Cordier[2]. Cette espèce offre un arrangement de cellules, qui rappelle la disposition des graines de plusieurs légumineuses papillonacées : elle présente de

---

[1] Membre et président de la Commission d'Égypte.

[2] L'un des membres de la Commission d'Égypte, professeur au Jardin du roi.

grands rapports avec l'*eucratea chelata*, eucratée cornet de M. Lamouroux; mais elle en diffère spécifiquement par l'absence d'un appendice au-dessous de l'ouverture de chaque cellule. L'eucratée de Cordier a été trouvée dans la mer Rouge, et a été donnée à M. Bory de Saint-Vincent par M. Delile. La figure 3. *1'* présente la grandeur naturelle de cette petite espèce; 3. *2* offre plusieurs ramuscules grossis; 3. *3*, une portion de rameau très-grossie et vue de profil; 3. *4*, deux cellules réunies et vues de face; 3. *5*, les mêmes retournées.

La figure 4 appartient au genre loricaire, *loricaria*, que M. Lamouroux a fondé aux dépens des crisies, en lui donnant pour caractères distinctifs: polypier phytoïde, comprimé, articulé, très-rameux; rameaux nombreux, presque dichotomes; chaque articulation composée de deux cellules adossées, jointes dans toute leur longueur; ouvertures latérales situées dans les parties supérieures des cellules, semblables à une cuirasse très-étroite à sa base. L'espèce qui est représentée ici a de grands rapports avec la *loricaria Europea* et la *loricaria Americana*, Lam.; cependant, M. Bory de Saint-Vincent et moi la croyons nouvelle, à cause de la plus grande distance qui règne entre chaque paire de capsules, et parce que la forme de celles-ci est assez différente. Nous appellerons cette espèce *loricaria Ægyptiaca*, loricaire égyptienne. La figure 4. *1'* représente quelques rameaux de grandeur naturelle; 4. *2*, un des rameaux grossi; 4. *3*, portion très-grossie représentant deux cellules sessiles vues de face, et, au-dessus d'elles, la division du rameau en deux branches; 4. 4, deux cellules vues de profil; 4. 5, les mêmes vues par la partie dorsale.

PLANCHE 14.

DYASMÉES, PLUMULAIRES.

M. Savigny avait désigné, sous le nom de dyasmée, un nouveau genre de l'ordre des sertulariées, que M. Lamouroux a, depuis, fait connaître sous celui de dynamène : les espèces 1 et 2 se rapportent à ce genre; les espèces représentées figures 3 et 4 appartiennent au genre plumulaire de M. de Lamarck, ou aglaophénie de M. Lamouroux.

Le genre dynamène, *dynamena*, a pour caractères, suivant M. Lamouroux : polypier phytoïde, cartilagineux, peu rameux, garni, dans toute son étendue, de cellules distiques et opposées.

La figure 1 paraît être la *dynamena distans*, dynamène distante de M. Lamouroux, et dont cet auteur a donné une très-mauvaise figure. 1. 1', cette espèce, de grandeur naturelle, et fixée sur un fucus : M. Bory de Saint-Vincent l'a reçue de Toulon et d'Alexandrie. 1. 2, un rameau grossi : — ʺκ, vésicules gemmifères; 1. *3*, portion terminale d'une branche, très-grossie : — ʺκ, la vésicule gemmifère; 1. *4*, deux cellules réunies, et vues en dessous pour montrer l'insertion de leur tige centrale.

La figure 2 doit être rapportée à la *dynamena disticha*, dynamène distique de M. Lamouroux : la connaissance de cette espèce est due à M. Bosc, qui en a donné une figure, et l'a nommée sertulaire distique[1] : ce savant naturaliste nous a fourni des renseignemens sur l'animal qui habite les loges. Voici ce qu'il dit du polype et du polypier : « Cette coralline, d'environ cinq millimètres de haut, est extrêmement commune sur le *fucus natans,* dans la haute mer, où elle a été observée par Bosc. Il a paru à ce naturaliste que la même souche serpentait sur toutes les feuilles de la même trochée de fucus, et qu'il s'en élevait des milliers de tiges, qui, ayant chacune six à huit paires d'hydres, formaient un animal immense, dont on ne peut pas se faire une idée. » La figure 2. *1′* représente la grandeur naturelle : le polypier est fixé sur une espèce de fucus qu'on trouve dans la mer Rouge; 2. *2,* rameaux grossis et montrant la manière dont la tige commune est rampante; 2. *3,* paires de cellules très-grossies et vues de face; 2. *4,* une paire de cellules vue en dessous pour montrer l'axe d'insertion.

Le genre aglaophénie, *aglaophenia* de M. Lamouroux (*plumulaire,* Lam.), est caractérisé ainsi : polypier phytoïde, corné; rameaux munis, dans toute leur longueur, et, sur le même côté, de cellules axillaires ou isolées. Ce genre est nombreux en espèces, et les figures qu'en ont données les auteurs sont généralement trop mauvaises pour que la comparaison avec celles qu'on voit ici puisse conduire à une détermination rigoureuse.

[1] Bosc, *Histoire naturelle des vers,* tome III, page 101, planche 29, figure 2.

La figure 3 paraît être l'*aglaophenia pennaria*, aglaophénie pennaire de M. Lamouroux. M. de Lamarck la distingue de sa *plumularia pinnata*. Esper en a donné une figure détestable. La figure 3. *1'* représente cette espèce de grandeur naturelle; 3. *2*, fragment d'un rameau, très-grossi; 3. *4*, deux articulations vues de face; 3. *5*, fragment de la tige principale montrant l'organisation externe, et, à l'endroit de la section, les tubes ou cavités intérieurs; 3. *6*, le même fragment vu sous la face opposée.

La figure 4 semble être l'*aglaophenia myriophyllum*, aglaophénie myriophylle de M. Lamouroux (*plumularia myriophillum*, Lam.): la figure 4. *1'* représente, de grandeur naturelle, plusieurs rameaux groupés sur une feuille de fucus; 4. *2*, une portion grossie; 4. *3*, fragment de l'individu précédent : on voit que le bord des cellules est denté; ce caractère paraît avoir échappé aux naturalistes. 4. *2*, deux cellules vues de face; 4. *5*, fragment d'un rameau vu de face et montrant l'insertion des cellules.

EXPLICATION SOMMAIRE

DES PLANCHES

D'HYDROPHYTES[*]

DE L'ÉGYPTE ET DE LA SYRIE,

Publiées par Jules-César SAVIGNY,

Membre de l'Institut;

OFFRANT UN EXPOSÉ DES CARACTÈRES NATURELS DES GENRES
AVEC LA DISTINCTION DES ESPÈCES,

PAR VICTOR AUDOUIN[**].

OBSERVATIONS PRÉLIMINAIRES.

La plus grande partie des plantes cryptogames aquatiques ont d'abord été toutes confondues sous le nom d'algues : elles ont été ensuite nommées algues submergées par Correa de Serra, hydralgues par Roth, hydrocarées par Roussel, fucées par Richard, thalassiophytes et ensuite HYDROPHYTES par Lamouroux. Nous adoptons cette dernière dénomination générale.

[*] *Voir* les deux planches portant le titre d'Algues, à la fin du volume II des planches d'Histoire naturelle.

[**] *Voyez* tome XXII, p. 111, la Note concernant l'explication sommaire des planches dont les dessins ont été fournis par M. J.-C. Savigny pour l'Histoire naturelle de l'ouvrage.

La famille des hydrophytes correspond à la division des algues de M. Agardh, et renferme un grand nombre de genres très-différens. M. Savigny en a représenté quelques-uns que nous avons essayé de reconnaître, en nous aidant des conseils de quelques botanistes de nos amis. Les mêmes difficultés que nous avions éprouvées ailleurs se sont reproduites ici; c'est-à-dire qu'il nous a été souvent difficile d'arriver à une détermination précise, parce que nous n'avons eu à notre disposition ni les objets en nature, ni les dessins qui les représentent, et qu'il a fallu étudier les gravures en noir.

EXPLICATION SOMMAIRE
DES PLANCHES.

PLANCHE I.

HYDROPHYTES.

On voit représentées sur cette planche quatre espèces d'hydrophytes, dont une paraît devoir former un genre nouveau.

I. 1. CLADOSTEPHUS clavæformis, Agardh [1].

Le genre cladostephus, établi par M. Agardh, est placé par cet auteur après les céramioïdes et avant les ulvacées; M. Bory de Saint-Vincent le place à la fin de ses chaodinées, tout en reconnaissant ses nombreux rapports avec les céramiaires.

Les caractères de ce genre sont de présenter des filamens ronds, articulés, rameux, chargés de ramules également articulées, simples, ou deux ou trois fois dichotomes ou trichotomes, et disposées en verticilles simples autour des articulations des rameaux principaux. Les fructifications de ces plantes sont mal connues, et paraîtraient être réunies aux extrémités des rameaux.

[1] *Syst. Alg.* p. 168.

EXPLICATION DES PLANCHES.

1. 1. Plante de grandeur naturelle.
1. 2. La même grossie.
1. 3. La même coupée longitudinalement.
1. 4. Coupe transversale présentant un verticille isolé.
1. 5. Un des rameaux très-grossi.
1. 6. Extrémité d'un de ces rameaux encore plus grossi.
1. 7. Extrémité d'un de ces rameaux en fructification et très-grossi.

I. 2. HYDROCLATHRUS cancellatus, Bory Saint-Vincent[1].

M. Bory caractérise ainsi ce genre, qu'il a fondé d'après une plante observée par lui à Belle-Ile, et qui ne paraît différer de celle-ci que par sa grandeur, qui ne dépasse pas deux à trois pouces : expansions membraneuses tenaces, mais molles, remplies de grains plus foncés, épars, serrés, ne saillant jamais à la surface de la membrane, qui, devenant cornée en se desséchant, est percée d'une multitude de trous irréguliers qui lui donnent l'aspect d'un réseau plus ou moins lâche.

M. Agardh (*Spec. Alg.* 1, page 412) rapporte cette plante à son genre *encœlium*, le même que l'*asperococcus* de M. Lamouroux. Elle se rapproche, en effet, de ce genre par sa structure, mais paraît mériter d'en être distinguée génériquement.

2. 1. Plante entière de grandeur naturelle.
2. 2. Portion de la même, séparée et vue en dedans, de grandeur naturelle.

[1] *Dictionnaire classique d'histoire naturelle*, tome VIII, page 419.

2. 3. Un autre fragment vu en dehors, à la loupe.
2. 3', grandeur naturelle.
2. 4. Fragment très-grossi au microscope, montrant le tissu réticulé des expansions membraneuses.
2. 4', sa grandeur naturelle.

La plante que représente la figure 3 diffère beaucoup de toutes celles qui sont bien connues : elle se rapporte pourtant assez exactement à la description que M. Agardh donne de son *valonia favulosa* (*Spec. Alg.* 1, page 432); mais si la plante ici figurée est la même que celle décrite par le savant algologue suédois, il est très-probable qu'elle doit former un genre particulier.

3. 1. La plante entière de grandeur naturelle.
3. 2. Portion grossie.
3. 3. Autre portion très-grossie.
3. 4. Série de vésicules qui composent probablement le tissu interne de cette plante, et dont les extrémités donnent à sa surface son aspect réticulé.

I. 4. VALONIA Savignyana.

Cette espèce diffère du *valonia œgagropila* d'Agardh [1], avec lequel elle offre le plus d'analogie par ses frondes beaucoup plus grêles, plus rameuses, dont les articles sont plus cylindriques, moins renflés et beaucoup plus nombreux; elle forme, comme celle-ci, des masses arrondies ou allongées, composées de nombreux ra-

[1] *Spec. Alg.* 1, 429.

meaux, plusieurs fois divisés, partant d'un centre ou d'un axe commun. Nous la dédierons à M. Savigny.

4. 1. Plante de grandeur naturelle, formant une touffe allongée dont on a enlevé une partie pour montrer la structure interne.
4. 2. Une portion de cette plante très-grossie.
4. 3. Un rameau dont on a séparé les articles.
4. 4. Extrémité d'un rameau grossi au microscope.

PLANCHE 2.

HYDROPHYTES.

Les quatre espèces qu'on voit gravées sur cette planche appartiennent aux genres *spongodium*, *lomentaria* et *digenea*.

II. 1. SPONGODIUM parvulum, Bory. — Inédit.

Le genre *spongodium*, établi par M. Lamouroux, est caractérisé par ses tiges rameuses, continues, charnues, couvertes de nombreuses vésicules allongées, plus ou moins cylindriques ou renflées à leur extrémité, insérées sans ordre sur toute la surface de la tige, à laquelle elles donnent un aspect velouté. Ces plantes sont d'un vert foncé.

L'espèce représentée ici diffère du *spongodium tomentosum*, Lamour. (*codium tomentosum*, Agardh[1]), par sa taille beaucoup plus petite, sa tige plus rameuse,

[1] *Syst. Alg.* 1, 452.

à rameaux courts, irréguliers et ouverts. Peut-être est-ce la variété désignée sous le nom de *divaricatum* par M. Agardh[1].

1. 1. Plante entière de grandeur naturelle.
1. 2. Portion d'un rameau grossi et en partie dégarni de ses utricules.
1. 3. Coupe transversale d'un rameau, très-grossie.

II. 2. LOMENTARIA gracilis.

Cette plante forme une espèce nouvelle bien distincte dans le genre *lomentaria*, établi par Lyngbye (*Hydrophytologia Danica*, page 101, tab. 30), et qui diffère des genres *gigartina* de M. Lamouroux ou *chondria* d'Agardh, avec lesquels il avait été confondu, par ses tiges et ses rameaux cylindriques tubuleux, presque gélatineux, obtus, doubles, dont l'interne est articulé de distance en distance, et rempli de substance colorante. La fructification consiste en des granules ou gemmules renfermées dans les articulations, et particulièrement dans celles qui terminent les rameaux.

L'espèce représentée sur cette planche diffère du *lomentaria purpurea*, Bory (*gigartina articulata*, Lamour.), par ses rameaux grêles, cylindriques, dont les articles ne sont pas renflés et ovoïdes, mais d'un égal diamètre partout; de sorte que les filamens ne sont pas moniliformes, mais d'une grosseur égale dans toute leur étendue.

[1] *Loco citato*, page 454.

2. 1. Paraît être la plante, de grandeur naturelle, croissant en touffe sur un amas de coquilles.

2. 2. Un seul individu isolé et fixé sur une coquille, très-grossi.

2. 3. Une portion beaucoup plus grossie, montrant la fructification dans l'extrémité d'un des rameaux.

Les figures 3 et 4 appartiennent, au moins la dernière, au genre *digenea* d'Agardh [1].

Ce genre a été fondé pour une plante décrite par plusieurs auteurs, sous le nom de *conferva simplex*, ces auteurs regardant les filamens qui couvrent les tiges comme une plante parasite sur un fucus; mais un examen plus exact prouve que les filamens et la tige qui les supportent ne sont qu'une même plante. Le caractère de ce genre est : tige rameuse, presque cornée, continue, couverte de filamens articulés, roides et coriaces, disposés sans ordre tout autour des tiges, et dépourvus de toute substance mucilagineuse.

La solidité de toutes les parties de cette plante et l'absence de toute espèce de matière muqueuse à la surface des filamens, distinguent ce genre des *thorea*, dont il a l'organisation.

II. 3. DIGENEA dichotoma.

C'est d'après l'analogie qui existe entre cette plante et la suivante, que nous la rapportons au même genre;

[1] *Spec. Alg.* 1, 388.

peut-être, ainsi que le pense M. Bory, appartient-elle au genre *thorea* : l'aspect de ses filamens plus nombreux, plus grêles, et la texture de l'intérieur de sa tige, pourraient le faire croire.

3. 1. Plante entière de grandeur naturelle.
3. 2. Un rameau dépouillé de ses filamens.
3. 3. Extrémité d'un rameau très-grossi.
3. 4. Coupe d'une tige couverte de ses filamens, vue au microscope.
3. 5. Un filament isolé vu au microscope.

II. 4. DIGENEA simplex.

Cette belle plante est d'un rouge vineux foncé; ses tiges sont peu rameuses, très-solides, couvertes de filamens très-longs, roides et presque cartilagineux, qui n'adhèrent nullement au papier. Elle a été décrite par Wulfen et par Roth, sous le nom de *conferva simplex*.

Elle croît dans toute la Méditerranée.

4. 1. Plante entière de grandeur naturelle.
4. 2. Un rameau très-grossi.
4. 3. Un des filamens séparé et vu au microscope.

ZOOLOGIE

ANIMAUX VERTÉBRÉS.

PREMIÈRE CLASSE. — MAMMIFÈRES.

DESCRIPTION
DES MAMMIFÈRES
QUI SE TROUVENT EN ÉGYPTE,

Par M. GEOFFROY SAINT-HILAIRE,

Membre de l'Institut.

§. I.

DES CHAUVE-SOURIS

(Mammifères, pl. 1-4).

L'homme accoutumé à juger de la nature vivante sur le petit nombre d'animaux qui font partie de son système social, est en général disposé à ne trouver que dans ces modèles, des formes assorties, des proportions harmonieuses, des mouvemens d'un accord parfait, et des fonctions faciles et naturelles.

Aussi, quand parfois il vient à rencontrer des êtres d'une nature vague et indéterminée qui, ambigus, à demi quadrupèdes et à demi volatiles, comme la chauve-souris, ne ressemblent à aucun des types qui lui sont familiers, il a peine à se rendre attentif à une réunion de choses aussi disparates : tout entier à ses premières sensations, il n'entre dans le détail d'élémens aussi hétérogènes que pour s'exagérer les incohérences qui l'ont choqué à la première vue.

Ces chauve-souris, est-il dans le cas de se demander, parviendront-elles à ramener les pièces longues et déliées dont leurs mains sont formées ; à défendre, dans la marche, d'un sol âpre et rocailleux, leurs doigts beaucoup trop grêles et trop délicats ; à replier les larges membranes dont leurs flancs sont comme embarrassés ; à trouver contre les moindres chocs une garantie suffisante dans les enveloppes des vaisseaux de leurs ailes, faible appui formé d'un double réseau, mince et transparent ; et à employer enfin avec aisance et sûreté un appareil aussi compliqué, contre sa destination ordinaire et primitive ?

Des êtres que le vulgaire juge ainsi maltraités, se transforment bientôt à ses yeux en des monstres d'une laideur et d'une difformité révoltantes.

Telle est effectivement l'idée qu'on s'est faite, de tout temps, des chauve-souris. On les a crues impures, et l'on a évité de les connaître.

Les écrits des premiers naturalistes attestent l'ignorance où l'on fut d'abord à leur égard.

Aristote les définit des oiseaux à ailes de peau : il ne sait, au juste, si ce sont bien des volatiles, à cause de leurs pieds ; mais, d'un autre côté, il ne peut se déterminer à les regarder comme des quadrupèdes, ne les voyant pas pourvues de quatre pieds bien distincts. Ses réflexions sur leur défaut de queue et de croupion, le conduisent à des idées théoriques, dont aucune n'est appuyée sur une observation positive.

Pline n'en parle que pour remarquer qu'il y a des oiseaux qui engendrent leurs petits vivans, et qui les allaitent au moyen de mamelles.

A la renaissance des lettres en Europe, on se borna d'abord à copier les anciens.

Aldrovande commença le premier à s'étendre davantage sur les chauve-souris : cédant toutefois aux préjugés de son siècle, il en fit une même famille avec l'autruche; et la raison qu'il en donne, est que ces deux espèces d'oiseaux participent tout autant de la nature des quadrupèdes.

Scaliger, de son côté, fait de la chauve-souris un être tout-à-fait merveilleux : il lui trouve et deux et quatre pieds. Elle marche sans pattes, et vole sans ailes; elle voit lorsqu'il n'y a pas de lumière, et cesse de voir quand la lumière paraît. C'est, ajoute-t-il, le plus singulier de tous les oiseaux, puisqu'il a des dents, et qu'il est privé de bec.

Si plus tard on donna enfin quelque attention aux chauve-souris, ce ne fut pas d'abord pour en étudier l'organisation : on n'y regarda qu'autant qu'il le fallut pour parvenir à les comprendre dans des distributions méthodiques; ou plutôt on n'alla consulter en elles que les points de leur conformation qui correspondaient aux bases sur lesquelles on avait fait rouler l'échafaudage des systèmes zoologiques.

Toutefois, il arriva qu'on eut de bonne heure une idée exacte des affinités des chauve-souris : c'est qu'on avait fort heureusement choisi, pour point de départ de ces sortes de travaux, des caractères extérieurs correspondant à des caractères anatomiques plus généraux et plus profonds.

Dès ce moment, on ne sépara plus les chauve-souris des quadrupèdes vivipares : une étude plus approfondie de leur organisation confirma les indications fournies par la considération de leurs dents.

En effet, les chauve-souris ont, comme les quadrupèdes vivipares, le cœur biloculaire, les poumons celluleux, suspendus et enfermés dans la plèvre, un diaphragme musculeux, interposé entre la cavité du thorax et celle de l'abdomen, un cerveau ample et ramassé, le crâne composé d'autant de pièces, et de pièces également enchevêtrées. C'est le même système sensitif; et ce sont les mêmes appareils pour la digestion et les sécrétions. Leurs dents sont aussi de trois sortes : tout leur corps est également couvert de poils; et, ce qu'on savait depuis long-temps, sans avoir tiré la même conséquence que de nos jours, elles enfantent également leurs petits vivans, et leur donnent le lait de leurs mamelles. Leurs os, leurs muscles, leurs vaisseaux, tout en elles est comme dans les quadrupèdes vivipares; et la ressemblance est telle, que les moindres détails de leur organisation suffiraient seuls et séparément, pour montrer que ce sont de vrais mammifères, et qu'on ne saurait se dispenser de les comprendre dans la même classe.

Mais il y a loin cependant de ce résultat aux vues hardies de Linné, qui les rangea dans un même ordre avec l'homme et les singes, et qui ne craignit pas de donner aux uns et aux autres un nom semblable, tantôt celui d'*antropomorphæ* (êtres à visage humain), tantôt celui de *primates* (animaux de premier rang). Toute extraordinaire que parut cette classification, le grand nom de son auteur la consacra.

Toutefois, il survint, peu après, une opinion qui ne pouvait s'en accommoder; ce fut celle de quelques naturalistes qui avaient cru apercevoir entre tous les animaux des rapports suivis et gradués, et une marche progressive du simple au composé. Cette échelle mystérieuse, dont on avait fait descendre les premiers échelons de la voûte céleste, vraie sous quelques rapports, et quand on se borne à des énoncés généraux, c'est-à-dire aux principaux embranchemens du règne animal, fut cause qu'on ne s'en tint pas, à l'égard des chauve-souris, aux premiers aperçus de Linné. En effet, des animaux constitués comme les mammifères, et jouissant des plus belles prérogatives des oiseaux, formaient dans ce système une famille à ne pas négliger. Aussi, on ne manqua pas de la considérer comme un chaînon visiblement destiné à faire arriver, par une transition insensible, du premier de ces groupes au second.

De l'écureuil volant la famille douteuse,

a dit le chantre des trois règnes de la nature,

L'oreillard déployant son aile membraneuse,
Joignent le quadrupède avec le peuple ailé.

C'était implicitement confondre l'effet avec la cause, et jusqu'à un certain point reconnaître que la faculté du vol, dans les oiseaux et les chauve-souris, résultait au fond d'une même organisation.

On examina ce point de fait; et l'on ne fut pas longtemps sans demeurer convaincu que si les chauve-souris se rencontrent dans les régions de l'atmosphère avec les oiseaux, elles s'y portent en employant des instrumens différens, dont toutes les anomalies dérivent du type des mammifères.

La seule chose commune aux chauve-souris et aux oiseaux, c'est que, des deux côtés, ce sont les extrémités antérieures qui, déviant de leurs formes habituelles, sont transformées en organes du vol, et deviennent des rames propres à fendre et à choquer l'air.

Mais, des deux côtés aussi, les choses sont essentiellement différentes.

Les parties qui correspondent aux doigts, sont dans les oiseaux presque effacées : elles n'y existent que rudimentaires, atténuées et soudées les unes aux autres; d'où il résulte que la main des oiseaux n'est vraiment qu'un moignon. L'aile existe au-delà, appuyée et ajustée sur cette extrémité du membre, et consistant dans ses longues pennes terminales, c'est-à-dire qu'en dernière analyse, sa portion la plus utile n'est au fond composée que de tiges ou d'élémens appartenant au système épidermique.

Dans les chauve-souris, au contraire, c'est le membre lui-même et principalement la main qui sont extraordinairement agrandis. Les pièces osseuses, leur principal support, sont d'autant plus grêles et déliées qu'elles acquièrent une plus grande longueur. Elles fournissent, sous ce rapport, un nouvel exemple de ce qu'on trouve partout ailleurs chez les animaux, où un organe n'acquiert jamais de dimension exagérée dans un sens, que ce ne soit à ses propres dépens dans un autre.

Qu'on se figure la main d'un singe, dont les parties solides auraient été passées à la filière, et s'écarteraient du carpe, comme les rayons d'un segment de cercle; et l'on aura une idée nette de la construction d'une main de chauve-souris.

Le pouce seul n'éprouve pas les mêmes modifications; il reste court, dégagé de toute entrave, et susceptible de mouvemens très-variés : tel est encore le pouce des singes. Comme il n'est pas employé en organe du vol, qu'il conserve sa fonction ordinaire, et qu'il est et reste doigt quant à l'usage, il est maintenu dans toute son intégrité, c'est-à-dire qu'il reste pourvu de sa dernière phalange et de son ongle.

Les quatre autres doigts, au contraire, que leur longueur démesurée change en instrumens de vol, passant à un emploi étranger, ne sont plus susceptibles de leur service habituel, dès que c'est en se tourmentant et se fatiguant beaucoup que les chauve-souris parviennent quelquefois à s'en servir pour se traîner sur un plan horizontal ou pour tenir leurs petits embrassés

Une autre anomalie rend, en outre, ces quatre doigts dignes d'attention; ils n'existent plus dans leur entier : ce ne sont plus que des doigts sans ongle. Et, chose remarquable, comme si la phalange qui les termine et qui se montre partout ailleurs avec une forme calquée sur celle de l'ongle, en devait suivre toutes les conditions, elle manque là où l'ongle a disparu. Aussi, si le nom de phalange onguéale n'avait pas été déjà donné à cette partie de la main, serait-ce le cas de le créer, pour rappeler une subordination aussi constante.

Les longues phalanges des chauve-souris ne sont à leur aile que ce que sont les baguettes d'un parachute à l'ensemble de cet instrument, c'est-à-dire des supports destinés à fixer une étoffe qui puisse résister à l'air. Celle-ci ne manque pas dans les chauve-souris; elle est produite par un prolongement de la peau des flancs : le dos et le ventre fournissent chacun leur feuillet; ce dont on s'est assuré en séparant en deux couches semblables l'épaisseur de la membrane des ailes. Toutefois, quoique cette membrane soit formée de deux peaux accolées l'une à l'autre, elle ne se manifeste à nous que sous l'apparence d'un réseau mince, transparent et léger. Ainsi, de même que les os de la main ne se sont allongés qu'en diminuant d'épaisseur, de même aussi le système tégumentaire ne s'est étendu autant sur les flancs qu'en s'amincissant dans une égale proportion. Or, il est à remarquer que ce qui est ici l'effet d'une loi générale de l'organisation, complète merveilleusement les moyens de vol des chauve-souris, puisque des os plus compactes et une membrane plus épaisse et plus dense, surtout à une aussi grande distance de la force motrice, eussent ajouté au corps de ces animaux un poids que tous leurs efforts ne seraient sans doute pas parvenus à vaincre.

Cette analyse de l'aile de la chauve-souris, en nous montrant un bras et une main de mammifère, dont le métacarpe et les phalanges sont unis par des membranes, suffit pour établir, que non-seulement l'aile de la chauve-souris n'est nullement comparable à l'aile d'un oiseau, mais de plus, que pour bien concevoir ses étranges anomalies, il convient de s'attacher à la considération des extrémités les plus favorablement disposées pour saisir, et les plus profondément divisées. Or, les mammifères aux digitations les plus profondes, sont les quadrumanes. En retrouvant les chauve-souris plus voisines en cela de ce groupe que d'aucun autre de la classe des mammifères, nous sommes donc ramenés par cette considération à reconnaître que Linné avait bien jugé de leurs affinités.

Nous sommes encore mieux conduits à cette conséquence par l'examen des autres traits qui les distinguent.

Ayant plus haut indiqué les caractères anatomiques et profonds qui leur sont communs avec tous les animaux à mamelles, nous ne pouvons plus porter notre attention que sur leurs autres caractères qui les mettent en communication avec les choses de leur monde extérieur. Ces caractères de deuxième ordre, nous allons les examiner :

1°. Les mamelles.

Plus nous nous éloignons du groupe des quadrumanes qui ont leurs glandes mammaires situées sur le thorax, plus nous voyons ces glandes redescendre de la poitrine à l'abdomen. Leur déplacement, soit qu'elles se distribuent sur tout le tronc, comme dans les carnassiers, soit qu'elles se reportent tout-à-fait en arrière, comme dans les ruminans, fournit un caractère d'une assez grande valeur. Or, toutes les chauve-souris, à l'exception des rhinolophes, ont exactement leurs mamelles semblables à celles des quadrumanes pour le nombre et la position.

2°. Les organes de la génération.

Les chauve-souris ne sont encore, sous ce rapport, comparables qu'aux quadrumanes; leur pénis est de même gros, ramassé, visible au dehors, pendant sur les testicules et assez court pour se passer d'osselet, dont il n'y a guère de privés que l'homme, les quadrumanes et les chauve-souris. S'il fallait suivre les rapports de ces êtres jusque dans la conformité de leurs habitudes, nous verrions encore les chauve-souris ressembler aux quadrumanes par des inspirations désordonnées et l'entraînement d'une brutalité révoltante : j'ai en effet rapporté, d'après M. Roch (*Annales du Muséum*, tome VII, page 227), une observation qui prouve que les chauve-souris s'adonnent de même, en domesticité, à user seules des organes de la génération.

3°. Les dents.

Ce caractère est décisif, et semble indiquer qu'à l'exception des bras, c'est le type des quadrumanes que la chauve-souris reproduit; car, sans cela, comment concevoir cette exacte répétition des formes dans des parties aussi compliquées et aussi peu essentielles à la vie que le sont les dents incisives? Cependant les roussettes ont ces dents comme les singes, et les vespertilions, comme les makis : les molaires sont dans les mêmes rapports, c'est-à-dire formées dans ceux-ci par une large couronne hérissée de pointes, et dans ceux-là, par une tranche nette.

4°. Les abajoues.

Presque tous les singes de l'ancien monde présentent une dilatation très-grande des muscles buccinateurs, dans une convenance parfaite avec leur gloutonnerie et leur caractère inquiet : on sait que les singes mettent à profit cette organisation, pour s'en servir comme de poches, quand ils vont à la hâte piller des jardins et des champs cultivés. Ce sont aussi là des faits de l'histoire des chauve-souris : plusieurs d'entre elles ont aussi des abajoues, qu'elles remplissent d'insectes dans leurs chasses, se réservant de faire curée à leur retour dans leurs retraites.

Tant de rapports entre les chauve-souris et les quadrumanes, nous prouvent que Linné, en plaçant son genre *vespertilio* à la suite des makis, a vraiment présenté les chauve-souris dans l'ordre de leurs affinités naturelles; mais il a été plus loin, comme nous l'avons vu : il a jugé ces rapports si intimes, qu'il n'a plus fait des unes et des autres qu'une seule grande famille, ou l'ordre unique des *primates*.

Nous ne pouvons nous ranger à cette deuxième partie de son opinion. Le grand nombre de chauve-souris publiées aujourd'hui, et surtout une connaissance plus profonde de leur organisation, les font présentement considérer comme un ensemble qui a ses limites distinctes, ou comme une de ces grandes familles qui, sous le nom d'*ordre*, forment les premières coupes de la classe des mammifères. Déjà, en 1795, nous avions,

M. Cuvier et moi, proposé pour ce nouvel ordre le nom de *cheiroptera;* et cette partie de notre travail paraît avoir réuni l'assentiment général.

Montrons, en effet, que les caractères qui appartiennent exclusivement aux chauve-souris, exercent une assez grande influence sur leur économie pour justifier cette nouvelle manière de les envisager.

Une des choses les plus dignes de remarque que présente leur organisation, est cette disposition du système cutané à se prolonger au-delà des contours de l'animal, et à procurer aux organes des sens plus d'étendue et plus d'activité.

On n'a peut-être pas donné assez d'attention à la manière dont se fait cette extension. La peau des flancs ne se porte pas seulement sur les bras, pour de là se distribuer entre les phalanges des métacarpes et les doigts; elle embrasse aussi les extrémités de derrière, et, en se prolongeant entre les jambes, elle se répand le long de la queue, de manière à former, autour des chauve-souris, une surface qui est réellement hors de toute proportion avec la petitesse de leur corps.

Il n'y avait en effet qu'une surface aussi considérable qui pût offrir les organes d'un toucher si parfait et d'un tact si exquis, que Spallanzani, qui en a observé les phénomènes, les attribuait à un sixième sens.

Les oreilles externes participent tellement à cette tendance du système cutané à s'agrandir, qu'il est de ces oreilles prolongées sur le front et réunies en partie; et qu'on connaît quelques espèces, entre autres le *vesp. auritus* (*voyez* planche 2, fig. 3), où elles égalent en longueur l'animal lui-même. Elles participent en outre à cette tendance d'une manière encore plus curieuse, étant doubles dans la plupart des chauve-souris. En effet, indépendamment de la conque externe qui ne diffère de l'oreille des autres animaux que par plus d'étendue, il en est une seconde qui borde l'orifice du méat auditif.

Quoiqu'on ne trouve cette petite oreille, ou l'*oreillon*, que dans les chauve-souris, ce n'est pas un organe dont il n'y ait aucune trace ailleurs : la nature n'opère qu'avec un certain nombre de matériaux qui varient seulement de dimension. L'oreillon en est une preuve : il dérive du *tragus*; ou plutôt c'est le tragus lui-même qu'on est tenté de prendre pour une partie distincte, à raison de son étendue qui, quoique considérable, n'est que dans la proportion de l'oreille, et à raison aussi de la manière dont l'oreille est repliée et comme roulée sur elle-même.

Cette susceptibilité des tégumens communs à saillir en dehors, se fait remarquer de même aux abords d'autres cavités des organes des sens. Il est en effet beaucoup de chauve-souris qui ont le nez bordé de crêtes et de feuilles formées par une duplicature de la peau : ces membranes sont disposées en entonnoir dont le fond sert d'entrée aux fosses nasales.

Il en est donc de l'organe de l'odorat comme de celui de l'ouïe; l'un et l'autre sont pourvus de conques ou de cornets extérieurs.

Des membranes aussi étendues et aussi multipliées ne peuvent exister sans exercer une grande influence :

aussi voyons-nous que le monde extérieur des chauve-souris en est agrandi.

Il est évident, par exemple, qu'elles acquièrent la notion de beaucoup de corpuscules qui ne sont sensibles pour aucun autre animal. Les observations de Spallanzani nous apprennent que, si elles se décident sur l'indication du toucher, c'est le plus souvent sans recourir à un contact immédiat, et qu'il leur suffit, selon la judicieuse remarque de mon célèbre ami M. Cuvier sur ces observations, pour être averties de la présence des objets corporels, de palper l'air interposé entre elles et ces objets, et d'apprécier la manière dont il réagit sur la membrane de leurs ailes.

En veut-on une autre preuve? Qu'on considère ces vastes entonnoirs placés au devant des organes de l'ouïe et de l'odorat. Ne sont-ce pas là autant d'instrumens perfectionnés, qui donnent aux êtres qui en sont pourvus, la faculté au plus haut degré de percevoir les plus petites particules du son et les moindres émanations odorantes?

Avec ces moyens de se rendre attentives et prêtes à toute espèce de perceptions, les chauve-souris ont, en outre, la faculté de s'y soustraire; faculté sans doute indispensable, puisqu'autrement elles eussent été accablées sous une aussi grande perfection des organes des sens. L'oreillon est placé sur le bord du méat auditif, de manière qu'il devient à volonté une soupape qui en ferme l'entrée; il suffit pour cela d'une faible inflexion de l'oreille, et même, dans quelques individus, du froncement et du seul affaissement des cartilages.

Les replis et les bourrelets des feuilles nasales remplissent le même objet, à l'égard des narines.

Ainsi, ce n'est point sans profit pour les chauve-souris que le système cutané prend un accroissement si considérable : il est de toute évidence que les organes des sens y gagnent plus de volume et de perfection.

D'un autre côté, l'excessive étendue de la main des chauve-souris a comme exercé une sorte de réaction sur les organes qui la font mouvoir : le cœur est placé plus haut ; les muscles pectoraux sont plus volumineux, et ils ont en même temps leur siége et leurs attaches sur un sternum formé de pièces aussi remarquables par leur grandeur que par leur parfaite ossification : on sait au contraire que le sternum des quadrumanes est généralement faible, petit et simplement cartilagineux.

Les os de l'avant-bras ne sont pas non plus susceptibles, comme dans ces derniers, des mouvemens de pronation et de supination. Ce qui est une très-grande perfection dans les quadrumanes qui demeurent comme suspendus toute la vie aux branchages des arbres, et qui ne peuvent prendre aucun soin pour se conserver sans qu'ils soient portés à saisir, formerait un grave inconvénient dans les chauve-souris qui, à chaque battement d'aile, auraient à redouter que la résistance de l'air ne causât la rotation de leur main. Tout mouvement de cette espèce leur est rendu impossible par l'atrophie de l'un des deux os de l'avant-bras, ou le cubitus : cet os n'y est plus que rudimentaire ; il n'y existe que dans son tiers huméral, et il est presque soudé au radius, pièce assez forte pour soutenir le carpe et toute la main.

On peut calculer de combien les extrémités antérieures se trouvent agrandies dans les chauve-souris, en les comparant à celles de derrière, restées dans leurs dimensions ordinaires. Celles-ci ne sont en outre qu'en partie engagées dans la membrane des flancs : le pied est libre; la membrane a ses dernières attaches sur le tarse, dont un des osselets saille en dehors, prend la forme d'une épine, et rend à la membrane interfémorale le service de la maintenir lors de son développement.

Les doigts postérieurs sont petits, comprimés, égaux entre eux, et toujours au nombre de cinq : le pouce ne s'en distingue point. Tous sont terminés par des griffes ou de petites lames cornées, faites en quart de cercle, fort acérées à la pointe, et remarquables par leur égalité et leur parallélisme.

Il faut que cette conformation des doigts entre d'une manière bien nécessaire dans la constitution des chauve-souris : car elle n'éprouve nulle part de modification; et dans le fait, si l'on y réfléchit bien, la chose ne peut manquer d'être ainsi.

Les fonctions, ailleurs départies aux doigts, se trouvent dans la chauve-souris comme concentrées dans ceux de derrière, où seulement il en existe de véritables : nous avons vu qu'en avant, un seul reste conservé, les quatre autres n'étant, à proprement parler, que des brins solides, propres seulement à tendre ou plisser la membrane.

Telles sont les seules ressources de la chauve-souris pour la locomotion, quand elle n'est pas dans le vol :

à les considérer, on ne supposerait pas qu'elle pût être tentée de les mettre en œuvre pour changer de place à la manière des quadrupèdes. Cependant, quand cela lui est utile, elle sait en tirer un parti très-avantageux. Ses ailes reployées deviennent, au besoin, des jambes de devant : elle pose alors sur quatre pieds. Elle marche enfin, et se traîne même avec assez de vélocité pour qu'on puisse dire qu'elle court avec vitesse.

Mais pour cela, que de peines, que d'efforts! combien d'actions diverses! On la voit d'abord, porter en devant et un peu de côté son bout d'aile ou moignon, se cramponner au sol, en y enfonçant l'ongle de son pouce; puis, forte de ce point d'appui, rassembler ses jambes postérieures sous le ventre, et sortir de cet accroupissement, en s'élevant sur son train de derrière, et faisant dans le même temps exécuter à toute sa masse une culbute qui jette son corps en avant : mais comme elle ne se fixe au sol qu'en y employant le pouce d'une des ailes, le saut qu'elle fait a lieu sur une diagonale, et la rejette d'abord du côté par où elle s'était accrochée; elle emploie, pour le pas suivant, le pouce de l'aile opposée, et, culbutant en sens contraire, elle finit, malgré ces déviations alternatives, par cheminer droit devant elle.

Cet exercice finit par fatiguer beaucoup : aussi, pour qu'elle s'y livre, ou il faut qu'elle jouisse dans son antre d'une grande sécurité, ou qu'elle y soit contrainte par une suite d'accidens qui l'aient fait tomber sur un plan horizontal.

Toute chauve-souris qui est dans ce dernier cas, s'y

soustrait aussitôt, parce qu'il lui est alors impossible de s'élever et de reprendre le vol : ses ailes ont trop d'étendue; et les efforts qu'elle peut faire, n'aboutissent le plus souvent qu'à heurter le sol et à lui procurer une nouvelle chute. Si, au contraire, elle parvient à gagner un lieu élevé, un arbre ou même un tertre, elle se remet facilement dans la seule situation qui lui convienne.

Cette situation, c'est le vol. Ce n'est que dans les airs que les chauve-souris se complaisent, parce que c'est là seulement qu'elles jouissent de toute liberté, qu'elles mettent à profit toutes leurs ressources, et qu'elles ont une confiance sans bornes, quelquefois même jusqu'à s'emporter et aller braver des dangers réels.

Mais ces courses ne peuvent être continuelles : le repos doit les suivre. C'est pour ce moment critique que les chauve-souris réservent toute leur prudence. Le sentiment des dangers auxquels elles sont alors exposées, les porte à rechercher les retraites les plus profondes et les plus inaccessibles, et leur fait prendre la précaution de se suspendre à la voûte des cavernes, la tête en bas; simplement accrochées par les ongles de derrière, elles n'ont plus qu'à lâcher prise, pour se dérober par le vol à une attaque imprévue.

Nous entrevoyons maintenant les motifs de cette position inverse à laquelle il était remarquable qu'il n'y eût que les chauve-souris d'astreintes. En effet, nulle autre situation ne les rendrait aussi promptement à l'industrie qui leur est la plus familière; nulle autre ne leur fournirait plus de facilités pour échapper, et aller se perdre dans l'immensité des airs.

Les chauve-souris prêtes à se lancer, ayant à déployer l'embarrassant manteau que forme la membrane de leurs ailes, et ne pouvant le faire qu'en se procurant sur les côtés un espace proportionnel à son étendue, ne pouvaient, pour rencontrer toutes ces chances de succès, que tomber d'un lieu élevé.

Les pieds de derrière des chauve-souris devaient donc, pour fixer ces animaux au plafond de leurs retraites, avoir une forme appropriée à cette destination : dès-lors, il devient facile de se rendre compte du parallélisme et de l'égalité de leurs doigts aussi bien que de la courbure et de la pointe acérée de leurs ongles. Réfléchissant, en effet, que ces pieds, dont nous n'avions pas d'abord rattaché les formes au plan des chauve-souris, complètent au contraire leur système (ce qui donne aux diverses parties des organes de la locomotion des usages qui se correspondent et qui sont dans des relations nécessaires), nous ne nous étonnerons plus de l'invariabilité des formes de ces extrémités; ce dont nous avions fait précédemment le sujet d'une remarque.

On n'entre point dans les souterrains des chauve-souris qu'on ne soit d'abord affecté par l'odeur de leur fiente. On la trouve rassemblée en monceaux souvent très-considérables sur le sol, vers le centre des espaces qu'elles occupent : enfin, on ne peut se méprendre sur le lieu d'où proviennent ces produits excrémentitiels; c'est de la voûte du souterrain.

C'est bien là aussi le rendez-vous des chauve-souris; c'est là effectivement qu'elles s'assemblent côte à côte. Mais il ne faut pas oublier qu'elles y demeurent suspendues par les pieds de derrière; et alors, comment concevoir qu'elles puissent se vider, dans une situation si peu convenable à cet objet?

Je vais dire comment elles y procèdent : je raconterai ce que j'ai vu.

Une chauve-souris, dans ce cas, met d'abord une de ses pattes en liberté d'agir, et en profite tout aussitôt pour heurter la voûte; ce qu'elle répète plusieurs fois de suite. Son corps, que ces efforts mettent en mouvement, oscille et balance sur les cinq ongles de l'autre patte, lesquels forment, par leur égalité et leur parallélisme, une ligne droite, comme serait l'axe d'une charnière. Quand la chauve-souris est parvenue au plus haut point de la courbe qu'elle décrit, elle étend le bras et cherche sur les côtés un point d'appui pour y accrocher l'ongle qui le termine, celui du pouce de l'extrémité antérieure. C'est le plus souvent le corps d'une chauve-souris voisine qu'elle rencontre; d'autres fois, un mur sur les flancs, ou bien un autre objet solide : mais, quoi que ce soit, elle a atteint son but; elle s'est mise dans une situation horizontale, le ventre en bas, c'est-à-dire dans la situation qui lui convient pour se vider, et pour le faire, en prenant soin de sa robe.

Nous avons montré les chauve-souris sous deux considérations; d'abord sous le point de vue de leurs affinités avec les quadrumanes, et en second lieu, sous celui des anomalies qui les isolent des autres mammifères :

il nous reste présentement à indiquer ceux de leurs traits qui les rapprochent aussi des animaux carnassiers.

Le plus grand nombre vit de proie; leur estomac est petit, sans étranglement ni complication : le canal intestinal, d'un diamètre assez égal, est court, et le cœcum manque entièrement.

Les dents répondent à cet ordre de choses : les incisives sont lobées; les canines longues et aiguës, et les molaires hérissées de pointes.

Quelques chauve-souris, qui vivent de fruits, ont les dents et les intestins un peu différemment conformés; elles n'ont pas non plus le derme aussi étendu : aussi sont-elles chauve-souris au plus petit titre possible.

Les dents aiguës du plus grand nombre sont leurs seules armes et moyens pour attaquer, saisir et déchirer les insectes dont elles font leur nourriture : elles ont pour les atteindre au vol une facilité qu'on ne leur avait pas encore remarquée; c'est la grandeur de leur bouche : ce sont à cet égard de véritables engoulevens.

La commissure des lèvres ne s'étend point, chez les mammifères, au-delà des dents canines; on dirait que la lèvre supérieure suit le sort des intermaxillaires, qu'elle lui est subordonnée, et qu'elle en est la coiffe : en effet, la bouche n'est large et bien fendue que chez les animaux dont les intermaxillaires sont très-longs, et se trouve au contraire d'une étroitesse extrême dans ceux qui ont ces os très-petits. Les deux genres de la famille des monotrêmes en offrent un exemple remarquable : l'ouverture de la bouche est on ne peut plus différente dans ces deux genres, les ornithorhynques et les échidnés ; et leurs intermaxillaires sont dans ces mêmes rapports.

Les chauve-souris, du moins celles qui se nourrissent d'insectes, sont la seule exception à cette loi générale que je connaisse : la commissure de leurs lèvres est très-reculée en arrière, et correspond à la pénultième molaire. On peut regarder leurs abajoues comme la cause de cette anomalie : car les joues que ces poches rendent flasques, se déplissent et s'étendent avec les lèvres ; et dès-lors la mâchoire inférieure peut s'écarter de la supérieure jusqu'à former avec elle un angle de quatre-vingt-dix degrés.

Les chauve-souris ressemblent aussi aux animaux carnassiers par leurs habitudes tristes, leur vie nocturne, la susceptibilité de leurs organes des sens qui les force de fuir le bruit et la lumière, et leur moindre chaleur spécifique. Elles passent l'hiver ou plutôt la plus grande partie de l'année dans l'engourdissement : extrêmement sensibles aux plus petites impressions du froid et de l'humidité, elles ne jouissent d'une pleine activité et ne sortent de leurs retraites que dans les belles soirées d'été ; mais alors vivement excitées, elles ne sont attentives à rien : occupées de la chasse avec une ardeur sans mesure, ou elles deviennent à leur tour une proie facile pour les oiseaux de proie nocturnes, ou elles donnent dans les pièges qu'on leur tend ; elles tombent dans des filets qu'on agite sur leur route, ou se laissent prendre à la ligne, parce qu'elles happent avec trop d'avidité tout ce qu'elles voient voltiger dans l'air.

Les observations ci-dessus nous montrent les chauve-souris, d'une part, comme voisines des quadrumanes et des carnassiers, et, de l'autre, comme pouvant être rapportées à un type particulier : or, la conséquence à laquelle nous conduit le rapprochement de ces résultats, est que les chauve-souris constituent un ordre qui se distingue nettement des autres mammifères.

En présentant toutes les considérations qui établissent la réalité d'un type particulier pour ces animaux, nous nous sommes tenus dans des énoncés généraux : il nous reste maintenant à faire connaître les chauve-souris sous d'autres rapports.

Nous n'eussions pas eu ces données de l'organisation, que le même résultat eût été obtenu également par les seules considérations zoologiques; nous allons le montrer dans l'exposé suivant.

Belon est le premier qui figura une chauve-souris, l'oreillard : Aldrovande en reproduisit la figure, et y ajouta celle de notre grande espèce d'Europe. Belon avait en outre assez bien signalé une troisième espèce qu'il avait vue en Égypte.

Les voyageurs et les premiers naturalistes iconographes firent, dans la suite, connaître que chaque pays avait ses chauve-souris distinctes : s'ils ne le dirent pas positivement, c'est du moins ce qui résultait des publications de Clusius, Pison, Bontius, Flaccourt, Seba et Edwards.

Cependant, on possédait ces matériaux dès 1748, qu'on ne croyait encore qu'à l'existence de cinq espèces de chauve-souris : le catalogue de Linné ou son *Sys-*

tema naturæ d'alors ne fait pas mention d'un plus grand nombre.

Mais au moins on avait jusque-là été d'accord sur l'établissement de la famille des chauve-souris : c'était un de ces genres qu'on avait fait d'instinct avant l'invention des méthodes.

D'autres principes dirigèrent Brisson, en 1756; il avait rangé les quadrupèdes suivant l'ordre numérique des dents incisives. Dès qu'il s'aperçut que les chauve-souris se séparaient, d'après cette considération, en deux séries, il se crut obligé de les partager également en deux genres, leur donnant les noms de *pteropus* et de *vespertilio*. On avait alors si peu d'égard aux affinités des êtres, que personne ne fut choqué de voir ces deux groupes éloignés l'un de l'autre, et leur intervalle rempli par des animaux autres que des chauve-souris.

Comme on était dans cette fausse route, Daubenton cherchait des sujets pour son anatomie comparée. Il vint à trouver en France quatre chauve-souris qu'on n'y avait pas encore observées; et cette découverte l'engagea à revoir ce qui avait été fait avant lui sur ces mammifères, et à en donner une monographie. Son mémoire, monument précieux, surtout si l'on se reporte à l'époque de sa publication, fut imprimé dans le *Recueil de l'Académie des sciences* pour l'année 1759. La monographie de ce célèbre naturaliste fut aussi enrichie, tant de plusieurs espèces étrangères trouvées à Paris dans des collections publiques, que de celles qu'Adanson venait de rapporter du Sénégal.

Dès ce moment, la famille des chauve-souris fut établie sur des bases solides : on eut un guide qu'on apprécia et qu'on suivit.

Linné en donna le premier l'exemple, mais non pas en toutes occasions, puisqu'il retira de son genre *vespertilio* la chauve-souris de Feuillée, ou le bec-de-lièvre, pour en faire, dans la douzième édition de son *Systema naturæ* (on ne sait trop pour quel motif), le genre *noctilio* de ses *glires*.

On s'était jusque-là si bien trouvé de l'emploi des dents incisives pour l'établissement des genres, qu'il était naturel de beaucoup compter sur la valeur de ce caractère : on fut donc étonné d'apprendre, d'abord par Brisson, et ensuite d'une manière plus explicite par Daubenton, que les chauve-souris différaient entre elles sous ce rapport.

Le nombre de ces animaux n'était pas encore considérable, et on donnait déjà plus d'attention aux affinités des êtres : néanmoins on continua, à l'exemple de Daubenton, à comprendre dans un seul genre toutes les chauve-souris connues ; et, pour s'en excuser en quelque sorte, on affecta d'insister sur la discordance de leurs caractères génériques, et sur l'idée que ces êtres étaient comme frappés d'anomalies inexplicables.

Il n'y eut qu'Erxleben qui reproduisit la division de Brisson, *pteropus* et *vespertilio*, et qui se montra en cela un compilateur peu judicieux ; car il détruisit l'essence du genre *vespertilio*, en le définissant comme Brisson, et en y faisant entrer les nouvelles chauve-souris de Daubenton, auxquelles cette définition ne convenait pas.

On ne fit plus dans la suite que se copier les uns les autres : d'ailleurs, on s'en tint à un seul genre ; et l'on crut satisfaire à ce qu'exigeait l'état de la science, en donnant, dans des annotations, l'énumération des dents incisives de chaque espèce.

C'était ce caractère, qui, entendu de diverses manières, avait motivé ces différentes façons de classer les chauve-souris : j'y donnai attention.

Je m'aperçus d'abord qu'une des circonstances de ces dents[1] avait donné lieu à quelques erreurs, même de la part de nos plus habiles observateurs. Pallas avait compté, à la mâchoire inférieure du *vesp. pictus*, huit dents incisives au lieu de six qui y sont réellement ; et Daubenton n'en avait point remarqué en haut au *vesp. ferrum equinum*.

Je pus aussi apprécier une autre circonstance de ces dents, source d'autres erreurs : c'est qu'étant plus petites que leurs alvéoles, elles s'en détachent facilement, et manquent dans quelques individus.

Enfin, une troisième observation explique encore mieux leurs nombreuses anomalies ; c'est la dépendance dans laquelle elles sont des organes qui les avoisinent.

Ailleurs que dans les chauve-souris, il n'y a guère qu'une seule manière d'être pour les organes des sens, qui ont leur siège auprès des dents incisives. Ils sont, en général, contenus dans de certaines limites, et ne

[1] Les dents incisives de la plupart des chauve-souris sont crénelées.

nuisent pas au développement de l'os intermaxillaire, qui, lui-même à son tour, fournit aux incisives tout l'emplacement et la solidité nécessaires. Rien ne troublant cet arrangement, les dents incisives croissent dans leur alvéole, selon l'action qu'exercent sur elles les élémens dont l'être est constitué : effets en quelque sorte du concours de beaucoup de causes très-disséminées et la plupart occultes, ces dents peuvent alors être employées à indiquer ces causes d'une manière générale, et c'est dans ce sens qu'elles sont appréciées comme un excellent caractère générique.

Le contraire a lieu dans les chauve-souris. Leurs organes des sens se compliquent de cette tendance du derme à acquérir un accroissement considérable : l'organe de l'odorat, entre autres, est souvent obstrué par des espèces de soupapes; mais comme il n'arrive presque jamais de développement extraordinaire en un lieu, que cela ne devienne ailleurs un obstacle, les développemens des fosses nasales influent sur l'intermaxillaire. Celui-ci devient d'autant plus petit que celles-là s'étendent et se prolongent davantage : il est quelquefois rapetissé, au point de n'être plus qu'un point osseux, qui nage et se perd dans le derme : quelquefois, enfin, il disparaît entièrement.

Les incisives, qui en suivent ordinairement toutes les conditions, et qui deviennent petites ou manquent avec lui, sont alors traversées dans leur développement par une influence spéciale : n'obéissant plus à une impulsion de toute l'organisation, elles n'en rendent plus le même compte; elles varient au contraire avec l'intensité de l'action locale qui pèse sur elles, et, dans ce cas, elles sont un caractère d'une valeur moindre que dans les autres familles où leur croissance n'est en rien contrariée.

Mais si elles le cèdent pour l'importance aux organes des sens qui les avoisinent, elles deviennent de nouveau un objet digne de considération : en relation avec ces organes, elles peuvent du moins nous en faire apprécier les modifications diverses ; elles concourent avec eux à établir les caractères de quelques groupes particuliers, ou petits genres ; et attendu que ces divers arrangemens sont aussi simultanés avec d'autres modifications qui affectent, soit les organes de la digestion, soit les ailes, la queue et la membrane interfémorale, il suit que nous avons une certaine quantité de caractères d'un rang encore assez relevé pour ordonner les chauve-souris dans des divisions tranchées, et les disposer en familles naturelles.

Le tableau suivant va nous montrer qu'en effet les chauve-souris affectent quinze manières d'être différentes, ou se partagent, comme le disent les naturalistes, en quinze genres distincts :

1. VESPERTILION. *VERPERTILIO.*

Dents *incisives* $\frac{4}{6}$; *canines* $\frac{1}{1}$; *molaires* $\frac{5-5}{5-5}$.

Nez simple et saillant.

Oreilles de grandeur moyenne, latérales et isolées ; *oreillon* au dedans de la conque, ou intérieur.

Membrane interfémorale grande et formant un angle saillant.

Queue longue et tout entière enveloppée.

Obs. Il y a, dans ce genre, jusqu'à dix-sept espèces. Je les ai décrites, *Annales du Muséum*, tome VIII, page 187.

2. OREILLARD. *PLECOTUS.*

Dents *incisives* $\frac{2}{6}$; *canines* $\frac{1}{1}$; *molaires* $\frac{5-5}{6-6}$.

Nez simple et saillant; *chanfrein* large et méplat.

Oreilles plus grandes que la tête, et réunies; *oreillon* intérieur.

Membrane interfémorale étendue et à angle saillant.

Queue longue et tout entière enveloppée.

Obs. Les trois espèces de ce genre sont l'oreillard de Daubenton, la barbastelle et une nouvelle espèce de Timor.

3. NYCTÈRE. *NYCTERIS.*

Dents *incisives* $\frac{4}{6}$; *canines* $\frac{1}{1}$; *molaires* $\frac{4-4}{4-4}$.

Nez au centre d'une excavation, et operculé; *chanfrein* large et concave.

Oreilles grandes, antérieures et contiguës; *oreillon* intérieur.

Membrane interfémorale très-grande et à angle saillant.

Queue longue, enveloppée, et terminée par une double vertèbre.

Obs. Trois espèces dans ce genre : le nyctère de Daubenton, celui de la Thébaïde, un troisième de Java.

4. RHINOPOME. *RHINOPOMA.*

Dents *incisives* $\frac{2}{4}$; *canines* $\frac{1}{1}$; *molaires* $\frac{5-5}{5-5}$.

Nez long, conique, coupé carrément à l'extrémité, et surmonté d'une petite feuille; ouvertures nasales étroites, transversales et operculées; *chanfrein* large et concave.

Oreilles grandes, réunies et couchées sur la face; *oreillon* extérieur.

Membrane interfémorale étroite et terminée carrément.

Queue longue, enveloppée seulement à l'origine, et libre au-delà.

Obs. J'en connais deux espèces, le microphylle et le rhinopome de la Caroline.

5. MULOT-VOLANT. *MOLOSSUS.*

Dents *incisives* $\frac{2}{4}$; *canines* $\frac{1}{1}$; *molaires* $\frac{5-5}{5-5}$.

Nez simple; *chanfrein* convexe.

Oreilles grandes, réunies et couchées sur la face; *oreillon* extérieur.

Membrane interfémorale moyenne et coupée carrément.

Queue longue, à demi enveloppée, et libre au-delà.

Obs. J'en ai décrit neuf espèces (*Annales*, tome VI, page 150). Il n'en existe qu'en Amérique.

6. MYOPTÈRE. *MYOPTERUS.*

Dents *incisives* $\frac{2}{4}$; *canines* $\frac{1}{1}$; *molaires* $\frac{5-5}{5-5}$.

Nez simple; *chanfrein* méplat.

Oreilles larges, isolées et latérales; *oreillon* intérieur.
Membrane interfémorale moyenne.
Queue longue, à demi enveloppée, et libre au-delà.

Obs. On ne connaît que la seule espèce publiée par Daubenton, sous le nom de *rat-volant*.

7. TAPHIEN. *TAPHOZOUS*.

Dents *incisives* $\frac{2}{4}$; *canines* $\frac{1}{1}$; *molaires* $\frac{5}{5}=\frac{5}{5}$.

Nez en groin; *chanfrein* concave.
Oreilles moyennes, latérales et isolées; *oreillon* intérieur.
Membrane interfémorale grande et saillante.

Obs. Le lérot-volant et le *V. lepturus* sont les deux seules espèces de ce genre qu'on ait publiées; l'Égypte et l'Ile-de-France en nourrissent deux autres.

8. BEC-DE-LIÈVRE. *NOCTILIO*.

Dents *incisives* $\frac{4}{2}$; *canines* $\frac{1}{1}$; *molaires* $\frac{4}{4}=\frac{4}{4}$.

Nez confondu avec les lèvres; celles-ci largement et profondément fendues.
Oreilles petites, latérales et isolées; *oreillon* intérieur.
Membrane interfémorale très-grande et saillante.
Queue moyenne, enveloppée en grande partie, et libre dans le reste en dessus de la membrane.

Obs. On en connaît trois espèces.

9. NYCTINOME. *NYCTINOMUS.*

Dents *incisives* $\frac{2}{4}$; *canines* $\frac{1}{1}$; *molaires* $\frac{4}{5}=\frac{4}{5}$.

Nez confondu avec les lèvres; celles-ci largement et profondément fendues.
Oreilles grandes, réunies et couchées sur la face; *oreillon* extérieur.
Membrane interfémorale moyenne et saillante.
Queue longue, à demi enveloppée, et libre au-delà.

Obs. Les espèces de ce genre sont le nyctinome d'Égypte, celui du Bengale, et le nyctinome de Bourbon.

10. STÉNODERME. *STENODERMA.*

Dents *incisives* $\frac{4}{4}$; *canines* $\frac{1}{1}$; *molaires* $\frac{4}{4}=\frac{4}{4}$.

Nez simple.
Oreilles petites, latérales et isolées; *oreillon* intérieur.
Membrane interfémorale rudimentaire, bordant les jambes.
Queue nulle.

Obs. Une seule espèce dans ce genre, le sténoderme roux.

11. PHYLLOSTOME. *PHYLLOSTOMA.*

Dents *incisives* $\frac{4}{4}$; *canines* $\frac{1}{1}$; *molaires* $\frac{5}{5}=\frac{5}{5}$ ou $\frac{4}{6}=\frac{4}{6}$.

Nez au centre d'une excavation bordée en devant d'une crête, et terminée en arrière par une feuille.
Oreilles moyennes, latérales et isolées; *oreillon* intérieur.

Membrane interfémorale grande et saillante.
Queue nulle ou courte.

Obs. J'ai aussi publié (*Annales du Muséum*, tome VI, page 157) les neuf espèces dont le genre *phyllostome* est formé.

12. RHINOLOPHE. *RHINOLOPHUS.*

Dents *incisives* $\frac{2}{4}$; *canines* $\frac{1}{1}$; *molaires* $\frac{4-4}{5-5}$.

Nez au fond d'un entonnoir, bordé en devant d'une crête, et terminé en arrière par une feuille.
Oreilles moyennes, latérales et isolées ; *oreillon* nul.
Membrane interfémorale grande et saillante.
Queue longue et enveloppée entièrement.

Obs. Six espèces composent le genre *rhinolophe*.

13. MÉGADERME. *MEGADERMA.*

Dents *incisives* $\frac{0}{4}$; *canines* $\frac{1}{1}$; *molaires* $\frac{4-4}{5-5}$.

Nez au fond d'un entonnoir fermé par trois folioles ; une crête en devant, une feuille en arrière, une membrane sur l'entrée des narines.
Oreilles grandes et réunies ; *oreillon* intérieur.
Membrane interfémorale grande et saillante.
Queue nulle.

Obs. Même volume des *Annales du Muséum*, p. 145, j'ai aussi traité des quatre espèces connues de mégadermes.

14. ROUSSETTE. *PTEROPUS.*

Dents *incisives* $\frac{4}{4}$; *canines* $\frac{1}{1}$; *molaires* $\frac{5-5}{6-6}$.

Nez simple et terminal.
Oreilles petites, latérales et isolées; *oreillon* nul.
Membrane interfémorale rudimentaire, bordant les jambes.
Queue nulle ou très-courte.

Obs. J'ai donné, dans les *Annales du Muséum*, tome xv, page 86, la description des onze espèces dont ce genre est composé.

15. CÉPHALOTE. *CEPHALOTES.*

Dents *incisives* $\frac{2}{2}$; *canines* $\frac{1}{1}$; *molaires* $\frac{4-4}{5-5}$.

Nez simple et terminal.
Oreilles petites, latérales et isolées; *oreillon* nul.
Membrane interfémorale rudimentaire, bordant les jambes.
Queue très-courte.

Obs. J'ai publié également, même volume, p. 104, les deux seules céphalotes que je connaisse.

Des soixante-dix-huit espèces annoncées dans ce tableau, il ne s'en est trouvé que huit en Égypte. On pourrait, d'après cette remarque, s'étonner que je ne me sois pas, dans cet ouvrage, borné à ces huit dernières : qu'on veuille bien me permettre d'en dire le motif.

Trop resserré dans mon cadre, en ne traitant que de ces huit chauve-souris, je n'eusse pas pu marquer avec assez de précision les intervalles qui les séparent : on craint, en pareil cas, de trop individualiser; on opère alors des réunions d'autant plus facilement qu'on n'est pas toujours certain de rencontrer, dans la considération d'une seule espèce, les élémens d'un type distinct : ce n'est que quand on voit les mêmes formes reproduites, qu'on se détermine avec plus d'assurance.

C'étaient des preuves de ce genre que je devais réunir pour montrer que les huit chauve-souris d'Égypte font partie de huit genres distincts. J'ai cru devoir indiquer leurs congénères; et j'ai pensé, en outre, qu'il n'était pas de moyen plus efficace de rassurer les savans sur ces divisions, qu'en présentant les choses de plus haut, et qu'en montrant un ensemble qui embrassât toutes les espèces observées jusqu'ici.

Je ne donne pas, d'ailleurs, un simple résumé de l'état de la science, mais un travail nouveau, et qui m'est propre.

1. VESPERTILION PIPISTRELLE, *VESPERTILIO PIPISTRELLUS*.

PLANCHE I, N°. 3.

J'ajouterai aux caractères des vespertilions tracés plus haut, qu'ils sont remarquables par une tête grosse, le musau court, les naseaux renflés et écartés, le nez sans ornement ni membranes, et la queue très-longue. Leur vol est d'une grande étendue, leur envergure formant quatre à cinq fois la longueur du corps; la surface des ailes est augmentée en arrière par la membrane étendue entre les jambes, qui se prolonge au-delà, et suit la queue qu'elle enveloppe en totalité. Deux seules mamelles se voient à la poitrine, fort près des aisselles. La langue est douce; il faut une loupe pour y découvrir quelques papilles à la base. Enfin, parmi les doigts embrassés par la membrane des ailes, on distingue celui du milieu qui est pourvu de ses trois phalanges; l'annulaire et le petit en ont deux, et l'indicateur une seule.

Les dents des vespertilions, particulièrement les incisives et les molaires, les caractérisent encore mieux : leurs incisives ressemblent à celles des makis pour le nombre et la position, quatre en haut, séparées par paires, et six en bas, couchées et dirigées en devant : cette disposition les empêchant de se rencontrer et de frotter les unes contre les autres, elles ne s'usent pas et conservent leurs sommets; les supérieures restent constamment cylindriques et pointues, et les inférieures se voient toujours partagées en deux lobes et comme fendues.

Les molaires antérieures sont coniques; mais les suivantes ont une couronne large et hérissée de pointes : les inférieures sont sillonnées sur les flancs; bien moins larges que celles d'en haut, elles sont débordées et enveloppées par le tranchant oblique de celles-ci : toutes ces dents, profondément évidées à leur centre, et dans un alternat de pointes et de cavités à chaque mâchoire, s'engrènent respectivement, et présentent enfin tous les caractères des dents d'animaux qui se nourrissent d'insectes.

De grandes abajoues complètent cet appareil; et par les facilités qu'elles procurent aux vespertilions, elles contribuent à développer l'instinct qui les porte à la chasse.

On croirait, à juger de cet exposé, qu'il ne doit plus y avoir, dans le genre *vespertilion*, que des espèces très-voisines, et d'une détermination très-difficile. On ne peut, en effet, que très-rarement faire usage de l'observation de leurs couleurs, toutes les chauve-souris étant plus ou moins brunes ou roussâtres. On en prend une autre idée en les examinant attentivement : on trouve qu'elles présentent assez de différences appréciables; que leur physionomie varie beaucoup, et que leurs oreilles et oreillons ont, dans chaque espèce, des proportions très-différentes.

La pipistrelle, entre autres, se distingue par sa taille; c'est la plus petite de nos chauve-souris. Elle ressemble à la noctule par les proportions et les couleurs, au point qu'on est quelquefois tenté de la prendre pour un jeune individu de cette plus grande espèce : néanmoins elle en diffère, ainsi que je vais le montrer.

Ses oreilles sont ovales-triangulaires et plus courtes que la tête; son oreillon est presque droit, et terminé par une tête arrondie; ses poils sont longs, d'un brun-noirâtre en dessus, et d'un brun-fauve en dessous.

Ainsi la pipistrelle ne diffère pas seulement de la noctule par la taille, mais aussi par l'oreillon, qui, au lieu d'être large à sa base et pointu vers l'extrémité, se rapproche davantage de la configuration de l'oreillon du *vesp. lasiopterus.*

Sa longueur est de trente-neuf millimètres; celle de sa queue, de trente, et son envergure de deux cents.

Son crâne la rapproche aussi davantage du *vesp. lasiopterus*. Sa boîte cérébrale est plus large que dans la noctule, plus convexe et plus saillante au-delà du chanfrein, et son occiput plus arrondi.

Il n'est pas rare de trouver une pipistrelle le jour à terre : soit qu'elle se lasse plus vite, ou qu'elle ait moins de prévoyance, elle ne regagne pas son gîte aussi promptement que ses congénères; elle se laisse prendre sans faire de résistance; mais souvent elle affecte plus d'insouciance et de fatigue qu'elle n'en éprouve. J'en ai vu peu après développer une si grande énergie, et exécuter des sauts si élevés et si bien mesurés, qu'elle rentrait dans le vol sans le secours d'aucun point culminant.

La pipistrelle d'Égypte m'a paru n'être qu'une variété de celle de France; c'est la même taille et les mêmes proportions. Le pelage est seulement un peu différent; elle est cendrée, quand l'européenne est d'un brun plus décidé : c'est dans l'extrémité des poils que se trouve cette différence.

La pipistrelle est également répandue dans toutes les parties de l'Égypte. Elle se contente d'une retraite peu profonde : j'en ai trouvé plusieurs individus à Thèbes, dans les catacombes des particuliers, et à Qâou el-Koubarä, dans des interstices de colonnes.

2. OREILLARD VULGAIRE, *PLECOTUS AURITUS.*

PLANCHE 2, n°. 3.

Les oreillards ont été, dans la première détermination que j'en ai présentée (*Ann. du Muséum*, t. VIII), laissés avec les vespertilions, auxquels ils ressemblent en effet par le port, la grosseur du museau, la situation intérieure de l'oreillon, le nez sans appendices, la longueur de la queue, l'étendue de la membrane interfémorale, et surtout par le nombre, la forme et les usages de toutes les dents : mais d'autres considérations qui m'avaient d'abord échappé, m'ont depuis porté à les en séparer.

La boîte cérébrale est d'une plus grande capacité, plus longue et aussi plus élevée : la face, qui en est la moitié dans les vespertilions, n'en forme que le tiers dans les oreillards. Et comme, de ce qui reste, près de la moitié est employée en chambres de l'œil, il n'est que très-peu d'espace pour former les chambres olfactives; mais du moins il y est suppléé par la disposition des ouvertures nasales. Elles sont plus grandes, et formées chacune par une fente longitudinale, ayant, vers le milieu, un onglet qui couvre le bord opposé. Au moyen de cette disposition, il ne paraît, de chaque côté, que deux ouvertures circulaires, situées l'une au-devant de l'autre. Ces doubles entrées, en favorisant une plus grande respiration, suppléeraient-elles, en effet, au défaut de capacité des chambres du nez?

On est d'autant plus dans le doute sur cela, qu'on

trouve un autre sens très-développé, auquel il pourrait être donné d'avoir toute la prédominance dans les déterminations de l'animal. Cet organe est l'oreille externe : sa dimension est vraiment un fait qui tient du prodige. On hésite, en effet, d'annoncer une oreille grande comme le corps. Telle est pourtant celle de l'oreillard; elle a une si grande ampleur, que, s'étendant sur le chanfrein, elle y rencontre sa congénère et y est unie. On sent tout ce qu'un pareil volume est dans le cas d'apporter de perfection à l'oreille de ces chauve-souris; le moindre frémissement de l'air ne peut manquer d'être perceptible pour elles, et cette sensibilité peut bien compenser ce qui manque aux oreillards du côté de l'odorat.

Il faut aussi qu'ils se conduisent autrement que les vespertilions dans la recherche de leur nourriture : car je n'ai point trouvé qu'ils puissent emmagasiner leur proie dans des abajoues.

Ce sont ces trois considérations, communes également à la barbastelle et à une autre espèce non décrite de Timor, qui m'ont engagé à établir le genre oreillard, *plecotus*.

Comme espèce, l'oreillard vulgaire nous intéresse, en ce qu'il a été notre premier point de comparaison : c'est la première chauve-souris qu'on ait connue et figurée depuis la renaissance des lettres en Europe; Belon la donna comme le type des chauve-souris de nos pays. Aldrovande, qui ne voulait qu'offrir la même considération, se trouva avoir donné une autre espèce : il s'en aperçut, et reproduisit la chauve-souris de Belon. On ne connut d'abord en France que ces deux espèces, qu'on s'accoutuma à distinguer par la différence de leur taille. L'oreillard devint le *vespertilio minor* dans Brisson et dans les premiers catalogues de Linné, et cela, jusqu'à ce que Daubenton nous eût appris que l'Europe nourrissait de six à sept chauve-souris d'espèces différentes. Daubenton lui donna le nom qu'il porte aujourd'hui, et Linné l'adopta en le traduisant par *auritus*.

L'oreillard d'Égypte ressemble beaucoup à celui d'Europe : il est plus petit; la dernière vertèbre de sa queue se détache davantage de la membrane interfémorale; son pelage est plus roux sur le dos, et d'un cendré moins foncé sous le ventre. Ce ne sont pas là des différences spécifiques, ou, s'il en était ainsi, les oreillards du nord de l'Europe seraient de même autres que ceux de France. J'en ai reçu de Vienne qui sont plus grands et plus foncés que les nôtres.

Voici les principales dimensions de l'oreillard : son corps, 45 millimètres; sa queue, 45; son envergure, 262, et ses oreilles, 32.

Les oreilles sont réunies en devant dans la hauteur de trois millimètres; le bord intérieur est plissé en arrière : des poils sont rangés sur la longueur de ce pli comme les cils sur le bord des paupières de l'homme. Au bas de ce même pli est un lobe sous l'angle de soixante degrés. L'oreillon est proportionné à l'étendue de l'oreille; il est à bord droit d'un côté, et à bord arrondi de l'autre.

Le pelage est gris-brun au-dessus, et cendré en dessous : les poils sont de deux couleurs, bruns en grande partie et gris vers la pointe pour le dessus du corps, et blanchâtres pour les parties inférieures.

J'ai trouvé l'oreillard à l'entrée de la grande pyramide. En Europe, il se retire, comme la pipistrelle, dans des cavités d'une profondeur peu considérable; mais, dans les belles nuits de l'été, il tarde à paraître. Serait-ce qu'à raison de la grandeur de ses oreilles, il ne puisse, en se livrant à toute son activité, supporter le moindre bruit, et qu'il soit forcé d'attendre que tous les animaux diurnes se soient retirés?

3. NYCTÈRE DE LA THÉBAÏDE, *NYCTERIS THEBAICUS*.

PLANCHE I, N°. 2.

Les nyctères forment un genre très-différent des deux précédens.

C'est encore le même nombre d'incisives, mais non la même disposition : plus petites, surtout les inférieures qu'on distingue à peine à la vue simple, elles ne sont plus en haut (comme dans les makis) écartées par paire, mais elles garnissent, au contraire, sur une ligne continue, tout le bord de l'intermaxillaire.

Cet os, subordonné aux variations de l'organe de l'odorat, quoique appuyé sur les maxillaires, jouit d'un mouvement propre; il est soulevé ou abaissé, oscillant, comme sur un axe, par la lèvre supérieure, qui est d'une épaisseur et d'une consistance propres à l'entraîner : aminci à ses points d'articulation, il ne pouvait participer à la fixité de toutes les autres parties osseuses.

C'est sans doute parce que l'intermaxillaire est ainsi maîtrisé par les organes qui l'entourent, qu'il est très-petit : il ne fait pas de saillie au-delà des canines ; d'où il arrive que la mâchoire supérieure est plus courte que l'inférieure, et paraît comme tronquée : il en résulte aussi que les incisives des deux mâchoires ne se correspondent pas, et que, posant à faux, elles n'usent point leurs sommets, lesquels restent à deux lobes en haut et à trois crénelures en bas.

Si l'on commence par examiner dans le crâne les fosses nasales des nyctères, on les juge d'abord sans profondeur, parce que les planchers qui en circonscrivent l'étendue sont très-bornés : le plancher inférieur ou la lame palatine ne se prolonge pas au-delà de la deuxième molaire, et l'externe ou les nasaux maxillaires sont des pièces réduites à des dimensions rudimentaires. Mais on prend, au contraire, une autre opinion de ces fosses nasales, en les voyant recouvertes de leurs parties molles. Les arrière-narines s'ouvrent beaucoup au-delà du point où se termine l'os maxillaire ; et les méats extérieurs ont leurs larges entrées remplies et, pour ainsi dire, encombrées de lobes et d'appendices cutanés : un repli du derme naît du milieu de chaque conduit. On dirait que les conques nasales, en saillie chez les vespertilions, et dans une cavité chez les nyctères, ne sont devenues aussi voisines, et ne sont ainsi descendues dans une sorte d'entonnoir, que parce qu'elles auraient été contractées, repliées sur elles-mêmes et tirées à travers le crâne. Un lobe qui a la forme d'une tête de clou, et qui n'est autre que le cartilage de la narine, se voit de chaque côté, et concourt comme opercule, avec le repli intérieur, à fermer hermétiquement l'orifice nasal.

Il n'est pour cela besoin d'autre effort de la part de l'animal, que de froncer toutes ces parties, et peut-être même de les abandonner à leur élasticité naturelle.

La cavité des narines se prolonge en arrière sur le chanfrein ; première circonstance déjà remarquable. Mais ce qui ne l'est pas moins, c'est la grandeur et la forme canaliculée de cette dernière partie : elle donne aux nyctères cette physionomie sombre et farouche qui les caractérise.

Le chanfrein s'étend en effet au-delà de ses dimensions habituelles, et cela, au moyen de lames osseuses qui naissent des côtés de l'os coronal, et se réunissent au vertex : le canal ou fente longitudinale qui résulte de la saillie de ces crêtes, verse sur les narines ; seule relation, en dernière analyse, que ces parties aient entre elles.

Cependant le chanfrein aurait-il subi ces étranges métamorphoses pour suppléer à la petitesse extrême des ouvertures nasales, et serait-il une sorte d'entonnoir où se recueilleraient les fluides odorans ? Les bords de la fente sont hérissés de poils longs et abondans qui la remplissent ; mais ce n'est pas quand les muscles labiaux soulèvent les opercules, détendent les plis intérieurs et entr'ouvrent les conduits nasaux : ces bords, par la tension de la peau, sont ramenés en dessus, et avec eux les longs poils qui les garnissent.

Des narines qui sont habituellement fermées, et qui, pour entrer en communication avec les corps ambians, exigent la volonté de l'animal et le jeu de quelques muscles, fournissent sans doute une considération intéressante en elle-même.

Les nyctères ne peuvent manquer d'en tirer avantage; et il se trouve, en effet, qu'ils établissent leur demeure en des lieux d'où de fortes exhalaisons repousseraient d'autres animaux. Mais que la disposition des conduits nasaux soit dans un ordre inverse pour les soustraire ainsi aux inconvéniens d'odeurs infectes, c'est ce que je n'ai pu croire. Cet arrangement suppose ailleurs une autre modification, et j'ai dû m'en proposer la recherche.

Le vol des chauve-souris a souvent ramené à l'idée de les comparer aux oiseaux; et l'on a trouvé que ceux-ci se distinguaient toujours par plus d'aisance dans les allures, parce qu'indépendamment de plus de perfection dans les organes directs du vol, ils jouissent encore de la faculté de se gonfler d'air et de se rendre plus légers. En s'exprimant ainsi, on était loin de penser qu'on retrouverait la même faculté dans les chauve-souris, dont les fonctions pulmonaires sont si différentes de celles des oiseaux.

C'est toutefois ce que les nyctères m'ont montré; ils ont des vésicules aériennes semblables, encore plus grandes, et que l'animal remplit, quand il le veut et autant qu'il le veut. Mais, comme on le pense bien, les nyctères y portent l'air en vertu d'un mécanisme particulier, et au moyen d'une organisation qui, dans ses anomalies, dérive néanmoins du plan primordial et classique des mammifères.

On pressent peut-être déjà les résultats d'un mode si nouveau d'organisation; les moyens qui les donnent sont d'une simplicité parfaite.

La peau n'a d'adhérence au corps qu'en quelques endroits, où elle est retenue par un tissu cellulaire très-lâche et très-écarté : l'air s'y introduit, et en séjournant, comme on le dit, entre cuir et chair, donne à l'animal l'apparence de ces veaux soufflés que l'on voit dans les boucheries. Il n'y a de brides aponévrotiques ou de tissu cellulaire que dans le voisinage des méats et sur les côtés du tronc : ainsi la peau se soulève entière sur le dos, à la poitrine et à l'abdomen ; ce qui met les nyctères dans un bain d'air, ou, si l'on veut, dans une sorte de manchon que leur forme ce fluide élastique.

Jusque-là, quelque extraordinaire que soit un pareil fait, on ne voit pas qu'il soit en rien dérogé à l'essence du type des mammifères : il n'y est pas dérogé davantage quant au moyen de souffler cette unique, mais bien vaste cellule.

Au fond de chaque abajoue est une ouverture de deux millimètres de large : et c'est tout simplement par-là que le sac aérien communique avec la bouche.

L'animal, en ouvrant ses naseaux, fait que l'air ambiant entre et gonfle sa poitrine : en abandonnant, au contraire, un moment après, toutes les membranes nasales à leur élasticité propre, et en tenant simultanément la bouche close, il force le gaz expiré à se rendre dans les abajoues, et de là dans le sac aérien.

Quoiqu'il y ait, à l'entrée de ce sac, un sphincter très-apparent, ce n'est pas lui, ou lui seul du moins, qui s'oppose au retour de l'air : il y a de grandes valvules sur le cou et le dos.

L'air ne suit de route qu'à partir du sphincter : il se rend, en passant, au-devant de l'oreille, dans le sinus du chanfrein, d'où il gagne le vertex, l'occiput et le col supérieur : c'est là qu'il est versé dans le grand sac.

Ainsi, le nyctère se conduit exactement comme le tétrodon; il porte, à volonté, une gorgée d'air dans son sac, puis une seconde, et ainsi de suite. Il souffle comme nous pouvons le faire nous-mêmes, et de la même manière, avec cette seule différence qu'il souffle dans sa bouche, dont il tient la cavité sans issue à l'extérieur. Sa peau devient une véritable vessie, au-dedans de laquelle le tronc se trouve comme déposé. Les nyctères agissent presqu'à son égard de même que si elle était un hors-d'œuvre, puisqu'ils la remplissent au point de lui faire prendre une forme sphérique. Dans cet état; tout l'animal ressemble à un ballon auquel on aurait attaché des ailes, une tête et des pieds.

Plus heureux que le tétrodon, qui ne recourt à la même industrie qu'en se réduisant à n'être plus qu'une masse inerte sur le miroir des eaux, il conserve toutes ses facultés, ou mieux il en augmente l'énergie, en devenant plus léger et susceptible de plus de vitesse dans le vol.

J'avais cru apercevoir que les étranges anomalies des conduits olfactifs peseraient sur un autre système d'organe, et occasioneraient peut-être ailleurs d'autres changemens; et il se trouve en effet qu'un sac modifie, dans les nyctères, ou plutôt procure à leur organe respiratoire un précieux appendice. Si cet appareil, qui est si bien adapté à ce système, n'est pas le motif des modifications des fosses nasales, et n'en donne pas une explication entièrement satisfaisante, du moins on ne saurait nier qu'il n'y ait entre toutes ces parties des relations réciproques et nécessaires.

C'est aux différences que je viens de signaler que se borne l'énoncé des caractères distinctifs des nyctères : les dents canines et molaires de ces chauve-souris ressemblent à celles des vespertilions ; il en est de même des viscères abdominaux.

Les tégumens offrent seulement plus d'étendue ; les oreilles sont plus longues que la tête, sans que l'oreillon qui borde aussi le méat auditif soit agrandi en même proportion. Cette étendue se fait surtout remarquer entre les jambes, où la membrane caudale surpasse dans ses deux sens la longueur de l'animal.

La dernière vertèbre de la queue est bifurquée ; séparation singulière, puisqu'elle se trouve dans tous les nyctères, et n'existe dans aucun autre genre de chauve-souris.

On n'a fait mention que d'une seule espèce de nyctère, le *campagnol-volant* de Daubenton, dont Linné a fait son *vesp. hispidus*. Le nyctère de la Thébaïde en diffère, ainsi qu'une autre espèce qui a été rapportée de Java, et qui m'a été remise par M. Leschenault.

Les dimensions de ces chauve-souris forment un de leurs traits distinctifs : le nyctère de Daubenton a trente-huit millimètres de long, de la tête à la naissance de la queue; le nyctère de la Thébaïde cinquante-quatre, et celui de Java soixante-sept.

L'oreille a plus d'ampleur dans l'espèce d'Égypte, et le poil y est non moins long et touffu.

Le pelage du nyctère de la Thébaïde est brun clair en dessus, et cendré en dessous : c'est presque la même teinte dans le nyctère de Daubenton; mais elle passe davantage au roux sur le dos, et à un blanc sale sur le ventre, où se voit aussi un mélange de fauve : l'espèce de Java a les parties supérieures d'un rouge vif, et le poil inférieur, d'un cendré-roussâtre.

Le nyctère anciennement décrit avait été rapporté du Sénégal : ainsi tout le genre habite les contrées chaudes de l'ancien continent.

Je présume qu'il en existe deux espèces au Sénégal ; du moins Daubenton en a décrit deux variétés qui lui avaient toutes deux été données par Adanson : la seconde, qu'il ne constata que sur un individu desséché (*voyez* H. N. G., tome x, page 91), différait de la première en ce que « la couleur blanchâtre du dessous du corps était mêlée d'une teinte de cendré, et que la membrane des ailes n'avait point de roussâtre. »

J'ai sous les yeux le crâne et les principales parties osseuses du même individu; et ces parties ne s'accordent, ni pour les dimensions plus fortes, ni pour quelques détails de forme, avec les os, dans les nyctères de Daubenton et de la Thébaïde.

4. RHINOPOME MICROPHYLLE, *RHINOPOMA MICROPHYLLUS.*

PLANCHE I, N°. 1.

L'organe de l'odorat est aussi l'un des principaux caractères distinctifs des rhinopomes : en le voyant formé sur un tout autre plan, j'admire la fécondité des moyens mis en œuvre pour opérer tant de combinaisons diverses ; mais en même temps je ne me dissimule pas qu'on aperçoit d'autant moins la nécessité de tant de variations, que ces anomalies se font remarquer par plus d'exagération.

On suppose en général que les choses extérieures exercent une sorte de réaction sur les organes des sens, ou du moins préviennent tout écart ou toute dégénération qui feraient qu'elles n'en pourraient être appréciées.

Ainsi, qu'un phoque ait ses conduits auriculaires et ses naseaux fermés de soupapes, rien de plus conforme aux autres données de son organisation : on reconnaît là l'influence du milieu où l'animal passe presque sa vie entière.

Mais que des chauve-souris, qui disposent à leur gré du temps, de l'espace et des lieux, se montrent si différentes sous le rapport des organes des sens, on ne saurait de même l'expliquer par une influence du monde extérieur.

Je fais ces remarques au sujet des rhinopomes, parce qu'en effet leurs narines conviendraient mieux à un animal qui terre ou qui va à l'eau. Elles tiennent de celles du cochon ou du phoque : elles constituent, avec la lèvre supérieure, un appareil assez compliqué qui s'étend au-delà de la mâchoire; leur partie terminale paraît comme tronquée, et s'épanouit en une lame circulaire, surmontée d'une petite feuille, et percée, dans le centre, de deux fentes obliques. C'est, enfin, une sorte de groin qui a toute la mobilité de celui de la taupe.

Les méats olfactifs ne se voient, sous l'apparence de petites fentes, que quand l'animal, les abandonnant à leur propre inertie, les laisse entre-bâiller; autrement, il les entr'ouvre davantage ou les ferme entièrement. Il y réussit au moyen de deux petites lèvres dont chaque orifice se trouve bordé : entr'ouvertes, elles s'étendent au dehors; et fermées, elles rentrent en dedans. Nous ne connaissions encore ce mécanisme que dans des animaux aquatiques et particulièrement dans les phoques.

La foliole, qui naît du bord supérieur du cartilage nasal, jouit aussi d'un mouvement propre; en sorte qu'il ne manque à ce singulier appareil que de la longueur pour ressembler plutôt à la trompe d'un éléphant qu'au groin d'une taupe ou d'un cochon.

Les conduits du nez, qui se prolongent à travers la longue lèvre de la mâchoire supérieure, sont très-étroits : ils versent dans une chambre olfactive, qui est très-courte d'avant en arrière, mais qui cependant retrouve toute l'étendue nécessaire, à raison d'une disposition que nous n'avions encore remarquée dans aucun autre mammifère. L'os maxillaire est renflé et ovoïde au-dessus et en dehors de la dent canine; ce qui rejette les fosses nasales sur les flancs, augmente leur largeur, et leur procure, au total, une capacité qui indemnise ces cavités de leur défaut de longueur.

L'intermaxillaire, qui est en deçà du groin, se trouve, par conséquent, en dehors de la sphère d'activité de celui-ci; et, dans ce cas, nullement contrarié dans les progrès de son ossification, il se soude aux os des mâchoires et reste fixe avec eux.

Les dents incisives à qui, dans ces circonstances, le développement des narines importe peu, ne nous en révèlent pas moins la singulière modification : elles sont écartées et au nombre de deux, en haut, entassées et au nombre de quatre, à la mâchoire inférieure.

L'oreille, outre ses développemens ordinaires, se porte en avant et s'y réunit avec sa congénère : elle n'est point, à son fond, roulée sur elle-même; ce qui fait que, sans aucun changement de position, l'oreillon est à-la-fois extérieur et placé sur le bord du méat auditif.

Le dernier trait qui caractérise les rhinopomes, est la briéveté de la membrane interfémorale, quand la queue reste aussi longue et est même plus longue que dans les vespertilions.

En effet, s'il était curieux de voir comment la queue, appendice tout-à-fait inutile dans la plupart des mammifères, contribue dans les chauve-souris à l'union des membranes des ailes, et est transformée en un cinquième membre qui déploie ces membranes en arrière, il ne l'est pas moins qu'il existe des chauve-souris où elle n'a plus cet usage, et où elle rentre dans sa condition ordinaire d'inutilité.

Un tel caractère a dû faire remarquer l'espèce qui vit en Égypte; et aussi voyons-nous qu'elle n'a point échappé aux deux naturalistes les plus distingués qui ont visité cette contrée.

Belon la désigne assez clairement quand, dans son ouvrage, *De la nature des oiseaux*, liv. II, chap. 39, il cite « certaines chauve-souris qui se logent en la grande pyramide d'Égypte et qui portent le queue longue comme les souris. » Et Hasselquist en rapporta quelques individus, mais que le célèbre rédacteur de son Voyage omit d'y employer.

On les publia en 1782 : ce soin fut pris par Brunnich, lorsqu'il entreprit de décrire le Cabinet du roi de Danemarck. Cette chauve-souris, qui en faisait partie, y fut donnée sous le nom de *vesp. microphyllus*[1], et y est figurée d'une manière très-satisfaisante. On ne pouvait sans doute faire davantage pour sa publication; mais elle ne fut pas pour cela portée à la connaissance des naturalistes. Aucun ouvrage systématique n'en fait mention, comme aucun catalogue n'en rappelle l'existence. C'est que l'ouvrage de Brunnich fut peu répandu : il eut ce malheur, moins parce qu'il est écrit en danois, que parce qu'il fut interrompu après quelques premières livraisons.

Le rhinopome microphylle est par erreur employé dans nos planches sous le nom de taphien filet.

---

[1] *Vesp. microphyllus, naso prominente, foliolo ponè nares elevato; caudâ ultra membranam interfemoralem elongatâ* (Description des animaux du Cabinet de Copenhague, Brunn., p. 50, tab. 6 : fig. 1, l'animal de profil; fig. 2, la moitié du corps au trait; fig. 3, la tête de face et grossie; fig. 4, les dents antérieures.)

Il n'est guère plus grand que la pipistrelle : sa longueur totale est de 54 millimètres; celle de la tête, 16; des oreilles, 13; de la queue, 5o; de l'envergure, 200.

Quand les oreilles sont dressées, elles laissent voir entre elles et le museau la fossette du chanfrein sous la forme d'une calotte exactement hémisphérique.

Le pelage est cendré, et le poil assez long et touffu : la queue, formée de onze vertèbres, est noire et lisse ; c'est moins le nombre de ces pièces que leur longueur qui lui donne l'apparence d'une ligne à pêcher.

Il n'y a point d'os du tarse isolé : il manque là où il ne peut contribuer à développer de membrane interfémorale ; et c'est ce qui arrive dans le microphylle, où cette membrane est si courte qu'elle n'embrasse que la cinquième partie de la queue.

Il existe (outre une nouvelle espèce de Caroline, dont ce n'est pas ici le lieu de nous occuper) un autre rhinopome d'Égypte, qui a la queue plus courte et le groin moins aigu.

J'ai observé le microphylle vivant : je l'ai vu répondre à mes provocations par des agitations presque convulsives du groin; mais quand il n'était pas irrité, il se bornait à faire aller ses naseaux, selon les mouvemens alternatifs de sa poitrine : il les fermait quelquefois jusqu'à ne plus laisser de traces d'ouvertures, et étendait ensuite dessus sa petite feuille.

J'ai trouvé des microphylles dans plusieurs monumens de l'Égypte supérieure, à Erment, à Ombos et à Thèbes. Hasselquist avait trouvé les siens dans une des petites pyramides de Gyzeh.

Enfin, je ne serais point étonné que cette espèce fît sa nourriture d'insectes aquatiques, et qu'elle se tînt de préférence à portée des eaux. Aux autres considérations que j'ai rapportées ci-dessus et sur lesquelles je fonde cette conjecture, il faut ajouter que c'est de toutes les chauve-souris qui vivent de proie la moins embarrassée de membranes.

5. TAPHIEN PERFORÉ, *TAPHOZOUS PERFORATUS*.

PLANCHE 3, N°. 1.

Un des faits les plus remarquables de l'histoire des êtres organisés, est la reproduction constante de tous les élémens qui les constituent : il semble que ce soient autant de données nécessaires, puisque, quand il est porté obstacle à leurs développemens, il en subsiste au moins quelques traces; et, en effet, combien de parties rudimentaires dont l'entière suppression eût présenté plus d'avantages! S'il n'arrive donc que bien rarement qu'une de ces pièces, matériaux en quelque sorte obligés de l'organisation, vienne à manquer, cette circonstance doit être appréciée comme une des plus grandes anomalies qu'on soit dans le cas d'observer.

Or, c'est le genre d'intérêt que nous présentent d'abord les taphiens : ils sont privés de l'os intermaxillaire, et par conséquent d'incisives supérieures. Une nouvelle modification de l'organe de l'odorat en peut seule être la cause, et l'est en effet.

Je ne connais point de chauve-souris dont les chambres nasales aient moins de capacité, et l'entrée dans le crâne plus d'ouverture : la forme concave du chanfrein, en s'abaissant en quelque sorte sur ces chambres, les prive de toute l'étendue qu'elles pourraient avoir; et les os maxillaires sont si courts, que la mâchoire d'en bas dépasse de beaucoup la supérieure.

Voilà ce que montre le crâne; mais la tête, revêtue de ses parties molles, est dans un état tout différent.

La mâchoire supérieure est garnie d'une lèvre très-épaisse et qui se prolonge au point qu'à son tour elle déborde la mâchoire d'au-dessous : les conques nasales, d'autant plus longues que cette lèvre a plus d'épaisseur, s'ouvrent à leur extrémité, et ne présentent là que deux orifices très-étroits, de forme circulaire, et en partie bouchés par un petit onglet. L'épaisseur des lèvres provient de celle des muscles labiaux : la mobilité et la vive action de ces parties sont la conséquence d'une pareille disposition.

Telle est peut-être la cause qui s'oppose à la formation de l'intermaxillaire : cette action perturbatrice est au moins dans le cas de lutter contre la cohésion des molécules osseuses, au fur et mesure de leur dépôt. A la place de l'intermaxillaire, est un cartilage formant saillie en avant des canines, et qu'on pourrait, à la rigueur, considérer comme le vestige de la pièce absente.

Le chanfrein est creux comme dans les rhinopomes. Les taphiens ont de plus les oreilles disposées de même et aussi grandes : celles-ci commencent en avant de l'orbite; elles s'étendent en arrière pour envelopper la région du temporal et la caisse, et reviennent finir fort près et au-dessous de la commissure des lèvres; elles forment ainsi une conque d'une largeur remarquable. Un oreillon est au bord du méat auditif.

La tête, déjà comprimée, paraît encore plus large par cet arrangement : enfoncée dans les épaules, elle ne se détache pas du cou. L'animal a l'air d'un manchon informe.

Le doigt index n'est composé que de l'os métacarpien; les trois autres doigts, le *medius*, l'annulaire et le dernier, ont de plus deux osselets ou phalanges.

Les incisives inférieures sont au nombre de quatre; et les molaires sont, quatre en haut, et cinq en bas, de chaque côté des mâchoires : quant à la forme de ces dents, elle est la même que dans les vespertilions.

La membrane interfémorale embrasse tout l'intervalle d'une jambe à l'autre; néanmoins sa coupe extérieure est à angle rentrant : un osselet du tarse la maintient de chaque côté.

La queue (composée de six vertèbres) n'est pas aussi longue : elle présente une particularité remarquable, c'est d'être embrassée, dans sa première moitié, par la membrane, et d'en être dégagée dans la seconde, en la perçant pour saillir en dessus.

Daubenton a décrit un taphien sous le nom de *lérot-volant*, une première fois, dans son mémoire de 1759, et en second lieu dans son Histoire naturelle, tome XIII, page 231 : c'était une des chauve-souris qu'Adanson avait rapportées du Sénégal.

La description du lérot-volant convient, à beaucoup d'égards, à notre espèce d'Égypte; mais comme à cette époque elle ne pouvait porter sur les caractères du genre, nous ne sommes pas en mesure de décider si notre taphien diffère réellement de celui du Sénégal.

Au surplus, cela n'empêcherait pas que nous ne donnassions une nouveauté, dès qu'il n'est fait nulle part mention du lérot-volant : Linné l'avait négligé, parce qu'il n'en avait pas été donné de figure, et à son exemple tous les nomenclateurs qui écrivirent après lui, parmi lesquels il faut comprendre Daubenton lui-même [1].

Une chauve-souris que Schreber a fait connaître sous le nom de *vesp. lepturus*, réunit tous les caractères des taphiens : elle est très-petite, et en outre remarquable par un petit sac membraneux qu'elle porte dans un repli de l'aile, près le coude. Elle est donnée comme de Surinam : mais n'en serait-elle venue que pour y avoir été apportée de l'Inde hollandaise ?

Je le suppose, en voyant tous les autres taphiens placés dans l'ancien monde, et à peu près dans les mêmes lieux que les roussettes. L'Ile-de-France en nourrit un également.

C'est une nouvelle espèce dont je suis redevable aux recherches de M. le colonel d'artillerie Mathieu : elle ressemble beaucoup au taphien d'Égypte; mais elle en diffère par les proportions de la tête, la forme des oreillons, la queue qui est plus courte, et par l'étendue de la membrane interfémorale.

Le taphien d'Égypte a le museau plus obtus : sa queue est plus longue que l'os du fémur; elle est plus

---

[1] *Tableau méthodique des quadrupèdes* (voyez Encyclopédie méthodique, Système anatomique des animaux, page 95).

courte au contraire que cet os dans le *taphozous mauritianus*, ou le taphien de l'Ile-de-France : l'osselet du tarse est plus long que le pied dans celui-ci, et seulement d'égale longueur dans l'autre : l'oreillon est en fer de hache et terminé par un bord arrondi dans le taphien d'Égypte; il est accompagné à l'origine d'un lobule et terminé par un bord sinueux dans celui de l'Ile-de-France : enfin, les oreilles sont oblongues dans le premier, plus courtes et rondes dans le second.

Je vais rapporter les principales dimensions de ces deux espèces, que je ne puis faire mieux connaître qu'en les comparant l'une à l'autre; premièrement dans le taphien d'Égypte, et deuxièmement dans celui de l'Ile-de-France :

Grandeur totale (du bout du museau
      à l'origine de la queue).   79 — 95 millimètres.
Longueur de la tête. . . . .   20 — 27
———— des oreilles. . . . .   14 — 14
———— des ailes. . . . . 244 — 250
———— du pied. . . . .   9 — 11
———— de la queue. . . . .   16 — 14.

Le taphien d'Égypte a le poil assez fourni; il est gris-roux en dessus et cendré en dessous : il n'y a que la pointe du poil qui soit de cette couleur; en dedans il est blanc. Notre taphien diffère encore, sous ce rapport, de celui de l'Ile-de-France, dont le pelage est marron sur le dos et roussâtre sous le ventre.

J'ai trouvé le taphien d'Égypte dans des retraites très-profondes, à Ombos, et à Thèbes dans les tombeaux des rois.

6. NYCTINOME D'ÉGYPTE, *NYCTINOMUS ÆGYPTIACUS*.

PLANCHE 2, N°. 2.

Annoncer un nouveau genre, c'est faire pressentir une autre organisation, un arrangement nouveau des organes des sens.

Cette nouvelle combinaison frappe ou plutôt blesse à la première vue dans les nyctinomes. Nulle chauve-souris n'a la physionomie plus repoussante, nulle ne présente des formes plus hideuses; ou, pour parler le langage plus exact du naturaliste qui n'est passible d'aucune prévention, nulle ne s'éloigne davantage du type commun des mammifères.

C'est le nez camus et les lèvres pendantes du dogue, mais avec plus d'exagération. La tête paraît comme écrasée sous le poids et est vraiment cachée sous l'ampleur des oreilles : celles-ci ne sont pas seulement de simples vestibules pour le tuyau auditif; unies l'une à l'autre par leurs bords internes, en même temps qu'attachées à la ligne moyenne de la tête, elles s'étendent sur le chanfrein et se prolongent jusqu'à la région des intermaxillaires, ou plutôt elles couvrent le crâne dans sa totalité : prenant un développement aussi grand, elles acquièrent une autre sorte d'utilité; au moyen d'un repli ou lobe intérieur, elles s'appliquent sur l'œil et lui tiennent lieu d'une seconde paupière. Il faut, en effet, le froncement des tégumens de la tête pour que les oreilles soient tenues soulevées, et pour qu'elles deviennent, d'une part, une conque au-devant du méat auditif, et que, de l'autre, elles rendent à l'œil son axe de vision. L'entrée de chaque oreille est bordée par un oreillon.

Les narines paraîtraient d'une assez grande simplicité, si ce n'était les lèvres supérieures qui sont fendues et qui vont se perdre sur les cartilages du nez : ceux-ci ont la forme d'un manchon ; alors les méats olfactifs sont de côté et à distance : ils sont en même temps circulaires, et, ce qui est un résultat de l'épaisseur du cartilage, ils ne paraissent pas susceptibles de s'ouvrir et de se fermer alternativement. C'est cependant, comme nous l'avons vu jusqu'ici, ce qui arrive dans la plupart des chauve-souris.

Mais ce n'est vraiment là qu'une apparence dans les nyctinomes : il est, sous les tégumens, un appareil qui, au besoin, produit le même effet.

Les lèvres charnues et pendantes de ces chauve-souris, à l'extrémité desquelles, comme nous venons de le dire, existent les narines, excèdent de beaucoup le crâne et anticipent sur la mâchoire inférieure. Un assez long tuyau établit donc la communication du méat cartilagineux des narines à leur entrée dans le crâne. Ce tuyau est formé par une aponévrose qui est mince : un tendon est inséré sur sa partie moyenne et extérieure ; et ce tendon, qui règne sur le chanfrein, aboutit à une portion du panicule charnu, ramassée sur la tête en une sorte de muscle distinct, et logée entre les deux muscles élévateurs de la mâchoire inférieure, ou les deux crotaphites. Quand cette portion de muscle se contracte, elle tire à elle les tuyaux du nez ; et en les coudant, elle les affaisse au point de supprimer la communication du dehors avec les fosses nasales.

La lèvre supérieure, ridée de chaque côté de cinq à huit plis transversaux, est, en outre, rendue rugueuse au moyen de verrues disséminées auprès de l'oreille ; d'autres, plus grosses, se voient aussi à la lèvre supérieure.

L'aplatissement de la tête n'est pas simplement une illusion produite par la disposition des oreilles; il est réel. La boîte cérébrale est tout-à-fait large et déprimée ; les os pariétaux sont convexes, et une autre convexité, répondant à l'occipital supérieur, se voit en arrière. Le crâne est en arrière comme coupé carrément, et le trou occipital se fait remarquer par une grandeur excessive.

Les dents deviennent un excellent indicateur de cette organisation ; les incisives sont au nombre de deux en haut, et de quatre en bas : les premières sont fortes, coniques et contiguës, quand les secondes sont très-petites et comme entassées au-devant des canines.

Je n'ai point trouvé de traces d'abajoues : pour les autres dents, c'est la même chose que dans toutes les chauve-souris insectivores. J'ai déjà donné le nombre des molaires $\frac{4-4}{5-5}$.

L'aile est comme dans le genre *noctilio*, auquel les nyctinomes ressemblent aussi par le bec-de-lièvre. Le pouce est d'une brièveté extrême; mais il est toutefois pourvu de ses osselets, quoi qu'en ait dit Buchanan pour l'espèce qu'il a observée au Bengale. Le doigt indicateur est sans phalanges; le *medius* en a trois, et les deux autres, l'annulaire et le petit, n'en ont que deux.

Les pieds de derrière sont couverts de poils si longs qu'ils dépassent les ongles. Il est remarquable qu'il faille placer cette circonstance au nombre des caractères génériques de ce petit groupe : cela ne se voit que dans les nyctinomes, et se trouve dans tous.

La queue offre enfin une combinaison encore nouvelle; c'est d'être presque aussi longue que dans les vespertilions, mais de n'avoir qu'une portion d'elle-même engagée dans la membrane interfémorale : celle-ci est moins grande ; mais elle est d'ailleurs plus épaisse, soutenue ou plutôt ramenée en dedans par des muscles coccygiens plus forts, et elle forme le sac par des plis naturels, parce que la membrane des ailes glisse par-dessus le carpe, pour se lier sans interruption avec l'interfémorale.

Cette description d'organes convient à trois espèces, 1°. à la chauve-souris, qui est proprement l'objet de cet article; 2°. à une espèce décrite et figurée dans les manuscrits de Commerson, qu'Hermann a employée dans ses *Observationes zoologicæ,* page 19, sous les noms de *chauve-souris du Port-Louis* et de *vespertilio acetabulosus;* et 3°. à une chauve-souris du Bengale, décrite en 1799 par Francis Buchanan, et que ce voyageur a nommée, à cause de ses lèvres plissées, *vespertilio plicatus.*

Le nyctinome d'Égypte est de même taille (80 millimètres) que celui du Bengale; mais la chauve-souris du Port-Louis est d'un cinquième plus petite : celle-ci se distingue en outre, des deux autres, par sa membrane interfémorale qui, plus grande, accompagne la queue dans les deux tiers de sa longueur, quand, dans les deux autres nyctinomes, elle n'en embrasse que la moitié.

Notre espèce d'Égypte diffère du nyctinome du Bengale, par sa queue plus grêle et par l'absence de brides dans la membrane interfémorale ; je pourrais ajouter, si l'analogie ne me détournait d'y croire, par l'existence des oreillons et un nombre double d'incisives inférieures.

Le nyctinome d'Égypte est roux en dessus et brun sous le ventre ; le poil est plus long et plus touffu à l'occiput et sur le cou, et y est aussi d'un roux plus pâle : un liséré de la membrane des ailes, tout près des flancs, est velu ; il s'en trouve un semblable dans le nyctinome du Bengale.

Les nyctinomes habitent les vieux édifices et les cavernes ; ils vivent de proie, et se jettent de préférence sur les phalènes : par toutes leurs habitudes, ils se rapportent au groupe des chauve-souris insectivores. Ils attendent que la nuit paraisse pour se livrer à toutes les inspirations de leur bien-être ; c'est à quoi nous avons fait allusion, en leur donnant le nom de *nycti-nomes*.

7. RHINOLOPHE TRIDENT, *RHINOLOPHUS TRIDENS*.

PLANCHE 2, N°. 1.

Quelques naturalistes sont dans l'opinion qu'il n'y a pas de limites bien certaines pour les genres, et qu'il n'est souvent besoin que d'une ou de deux espèces pour unir d'un lien indissoluble des groupes qu'on croyait auparavant à d'assez grands intervalles.

Les genres des chauve-souris me paraissent fournir une objection très-forte contre ce système. En effet, n'est-il pas remarquable que, dans chaque région zoologique, quelles qu'en soient les distances, les chauve-souris aient une organisation qui rentre rigoureusement dans une de nos familles, ou plutôt que chaque famille ait dans chacune de ces régions un représentant qui lui appartienne sans ambiguïté comme sans partage?

Pour prendre une idée plus exacte encore de cette limitation des genres, il faut surtout s'attacher à la considération des rhinolophes : je ne connais pas de genre qui soit mieux circonscrit, et qui présente en même temps des espèces plus distinctes.

Un des principaux caractères de ce genre, est le nombre de ses mamelles : je l'ai vérifié et trouvé constant dans les cinq espèces dont j'ai pu disposer. Outre les deux mamelles pectorales, qui sont les seuls moyens d'allaitement des autres chauve-souris, les rhinolophes en ont deux autres, situées l'une près de l'autre et au-dessus des os pubis. On ne manquera pas sans doute de donner attention à un fait d'anomalie aussi singulier.

Ce sont aussi les seules chauve-souris insectivores qui aient une oreille sans oreillon, c'est-à-dire une oreille droite sur la tête, sans repli ni tragus, et qui est constituée par un pavillon conique dont le sommet aboutit au méat auditif. Rien ne supplée au défaut d'oreillon; les muscles de l'oreille ont seulement la faculté de la tendre à sa base et de l'entr'ouvrir davantage.

Aussi résulte-t-il de cette disposition que les rhinolophes recherchent les excavations les plus profondes, et s'enfoncent sous terre à de très-grandes distances. Privés de la faculté de se rendre sourds à volonté, ils vont en des retraites où ne peuvent arriver les cris et le bruit produits par les animaux diurnes.

Si l'oreille est de cette simplicité, en revanche l'organe de l'odorat présente une complication dont nous n'avons pas encore eu jusqu'ici d'exemple : pour la première fois, nous en apercevons les abords aussi favorablement disposés que ceux de l'organe de l'ouïe; nous les voyons formés par une conque, comme s'il en était des émanations odorantes ainsi que des molécules du son, et qu'elles fussent dans le cas d'être recueillies et dirigées dans les chambres olfactives.

Qu'on ne croie pas que ce soit là un simple accident d'organisation, assez indifférent en soi : de semblables narines, placées de même au fond d'un entonnoir, existent dans deux autres genres de chauve-souris, les mégadermes et les phyllostomes. Nous observons là, en effet, un arrangement trop soigné dans ses détails, pour que nous ne devions pas y voir un dessein fixe et y trouver toutes les conditions d'un type.

Les chambres nasales ne s'étendent pas, dans les rhinolophes, au-delà des premières molaires; mais, du moins, elles sont renflées et globuleuses : l'entrée des narines existe en devant et au-dessous ; c'est une large ouverture que termine l'intermaxillaire, réduit à n'être qu'une simple lame et à obéir aux mouvemens des lèvres.

Celles-ci, que leur renflement élève à la hauteur du chanfrein, laissent entre elles et les chambres nasales un vide au fond duquel, et comme dans un entonnoir, sont les deux ouvertures des narines. Un repli du derme protége et garnit le pourtour de l'entonnoir, et forme, de cette manière, la conque que j'ai annoncée plus haut. Il s'étend, au-devant des narines, en fer à cheval, d'où un des rhinolophes en a pris le nom; et il se détache et s'élève en arrière, en manière de feuille, dont la forme varie selon les espèces.

L'épaisseur des lèvres résulte d'un agrégat de fibres musculaires, qui sont serrées les unes sur les autres et opposées dans leur direction. L'intermaxillaire est entraîné par le froncement de cette masse charnue.

Les dents sont telles que nous les avons observées dans les rhinopomes et les nyctinomes : incisives $\frac{2}{4}$; canines $\frac{2}{2}$; molaires $\frac{4-4}{5-5}$. Les molaires m'ont paru plus fournies de pointes; et j'ai déjà dit comment il était arrivé qu'on avait cru les rhinolophes sans incisives à la mâchoire supérieure : la lame qui porte ces dents est très-mince, et au moindre effort elles tombent. Je ne sais où M. Illiger a trouvé qu'il y avait des rhinolophes à six incisives inférieures; je puis assurer que je ne leur en ai jamais vu que quatre. Au surplus, il est aisé de se tromper sur cela, ces dents étant crénelées dans toutes les chauve-souris qui se nourrissent d'insectes.

Les phalanges des doigts de l'aile se rapportent, pour le nombre, à celles des taphiens et des nyctères; le doigt indicateur en est privé, et les autres en ont deux, ou trois si l'on y comprend l'osselet du métacarpe. Enfin, la queue est longue, et entièrement ou presque entièrement embrassée par la membrane interfémorale.

Je connais six chauve-souris à qui tous ces détails d'organisation conviennent entièrement et exclusivement :

1°. Le fer-à-cheval, *rhinolophus uni-hastatus.*

Il est commun en Europe : il grandit rarement au-delà de quatre-vingts millimètres. Sa feuille nasale offre l'aspect le plus bizarre ; sa surface, tapissée de replis en godets, est surmontée, au centre, d'une crête à base caverneuse.

2°. Le rhinolophe lancéolé, *rhinolophus bi-hastatus.*

Je reproduis sous ce nom le petit fer-à-cheval de Daubenton : il est d'Europe comme le grand ; et il en diffère par ses feuilles lancéolées et plus étroites, ses oreilles plus profondément échancrées, et sa taille moindre (50 millimètres).

3°. Le cruménifère de Peron, *rhinolophus speoris,* décrit plus anciennement par Schneider sous le nom de *vesp. speoris.*

C'est une chauve-souris de Timor, à peine plus grande que la précédente ; le trait d'organisation qui la distingue ne peut manquer de se tracer dans la mémoire : c'est, derrière la feuille nasale (laquelle est courte et arrondie), c'est-à-dire tout au milieu du front, une bourse assez profonde ; elle est pourvue de lèvres à l'entrée, et s'ouvre par un sphincter : on dirait un œil de cyclope qui serait fermé.

4°. Le rhinolophe-diadème, *rhinolophus diadema.*

Nouvelle espèce de Timor, la plus grande du genre (105 millimètres); sa feuille à bord arrondi est trois fois plus large que haute : elle répète en arrière le fer à cheval étendu au-devant des narines, et forme avec cette dernière membrane une sorte de couronne qui entoure l'organe olfactif.

5°. Le rhinolophe de Commerson, *rhinolophus Commersonii.*

J'ai trouvé cette nouvelle espèce parmi les dessins et manuscrits de Commerson, et je la lui dédie. Madagascar est sa patrie : comparée à la précédente, elle est un peu plus petite; sa feuille est d'un tiers moins large, et sa queue, du tiers également, plus courte; la membrane interfémorale est aussi plus courte et rentre en dedans, tandis qu'elle est à angle saillant dans le rhinolophe diadème.

6°. Enfin, c'est à ces cinq espèces que je me suis proposé de comparer et d'opposer le rhinolophe qui fait proprement le sujet de cet article. Je lui ai donné le nom de *trident*, en l'empruntant de sa feuille, qui est terminée par trois pointes bien distinctes : ses oreilles sont plus larges et moins fermées sur le devant; une bride tégumentaire les attache en partie au chanfrein : la queue est fort courte, et, de plus, remarquable en ce qu'elle est, dans un tiers de sa longueur, libre au-delà de la membrane interfémorale ; celle-ci est coupée carrément, et supplée à ce qui lui manque en longueur par plus de largeur.

Les principales dimensions du rhinolophe trident sont les suivantes :

Longueur du corps, 55 millimètres ; de la queue, 24 ; de l'envergure, 240 ; de la membrane inter-fémorale, 6 : largeur de cette même membrane, 60.

Tous les rhinolophes se ressemblent par les couleurs et la longueur du poil : dans tous la toison est épaisse, bien fournie et moelleuse ; ils sont fauves en dessus et blanc-jaunâtres en dessous : les jeunes commencent par être cendrés.

J'ai trouvé le trident dans les plus profondes excavations des montagnes en Égypte, et notamment dans les parties les plus reculées des tombeaux des rois, et du temple de Denderah.

Ainsi, dans les pays chauds comme dans les pays froids, les rhinolophes recherchent également les lieux écartés ; l'état de la température ne leur en fait donc pas une nécessité : en aurais-je trouvé la véritable raison, en l'attribuant au défaut d'oreille interne ?

Les rhinolophes, en France, ne rentrent pas tous les soirs, en été, dans les cavernes qu'ils habitent pendant l'hiver. Songeraient-ils à s'épargner des allées et venues, et les fatigues du trajet dans leurs demeures souterraines ? On ignore où ils se retirent pour passer le jour.

8. ROUSSETTE D'ÉGYPTE, *PTEROPUS ÆGYPTIACUS.*

PLANCHE 3, N°. 2.

Les sept genres de chauve-souris dont je viens de traiter, composent, à quelques égards, un seul et même grand genre : toutes ces chauve-souris ont l'estomac, les intestins, tous les viscères abdominaux et les dents molaires conformés de même; toutes aussi se nourrissent d'insectes.

Il est, en outre, d'autres raisons de les comprendre, comme je l'ai déjà fait, sous le nom de *chauve-souris insectivores.* Aux organes de la digestion correspondent ordinairement ceux de la locomotion ; et, en effet, ce qui est ailleurs dans une corrélation si bien suivie, qu'il ne survient point de modifications d'un côté qu'elles ne soient comme par contre-coup éprouvées de l'autre, ne saurait manquer d'avoir son application dans le cas qui nous occupe, puisque les chauve-souris seraient en vain déterminées, par leur organisation, à vivre de proie, si elles n'avaient les moyens de la poursuivre et de la gagner de vitesse dans les régions atmosphériques.

Or, c'est précisément ce que nous allons trouver.

Nous avons bien constaté quelques différences dans les principaux organes du mouvement, principalement dans l'aile, en traitant séparément des genres dont se compose le groupe des chauve-souris insectivores; mais si l'on y a fait attention, on a vu que ces différences ne portent que sur les parties extrêmes de l'aile, et sont de peu d'importance.

Au contraire, l'aile considérée de plus haut et dans ce qui lui est tout-à-fait essentiel, est conformée, chez toutes les chauve-souris qui vivent d'insectes, d'une manière uniforme, et toute propre à leur procurer une extrême vitesse dans le vol.

Sa partie humérale ne repose pas sur le tronc comme dans la plupart des mammifères; mais, comme dans ceux qui fouillent, ou plus généralement dans ceux qui font un continuel et violent usage des extrémités antérieures, elle prend naissance vers la moitié du cou. Comme en même temps la tête de l'humérus ne saurait abandonner son lieu ordinaire d'articulation, c'est-à-dire la cavité que lui forment l'omoplate et la clavicule à leur rencontre, il arrive que ces pièces, chargées de supporter l'humérus, sont agrandies hors de toute proportion, et en quantité suffisante pour que, sans quitter leur station ordinaire sur le tronc, elles fournissent à leur autre extrémité, vers la ligne des vertèbres cervicales, les moyens d'articulation qu'en exige l'humérus.

Il résulte de cet accroissement des os de l'épaule, que les muscles qui en forment le revêtement sont beaucoup plus amples et plus forts, et ce sont précisément ceux qui meuvent l'aile; que l'insertion au-delà et en avant du tronc change l'équilibre de toutes les parties du corps à l'égard de l'axe autour duquel se font tous les efforts du vol; et qu'enfin cette modification a son influence sur le port des chauve-souris, laquelle se manifeste, en ce qu'elles semblent privées de cou et paraissent avoir la tête soutenue par les épaules.

Celles-ci, plus longues et plus renflées, laissent entre elles un vide qui est rempli par une masse d'apparence graisseuse, dont il reste à déterminer la nature, et qu'on peut, en attendant, considérer comme un barrage de consistance douce et molle qui prévient le trop grand rapprochement des épaules.

C'est, enfin, dans toutes ces chauve-souris qu'on trouve le derme développé en excès aux abords des organes des sens, et disposé à se prolonger sur toutes les parties qui ont de la saillie en dehors.

Telles ne sont point, au contraire, les chauve-souris qui se nourrissent de fruits, les roussettes et les céphalottes.

Leur tête existe à l'extrémité d'un cou tout-à-fait visible ; c'est qu'alors les épaules ne dépassent point le tronc, que les clavicules s'étendent à peu près droites d'un côté à l'autre, et que les omoplates sont plus courtes : d'où il résulte aussi que les muscles pectoraux et les grands dorsaux sont moins grands et moins épais.

Ces chauve-souris, à qui il ne faut que se porter sur tous les arbres où elles trouvent à vivre, n'éprouvent pas le besoin d'un vol aussi rapide que celles qui ont à poursuivre leur proie dans les airs : cette diminution de leurs moyens, à cet égard, se manifeste en outre dans le reste de leur organisation.

Leurs ailes ont moins d'envergure et surtout moins de largeur : elles ne se prolongent pas au-delà des cuisses pour s'y réunir en membrane caudale ; quelques traces de cette membrane montrent les vestiges d'une organisation plus développée ailleurs.

Le nez est toujours sans complication ; et les oreilles sont privées, non-seulement d'une grande étendue, mais encore de l'oreille interne ou de l'oreillon.

A voir ces chauve-souris sans leurs ailes, on les croirait des singes : leurs dents, particulièrement les incisives, qui ressemblent à celles de l'homme et des orangs pour le nombre, la position et la forme, fournissent surtout cette indication.

Les roussettes ou manquent de queue ou n'en ont qu'une extrêmement courte.

Leur tête longue et régulièrement conique leur a fait trouver de la ressemblance avec quelques carnassiers ; d'où le nom de chien-volant que leur a donné Seba.

Tels sont les caractères qui font de ces chauve-souris une famille parfaitement naturelle.

J'en ai décrit dans les Annales du Muséum, onze espèces, toutes des pays chauds de l'ancien continent.

Celles qu'on trouve à Madagascar, à l'Ile-de-France et dans les Indes où elles sont réputées comme un mets délicat, et ont reçu un nom générique différent des chauve-souris qui vivent d'insectes, n'avaient point échappé aux Européens qui ont visité ces contrées, parce qu'outre ces raisons de les distinguer, elles se font remarquer par une taille presque gigantesque.

La roussette d'Égypte, eu égard à sa taille, tient le milieu entre toutes les roussettes connues : mesurée du bout du museau à l'anus, elle porte quatorze centimètres, et son envergure cinquante-six. Elle a une petite queue entièrement dégagée des vestiges de membrane interfémorale qu'on voit sur le bord interne des jambes.

Sa tête est plus courte et plus large que dans aucune autre roussette : son poil est épais, fort doux, court, gris-brun, et plus foncé en dessus qu'en dessous ; enfin, ses incisives sont plus petites et rangées avec plus de symétrie qu'elles ne le sont ailleurs.

Elle est répandue dans toute l'Égypte : je l'ai particulièrement trouvée garnissant en abondance les plafonds des chambres de la grande pyramide.

Telles ne sont pas les habitudes de toutes ses congénères dans les lieux peu habités et couverts de bois : elles ne s'éloignent pas des arbres qui leur fournissent leurs fruits, et y demeurent appendues en très-grand nombre ; non que, pour cela, elles soient animaux de troupe, mais parce que les mêmes besoins les rassemblent autour des fruits les plus doux et les plus savoureux.

Les huit premiers Européens qui s'établirent, il y a cent ans, à l'île de Rodrigue, virent les roussettes de ce lieu, libres de toute inquiétude, se répandre le jour même dans leurs champs, et n'éviter que la grande lumière, et sans doute les fortes chaleurs des heures méridiennes.

Nous savons, par M. Roch (*Annales du Muséum*, tome VII, page 229), qu'elles sont susceptibles de s'attacher aux personnes qui en prennent soin : on les accoutume à être caressantes pour tout le monde ; elles lèchent comme les chiens et en ont toute la familiarité.

D'autres fois, elles n'épargnent que leur maître, et témoignent cette affection exclusive en mordant ceux qu'elles ne connaissent pas, ou en les égratignant avec leurs crochets.

Néanmoins, on est peu disposé à en élever en domesticité, à cause de l'odeur qu'elles exhalent, et de celle, tout-à-fait infecte, de leurs urines et de leurs excrémens.

Enfin, les roussettes ne se nourrissent pas si exclusivement de fruits, qu'elles ne puissent, dans la nécessité, recourir à la chair. M. Roch, qui rapportait une roussette vulgaire en Europe, ne sut que lui donner quand elle eut consommé une provision de bananes qu'on lui avait destinée : cet animal fit bientôt cesser toutes ces hésitations, en se jetant avidement sur une perruche laissée morte auprès de lui. On suivit cette indication, et on le nourrit, le reste du voyage, des rats qu'on prenait à bord. Cela ne dura que jusqu'à ce qu'on eut gagné terre : elle reprit aussitôt ses anciennes habitudes ; les fruits redevinrent son unique nourriture. Quelque soin qu'on se donnât, on ne put la décider à prendre de la viande cuite ou crue.

§. II.

DE L'ICHNEUMON, *ICHNEUMON PHARAON*

(Mammifères, pl. 6).

Le culte que l'antique Égypte rendait à l'ichneumon, et la mention qui s'en trouve dans le plus ancien et le plus estimé des historiens grecs, lui ont procuré une si grande célébrité, qu'il n'est, dans les deux âges de la littérature, presque point d'érudits, de voyageurs et de naturalistes qui ne s'en soient occupés. Cependant, il est arrivé qu'en en parlant davantage, on l'a moins bien apprécié : on n'a pas toujours répété dans le même sens ce qu'en avaient dit les observateurs, quelquefois pour avoir trop voulu lui trouver la physionomie et les habitudes de son rôle dans la théogonie égyptienne. On en est venu au point presque de le méconnaître, en ce que, si l'on consulte les derniers écrits à son sujet et notamment ceux de Buffon, on n'y voit plus figurer l'ichneumon que comme un être descendu de son rang d'espèce primitive, modifié par la domesticité, et ayant perdu jusqu'au nom sous lequel tant de générations l'ont connu.

Buffon avait cru en reconnaître les traits dans une espèce qui, sous le nom de mangouste, lui avait été envoyée de l'Inde : il ne trouvait qu'à ce seul animal, étranger à l'Égypte, ces caractères fixes et spécifiques qui sont le propre des individus sauvages. Il cherchait ainsi ailleurs que dans l'ichneumon lui-même une base à des observations solides, pour avoir entendu dans un sens trop absolu un passage de Belon; celui où ce voyageur parle du plaisir que les habitans d'Alexandrie prenaient à élever de ces animaux.

D'autres détails confirmèrent Buffon dans l'opinion, que *l'ichneumon est domestique en Égypte, comme le chat l'est en Europe* : « Les paysans en apportaient de jeunes dans les marchés ; on s'en servait pour détruire les rats et les souris, et l'on s'amusait de leur douceur et de leur aimable familiarité. »

Ce fait admis, une autre supposition en devenait la conséquence : dès qu'il n'y avait en Égypte que des ichneumons vivant en domesticité, ils avaient dû, comme les autres animaux qui sont dans le même cas, éprouver toutes les influences de cette position ; ils devaient y avoir dégénéré, y avoir subi quelques variétés ; et, dans ce cas, il était naturel de rapporter à une seule espèce toutes les diversités de taille, de poils et de couleur qu'on avait jusqu'alors constatées.

La vérité est qu'on n'est dans aucun temps parvenu, en Égypte, à rendre l'ichneumon domestique: l'espèce y vit partout à l'état sauvage. On n'en apporte de jeunes individus aux marchés que quand par hasard on en trouve d'égarés dans les champs ; et si, parce qu'on en tire d'abord quelques services, on les souffre dans les maisons, ils s'y rendent bientôt à charge, en étendant leur ravage sur les animaux des basses-cours.

L'ichneumon forme donc une espèce particulière. Il n'y a plus lieu d'en douter, présentement que nous avons eu l'occasion de le voir dans son pays, et que, depuis, nous lui avons comparé deux autres mangoustes, qui ont vécu, comme lui, dans nos ménageries. Nous sommes enfin certains que la conformation des mangoustes se rapporte à un type particulier, qui est reproduit, mais avec quelques légères modifications, dans chaque grande contrée de la zone torride.

C'est le cas de mettre cette proposition dans tout

son jour ; et nous allons le faire en traitant rapidement de chaque espèce :

1°. Nous commencerons par celle qui a servi de base aux déterminations de Buffon, par sa mangouste de l'Inde, ou la *mangouste à bandes*. Elle porte aux Indes le nom de *mungo* ou de *mungutia*, d'où Buffon a dérivé celui de mangouste, que nous conserverons comme nom générique.

Sa taille est de vingt-cinq centimètres ; sa queue, moins longue, finit en pointe : son pelage est orné de bandes transversales, alternativement rousses et noirâtres, au nombre de vingt-six à trente. Le dessous de sa mâchoire inférieure est fauve, le bas des jambes noir, et la queue d'un brun-noirâtre uniforme. Il en est question dans les Aménités de Kempfer, dans les Actes de la société des curieux de la nature, dans les Voyages du P. Vincent-Marie, et dans Linné, sous le nom de *viverra mungo*. Buffon en a donné une bonne figure, que j'ai comparée à un individu de la même espèce qui vivait, il y a quelques années, chez le ministre d'état comte Regnault de Saint-Jean-d'Angely.

2°. Une deuxième espèce, dont je ne juge que sur une figure, est la *mangouste d'Edwards* (Oiseaux, pl. 199). Son museau est brun-rougeâtre ; tout son dos, et en même temps sa queue, sont annelés de brun sur un fond olivâtre : c'est enfin la seule mangouste qui ait les ongles noirs. On la donnait comme venue aussi des Indes orientales.

3°. Une autre espèce, également des Indes orientales, est la *mangouste nems*, de Buffon (Suppl. III, pl. 27). Elle est d'un cinquième plus grande que l'espèce à bandes : sa queue se termine de même en pointe ; son pelage est plus clair, d'une couleur uniforme, tant sur le dos que sur les pattes : de petits traits d'un brun-roussâtre, disséminés également, et dont il y a autant que de poils, font voir en gris-roux la teinte totale, qui est, au fond, jaune couleur de paille. Daubenton a connu cette mangouste, et l'a décrite dans la première partie de son article, *H. N. G.* tome XIII.

4°. Le *vansire*, décrit, même volume, pl. 21, et donné jusqu'ici comme une espèce voisine du furet, est une vraie mangouste. Je m'en suis assuré sur deux individus qui ont vécu à la ménagerie. Il est plus petit que notre première espèce ; son poil est gris-brun, pointillé de jaunâtre, et ses pattes sont brunes. Cette mangouste vit à Madagascar, d'où elle a passé à l'Ile-de-France : son crâne diffère de celui de l'ichneumon, en ce que la boîte cérébrale est, à proportion, plus renflée et plus large, et que l'apophyse du jugal et celle du coronal ne sont pas assez prolongées pour se rencontrer, s'unir et compléter l'orbite.

5°. Une *mangouste de Java*, espèce nouvelle rapportée par M. Leschenault, a les plus grands rapports avec la précédente. Elle lui ressemble par la taille et à peu près par les couleurs : seulement elle a en marron ce qui est en brun dans l'autre ; ses poils sur la tête et les jambes, sont d'une seule couleur et d'un marron foncé.

6°. Une autre espèce nouvelle, dont nous ne connaissons pas la patrie, est la *mangouste rouge* : son pelage, d'un roux ferrugineux, est très-éclatant; ses poils sont annelés de roux et de fauve ; sa tête et ses épaules passent au rouge cannelle : elle surpasse d'un cinquième notre première espèce, et a sa queue plus épaisse et plus longue.

7°. La *grande mangouste* est une autre espèce de ce genre, ainsi nommée et figurée par Buffon (Supplém. III, pl. 26).

Son poil est annelé de fauve et de marron; mais les anneaux fauves sont si étroits, que l'autre couleur domine partout. Sa queue, qui se termine en pointe, prend, vers l'extrémité, une couleur plus foncée. Les doigts sont couverts de poils ras et serrés, comme en montrent les animaux qui vont à l'eau : cette mangouste se livrerait-elle de préférence à la pêche? Double de l'espèce à bandes, on n'en connaît pas de plus grande. On est sans renseignement sur son pays; seulement je la crois apportée par Sonnerat.

8°. La dernière espèce de ce genre, dont il nous reste à parler, est notre *ichneumon*[1]. Ce que nous venons de dire de ses congénères nous aidera à le caractériser avec plus de rigueur et de précision.

On ne pourrait le confondre, sous le rapport de

---

[1] Nous donnons aux espèces de ce petit groupe les noms triviaux qui suivent :

1°. *Ichneumon mongo*; 2°. *ichneumon Edwardsii*; 3°. *ichneumon griseus*; 4°. *ichneumon galera*; 5°. *ichneumon Javanicus*; 6°. *ichneumon ruber*; 7°. *ichneumon major*; 8°. *ichneumon Pharaon*.

sa taille (cinquante centimètres), qu'avec l'espèce précédente, dont il est toutefois plus petit d'un sixième. Sa queue l'en distingue nettement, aussi bien que de toutes les autres mangoustes, parce qu'elle est, d'une part, de la longueur du corps, et que, de l'autre, elle est garnie, à son extrémité, d'une touffe de très-longs poils noirs, qui divergent de haut en bas, et s'étalent en éventail. Son poil est plus gros, plus sec, plus cassant, et annelé de fauve et de marron. Un anneau fauve termine chaque poil; et quoique les anneaux marrons soient plus larges, il résulte de leur arrangement une distribution de couleurs si égale, que la teinte générale n'est autre que le mélange de ces deux couleurs; les pattes et le bout du museau sont simplement marron foncé [1].

Le crâne annonce un animal d'un goût décidé pour la chasse; les sutures sagittales et occipitales sont relevées en crêtes très-saillantes; son chanfrein est large et voûté; l'orbite est fermé entièrement en arrière, enfin, un caractère dont il y a une trace chez les fouines, mais qui n'est pas aussi fortement exprimé que dans l'ichneumon, est le renflement de la partie postérieure de l'os coronal, renflement ovoïde et qui égale une noix en volume.

Toutes ces espèces se ressemblent si parfaitement

---

[1] La suricate a beaucoup de rapports avec les mangoustes; ses poils surtout offrent une disposition et des couleurs semblables : mais son crâne est plus court, son chanfrein plus bombé, et ses tempes plus écartées; ses dents, ses naseaux et ses pieds annoncent d'autres habitudes. Je n'ai pas cru devoir la faire entrer dans un genre où elle se serait fait remarquer par de trop nombreuses anomalies.

par les proportions des parties, qu'il n'est pas étonnant qu'on les ait confondues. Leur tête paraît courte, un peu aplatie vers le front, et, à cela près, exactement conique : la lèvre supérieure est un peu plus avancée que l'inférieure.

Des six incisives, il y en a deux à la mâchoire de dessous (les secondes dents de chaque côté), qui sont plus étroites et que le défaut d'espace oblige de rentrer un peu en dedans; les canines sont fortes, courtes et coniques.

Les molaires sont au nombre de cinq de chaque côté, et à chaque mâchoire : il en existe, dans le premier âge, une sixième très-petite, en avant des autres ; sa chute, qui n'arrive pas toujours à une époque fixe, est ordinairement occasionée par le développement de la dent canine. Les deux premières molaires sont presque exactement coniques; la troisième d'en haut, et les troisième et quatrième d'en bas, sont larges et hérissées de fortes pointes qui s'entre-croisent. A la dent du fond, rangée à la suite de ces deux-ci, sont, à la mâchoire supérieure, opposées les deux dernières molaires ; les plus étroites de toutes, placées plus en dedans, et très-peu évidées.

Le poil est court, dans toutes les espèces, sur la tête et les pattes; aussi s'éloignent-elles très-peu des rivières, ce qu'indique en outre la demi-palmure de leurs doigts.

La brièveté de leurs pattes leur donne le port des martres et des furets ; elles marchent de même sur les doigts, et ne posent sur leurs talons que pour prendre du repos, ou se dresser sur les pieds de derrière ; ce qu'elles font pour examiner ce qui se passe autour d'elles.

Enfin, trois autres caractères d'une assez grande influence séparent nettement les mangoustes de tous les animaux qui vivent de proie : ce sont les papilles longues et acérées de leur langue ; une membrane nictitante entière dont leurs yeux sont aidés, et une sorte de poche qu'elles ont au devant de l'anus.

C'est au-dessous de cette ouverture que sont les poches des civettes : mais, dans les mangoustes, c'est au delà du sphincter de l'anus que les téguméns communs, allongés et repliés sur eux-mêmes, forment un sac que l'animal ouvre et ferme à son gré. Il faut qu'il trouve une grande jouissance à rafraîchir le fond de cette poche, car il la met en contact avec tous les corps froids et saillans qu'il aperçoit. Il n'était, en domesticité, visité d'aucun amateur, qu'il n'allât se poser sur ses souliers. Cette observation n'avait pas échappé à Belon : il parle « d'un grand pertuis, tout entouré de poils, au-delà de l'anus, lequel conduit l'ichneumon ouvre quand il a grand chaud ».

Il paraît que les anciens ont eu aussi connaissance de cette poche : c'est sans doute ce qui les a mis dans le cas d'attribuer à l'ichneumon la plupart des contes ridicules qu'ils ont faits sur l'hyène. Élien dit que les ichneumons sont hermaphrodites ; qu'à la saison d'amour, ils se battent à outrance, et que les vainqueurs, se réservant les droits et les jouissances des mâles, soumettent les vaincus à la condition des femelles.

Il est assez rare d'apercevoir un ichneumon, et très-difficile de l'approcher. Je ne connais point d'animal plus craintif et plus défiant; aucun n'est plus *cauteleux*, a dit Belon. Il n'ose se hasarder de courir en pleine campagne; mais il suit toujours, ou plutôt il se glisse dans les petits canaux ou les sillons qui servent à l'irrigation des terres : il ne s'y avance jamais qu'avec beaucoup de réserve; et en effet, il ne lui suffit pas de ne rien voir devant lui dans le cas de lui porter ombrage, il n'est tranquille et ne continue sa route que quand il l'a éclairée aussi par le sens de l'odorat. Telle est sans doute la cause de ces mouvemens ondoyans et de l'allure incertaine et oblique qu'il conserve toujours dans la domesticité. Quoiqu'assuré de la protection de son maître, il n'entre jamais dans un lieu qu'il n'a pas encore pratiqué, sans témoigner de fortes appréhensions; son premier soin est de l'étudier en détail, et d'en aller en quelque sorte tâter toutes les surfaces, au moyen de l'odorat.

Cependant on dirait qu'il a quelque peine à percevoir les émanations odorantes des corps; ses efforts pour y réussir sont rendus sensibles par un mouvement continuel de ses naseaux, et par un petit bruit qui imite assez bien le souffle d'un animal haletant et fatigué d'une longue course. Il faut que ce soit pour suppléer à la faiblesse de sa vue qu'il fasse un si grand usage du sens de l'odorat; et comme alors il n'acquiert de notions distinctes des corps, que lorsqu'il en est à portée, on ne doit pas s'étonner qu'il vive dans une défiance perpétuelle de tout ce qui l'entoure.

Pour connaître jusqu'où il porte cette défiance, il faut le voir au sortir d'un sillon, lorsqu'il se propose d'aller boire dans le Nil. Combien de fois il lui arrive de regarder autour de lui avant de se découvrir! Il rampe alors sur le ventre; il n'a pas fait un pas que, saisi d'effroi, il fuit en marchant à reculons. Ce n'est qu'après avoir beaucoup hésité et flairé tous les corps environnans, qu'il se décide et fait un bond, ou pour aller boire, ou pour se jeter sur sa proie.

Un animal d'un caractère aussi timide devait être susceptible d'éducation; et en effet, on l'apprivoise facilement : il est doux et caressant; il distingue la voix de son maître, et le suit presque aussi fidèlement qu'un chien : on peut l'employer à nettoyer une maison de rats et de souris, et on peut être assuré qu'il y aura réussi en bien peu de temps. Il n'est jamais en repos, furete sans cesse partout; et s'il a flairé quelque proie au fond d'un trou, il ne quitte point la partie qu'il n'ait fait ses efforts pour s'en saisir. Il tue sans nécessité : il se contente alors de sucer le sang et le cerveau des animaux qu'il a mis à mort; et quoiqu'une proie aussi abondante lui soit inutile, il ne souffre pas qu'on lui la retire. Il a coutume de se cacher pour prendre ses repas; il s'enfuit avec ce qu'on lui donne, dans l'endroit le plus retiré et le plus obscur du lieu où on le tient : il ne faut pas alors l'approcher ; il défend sa proie en grognant, et même en mordant.

Ces habitudes lui sont communes avec les grandes espèces carnassières, le lion, le tigre, etc. ; il en a d'autres par lesquelles il ressemble davantage au chien, comme de lapper en buvant, et de pisser en levant une des jambes de derrière : quand il a bu, il renverse son vase de manière à se verser sur le ventre toute l'eau qui y était contenue.

Nous possédions à la Ménagerie impériale un mâle que j'avais rapporté d'Égypte : on lui donna dans la suite une compagne de son espèce, dont le général Aymé, qui l'avait aussi rapportée d'Égypte, me fit présent. La première entrevue de ces deux animaux fut signalée par un combat, où le mâle fut très-maltraité. Ce premier choc décida des prétentions de chacun des combattans : la supériorité de la femelle fut établie. Le mâle, n'osant plus se mesurer avec elle, abandonna le champ de bataille, et alla se réfugier dans l'endroit le plus sombre de sa loge. On ne pouvait user plus rigoureusement de sa victoire : un coup de dent, ou même une simple menace, renvoyait le mâle à son gîte accoutumé, dès qu'il avait la témérité d'en sortir et de gagner les devants de la loge où il n'était jamais souffert. Même rigueur au temps des repas ; il ne prenait sa part des distributions que quand sa femelle était repue.

Mais à la saison d'amour, arrivée en janvier, tout

changea de face : le mâle devint moins timide. Il employa d'abord les manières les plus propres à se rendre sa femelle favorable. Son cri d'amour, qu'il ne cessait de faire entendre, était un grognement sourd qui avait quelque douceur. Se voyant repoussé, il songea à se procurer par force ce qu'il ne pouvait obtenir de bonne grâce. La femelle, accoutumée à le mépriser, voulut aussitôt réprimer son audace ; mais à la suite d'engagemens où elle eut constamment le dessous, elle s'aperçut qu'elle n'avait été jusque-là redevable de sa domination, qu'au caractère de douceur de son mâle : elle se tint dès-lors sur la défensive, et ne fut plus occupée que des moyens de lui résister. Le mâle en conçut plus d'ardeur : il fit pendant quatre jours et quatre nuits les plus grands efforts pour l'amener à ses désirs et la dompter. Il la tourmenta pendant tout ce temps sans le moindre intervalle de repos : elle ne s'était pas plutôt étendue sur le flanc pour le renverser, qu'il reprenait la position qu'elle lui avait fait perdre. Je n'ai point connu d'animal plus ardent en amour.

Mais ce qui montra qu'il n'entrait point de colère dans ses transports, c'est qu'il conserva toujours son caractère de douceur pour les curieux qui le venaient visiter : on l'a quelquefois arraché d'auprès de sa femelle, sans qu'il parût s'en plaindre, et qu'il ait cherché à mordre.

L'ichneumon se nourrit en Égypte de rats, de serpens, d'oiseaux et d'œufs. L'inondation l'obligeant d'abandonner les campagnes, il se réfugie aux environs des villages, auxquels il fait un grand tort, en se jetant sur les poules et les pigeons. Cependant les Égyptiens ne s'effraient pas beaucoup de ses dévastations; ils se reposent du soin de le détruire sur le renard et le chacal, que les grandes eaux font aussi abandonner les plaines. Les ichneumons, jetés au milieu d'ennemis aussi rusés, et réunis sur un terrain fort étroit, leur échappent difficilement. A ces causes, qui s'opposent à leur multiplication, s'en joint une de plus à l'égard de l'Égypte supérieure : ils trouvent à Girgeh et au-dessus, dans le tupinambis, un ennemi acharné à leur destruction; c'est un grand lézard qui vit des mêmes proies, qui use des mêmes artifices pour se les procurer, et qui furetant de même dans les profonds sillons des campagnes, se trouve sans cesse sur leur chemin. Il n'est guère plus grand que l'ichneumon ; mais comme il est beaucoup plus courageux, et surtout plus agile, il en vient facilement à bout.

L'ichneumon, de son côté, s'oppose à la trop grande multiplication des crocodiles, dont il détruit les œufs partout où il en rencontre. Ce n'a jamais pu être que pour ce service qu'il a été en vénération dans l'antique Égypte; car il est faux qu'il attaque le crocodile de vive force. Une telle résolution n'est point compatible avec le caractère timide de l'ichneumon. Ce n'est pas non plus par antipathie qu'il se jette avec tant d'ardeur sur les œufs de ces grands reptiles, mais parce que les œufs de tous les animaux indistinctement sont la nourriture qu'il recherche de préférence.

Les anciens ont publié sur ses mœurs quelques détails que nous n'avons pas été à portée de vérifier. Pline dit qu'il ne vit pas au-delà de six ans : nous savons qu'il en met deux à prendre son entier accroissement. Strabon et Aristote prétendent qu'on ne le trouve qu'en Égypte : ce dernier parle de sa timidité si grande, qu'il ne combattait jamais de grands serpens qu'en appelant d'autres ichneumons à son secours. Aussi, au dire d'Horapollon, sa figure, dans le langage hiéroglyphique, servait-elle à exprimer un homme faible qui ne peut se passer du secours de ses semblables. Élien dit pourtant que l'ichneumon se livrait seul à la chasse des serpens; mais c'était en usant de toutes sortes d'artifices et de précautions. Il se roulait dans la vase, dont il séchait ensuite la boue au soleil ; et dans cet équipage de guerre, et sous la protection de cette espèce de cuirasse, ainsi que l'appelle Plutarque, il se jetait sur les plus grands serpens, en ayant soin toutefois de préserver son museau par sa queue qu'il repliait autour.

L'ichneumon porte en Égypte le nom de *nems*, que depuis Buffon a appliqué à une autre espèce. Il y a lieu de croire que ce nom nous vient des anciens Égyptiens : comme monosyllabe, il a dû traverser les siècles sans trop éprouver d'altération. Le nom que les Grecs y ont substitué, *ichneumon*, tiré tout entier de leur idiome, et qui exprime un animal continuellement occupé de la recherche de sa nourriture, en est sans doute la traduction. Du moins ce n'est qu'ainsi qu'on peut se rendre compte de la justesse de cette dénomination, quand d'ailleurs on réfléchit que c'est Hérodote qui l'a le premier employée, et qu'il a dû le faire avant d'avoir pu apprécier toutes les qualités caractéristiques de l'ichneumon.

On trouve dans Belon une figure de cet animal : Schreber en a gravé une meilleure, planche 45, *B*. Enfin nous en donnons une autre qui ne laisse rien à désirer : c'est celle que nous devons aux pinceaux de Maréchal.

J'ai eu aussi occasion de voir la célèbre hyène d'Orient, en Égypte : elle y vit dans les lieux les plus écartés, sur la lisière du désert, et principalement sur la pente de ces profondes excavations qui forment de petites vallées aboutissant à la grande vallée du Nil. Il en existe aussi dans le bas Delta, où de vastes attérissemens de sable et des lieux tourmentés et déchirés à leur surface lui offrent quelque abri.

J'ai été à portée de m'en assurer. Ayant un jour passé dans le Delta, à peu de distance de Damiette, j'y aperçus une hyène qui conduisait un petit âgé de huit à douze jours. Elle ne pensa point à le défendre, et prit la fuite ; en sorte que je pus disposer de son petit.

J'en examinai le premier poil ou la livrée.

La toison était épaisse, inégale et fine.

Le pelage était d'un blanc tirant un peu sur le cendré : une raie noirâtre, interrompue au milieu, se voyait le long du dos; elle semblait donner naissance, de chaque côté, à cinq autres raies, disposées en travers, et à des distances à peu près égales : quelques taches étaient semées entre ces bandes. Le front, le cou, la queue et le ventre étaient d'un blanc pur, l'iris noir, et les pattes rayées de blanc et de noirâtre.

Cette description nous prouve que les jeunes hyènes n'ont pas de livrée proprement dite : elles ressemblent à leur mère, sauf le ton plus vif et plus décidé de ces teintes chez les adultes.

L'hyène est bien loin d'imprimer, en Égypte, la même terreur, et d'y montrer autant de férocité qu'elle l'a fait en Europe, sous le nom de la *bête du Gévaudan*. Elle n'y attaque guère que les troupeaux des Bédouins, et le fait toujours avec une extrême circonspection.

En général tous les animaux d'Égypte y ont moins de férocité; le crocodile lui-même s'y montre moins entreprenant et plus timide qu'ailleurs. Serait-ce que se trouvant dans un des pays les plus anciennement habités, ils ont éprouvé davantage à la longue l'action des sociétés humaines, et mieux connu ce qu'ils ont à en craindre?

Sur le désir de M. GEOFFROY SAINT-HILAIRE, *et avec l'approbation de S. Exc. le Ministre de l'intérieur,* M. VICTOR AUDOUIN *a bien voulu se charger de continuer, de concert avec* M. GEOFFROY, *la* Description des Mammifères.

§. III.

DU RAT D'ALEXANDRIE

MUS ALEXANDRINUS

(Mammifères, planche 5, fig. 1).

Le genre des rats proprement dits est assez bien caractérisé par le système dentaire, qui se compose de deux incisives (*canines*, Geoffroy), puis de trois mâchelières en haut et en bas. Chacune de ces dernières a des couronnes tuberculeuses dont l'âge amène l'usure ; elles offrent alors des bandes transversales en nombre variable : la première en présente trois ; et les autres, deux seulement. La forme des dents est, à peu de chose près, la même que celle qu'on voit dans les hamsters et les gerboises : au contraire, elle éloigne les vrais rats de plusieurs genres voisins qui s'en distingueraient assez difficilement par l'ensemble de leur physionomie ; tels sont les campagnols, les lemmings, les échimys, les loirs et les hydromys.

Ainsi circonscrit, le genre *rat* se compose d'un assez grand nombre d'espèces dont les plus connues sont très-répandues en Europe, sous les noms de *souris*, *rat ordinaire* et *surmulot*.

Le rat d'Alexandrie, *mus Alexandrinus*, est une espèce fort distincte des précédentes. Son pelage est formé de deux sortes de poils : les uns, de couleur gris d'ardoise, roussâtre ou d'un blanc-jaunâtre à leur pointe, constituent un duvet très-fin et serré qui garnit tout le corps, et qui existe, sans aucun mélange d'autres poils, au-dessous du ventre, au-dessous du cou et aux pattes; les autres poils naissent de ce duvet et occupent toute la région dorsale, depuis le sommet de la tête jusqu'à l'origine de la queue. Ils abondent sur le dos proprement dit, et se prolongent sur les côtés : leur caractère essentiel est d'être roides. Les plus longs sont légèrement fusiformes, un peu aplatis et creusés sur une de leurs faces par une rainure longitudinale, peu profonde, qui s'aperçoit à l'aide d'une forte loupe; ils sont roussâtres, et communiquent cette teinte à toutes les parties qu'ils recouvrent. Le museau n'est pas fort allongé; il est garni, à droite et à gauche, d'un faisceau de moustaches noires, longues et roides, au nombre d'une vingtaine. Les oreilles sont grandes, d'un brun très-clair, et pourvues de poils excessivement courts. Le dos est d'un brun-roussâtre : cette couleur s'éclaircit de plus en plus sur les côtés, et passe à une teinte d'un gris-blanchâtre ou jaunâtre sous le ventre et au côté intérieur des membres. La queue est très-longue, couverte de poils courts, et formée par des anneaux écailleux, qui vont en diminuant de diamètre de sa base à son extrémité jusqu'à devenir très-peu distincts. On en compte plus de deux cents. Sous ce rapport, la figure offre quelque inexactitude; les anneaux y sont en trop petit nombre.

Les dimensions de chaque partie du corps sont les suivantes :

	Millimètres.
Longueur totale du corps (de l'extrémité du museau à l'origine de la queue).....	162 [1]
—————— de la queue................	217 [2]
—————— de la tête (depuis l'occiput jusqu'à l'extrémité du museau)............	50 [3]
Hauteur des oreilles.................	18 [4]
Largeur des oreilles.................	16 [5]
Longueur de l'avant-bras (depuis le coude jusqu'au poignet).............	23 [6]
—————— de la main (depuis le poignet jusqu'à l'extrémité des ongles).........	16 [7]
—————— de la jambe (depuis le genou jusqu'au talon)..................	41 [8]
—————— du pied (depuis le talon jusqu'à l'extrémité des ongles)............	38 [9]

Le rat d'Alexandrie s'éloigne essentiellement du rat ordinaire et du surmulot par l'étendue de la queue, qui est beaucoup plus longue que le corps, et par la couleur assez différente du pelage.

Nous l'avons recueilli en Égypte aux environs de la ville d'Alexandrie. L'individu qui a servi à notre description fait aujourd'hui partie de la riche collection du Muséum d'histoire naturelle de Paris.

[1] 8 pouces.
[2] 6 pouces.
[3] 1 pouce 10 lignes.
[4] 8 lignes.
[5] 7 lignes.
[6] 10 lignes.
[7] 0 pouce 7 lignes.
[8] 1 pouce 6 lignes.
[9] 1 pouce 5 lignes.

§. IV.

DE L'ÉCHIMYS DU NIL

ECHIMYS NILOTICUS

(Mammifères, planche 5, fig. 2).

Quand on examine comparativement les espèces de rongeurs réunies par Linné et Pallas dans leur grand genre *rat*, on voit bien qu'il existe entre elles des différences notables, et qu'il n'est guère possible de les désigner toutes sous un même nom générique ; mais, lorsqu'on cherche à les diviser en groupes naturels, on est arrêté par la difficulté de pouvoir les distinguer d'une manière précise. Le système dentaire seul semble pouvoir fournir des caractères tranchés ; M. Cuvier l'a employé avec avantage dans le règne animal distribué d'après son organisation, pour établir, dans la grande division des rats, trois groupes assez distincts. Les échimys et les loirs appartiennent au second ; leurs mâchelières se divisent dès leurs base en racines, et la couronne plate offre encore des lignes transverses, saillantes et creuses [1].

Depuis lors, M. Frédéric Cuvier, dans un ouvrage *ex professo*, a fait connaître plus en détail, et a dé-

---

[1] D'après un travail récent, imprimé par extrait dans les *Annales des sciences naturelles*, tome III, et plus anciennement dans le *Système dentaire* de l'auteur (page 77), M. Geoffroy Saint-Hilaire a reconnu la correspondance des prétendues incisives avec les dents canines des animaux carnassiers. L'absence des premières dents ou des véritables incisives tient à l'avortement même de l'os qui leur fournit un bord al-

terminé avec plus de précision les caractères propres aux dents du genre échimys[1]. On compte dix dents à chaque mâchoire, dont deux incisives et huit mâchelières; il en donne la description suivante:

« A la mâchoire supérieure, les incisives sont unies et légèrement arrondies; elles prennent racine au-dessus de la première mâchelière. Les mâchelières sont toutes à peu près d'égale grandeur, et leur forme est très-régulière à certain degré d'usure: toutes à un premier degré sont partagées transversalement par un sillon, et chacune des deux portions qui en résultent a une échancrure profonde à la face interne, et se termine en angle aigu à la face externe; mais le bord antérieur, ou la ligne d'émail qui forme cet angle antérieurement, est arrondi. A mesure que

véolaire. Inattentifs à cet événement, les naturalistes ont cru la tête des rongeurs pourvue de toutes ses pièces à l'ordinaire. Cependant, si l'on eût établi sa nomenclature, en comptant les dents d'arrière en avant, on eût discerné le vrai dès l'origine; car l'on eût appelé les deux sortes de dents des rongeurs, *molaires* et *canines*: mais avec la marche inverse, ces dernières, qui ne sont réellement que les dents de la *seconde sorte* quand on les compare aux dents des carnassiers, ont paru les premières dents ou les incisives. Les mâchoires n'en ayant plus d'autres en avant, les intermaxillaires (*adnasaux*, Geoff. St-Hil.), quand ils existent, tiennent à distance la première subdivision des maxillaires ou les os des dents moyennes (*addentaux*, Geoff. St-Hil.). Que les intermaxillaires disparaissent, les suivans sont ramenés l'un sur l'autre, le museau est effilé, les premières dents (dents canines) se rapprochent, se touchent, et trouvent en outre à se développer avec plus d'aisance. Ainsi dans les monstruosités, dites *rhinencéphales* ou *cyclopes*, s'il arrive à l'appareil nasal de disparaître par avortement, toutes les parties que cet appareil intermédiaire tient séparées et à distance, arrivent les unes sur les autres, les yeux sont soudés et réunis en un seul; en sorte que l'animal est finalement constitué sous l'apparence et avec les traits d'un cyclope. (GEOFFROY ST-HILAIRE.)

[1] *Des dents des mammifères considérées comme caractères zoologiques*, page 185.

l'usure augmente, les échancrures s'effacent ou s'interrompent, et se transforment en ellipses.

« A la mâchoire inférieure, l'incisive est semblable à celle de la mâchoire supérieure; elle naît au-dessous des dernières mâchelières. Celles-ci vont en grandissant un peu de la première à la dernière : toutes se composent de deux parties; la première qui est la plus grande, et qui a une profonde échancrure à sa face interne; et la seconde, séparée de la première par un sillon transversal, a la forme d'une ellipse très-allongée. La première de ces dents a, en outre, à sa partie antérieure, un point circulaire entouré d'un cercle d'émail. »

Ces observations ont été faites sur l'échimys dactylin, *echimys dactylinus* de Geoffroy.

On ne sait encore que fort peu de choses sur l'organisation des échimys. Cuvier [1] nous apprend que le caractère ostéologique qui les distingue essentiellement des loirs, consiste dans un grand élargissement de leur trou sous-orbitaire, et dans la dilatation de l'os frontal qui, en se continuant avec la crête temporale, fournit un plafond à l'orbite. « Leur lacrymal, dit-il, est petit et a un petit crochet; leur jugal est assez large; leur palais est étroit, et le palatin fort échancré en arrière et sans espace membraneux : les ailes ptérygoïdes externes ne traversent pas sous le trou ovale. La ligne qui sépare les frontaux des pariétaux est droite; l'interpariétal se soude de bonne

---

[1] *Recherches sur les ossemens fossiles*, tome v, 2e édition, 1re partie, page 18.

heure ; il n'y a pas de trou au temporal. » M. Cuvier ajoute, comme une chose digne de remarque et particulière aux échimys, que l'occipital, en descendant latéralement vers l'oreille, se bifurque de manière à enclaver la partie montante de la caisse et du rocher (*énostéal*, Geoff. St-Hil.), et à former à lui seul les deux tubercules, dont le postérieur ou le mastoïde lui appartient seul ordinairement.

Toutes les espèces rapportées jusqu'à ce jour au genre échimys sont originaires de l'Amérique méridionale; celle que nous faisons connaître habite l'ancien continent, et a été recueillie en Égypte sur les bords du Nil : M. Geoffroy Saint-Hilaire [1] l'a précédemment décrite sous le nom de campagnol du Nil, *lemnus Niloticus*, et les auteurs qui en ont parlé depuis lui, ont adopté son rapprochement et sa description [2]. Cependant, un examen plus attentif de l'ensemble des caractères et du *facies*, porte à croire qu'elle appartient au genre échimys : cette détermination ne sera certaine que lorsqu'on aura étudié avec soin les dents; ce qu'il ne nous a pas été possible de faire, parce qu'elles se trouvaient enlevées chez l'individu que nous avons eu à notre disposition.

L'échimys du Nil, *echimys Niloticus*, est long de

---

[1] *Catalogue des mammifères du Muséum royal d'histoire naturelle*, page 186; in-8°. (Inédit.)

[2] *Voyez* Fréd. Cuvier, *Dictionnaire des sciences naturelles*, t. VI, page 317; Desmarets, *Dictionnaire d'histoire naturelle*, tom. V, pag. 80;

et *Encyclop. méth.*, Mammalogie, page 281.

Ce dernier auteur, en décrivant le rat du Kaire, *mus Kahirinus*, renvoie, sans doute par inadvertance, à la figure de l'espèce que nous décrivons.

six à sept pouces de l'extrémité du museau à l'origine de la queue, qui, elle-même, a près de cinq pouces ; son corps est assez élevé sur les pattes : celles-ci sont grêles. La couleur générale du pelage est d'un brun-fauve, plus foncé sur le sommet de la tête et sur le dos que sur les côtés : le dessous du ventre et la face interne des membres sont d'un gris-cendré.

Les poils, considérés dans les diverses régions du corps, offrent quelques particularités assez importantes : ceux du dos présentent mieux qu'aucun autre le caractère qui a valu à ces animaux leur dénomination générique, c'est-à-dire qu'ils sont aplatis et terminés assez brusquement en pointe. Toutefois, ils ne sauraient être considérés comme de véritables épines ; et, en cela, ils diffèrent essentiellement de la plupart des échimys. Ces mêmes poils sont d'un brun foncé ou noir dans les quatre cinquièmes de leur étendue, et fauve ensuite jusqu'à l'extrémité de la pointe : quelques uns sont entièrement noirs. Les poils situés sur les côtés sont moins robustes, et ont une couleur fauve plus pâle; enfin, ceux du ventre sont moitié fauves et moitié gris. De grandes oreilles arrondies et couvertes de poils roux assez fins, des moustaches noires et roides, des pattes antérieures beaucoup plus grêles que celles de derrière, avec les doigts bien plus courts et le pouce très-petit, enfin une queue assez longue et recouverte de poils rares, forts courts, noirs à sa face supérieure, et fauves en dessous, achèvent de caractériser cette espèce.

§. V.

DU HÉRISSON OREILLARD
ERINACEUS AURITUS

(Mammifères, planche 5, fig. 3).

Il existe dans la grande série du règne animal plusieurs êtres singuliers qui mettent en évidence, beaucoup mieux que ne le feraient bien des raisonnemens, l'avantage immense des méthodes naturelles sur les systèmes. Le hérisson offre un de ces nombreux exemples; les piquans qui recouvrent une grande partie de son corps, et qui, au besoin, deviennent pour lui une arme défensive, sont un caractère tellement exclusif, que, sous ce rapport, on serait tenté de le rapprocher des porcs-pics. Plusieurs naturalistes anciens, et Linné en particulier, se sont laissé entraîner par cette considération qui, en elle-même, ne mérite aucune valeur. En effet, les systèmes cutanés et pileux sont très-sujets à varier; ils peuvent offrir toute sorte d'anomalies, sans que les parties essentielles de l'organisation se trouvent liées en aucune manière à ces divers changemens. A part, l'analogie assez frappante des poils, les hérissons ne ressemblent donc pas aux porcs-pics; disons plus, ils s'en éloignent par des caractères d'une haute importance, tirés particulièrement de l'appareil masticateur, et qui assignent leur véritable place dans l'ordre des carnassiers et dans la famille des insectivores, à côté des musaraignes, et non loin des desmans, des scalopes, des chrysochlores, des tenrecs et des taupes.

Parmi les espèces assez nombreuses que les anciens auteurs ont comprises sous le nom de hérisson, il n'en existe que deux qui appartiennent réellement à ce genre. La première, ou le hérisson d'Europe, *erinaceus Europeus*, a été la seule admise pendant bien long-temps. En 1770, Samuel Gottlieb Gmelin en fit connaître une seconde dans une dissertation ayant pour titre, *de Capra saiga et Erinaceo aurito*[1]. La description qu'il en donne est exacte, et la figure assez reconnaissable : il paraît surtout attacher de l'importance à la longueur des oreilles, et c'est à cause de cela qu'il lui donne le nom spécifique d'*auritus*. On la trouve communément dans la province d'Astracan. Vers la même époque, Pallas observait aussi cette espèce[2], et il ajoutait à sa description quelques détails anatomiques qui se trouvent conformes à ceux que Buffon a donnés du hérisson vulgaire. Enfin, Schreber, dans son ouvrage sur les mammifères[3], en a donné aussi une courte description et une très-mauvaise figure coloriée.

Le hérisson oreillard recueilli en Égypte n'est donc pas une espèce nouvelle; mais il n'a jamais été très-bien figuré, et les descriptions de Gmelin et

[1] *Novi commentarii Petrop.* 1, année 1770, tome XIV, page 512, tab. XVI.
[2] *Novi Commentarii Petrop.* 1, année 1770, tome XIV, page 548, tab. XXI, fig. 4.
[3] *Histoire des mammifères* (en allemand).

de Pallas offrent quelques lacunes qu'il est important de remplir.

Le hérisson oreillard ou à longues oreilles, *erinaceus auritus*, Gmelin, Pallas, Linné, est généralement plus petit que le hérisson d'Europe : il a un peu plus de 0^{m}19[1] de longueur, depuis le bout du museau jusqu'à l'extrémité de la queue. La tête est large et déprimée; le museau est court, le cartilage qui le termine est noir, arrondi et peu saillant; les oreilles sont grandes, dégagées du corps et couvertes, en dedans et en dehors, de poils assez longs : ceux qui garnissent le bord supérieur sont d'un brun-roussâtre. La circonférence de la mâchoire inférieure et le museau sont couverts de poils d'un brun-châtain, qui se prolongent sur les joues et autour des yeux. Le tour de la bouche est en outre garni de poils bruns, épars, plus longs que les autres, et l'on voit, en dessus de la lèvre supérieure et de chaque côté, une moustache composée d'une dixaine de poils roides d'un brun très-foncé. Le front, le devant et le derrière des oreilles, le cou, tout le dessous du corps, la base des jambes antérieures, sont couverts de poils longs, soyeux, très-brillans, et d'un blanc sale ou jaunâtre : ces poils, au lieu d'être dirigés au hasard et dans tous les sens, se portent tous en arrière.

Des poils de couleur brune très-foncée garnissent les pattes postérieures, se prolongent dans leur entre-deux, et recouvrent en entier une très-petite

[1] 7 pouces.

queue; les pattes antérieures ont des poils de même couleur, mais seulement à partir du coude jusqu'à l'extrémité du poignet.

A la partie supérieure de son corps, depuis le sommet de la tête jusqu'à la base de la queue, et même sur les côtés, le hérisson oreillard est recouvert de piquans assez longs et assez robustes, qui conservent entre eux un parallélisme parfait, et sont couchés de toute part en arrière lorsque l'animal ne se contracte pas en boule. Ce caractère suffirait seul pour distinguer cette espèce du hérisson d'Europe, dont les poils sont entre-croisés entre eux dans tous les sens.

La base des épines est brusquement rétrécie en une petite pointe qui adhère très-fortement à la peau; le sommet est aussi très-aigu, mais la pointe qui le termine naît insensiblement. Ces piquans sont d'un blanc sale un peu jaunâtre; ils ont une petite zone d'un brun-noirâtre vers le tiers supérieur de leur longueur, et la pointe terminale est d'un blanc sale assez clair. Mais ce qui caractérise essentiellement les piquans de cette espèce, et ce qui jamais n'a été observé, ce sont des côtes longitudinales qu'on remarque à leur surface, et qui sont séparées les unes des autres par autant de sillons assez creux : ces petites côtes, parfaitement droites et parallèles, sont assez saillantes pour être aperçues à la vue simple; et si on les examine avec une loupe, on reconnaît qu'elles sont couvertes de petits tubercules arrondis, placés à fort peu de distance les uns des autres. Ces cannelures des piquans n'existent pas dans le hérisson d'Europe, et ce caractère est tellement sensible, qu'on peut distinguer de suite les deux espèces par l'inspection comparative d'un seul de leurs poils.

Le système dentaire de cette espèce nous a paru conforme à la description qu'a donnée M. Frédéric Cuvier de celui du hérisson d'Europe [1]. Notre figure laisse voir les dents : mais elles sont usées, et il ne faut pas tenir compte de leur forme.

On doit supposer que les mœurs du hérisson oreillard sont analogues à celles de notre espèce : on l'a vu se nourrir de divers animaux et de toute sorte d'insectes. Pallas assure qu'il recherche les cantharides, et qu'il en mange impunément une quantité prodigieuse.

Le hérisson oreillard se trouve en Égypte sur toute la lisière du désert; il y est rare : on le rencontre au contraire fort communément dans l'Astracan, province de la Russie Asiatique, vers la partie inférieure du Volga et de l'Oural; on le voit encore à l'orient, en-deçà du Baïkal : de sorte qu'il occupe une très-grande étendue de pays jusqu'au-delà du 52e degré de latitude nord. Pallas a remarqué que la température de son corps variait avec celle de l'atmosphère, et qu'il s'engourdissait pendant un assez long temps de l'année. On ignore s'il en est de même pour les espèces qui vivent en Égypte, où la

[1] *Des dents des mammifères considérées comme caractères zoologiques*, page 66.

variation de température est plutôt journalière qu'annuelle. C'est une question curieuse sur laquelle les naturalistes de l'expédition n'ont pu obtenir aucun renseignement, et qu'ils n'ont pu résoudre, n'ayant jamais eu l'occasion de voir un de ces animaux vivant.

§. VI.

DU LIÈVRE D'ÉGYPTE

LEPUS ÆGYPTIUS

(Mammifères, planche 0, fig. 2).

Les lièvres se distinguent très-nettement de tous les mammifères connus, et constituent un genre très-naturel, qu'on peut caractériser par le système dentaire. Il existe seize dents à la mâchoire supérieure ; quatre sont incisives, les douze autres sont mâchelières. Sa mâchoire inférieure en offre seulement douze, deux incisives et dix mâchelières ; de plus, les incisives supérieures sont doubles, c'est-à-dire que chacune d'elles en a par derrière une autre plus petite. Enfin, ces animaux offrent dans leur jeune âge une particularité curieuse que M. Geoffroy St-Hilaire a fait connaître le premier : « Les lapins, dit-il [1], naissent et meurent avec quatre incisives, mais non avec les quatre mêmes : ils naissent avec la première et la seconde paire ; puis, c'est-à-dire quelques jours après, arrive une autre paire, une troi-

[1] *Système dentaire des mammifères et des oiseaux.*

sième paire de dents. Ces nouvelles dents finissent par acquérir un volume, et par prendre, en s'approchant de très-près et par derrière de la première paire, une direction qui provoque et qui décide la chute de la dernière paire intermédiaire. La chute de celle-ci ne se fait toutefois point sans un engagement, sans une sorte de lutte : les deux paires de dents sont momentanément en présence; il y a coexistence, durant quelque temps, des dents qui vont tomber et de celles qui arrivent pour en prendre la place. Les lapins ont donc six incisives durant une petite période qui est de deux à cinq jours. Dans ce moment de leur existence, ils ajoutent ainsi, à bien d'autres rapports qu'ils ont avec les kanguroos, un caractère de plus, le même nombre de dents incisives. »

Le genre lièvre est très-nombreux en espèces : celles qui ont les oreilles arrondies et plus courtes, sont spécialement désignées sous le nom de *lapins;* les autres conservent celui de *lièvres.*

Le lièvre d'Égypte, *lepus Ægyptius*, doit être distingué du lièvre du Cap, *lepus Capensis*, Lin., avec lequel quelques auteurs l'ont confondu. Nous extrairons des notes de M. Geoffroy St-Hilaire la description qu'il en a faite sur le vivant: « Le pelage est d'un brun-roussâtre, et cette couleur offre quelques différences suivant le lieu où on l'examine. Le dos est d'un gris-fauve; les poils sont blancs à leur origine, puis bruns et terminés de fauve; en sorte qu'il existe des maculatures de fauve et de brun, selon la manière dont le poil est appliqué sur le dos. Sur le cou, on voit une raie d'un roux vif, qui prend depuis les oreilles et qui cesse passé les épaules. Le dessous du corps est blanc, à l'exception de la poitrine, qui est légèrement teinte de fauve. Le fauve domine sur l'extérieur des jambes; le poil abondant dont le dessous des pattes est fourni, a une teinte d'un roux foncé. Le dessus de la tête est de la couleur du dos; mais le fauve domine surtout au-dessus et sur les côtés du museau : le tour des yeux est blanc et les joues sont grises. La queue présente d'assez longs poils, qui sont noirs en dessus et blancs en dessous. Un léger duvet, d'une couleur uniforme, garnit les oreilles; celles-ci sont plus grandes et surtout beaucoup plus larges que dans le lièvre ordinaire.

« L'œil a la pupille ronde, et l'iris est d'un jaune-verdâtre. »

M. Geoffroy a mesuré sur le vivant les dimensions des différentes parties du corps, et il a trouvé les nombres suivans :

	Cent.
Longueur du bout du museau à l'origine de la queue.................	0,430
————— de la tête.................	0,094
————— du cou.................	0,040
————— des jambes de devant depuis l'omoplate.................	0,220
————— des jambes de derrière de la partie saillante du sacrum........	0,286
————— des oreilles.............	0,160
————— de la queue.............	0,110

	Cent.
Distance du bout du museau à l'angle antérieur de l'œil.	0,046
Contour de la tête pris sur les yeux.	0,176
Distance de l'angle postérieur des yeux aux oreilles.	0,016
Longueur des oreilles en suivant les contours.	0,082
Contour de la bouche.	0,030
Hauteur de la lèvre fendue.	0,010

Cette espèce de lièvre, qui a la grosseur d'un lapin, est très-abondante dans la plaine, entre Louqsor et Karnak; sa chair est noirâtre, d'un goût rapproché de celle du lièvre d'Europe, mais inférieure pour la qualité.

§. VII.

DU BELIER A LARGE QUEUE

OVIS LATICAUDATA

(Mammifères, planche 7, fig. 1).

C'est avec difficulté et par des caractères de peu de valeur que les naturalistes sont venus à bout de distinguer les moutons des chèvres. Plusieurs auteurs, qui croient cette distinction peu fondée, ne l'adoptent pas. Toutefois, l'usage a prévalu, et le genre mouton est généralement admis et caractérisé de la manière suivante :

Les cornes anguleuses, ridées en travers, contournées latéralement en spirale, et se développant sur un axe osseux, celluleux, qui a la même direction; trente-deux dents en totalité, savoir : huit incisives inférieures formant un arc et se touchant toutes régulièrement par leurs bords, les deux intermédiaires étant les plus larges, et les deux latérales les plus petites; six molaires à couronnes marquées de doubles croissans d'émail, dont trois fausses et trois vraies de chaque côté et à chaque mâchoire; les vraies molaires supérieures ayant la convexité des doubles croissans de leur couronne tournée en dedans, et les inférieures l'ayant en dessous. Le chanfrein arqué; le museau terminé par des narines de forme allongée, obliques, sans mufle; point de larmiers, point de barbe au menton; les oreilles médiocres et pointues; le corps de stature moyenne, couvert de poils; les jambes assez grêles, sans brosses aux genoux; deux mamelles inguinales; point de pores inguinaux; la queue (du moins dans les espèces sauvages) plus ou moins courte, infléchie ou pendante.

Le genre mouton est un de ceux qui fournissent le plus de variétés dans les espèces; ce qui rend la distinction de ces trois dernières très-difficile. L'individu qu'on voit représenté sur cette planche, est le mouton à large queue, *ovis lati caudata*, Ray, Gmelin, etc.: il doit être considéré comme une variété distincte, dont le caractère le plus tranché consiste dans un allongement plus considérable de la queue, qui, dans les deux tiers supérieurs, dépasse le corps en largeur. Cette variété se rapproche beaucoup de celles qui ont été figurées sous le même nom par MM. Geoffroy St-Hilaire et Frédéric Cuvier [1]; seu-

---

[1] *Histoire naturelle des mammifères.*

lement on remarquera qu'ici le poil est court et frisé. Les couleurs paraissent aussi offrir quelques différences ; mais nous n'avons pu nous en assurer, l'individu dont on a donné la figure, n'ayant pas été conservé dans les collections. Au reste, ce dernier caractère est trop variable pour avoir quelqu'importance.

§. VIII.

DU MOUFLON A MANCHETTES

OVIS ORNATA

(Mammifères, planche 7, fig. 2).

On désigne généralement sous le nom de *mouflon* tous les moutons sauvages, et on l'applique ensuite d'une manière plus restreinte à certaines espèces : ainsi on connaît un mouflon de Corse, un mouflon d'Amérique, etc. L'espèce dont on voit ici la figure est le mouflon à manchettes ; la description exacte que nous allons en donner nous a été communiquée par notre ami M. Isidore Geoffroy St-Hilaire, qui l'a faite d'après l'individu rapporté d'Égypte par son père, et conservé dans la collection du Muséum d'histoire naturelle de Paris.

Le mouflon à manchettes, *ovis ornata*, est uniformément d'un beau fauve-roussâtre, et se rapproche ainsi par sa couleur générale de notre mouflon : néanmoins la nuance en est plus éclaircie que chez l'espèce d'Europe, parce que les poils fauves ne sont pas mêlés de poils noirs, et que, tout au contraire, leur pointe est blanche; ce qui donne même au pelage un aspect tiqueté lorsqu'on le regarde de près. La couleur que nous venons d'indiquer est celle de la tête, du corps et des membres presque entiers : cependant, le devant des canons et la ligne dorsale ont une teinte brunâtre, et l'on remarque entre les deux jambes, sur la ligne médiane, une tache noire longitudinale; enfin, le dessous du corps et les régions internes et inférieures des membres, sont de couleur blanche, comme chez notre mouflon; toutefois, avec cette différence, que la portion blanche du corps a beaucoup moins d'étendue que chez celui-ci. Mais ce qui rend cette espèce très-singulière, et ce qui lui a valu le nom de mouflon à manchettes, ce sont les longs poils qui garnissent les parties antérieures de son corps et de ses membres. Des poils de six à sept pouces naissent, depuis le tiers inférieur de la jambe jusqu'au canon, sur les faces antérieure, postérieure et externe de la jambe, et tombent jusqu'au milieu du canon, en formant ainsi une parure fort remarquable. En outre, vers l'angle de la mâchoire, il naît, de chaque côté, une touffe de poils longs de deux, trois ou quatre pouces; et un peu au-dessous commence une bande de poils placée sur la ligne médiane, et qui se continue jusqu'au tiers inférieur du cou, où elle se bifurque en deux lignes qui vont se terminer vers l'articulation de la cuisse avec la jambe. Ces poils ont un peu avant la bifurcation jusqu'à un pied ou treize pouces de long ; mais, vers le haut du cou et vers l'épaule, ils sont beaucoup plus courts et n'ont qu'un demi-pied environ. Leur couleur est généralement celle du corps : seulement ceux qui avoisinent la partie interne de la jambe et du canon sont brunâtres ; et on remarque aussi une ligne de cette couleur sur ceux de la partie antérieure du cou.

Cet animal, dont la taille est d'un cinquième plus considérable que celle de notre mouflon, a la queue longue de sept pouces et terminée par un pinceau de poils.

Les cornes paraissent assez petites en égard au volume de l'animal, et chez l'individu que possède le Muséum, elles ne sont pas plus grandes que celles du mouflon, quoiqu'il soit mâle et qu'il paraisse bien adulte. Elles présentent d'ailleurs des caractères particuliers : leur forme les rend très-différentes de celles du mouflon, et leur base est plutôt quadrangulaire que triangulaire ; elles n'ont aucune arête saillante, surtout vers la base, et l'extrémité, qui est dirigée en dedans (au contraire de ce qui a lieu chez les autres espèces), n'a presque aucune largeur, et forme véritablement une pointe dans le sens que l'on attache ordinairement à ce mot. Les rides sont très-peu prononcées, si ce n'est près de la barbe, et l'extrémité est même presque entièrement lisse. Les deux cornes sont, comme chez les autres mouflons, très-rapprochées sur le front, et il est même un point où elles sont presque contiguës : l'angle qu'elles comprennent entre elles est beaucoup plus aigu que chez notre mouflon ; il n'est guère que de soixante degrés environ. Enfin, elles sont aussi larges à la base que dans cette espèce ; mais leur circonférence est plus grande, à cause de l'augmentation de surface qui résulte de leur forme quadrangulaire.

Ce bel animal porte, dans quelques descriptions, le nom de *mouflon d'Afrique;* on ne sait pas encore avec certitude s'il doit être rapporté au mouton barbu de Pennant. La description donnée par cet auteur est trop incomplète pour qu'il soit possible de prononcer l'identité spécifique ; cependant MM. Cuvier et Desmarest l'ont admise : ils ont réuni ces deux espèces sous le nom d'*ovis tragelaphus*.

Le mouflon à manchettes de M. Geoffroy St-Hilaire a été tué près des portes de la ville du Kaire ; mais il ne paraît pas qu'il se tienne habituellement dans cette partie de l'Égypte.

DESCRIPTION SOMMAIRE

DES

MAMMIFÈRES CARNASSIERS

QUI SE TROUVENT EN ÉGYPTE,

Publiées par Jules-César SAVIGNY,

Membre de l'Institut;

OFFRANT UN EXPOSÉ DES CARACTÈRES NATURELS DES GENRES
AVEC LA DISTINCTION DES ESPÈCES,

PAR VICTOR AUDOUIN[*].

CARNASSIERS

(Mammifères carnassiers; pl. 1, Supplément).

M. Savigny a fait représenter dans cette planche les têtes de quelques mammifères d'Égypte, appartenant aux genres MANGOUSTE, HÉRISSON, CHAT, HYÈNE, CHACAL et RENARD ; et il paraît avoir eu pour objet de faire connaître le système dentaire dans ces animaux. On possède aujourd'hui un ouvrage de M. Frédéric Cuvier, sur les dents des mammifères,

---

[*] *Voyez* tome XXII, page 111, la Note concernant l'explication sommaire des planches dont les dessins ont été fournis par M. J.-C. Savigny pour l'HISTOIRE NATURELLE DE L'OUVRAGE.

considérées comme caractères zoologiques; ce travail important nous a beaucoup servi pour rédiger le texte de cette planche, et il a suppléé au manque de notes et de renseignemens.

Fig. 1. MANGOUSTE ICHNEUMON

(*Ichneumon Pharaonis*, Geoff. Saint-Hilaire).

Les mangoustes constituent un sous-genre parmi les civettes, et leur système de dentition ressemble, à peu de chose près, à celui des civettes proprement dites, des genettes et des paradoxures. Voici comment on le caractérise généralement:

Quarante dents en totalité; savoir: A LA MACHOIRE SUPÉRIEURE, six incisives moyennes, simples et bien rangées; une canine de chaque côté, conique et non tranchante à sa partie postérieure; trois fausses molaires, dont la première est peu éloignée de la canine; une carnassière fort élargie, particulièrement par le développement du tubercule interne; deux tuberculeuses, dont la première présente deux tubercules pointus, mais peu saillans à leur bord externe, et dont la seconde, de même forme, ne peut guère être considérée que comme rudimentaire.

A LA MACHOIRE INFÉRIEURE, six incisives, dont la seconde de chaque côté est un peu rentrée; une canine (aussi de chaque côté) semblable à la canine supérieure; quatre fausses molaires, dont la première est très-petite; une carnassière, composée en avant de trois pointes très-élevées, disposées en triangle, et en arrière d'un talon assez bas, sur le bord duquel sont trois petites élévations; enfin, une tuberculeuse peu volumineuse, plus grande d'avant en arrière que d'un côté à l'autre, et pourvue de trois tubercules.

1. 1. Tête de la mangouste ichneumon, vue de profil et réduite d'un tiers de sa grandeur naturelle.
1. 2. La même vue en dessus.
1. 3. Tête de grandeur naturelle, vue de face.
1. 4. Système dentaire de la mâchoire supérieure (les incisives et les canines exceptées), vu en dessus et de grandeur naturelle.
1. 5. Le même système dentaire de la mâchoire inférieure.

Fig. 2. HÉRISSON OREILLARD

(*Erinaceus auritus*, Geoff. Saint-Hilaire).

Le genre hérisson est caractérisé par la présence de trente-six dents, dont vingt supérieures et seize inférieures. M. Frédéric Cuvier[1] les décrit ainsi :

A LA MACHOIRE SUPÉRIEURE nous trouvons trois incisives : la première est forte, très-séparée de l'analogue de l'autre intermaxillaire, convergente avec elle et très-obtuse; les suivantes sont de petites dents qui rappellent la forme des fausses molaires normales; la première est la plus petite. Les deux fausses molaires qui viennent ensuite rappellent encore des fausses molaires normales; mais elles sont à une seule racine, et c'est la première qui est la plus grande. La troisième de ces dents est à plusieurs racines; à

[1] *Des dents des mammifères*, etc., page 66, pl. 16.

sa face externe, elle présente la figure des fausses molaires normales, mais elle a à sa face interne un tubercule pointu qui l'épaissit beaucoup. La première molaire est remarquable par le tubercule principal de sa face externe et la petite partie tranchante de sa base antérieure; car ces deux parties rappellent fort bien les molaires carnassières, vues de la même face. Cette dent a aussi, comme ces dernières, une pointe à sa base interne et antérieure : mais elle en a, de plus, une seconde au côté postérieur de la première, ce qui l'épaissit de même beaucoup ; et sans ce dernier tubercule, il ne serait pas possible de la méconnaître pour une carnassière. La seconde molaire, tout-à-fait triturante, est à peu près carrée, avec une pointe à chaque angle, la pointe du côté externe et postérieur, partagée en deux parties, dont la postérieure est très-petite; la troisième, un peu plus petite que la précédente, lui ressemble, excepté qu'elle est un peu plus étroite postérieurement qu'antérieurement : la dernière est une petite dent comprimée d'avant en arrière, tranchante, avec une ou deux petites échancrures sur le côté externe de son tranchant.

A LA MACHOIRE INFÉRIEURE l'incisive ressemble beaucoup à la première de la mâchoire opposée; elle est couchée en avant et parallèle à celle qui lui est contiguë. Les trois petites fausses molaires qui suivent, rappellent par leur forme les fausses molaires normales; mais elles sont à une seule racine, et c'est la moyenne qui est la plus grande : les deux autres sont à peu près d'égale grandeur. La dernière de ces dents, ou la quatrième, présente trois pointes disposées en triangle, une antérieure, une postérieure plus grande, et une à la base interne de celle-ci, très-petite. La première et la seconde molaires sont formées de deux parties, une antérieure composée de trois pointes d'égale grandeur, disposées en triangle, et une postérieure composée de deux pointes, une au côté externe et l'autre au côté interne; la seconde de ces pointes est un peu plus petite que la première. La troisième molaire est une très-petite dent composée de trois pointes, une en avant peu développée, et deux en arrière très-petites, qui ne semblent être que la pointe divisée d'un tubercule.

Cette description de M. Frédéric Cuvier a été faite sur le hérisson commun, *erinaceus Europeus*, Lin., et se rapporte assez bien au hérisson oreillard, sauf les différences spécifiques et individuelles; ces dernières sont quelquefois fort remarquables, et dépendent principalement du degré d'usure qu'offrent les dents.

2. 1. Tête du hérisson oreillard, vue de profil.
2. 2. La même vue en dessus.
2. 3. Portion antérieure de la même tête, vue de face.
2. 4. Système dentaire de la mâchoire inférieure vue en dessus.
2. 5. Dents de la mâchoire supérieure.

Fig. 3. FELIS CHAUS

(*Felis chaus*, Guld.)

Le genre chat ou *felis* est le type de la grande division des mammifères carnivores, et se trouve parfaitement caractérisé par le système dentaire. On compte trente dents, dont seize à la mâchoire supérieure et quatorze à la mâchoire inférieure. M. Frédéric Cuvier qui a fait une étude spéciale de ces organes[1], les caractérise de la manière suivante :

A LA MACHOIRE SUPÉRIEURE, les chats ont trois incisives, une canine, deux fausses molaires, une carnassière et une tuberculeuse. Les incisives sont placées à côté l'une de l'autre, sur une ligne droite : les deux premières sont d'égale grandeur, en forme de coin et échancrées transversalement à leur face interne ; la troisième est deux fois plus grande que les précédentes, pointue et de même échancrée à sa face interne. Un intervalle vide sépare la dernière incisive de la canine, qui est très-grande, conique, un peu crochue, arrondie à sa face externe et à sa face interne, et anguleuse à son bord antérieur et à son bord postérieur. La première fausse molaire vient après la canine : c'est une petite dent très-obtuse et à une seule racine. Un espace vide sépare cette dent de celle qui la suit, c'est-à-dire de la seconde fausse molaire, que M. Cuvier regarde comme ayant une forme normale : elle est très-grande, a plusieurs ra-

---
[1] *Loco citato*, page 77.

cines, large d'avant en arrière, comprimée de dedans en dehors, tranchante, et présente à peu près la forme d'un angle droit : ses bords sont divisés par deux échancrures, ou plutôt deux dentelures ; ce qui augmente leur faculté tranchante. La carnassière, qui a au moins trois racines, suit immédiatement la fausse molaire ; elle est d'un tiers plus grande que celle-ci d'avant en arrière, et divisée dans ce sens en trois parties : la première est un petit tubercule à bords tranchans ; la seconde, c'est-à-dire la moyenne, présente un grand tubercule tranchant sur ses bords, de la figure d'un angle droit ; la troisième est terminée par une ligne presque droite et seulement un peu infléchie dans son milieu, et ses bords sont tranchans. A la face interne de cette dent, et à la base du petit tubercule obtus, est un autre tubercule plus petit encore, qui se lie par une côte saillante au tubercule moyen. Enfin, la mâchelière tuberculeuse est une très-petite dent, fort étroite d'avant en arrière, plus large du côté externe au côté interne, arrondie et à une ou deux racines ; cette dent, cachée à la base de la carnassière, est dans un état tout-à-fait rudimentaire.

A LA MACHOIRE INFÉRIEURE on trouve trois incisives, une canine, deux fausses molaires et une carnassière. La première incisive est un peu plus petite que la seconde, et celle-ci que la troisième ; elles sont en forme de coins obtus, et présentent une échancrure légère d'avant en arrière, plus rapprochée du bord voisin de la canine que du bord opposé.

La canine, qui suit immédiatement les incisives, est forte, conique, plus crochue que celle de la mâchoire opposée, arrondie à sa face antérieure et extérieure, et anguleuse à sa face interne et à son bord extérieur. Un large vide sépare cette dent de la première fausse molaire, qui est large d'avant en arrière, mince du côté interne au côté externe, à bords tranchans, et dont la figure, comme la dent analogue de la mâchoire opposée, présente un angle droit, dont les bords sont divisés par une échancrure. La fausse molaire suivante ne diffère de la première que parce qu'elle est plus grande et qu'elle a une échancrure de plus à son bord postérieur : toutes deux sont normales. La carnassière est, comme les précédentes, une dent comprimée du côté interne au côté externe, à bords tranchans; mais elle est divisée en deux parties à peu près égales, par une profonde échancrure dans son milieu, beaucoup plus sensible encore à la face interne qu'à la face opposée.

Il résulte du nombre, de la forme et de la disposition de ces dents, que les mâchoires des chats sont très courtes, et que les dents étant peu éloignées des puissances qui meuvent les mâchoires, elles peuvent agir avec une grande force, et d'autant plus, ajoute M. Cuvier, que le point d'articulation des mâchoires, le condyle, est sur la ligne des dents.

3. 1 La tête réduite d'un tiers et vue de profil.
3. 2. La même vue en dessus.
3. 3. Portion de la tête de grandeur naturelle, vue de face.

3. *4.* Dents postérieures de la mâchoire inférieure.
3. *5.* Arrière-dents de la mâchoire supérieure.

Fig. 4. HYÈNE RAYÉE

(*Hyæna vulgaris*, Geoff. Saint-Hilaire).

Les hyènes ont trente-quatre dents, dix-huit supérieures et seize inférieures, et leur système dentaire ressemble, sous beaucoup de rapports, à celui des *felis;* elles en diffèrent cependant par quelques caractères que M. Frédéric Cuvier[1] a décrits avec soin dans les termes qui suivent :

A LA MACHOIRE SUPÉRIEURE les hyènes ont trois incisives, une canine, trois fausses molaires, une carnassière et une tuberculeuse. Les incisives supérieures diffèrent de celles des chats, en ce que le lobe interne qui résulte de l'échancrure transversale est partagé en deux dans les deux premières, et que la troisième est longue, crochue et semblable à une petite canine. Les canines n'ont rien qui les distingue; la première fausse molaire est une petite dent à une seule racine, et dont la couronne consiste dans une pointe mousse. Les deux fausses molaires suivantes ne se font remarquer que par leur extrême épaisseur; ce qui en fait des dents coniques plutôt que des dents tranchantes. La carnassière a le tubercule interne beaucoup plus détaché et distinct de la dent que nous ne l'avons vu dans les chats, et la tuberculeuse a bien conservé les mêmes formes,

[1] *Loco citato*, page 81.

mais a pris plus de dimension que celle de ces dernières, et elle a plus de deux racines.

A LA MACHOIRE INFÉRIEURE on trouve trois incisives, une canine, trois fausses molaires et une carnassière. Les incisives ne présentent rien qui mérite d'être remarqué, et il en est de même des canines. Pour les trois fausses molaires, nous répéterons ce que nous avons dit pour les deux fausses molaires principales de la mâchoire opposée : elles ont presque les mêmes dimensions du dehors en dedans que d'avant en arrière ; ce qui fait quelles ne conservent presque rien du tranchant que nous avons remarqué à celles des chats. La carnassière a de particulier un petit tubercule à la base et à la face interne de sa partie postérieure, et un talon assez développé en arrière de cette même partie.

4. 1. Tête réduite d'un tiers, vue de profil.
4. 2. La même vue en dessus.
4. 3. Portion de la tête de grandeur naturelle, et vue de face.
4. 4. Dents mâchelières de la mâchoire inférieure, vues en dessus et de grandeur naturelle.
4. 5. Dents mâchelières de la mâchoire supérieure, de grandeur naturelle.

Fig. 5. CHIEN CHACAL

(*Canis aureus*, Lin.)

Fig. 6. CHIEN RENARD

(*canis vulpes*, Lin.)

Le genre chien a été divisé en deux sous-genres, les chiens proprement dits et les renards. L'espèce fig. 5 fait partie du premier sous-genre, et la seconde, fig. 6, appartient au second. Cette distinction ne porte que sur des caractères de second ordre, et le système de dentition n'offre aucune différence. M. Frédéric Cuvier[1] le caractérise ainsi :

A LA MACHOIRE SUPÉRIEURE, les incisives des chiens sont, quant au nombre, à la proportion et à la situation respective, les mêmes que celles des martes ; mais elles ont dans leurs formes des caractères qui leur sont propres : elles sont trilobées, c'est-à-dire qu'elles présentent un lobe moyen principal et deux autres plus petits sur ses côtés ; leur face interne n'est point partagée par un sillon transversal, mais elle est bordée d'une crête qui naît sur les bords des deux petits lobes, et qui, à la naissance de la racine, forme en se réunissant un angle plus ou moins aigu. Les canines ressemblent encore à celles de la famille des martes ; et il en est de même des fausses molaires, seulement un intervalle vide les sépare de la canine : les deux dernières ont leur partie postérieure pro-

[1] *Loco citato*, page 95.

longée en un talon très-sensible, formé d'un lobe particulier, séparé du lobe principal par une échancrure. La carnassière est divisée en deux lobes dans sa partie principale, un antérieur qui est plus grand, plus pointu, et un postérieur qui est plus tranchant et plus obtus; et sa face interne ne présente antérieurement qu'un très-petit tubercule plus ou moins mousse ou arrondi, suivant les espèces. La première tuberculeuse est très-grande; sa partie externe est plus large que sa partie interne : sur sa face externe, elle présente deux tubercules pointus, bordés extérieurement d'une crête. Dans son milieu se voient deux petites éminences qui semblent liées à la crête extérieure, et elles laissent entre elles et le tubercule de la face externe, un creux large et profond ; enfin, sa face interne, qui est arrondie, se compose d'une crête qui en fait le contour, et qui se termine postérieurement par une échancrure qui se sépare en arrière des éminences dont nous venons de parler. Entre ces éminences et cette dernière crête, se trouve un second creux très-marqué. La seconde tuberculeuse ressemble de tous points à celle que nous venons de décrire, si ce n'est qu'elle est de plus d'un tiers plus petite.

A LA MACHOIRE INFÉRIEURE les incisives ne sont que bilobées, et le lobe le plus voisin de la canine est de moitié plus petit que l'autre. La canine ne diffère point de celle des martes. Après un intervalle vide viennent les fausses molaires, au nombre de quatre : la première n'est que rudimentaire, et les trois autres, qui ont tous les caractères de ces sortes de dents, ne diffèrent l'une de l'autre qu'en ce qu'elles augmentent un peu de grandeur de la seconde à la quatrième, et en ce que leur partie postérieure se divise par deux dentelures. La carnassière par sa partie antérieure rappelle celle des chats : son bord est tranchant, et divisé dans son milieu par une échancrure en deux parties ; mais l'antérieure est moins élevée que l'autre, et l'on trouve à sa base, intérieurement et un peu en arrière, un petit tubercule pointu qu'on voit dans les martes. Sa partie postérieure est un talon qui se compose principalement de deux tubercules obtus, un au côté externe et l'autre au côté interne. La première tuberculeuse est du double plus longue que large : sa partie antérieure se compose de deux tubercules, un en dedans, l'autre en dehors ; la postérieure consiste en un talon bordé d'une crête irrégulière. La seconde tuberculeuse est très-petite, circulaire et composée de deux petits tubercules qu'environne, surtout intérieurement, une petite crête.

La fig. 5 est le chacal, *canis aureus*, Lin.

5. 1. Tête réduite d'un tiers et vue de profil.
5. 2. La même vue en dessus.
5. 3. Portion de la tête vue en devant et de grandeur naturelle.
5. 4. Dents mâchelières de la mâchoire inférieure, de grandeur naturelle.
5. 5. Dents mâchelières de la mâchoire supérieure, de grandeur naturelle.

La fig. 6 paraît représenter le renard commun, *canis vulpes*, Lin.

6. 1. Tête réduite d'un tiers et vue de profil.
6. 2. La même vue en dessus.
6. 3. Portion de la tête, de grandeur naturelle, vue en avant.
6. 4. Dents mâchelières de la mâchoire inférieure, de grandeur naturelle.
6. 5. Dents mâchelières de la mâchoire supérieure, de grandeur naturelle.

ZOOLOGIE

ANIMAUX VERTÉBRÉS.

DEUXIÈME CLASSE. — OISEAUX.

SYSTÈME

DES

OISEAUX DE L'ÉGYPTE

ET DE LA SYRIE,

Par Jules-César SAVIGNY,

Membre de l'Institut.

Ouvrage présenté à l'assemblée générale de la Commission,
le 29 août 1808.

Explication des abréviations et des signes.

SYNONYM., Synonymie; — *Natural.*, Naturalistes; — *Voyag.*, Voyageurs.
✝ Espèces que l'auteur n'a pas observées lui-même.
♃ Espèces que l'auteur a observées.
☉ Espèces que l'auteur a observées et rapportées.
(*v*) après le nom spécifique, indique les espèces dont les formes ou les couleurs n'ont pas paru exactement les mêmes en Égypte qu'en Europe.

OBSERVATION.

Ce Système des oiseaux devait faire partie d'un travail plus considérable : le lecteur, en le parcourant avec quelque attention, pourra entrevoir le plan et le but de l'auteur.

SYSTÈME DES OISEAUX

DE

L'ÉGYPTE ET DE LA SYRIE.

ORDRE Ier

OISEAUX DE PROIE, *AVES ACCIPITRINÆ.*

CARACTÈRES DISTINCTIFS.

Pieds emplumés vis-à-vis des talons.
Doigts très-flexibles, très-propres à saisir, garnis sous les jointures de renflemens ou d'appendices en forme de verrues; les trois doigts *antérieurs* séparés, tendant beaucoup à s'écarter dès leur origine; l'*extérieur* se portant naturellement de côté ou même en arrière.
Pouce articulé très-bas et sur le plan du doigt intérieur, parfaitement opposable à ce doigt.
Ongles très-mobiles, rétractiles (c'est-à-dire pouvant se replier spontanément sous les pénultièmes phalanges), longs, gros à la base, assez comprimés, très-courbés, pointus; l'ongle *interne* ordinairement le plus fort de ceux de devant.

CARACTÈRES COMPLÉMENTAIRES.

Bec très-dur, comprimé, à bords hauts et tranchans; la *mandibule supérieure* communément inclinée, couverte à sa base d'une *cirre* nue ou hispide, et courbée à sa pointe en crochet solide et aigu; *narines* situées dans la cirre, vers son bord antérieur; *palais* court, voûté; *mandibule inférieure* droite, à bassin profond, court, tronqué et sans rebord à l'extrémité.

Langue n'excédant pas le gosier, tenant au frein par sa moitié postérieure, charnue, épaisse, canaliculée, obtuse, poreuse près de son origine, puis striée et spongieuse, cartilagineuse en dessous, divisée à sa base par un angle rentrant en deux cornes horizontales fermes et papilleuses, et très-entière vers le bout, ou simplement échancrée.

Bouche à ouverture grande, pourvue de papilles; *gosier* offrant une cavité relevée en carène, comme moulée sur la langue et propre à la recevoir; *arrière-gosier* frangé à son bord postérieur. — Larynx sous-triangulaire, papilleux, du moins à la base. — Œsophage ample; *ventricule glanduleux* séparé du gésier par un étranglement. — Gésier mince et presque membraneux dans les ACCIPITRES, plus charnu dans les VULTURES, plus encore dans les ULULÆ, mais toujours à fibres lâches, formant des faisceaux très-distincts, qui se portent séparément d'un tendon à l'autre; l'intérieur revêtu d'un épiderme ou plutôt d'une gelée liquide, dont l'épaisseur et la consistance semblent proportionnées à la force des muscles de cet organe. — INTESTINS courts, quelquefois très-déliés; point de *cœcum* surnuméraire.

PIEDS charnus; *tarses* courts ou peu allongés, emplumés bas par devant; les deux ou trois premières phalanges du *doigt extérieur* ordinairement unies au doigt *intermédiaire* par une membrane échancrée, lâche, dont l'étendue varie comme la longueur de ces phalanges, et qui est généralement plus apparente dans les VAUTOURS; doigt *intérieur* presque toujours plus long que l'*extérieur* et à peu près libre.

AILES longues étant repliées, quelquefois médiocres, mais grande envergure. *Remiges primaires* au nombre de dix; la première égale au moins à la moitié de la seconde : ces deux pennes et quelques-unes des suivantes très-souvent échancrées sur leur longueur; *remiges secondaires* nombreuses et plus ou moins arrondies.

QUEUE formée de douze à quatorze *rectrices* arrondies ou usées et acuminées.

CARACTÈRES

DISTINCTIFS

DES FAMILLES ET DES GENRES.

I.

LES VAUTOURS, *VULTURES*.

Bec grand, droit, convexe devant la cire, incliné et très-crochu par le bout.
Langue dure, profondément canaliculée.
Ongles faiblement rétractiles.

    * *Tarses écailleux : cire nue, très-simple; narines découvertes.* — GRYPHES.

1. GYPS.   *Bec* gros; *cire* compacte; *narines* simples, transverses : *langue* bordée d'aiguillons : quatorze *rectrices*.

2. ÆGYPIUS.   *Bec* gros; *cire* compacte; *narines* transverses, composées : *langue* dépourvue d'aiguillons : douze *rectrices*.

3. NEOPHRON.   *Bec* délié; *cire* molle, inclinée, très-avancée; *narines* longitudinales : *langue* mutique : quatorze *rectrices*.

    ** *Tarses emplumés : cire poilue; narines cachées.* — HARPYIÆ.

4. PHENE.   *Bec* allongé, garni, par-dessous, d'une barbe pendante; *cire* inclinée, très-avancée; *narines* obliques : douze *rectrices*.

ORDRE Ier, LES OISEAUX DE PROIE.

II.

LES ÉPERVIERS, *ACCIPITRES.*

Bec incliné dès la base, comprimé en coin, et crochu; *cire* découverte.
Langue légèrement canaliculée, nue.
Ongles fortement rétractiles.

AËTI. *Narines* grandes, non circulaires : *mandibule supérieure* édentée, à palais cartilagineux ; l'*inférieure* tronquée obliquement et arrondie.

    * *Ongles canaliculés et tranchans par-dessous : ailes longues.*

5. AQUILA.   *Bec* assez droit à la base; *cire* convexe; *narines* transverses, échancrées : *tarses* laineux de toutes parts : *ongles* intérieur et postérieur grands.

6. HALIÆETUS. *Bec* assez droit à la base; *cire* convexe; *narines* lunulées, transverses : *tarses* épais, écailleux : *ongles* intérieur et postérieur grands.

7. MILVUS.   *Bec* peu courbé à la base, à dos très-anguleux ; *cire* convexe; *narines* obliques, elliptiques : *tarses* menus, courts, écailleux : *ongles* intérieur et postérieur médiocres.

8. CIRCUS.   *Bec* assez incliné à la base ; *cire* déprimée, avancée; *narines* longitudinales : *tarses* écailleux, déliés et longs : *ongles* intérieur et postérieur médiocres.

    ** *Ongles canaliculés et tranchans par-dessous : ailes courtes.*

9. DÆDALION. *Bec* court, très-incliné dès la base; *cire* peu avancée; *narines* longitudinales : *tarses* écailleux : *ongles* intérieur et postérieur grands.

*** *Ongles*, excepté *l'intermédiaire*, arrondis et lisses en dessous : *ailes* très-longues.

10. PANDION. *Bec* presque droit à la base ; *cire* hispide ; *narines* lunulées, à bord supérieur membraneux : *tarses* épais, couverts d'écailles imbriquées : *ongles* très-grands, tous égaux.

11. ELANUS. *Bec* petit, bien incliné dès la base; *narines* ovales, disposées en long : *tarses* courts, très-épais, finement écailleux : *doigt* intérieur grand : *ongles* inégaux.

HIERACES. *Narines* petites, ouvertes circulairement, avec un tubercule au centre : *mandibule supérieure* dentée, à palais corné et pourvu d'une grosse arête; *l'inférieure* tronquée verticalement.

12. FALCO. *Bec* très-court, peu comprimé, convexe dessous; *cire* hispide : *tarses* écailleux : *ongles* presque égaux.

III.

LES CHOUETTES, ULULÆ.

Bec court, incliné dès la base et crochu ; *cire* membraneuse, cachée.
Langue molle, légèrement canaliculée, hérissée de papilles.
Ongles fortement et complètement rétractiles.

13. NOCTUA. *Bec* épais, très-incliné ; *cire* gibbeuse des deux côtés; *narines* très-petites, rondes, écartées : *oreilles* médiocres, dépourvues d'opercules : *ongles* simples.... *aigrettes* nulles.

14. SCOPS. *Bec* épais, très-incliné ; *cire* à peine convexe sur les côtés; *narines* très petites, ovales :

ORDRE Iᵉʳ. LES OISEAUX DE PROIE.

oreilles médiocres, dépourvues d'opercules : *ongles* simples.... *yeux* surmontés d'*aigrettes* mobiles.

15. Bubo. *Bec* épais, très-incliné ; *narines* grandes, un peu obliques : *oreilles* externes très-grandes et dépourvues d'opercules : *ongles* simples.... *yeux* surmontés d'*aigrettes* mobiles.

16. Syrnium. *Bec* épais, assez incliné ; *narines* petites, transverses : *oreilles* externes grandes et operculées : *ongles* simples.... *aigrettes* nulles.

17. Strix. *Bec* allongé, presque droit à la base ; *narines* longitudinales, grandes : *oreilles* externes grandes et operculées : *ongle* intermédiaire crénelé sur son bord interne.... *aigrettes* nulles.

Ire FAMILLE.

LES VAUTOURS, *VULTURES*.

Caractères principaux.

Bec grand, droit, allongé, convexe ou renflé devant la cire, terminé en crochet très-courbé; les bords de la *mandibule supérieure* minces et descendus vers la base du crochet, chacun d'eux y formant un angle saillant très-obtus; *cire* séparée des yeux par un espace garni de soies dirigées vers les narines ou disposées en rayons divergens : *narines* amples, souvent simples, cachées quelquefois par des poils; *palais* uni ou pourvu d'une arête demi-cartilagineuse; *mandibule inférieure* à bassin uni et lisse.

Langue grande, très-dure, repliée par les bords et profondément canaliculée, échancrée à son extrémité.

Pieds rarement emplumés jusqu'au bas des tarses et jamais au-delà.

Doigt du milieu allongé; l'*intérieur* ayant sa dernière phalange débordée par celle du doigt *extérieur*; celui-ci ne pouvant se porter que de côté : *pouce* égal aux doigts latéraux, ou un peu plus court.

Ongles comme émoussés, faiblement rétractiles.

ORDRE Ier, FAMILLE 1, LES VAUTOURS.

Caractères anatomiques.

Gosier distinct de l'*arrière-gosier*, et terminé de même par une frange cartilagineuse.
Larynx lisse en devant.
Jabot très-vaste, paraissant au dehors sous la peau, qui est plissée, colorée et nue, ou couverte d'un duvet lustré.
Cœcum très-courts ou nuls.

Caractères accessoires.

Remiges peu flexibles; les *secondaires* au nombre de vingt et plus.
Rectrices de douze à quatorze, roides et assez longues.
Yeux petits ou médiocres, à fleur de tête; *paupières* bordées de *cils* simples.
Tête et cou *imparfaitement emplumés.*
Plumes tibiales extérieures grandes et tombant sur les tarses.
Ailes vastes et épaisses, surtout dans les genres Gyps, Ægypius et Phene, parvenant à peu près au bout de la queue.

Genre I. GYPS.

Caractères principaux.

Bec gros, peu comprimé vers le sommet, à dos peu convexe, anguleux; *cire* courte, ferme, nue; *narines* très-grandes, simples, lunulées, placées en travers; leur bord antérieur étalé.

LANGUE large, bordée d'aiguillons cartilagineux courbés en arrière.

BOUCHE un peu étroite, terminée en avant des yeux.

Tarses épais, couverts de petites écailles et réticulés.

Ongles intérieur et *postérieur* à peu près égaux à celui du milieu.

Caractères accessoires.

AILES très-épaisses, sensiblement arrondies,

Six à sept *remiges* échancrées; la première assez courte, n'égalant pas la sixième; les autres peu différentes en grandeur; la quatrième la plus longue : *remiges secondaires* grandes, voûtées, et couvrant dans le repos presque entièrement les primaires.

Quatorze *rectrices* dures, un peu étagées.

Jabot extérieur garni d'un duvet court, roide, très-serré, couché sur la peau.

Tête *mince et comprimée;* cou *long, grêle, revêtu, ainsi que la tête, d'un duvet laineux.*

Plusieurs rangs de plumes allongées, flottantes, formant au bas du cou une sorte de fraise ou de demi-collier cervical.

ESPÈCE.

I.

⊙ *GYPS VULGARIS*, LE GRIFFON.

GYPS cerâ nigrâ; pedibus cinereis; corpore fulvescente.

SYNONYM. 1. Γὺψ. HORUS-APOLL. *Hieroglyph.* lib. I, cap. II, 12.

— Γὺψ (genus totum femin., etc.). GEOPON. GRÆC. lib. XIII, cap. 16, *Zoroastr.;* lib. XIV, cap. 26, *Aristot.;* lib. XV, cap. I, *Zoroastr.*

Anciens.

Γὺψ (genus innocuum, totum femin., etc.). PLUTARCH. *Vit. Rom.* — *Id. Quæstion. Roman.* n°. 93.

Γὺψ (genus Isidi sacer, femin., etc.). ÆLIAN. *de Anim. natur.* lib. II, cap. 46; lib. X, cap. 22.

ORDRE Ier, FAMILLE 1, LES VAUTOURS.

Anciens. Γὺψ (avis sine ullo mare generans). Origen. *contr. Cels.* lib. 1, *circa med.*

Γὺψ (quem Ægyptii colunt). Porphyr. *de Abstinent. ab animat.* lib. iv, cap. 9.

Γὺψ (avis semper femina, lunæ symbolum, etc.). Euseb. *Præparat. evangel.* lib. iii, cap. 12.

Γὺψ (genus absque coïtu pariens). Basil. *Hexaëmer. homil.* 8, cap. 6 et 7. — *Id. Comment. in Essai.* cap. 7, sect. 201.

Γὺψ (avium genus femin., etc.). Theophyl. Simocat. *Quæst. physic.* cap. 8.

Γὺψ (genus avium tantùm feminarum, etc.). Mich. Glycas, *Annal.* part. 1, dieb. 5 et 6.

Vultur (avis femin., naturæ symbolum). Ammian. Marcell. *Rer. gest.* lib. xvii, cap. 4.

Vultur (sine ullo mascul., semine concip., etc.). Ambros. *Hexaëmer.* lib. v, cap. 20 et 23.

Vultur (femin., sine copulatione generans, etc.). Isidor. Hispal. *Origin.* lib. xii, cap. 7, n°. 11.

<blockquote>
Γὺψ, propriè Ὀιωνὸς. Jo. Tzetz. *Var. Hist. chiliad.* 12, cap. 439; *chiliad.* 13, cap. 474. Avec une description fabuleuse.

Γὺψ. Phil. *de Propr. anim.* cap. 2. De même.
</blockquote>

2. Γὺψ μείζων καὶ αποδοειδέστερος. Aristot. *Hist. animal.* lib. viii, cap. 3, sect. 6.

Γὺψ μέγας. *Auth. Libr. de mirabil. auscult.*

Vultur magnus (omnino sterilis, *id est*, in ordine Aquilarum Vulturumque ultimus). Plin. *Hist. natur.* lib. x, cap. 3, sect. 3.

Vultur major, griseus. Albert. *M. de Animal.* lib. vii, tract. 1, cap. 4.

<blockquote>
Comparez, comme espèce distincte (*Avoltoio bianco.* Cett. *Uccell. di Sard.* pag. 12?):

Γὺψ μικρὸς καὶ ἐκλευκότερος. Aristot. *Hist. animal.* lib. viii, cap. 3, sect. 6.
</blockquote>

Voyez ensuite, pour le genre :

Γὺψ. Homer. *Iliad.* lib. iv, vers. 237; lib. xi, vers. 162; lib. xvi, vers. 836; lib. xviii, vers. 271; lib. xxii, vers. 42. — *Id. Odyss.* lib. xi, vers. 577; lib. xxii, vers. 30.

Γὺψ. Aristoph. *Aves*, vers. 892, 1181.

Anciens.

Γὺψ. Aristot. *Hist. animal.* lib. vi, cap. 5, sect. 6; lib. ix, cap. 11, sect. 15.

Γὺψ. Antonin. Liberal. *Metamorph.* fab. 12 s. *Cycn.*; fab. 21 s. *Polyph.*, *ex* Βαι lib ii.—*Ornith.*

Γὺψ. Dionys. Halicarn. *Antiq. Roman.* lib. i et iv.

Γὺψ. Plutarch. *de Caus. natural.* quæst. 26. — *Id. de Utilit. ex inimic.* — *Id. de Vitand. usur.*, vers. *fin.* — *Id. contr. Colot.* lib. i, *circa med.* — *Id. de Fluviis et mont.* cap. 5, etc.

Γὺψ. Galen. *Euporist.* lib. i, cap. 44; lib. ii, cap. 91; lib. iii, cap. 34, etc.

Γὺψ. Lucian. *Prometh. et Jup.* — *Id. Pisc.* s. *Revivisc.* — *Id. de Mercen. cond.* — *Id. Asin.* s. *Luc.* — *Id. Icaromenip.* — *Id. Navig.* s. *Vot.* — *Id. de Mort. Peregrin.*, etc.

Γὺψ. Oppian. *de Venat.* lib. iv, vers. 392. — *Id. Ixeutic.* lib. i, cap. 3.

Γὺψ. Clem. Alexandr. *Pædagog.* lib. ii, cap. 8.

Γὺψ. Ælian. *de Animal. natur.* lib. i, cap. 45; lib. iii, cap. 7; lib. iv, cap. 18; lib. vi, cap. 46.

Γὺψ. Dion. Cass. *Rom. Hist.* lib. xlvi, ann. 711, et lib. xlvii, ann. 712, *duob. loc.*

Volturus (Volturis *ex sentent. Priscian.* lib. vi). Ennius, *Annal.* lib. ii, vers. 29.

Volturius. Plaut. *Truculent.* act. 2, scen. piscis, vers. 339.

Volturius. Lucret. *de Rer. natur.* lib. iv, vers. 684.

Vultur. Ovid. *Trist.* lib. i, eleg. 5, vers. 11. — *Id. Amor.* lib. i, eleg. 12, vers. 20.

Vultur. Silius Ital. *Punic.* lib. iii, vers. 343; lib. xiii, vers. 472.

Vultur. Plin. *Hist. natur.* lib. x, cap. 6, sect. 7, et cap. 38, sect. 54, et cap. 69, sect. 88; lib. xi, cap. 53, sect. 115; lib. xxix, cap. 4; sect. 24. 10. 1, et cap. 6, sect. 36, 38; lib. xxx, cap. 4, 6, 10, 12, 13 et 15.

Vultur. Juvenal. Satyr. iv, vers. 111; Satyr. xiv, vers. 77, 79.

Vultur. Cassiodor. *Var. Epistol.* lib. ii, ep. 19.

Pour la famille, voyez:

Οἰωνός. Hesiod. *Opera et dies*, vers. 277, 801.

Οἰωνός. Homer. *Iliad.* lib. i, vers. 5; lib. ii, vers. 393; lib. viii, vers. 379; lib. xi, v. 395

ORDRE Ier, FAMILLE 1, LES VAUTOURS. 235

Anciens.   et 453; lib. xiii, v. 831; lib. xvii, v. 241;
lib. xxii, vers. 335, 354; lib. xxiv, vers. 411.
— *Id. Odyss.* lib. iii, v. 259, 271; lib. xiv,
vers. 133; lib. xvi, vers. 216; lib. xxiv,
vers. 300.

Οἰωνὸς. Sophocl. *Antigon.* vers. 29, 211, 709,
1013, 1030, 1094. — *Id. Ajax flagel.* v. 845.
Οἰωνὸς. Nicand. *Theriac.* vers. 405.

Natural. 1. Vultur fulvus. Gmel., *Syst. natur.* — Linn. tom. 1, *Aves*,
gen. 41, n°. 11, pag. 249.
Vultur fulvus. Willughb. *Ornith.* lib. ii, pag. 36, tab. 4.
— Rai. *Synops. avium*, pag. 10, n°. 7.
Griffon. *Histoire de l'Académie*, tome iii, partie iii,
page 209, planches 29, 30. Très-mauvaise figure, et
description défectueuse sur plusieurs points.
Griffon. Buff., *Histoire natur.*, Oiseaux, tome 1, pag. 151.
C'est cet oiseau qui est représenté, tabl. 5, sous le nom
de *Grand Vautour*.
Avoltoio Grifone. Cett. *Uccell. di Sard.* pag. 1.

2. Percnopteros seu Gypaëtos (quem vidimus Venetiis ann.
1664). Willughb. *Ornith.* lib. ii, pag. 33 et 34. —
Rai. *Synops. avium*, pag. 8.
Percnoptère. Buff., *Histoire naturelle*, Oiseaux, tome 1,
page 149; planches enluminées, n°. 429.
Percnoptère. Picot de la Peyr., *Encyclopédie méthod.*,
Dictionnaire des oiseaux.

3. *Chasse-fiente.* Levaill., *Histoire naturelle des oiseaux
d'Afrique*, tome 1, page 44, planche 10.

Voyag.   *Moyen Vautour brun* ou *blanchâtre*. Bel., *de la Nature
des oys.*, liv. ii, chap. 2, où l'on trouve une figure qui
ne ressemble point à un vautour. Notez que Belon paraît avoir confondu cette espèce et la suivante avec
d'autres oiseaux de proie.
Vautour. Morie, *Relat. d'un voyage au mont Sinaï*, etc.,
liv. i, chap. 19, pag. 124.
Vautours appelés en arabe Akab. Vansl., *Relation d'un
voyage en Égypte*, page 102. Le nom d'Akab paraît être
le même que celui d'O'qâb, qui appartient, en Égypte,
au *Petit Aigle noir*.
Vautours. Paul Luc., *Troisième Voyage dans la Turquie,
l'Égypte*, etc., tome iii, liv. vi, page 206.
Vautour. Granc., *Voyage en Égypte*, chap. 14, pag. 238.

Voyag.   *Nisr* (aquila species cadaveribus vescens). Forsk. *Animal. Orient.* pag. 12, n°. 6.

Arabes.   *Nesr* نسر Demyry, *Kitáb hayoudt el-hayouán.*

Nesr نسر des Égyptiens. Ce mot *nesr* est un nom générique qui a toujours été traduit par *aquila;* mais aujourd'hui le peuple et les naturalistes arabes l'emploient pour désigner les grands vautours.

Genre II. ÆGYPIUS.

Caractères principaux.

Bec gros, comprimé vers le sommet, à dessus très-convexe, anguleux ; *cire* courte, ferme, nue' ; *narines* presque rondes, placées en travers, leur bord antérieur droit, étalé, et le milieu de leur ouverture pourvu d'une lame épaisse, cartilagineuse, qui s'élève du fond.

Langue large, sans aiguillons.

Bouche très-grande et fendue jusque sous les yeux.

Tarses épais, complètement réticulés.

Ongles intérieur et *postérieur* beaucoup plus grands que celui du milieu.

Caractères accessoires.

Ailes très-épaisses, sensiblement arrondies.

Six *remiges* échancrées; la première assez courte, n'égalant pas la sixième; les autres peu différentes en grandeur ; la quatrième la plus longue : *remiges secondaires* grandes, voûtées, atteignant presque, dans le repos, le bout des primaires.

Douze *rectrices* dures, étagées.

Jabot extérieur garni d'un duvet à barbes roides, touffu, couché sur la peau.

Tête *large et fort épaisse; cou allongé, couvert en partie de duvet ainsi que la tête, ou en partie nu et coloré.*

Des plumes étroites, flottantes, formant au-dessous de la nuque un demi-collier cervical.

ORDRE Ier, FAMILLE 1, LES VAUTOURS. 237

ESPÈCE.

2.

☉ *ÆGYPIUS NIGER*, LE VAUTOUR NOIR.

Ægypius cerâ pedibusque ex cæruleo albis; corpore nigricante.

PLANCHE XI, dessinée d'après un individu communiqué par M. LARREY, membre de l'Institut d'Égypte, commandant de la Légion d'honneur.

SYNONYM. 1. Αἰγυπιὸς, Αἰγυπιὸς. HOMER. *Iliad*. lib. VII, vers. 59;
— lib XIII, vers. 531; lib. XVI, vers. 428; lib. XVII, vers.
Anciens. 460. — *Id. Odyss.* lib. XVI, vers. 217; lib. XXII, vers. 302.

Αἰγυπιὸς. HESIOD. *Asp. Heracl.* vers. 405.
Αἰγυπιὸς. ÆSCHIL. *Agamemn.* vers. 49.
Αἰγυπιὸς. SOPHOCL. *Ajax flagellif.* vers. 169.
Αἰγυπιὸς. HÉRODOT. *Hist.* lib. III, cap. 77.
Αἰγυπιὸς. (Vultur. TH. G.). ARISTOT. *Hist. animal.* lib. IX, cap. 1, sect. 2.
Αἰγυπιὸς. ANTONIN. LIBERAL. *Metamorph.* fabul. 5; *ex* Bœi lib. I *de Avium ortu.*
Αἰγυπιὸς. NICAND. *Theriac.* vers. 406.
Αἰγυπιὸς. LUCIAN. *Jupit. tragœd., in orac. Apoll.*
Αἰγυπιὸς. APOLLODOR. *Biblioth.* lib. I.
Αἰγυπιὸς (medius inter vulturum genus et aquilarum, colore nigro, etc.). ÆLIAN. *de Animal. natur.* lib. II, cap. 46; lib. V, cap. 48.
Αἰγυπιὸς. AGATH. *Epigram.* 17 *in Helluon.*
Αἰγυπιὸς. HESYCH. *Onomatolog. elem. a.*
Αἰγυπιὸς. (idem qu. Vultur). SUID. *Lexic. elem. a.*
Αἰγυπιὸς, Αἰγυπιὸς. PHIL. *de Propriet. animal. prolog.* vers. 31; cap. 2, vers. 19, 23; cap. 29, vers. 43.

2. Vultur niger. PLIN. *Hist. natur.* lib. X, cap. 6, sect. 7; lib. XXIX, cap. 4, sect. 24. 10. 1.
Vultur ater. SEREN. SAMMONIC. *de Medicin.* cap. 14, vers. 17; cap. 34, vers. 20. *Ater* pour *nocens?*

Natural. 1. Vultur niger. GMEL., *Syst. natur.* — LINN. tom. I, *Aves*, gen. 41, n°. 9, pag. 248. Notez que c'est mal-à-propos, et seulement d'après Belon, que Gmelin attribue au *Vautour noir* des tarses emplumés jusqu'aux doigts.

Percnopterus (primus). ALDROVAND. *Ornith.* tom. I, lib. II,

Natural. cap. 10, pag. 216, avec une mauvaise figure page 217. *Avoltoio nero.* CETT. *Uccell. di Sard.* pag. 9.

2. *Arrian.* PICOT DE LA PEYR., *Encyclopédie méthodique*, Dictionnaire des oiseaux.

Comparez comme oiseau de genre vraisemblablement différent :

1. *Vautour noir, couronné* ou *chaperonné.* Vultur niger cristatus. EDWARDS, *Glan.* part. II, pag. 171, chap. 80, planche 290. — Vultur monachus. LINN. *System. natur.* edit. 12, tom. I, *Aves*, gen. 41, n°. 4, pag. 122.

2. *Chincou.* LEVAILL., *Histoire naturelle des oiseaux d'Afrique*, tome I, page 53, planche 12.

Observ. Le *Vautour cendré* ou *commun* des auteurs doit être encore très-distinct du *Vautour noir*, puisqu'il a, dit-on, les tarses emplumés jusqu'à l'origine des doigts; caractère que je ne trouve pas néanmoins dans les figures que les naturalistes ont coutume de lui rapporter.

Voyag. Vautour. BEL., *Observ. singul.*, liv. II, chap. 30 et 70. — *Grand Vautour cendré* (ou *noir*). Id. *de la Natur. des oys.*, liv. II, chap. I, avec une figure qui ne ressemble à aucune espèce de vautour.

Genre III. NEOPHRON.

Caractères principaux.

BEC long, délié, comprimé, à dos très-convexe et très-arrondi; *cire* nue, molle, inclinée, dépassant la moitié du bec; *narines* très-grandes, simples, lancéolées, disposées longitudinalement; *mandibule inférieure* à bords émoussés.

LANGUE oblongue-linéaire, dépourvue d'aiguillons.

BOUCHE large, fendue jusque sous les yeux.

Tarses déliés, complètement réticulés.

Ongles intérieur et *postérieur* égaux en longueur à celui du milieu, plus gros seulement, plus crochus.

ORDRE Ier, FAMILLE 1, LES VAUTOURS.

Caractères accessoires.

AILES peu épaisses, légèrement acuminées.

Cinq *remiges* échancrées; la première assez courte, n'égalant pas la cinquième; les autres peu différentes en grandeur; la troisième la plus longue de toutes : *remiges secondaires* dépassées de beaucoup par les primaires.

Quatorze *rectrices* étagées, formant une queue cunéiforme.

Jabot extérieur à peau colorée, très-plissée.

Tête *oblongue* : cou *peu allongé; gorge colorée et nue ainsi que le dessus et les côtés de la tête.*

Plumes occipitales et cervicales supérieures, étroites et flottantes.

ESPÈCE.

3.

☉ *NEOPHRON PERCNOPTERUS*, LE PERCNOPTÈRE.

NEOPHRON facie ingluvieque croceis.

SYNONYM. 1. Αἰτὸς Περκνόπτερος, Ὀρειπελαργὸς, Γυπαίετος (*al.* Ὑπαίετος).
— ARISTOT. *Hist. animal.* lib. IX, cap. 32, sect. 41.

Anciens. Percnopteros, Oripelargus. PLIN. *Hist. natur.* lib. X, cap. 3, sect. 3.

2. Περκνόπτερος (*vel.* Περκνὸς) Γὺψ. *Auth. Libri de mirabilib. auscul......* Je lis Περκνόπτεροι Γῦπες pour Περκνοὶ καὶ Γῦπες. Pline paraît avoir lu μικροὶ Γῦπες.
Vultur minor. PLIN. *Hist. natur.* lib. X, cap. 3, sect. 3.
Vultur parvus albus. ALBERT. *M. de Animal.* lib. VII, tract. 1, cap. 4.

3. Αἰγυπιὸς ἐλάτ]ων, Νεόφρων. ANTONIN. LIBERAL. *Metamorph.* fabul. 5, s. *Ægypius; ex* BŒI lib. 1 *de Avium ortu.*

4. Ἄκμων (genus Aquilæ). HESYCH. *Onomatolog. elem.* a...
Dans Ovide, *Metamorph.* lib. XIV, fab. 10, Acmon, un des compagnons de Diomède, est changé en oiseau.

Anciens. Voyez aussi,

1°. Τόργος. Lycophron. *Cassandr.* vers. 88 et 357 (*per translat.*), et 1080.

Τόργος (vulturis species, etc.). Hesych. *Onomatolog. elem.* τ.

2°. Pelecanus (filios aspersione sui sanguinis revivificans); ci-après, à l'article du *Pélican*.

3°. Ἀνόπαια. Homer. *Odyss.* lib. 1, vers. 320; et Eustath. *ad eumd. loc.*

Ἀνοπαῖα (Ἀνόπαια Suid.). Hesych. *Onomatolog. elem.* α.

Natural. 1. Vultur Percnopterus. Linn. *System. natur.* edit. 12ᵉ, tom. 1, *Aves*, gen. 41, n°. 7, pag. 123. — Gmel., *Système naturel.* — Linn. edit. 13, tom. 1, pag. 249.

Aquila quam Percnopterum, et Oripelargum, et Gypaëtum vocant. Gesner. *Hist. animal.* lib. iii, pag. 193, avec une figure assez bonne.

Petit Vautour. Buff., *Histoire naturelle*, Oiseaux, tom. 1, pag. 164; planches enluminées, n°. 449, sous la dénomination de *Vautour de Norwège*.

Alimoche. Picot de la Peyr., *Encyclopédie méthodiq.*, Dictionnaire des oiseaux, article du *Petit Vautour*.

Ourigourap. Levaill., *Histoire naturelle des oiseaux d'Afrique*, tom. 1, pag. 62, planche 14.

2. Percnopterus (secundus). Aldrovand. *Ornith.* tom. 1, lib. ii, cap. 10, pag. 218, avec une figure qui représente un individu jeune ou femelle page 219.

Vautour de Malte, Vautour brun. Buff., *Histoire naturelle*, Oiseaux, tom. 1, pag. 167; planches enluminées, n°. 427.

Nota. Le *Vautour brun* de Brisson doit être relégué parmi les espèces douteuses.

Vilain. Picot de la Peyr., *Encyclopédie méthodique*, Dictionnaire des oiseaux, article du *Vautour de Malte*.

3. *Beinbrecher* hoc est Ossifraga, *Steinbrüchel* sive Saxifraga (alba, capite nudo, flavo, remigibus nigris, etc.). Gesner. *Hist. animal.* lib. iii, pag. 199. La Suisse.

Comparez comme espèce distincte, et appartenant même à un autre genre, les tarses étant emplumés jusqu'aux doigts, etc.:

Vultur leycocephalos. Schwenckf. *Therio-troph.*

ORDRE Ier, FAMILLE 1, LES VAUTOURS.

Natural.   Siles, *Aves*, pag. 375. — *Vautour à tête blanche*, Vultur leucocephalos. Briss., Ornith., tom. 1, genr. 10, n°. 9, pag. 466.

Voyag.   Sacre égyptien, Accipiter Ægyptius, Hierax. Bel., *Observ. singul.*, lib. 11, cap. 30, 36, 78. — *Id. de la Natur. des Oys.*, lib. 11, cap. 15, avec une figure qui ne ressemble en rien à l'objet qu'elle est censée représenter.

Milvus. Prosp. Alpin, *Hist. natur. Ægypt.* tom. 1, lib. iv, cap. 1, pag. 198 et 200. Ce n'est pas d'un milan qu'il s'agit, puisqu'il le compare, pour la forme, à un gros chapon.

Ráchm. Vansl., *Relat. d'un voyage en Égypte.*, pag. 102.

Chapon de Pharaon, à Alep *Saphan Bacha.* Maill., *Description de l'Égypte*, tom. 11, pag. 216. Il le prend mal-à-propos pour l'*ibis* des anciens.

Sorte d'Épervier à qui l'on rendait un culte religieux. Paul Luc., *Troisième Voyage dans la Turq., l'Égypte, etc.*, tom. 111, liv. vi, pag. 205, 206. Tête du Vautour, etc.

Poule de Pharaon. Pockock., *Voyage en Orient*, trad. française, tom. 11, liv. iv, chap. 9, pag. 152.

Ach-Bobba ou *Père blanc* des Turks; Percnopterus ou Oripelargus des naturalistes; *Rachamah* des Arabes. Shaw, *Voyage en Barbarie, Égypte, etc.*, trad. franç., tome 11, chap. 4, page 91, et chap. 5, page 169.

Vultur percnopterus, arab. *Ráchæme*, gall. *Chapon de Pharaon* \el de Mahometh. Hasselq., *Voyage en Palestine, etc.*, part. 11, class. 2, n°. 14, pag. 286 de la traduct. allem.— Falco montanus Ægyptiacus. *Id. Act. Stockh.* 1751, pag. 196.

Vultur percnopterus, arab. *Ráchama*, *Rócham*. Forsk. *Animal. Orient.* pag. 9, n°. 17, c, et pag. 11, n°. 8.

Poule de Pharaon tenue pour l'Ibis. Norden, *Voyage d'Égypte et de Nubie*, traduct. franç., tom. 1, part. 111, pag. 88, planche 33, fig. 2. *b*, très-mauvaise.

Poule de Pharaon. Savar., *Voyage en Égypte*, tom. 11, lettr. 5, pag. 62.

Rachamah ou *Poule de Pharaon*. Bruc., *Voyage aux sources du Nil*, tom. v, pag. 191 de la traduct. franç., planche 23.

Sacre d'Égypte. Hollandr., *Encyclopédie méthodique, Dictionnaire des oiseaux.* — *Vautour ou Sacre d'Égypte et d'Arabie. Id. Abrégé d'histoire naturelle*, tom. 11, pag. 25, 26. La Syrie, etc.

Voyag. Poule de Pharaon, Percnoptère, etc., Vultur percnopterus, Linn. SONN., *Voyage en Egypte*, tom 1, chap. 20 et 21; tom. II, chap. 33; tom. III, chap. 40, 42 et 45.

Petit *Vautour*. DENON, *Voyage dans la haute et basse Egypte*, édit. in-12, tom. II, pag. 292, 293.

Vautour (Vultur percnopterus). OLIV., *Voyage en Turquie*, etc., tom. I, chap. 14, pag. 136 de l'édit. in-4°.

Arabes. Rokhamah رخمة. AVICENN. Canon. lib. II, tract. 2, cap. 244, 588, 613, version. latin.

Rokham رخم (le mâle), Anouq أنوق (la femelle).

DEMYRY, *Kitâb hayoudt el-hayouán*.

Rokhameh ou *Rakhamah* رخمة des Égyptiens en général.

Rukhment el-Moutah رخمنت الموتة des Arabes de Mataryeh.

Genre IV. PHENE.

Caractères principaux.

BEC excessivement dur, massif, allongé, comprimé, à dos très-convexe et très-arrondi; *cire* inclinée, mince, hispide, à poils nombreux, gros, roides, couchés, dirigés en avant, dépassant la moitié du bec; *narines* ovales, obliques, cachées par les poils; *mandibule inférieure* couverte sur les côtés, vers sa base, de poils semblables à ceux de la cire, et garnie, derrière l'angle rentrant, formé par l'union de ses deux branches, d'un pinceau de plumules ou soies plus déliées, longues, simples ou rameuses, aplaties, pendantes, imitant une barbe.

LANGUE dépourvue d'aiguillons.

BOUCHE large, fendue jusque sous les yeux.

Tarses courts, très-épais, emplumés jusqu'aux doigts.

Ongles assez aigus; l'*intérieur* et le *postérieur* beaucoup plus grands que les autres, plus crochus.

ORDRE Ier, FAMILLE 1, LES VAUTOURS.

Caractères accessoires.

AILES sensiblement acuminées.

Quatre *remiges* échancrées; la première plus courte que la quatrième; la seconde presque égale à la troisième, celle-ci la plus longue de toutes : *remiges secondaires* excédées de beaucoup par les primaires.

Douze *rectrices* grandes, étagées.

Jabot extérieur à duvet soyeux.

Tête *oblongue, garnie par devant d'un duvet court et cotonneux, mêlé de quelques plumes roides, petites, à barbes rares, désunies.*

Plumes du cou *longues et flottantes.*

ESPÈCES.

4.

1. *PHENE OSSIFRAGA*, LE VAUTOUR BARBU.

PHENE barbâ nigrâ; digitis plumbeis.

SYNONYM. 1. Φήνη. HOMER. *Odyss.* lib. III, vers. 372; lib. XVI, vers. 217.
— Φήνη. ARISTOPH. *Aves*, vers. 305.
Anciens. Φήνη. ARISTOT. *Hist. animal.* lib. VI, cap. 6, sect. 6; lib. VIII, cap. 3, sect. 6; lib. IX, cap. 32, sect. 41; et cap. 34, sect. 44.
Φήνη. *Auth. Libri de mirabil. auscult*
Φήνη. ANTIGON. CARYST. *Hist. mirabil.* cap. 52.
Φήνη. ANTONIN. LIBERAL. *Metamorph.* fab. 6, s. *Periphas.*
Φίνις, Φήνη, Ὀσσίφραγος *Latinorum.* DIOSCORID. *de Medic. mater.* lib. II, cap. 58. — *Id. de Facil. parabil. medicam.* lib. II, cap. 111.
Φήνη. OPPIAN. *de Piscat.* lib. I, vers. 727. — *Id. de Venat.* lib. III, vers. 116.
Φήνη. ÆLIAN. *de Anim. nat.* lib. XII, cap 4, *Addit.* GYLL.
Φήνη. ALEXAND. TRALLIAN. *de Art. medic.* lib. I, cap. 15, *ex* ARCHIGEN.
Φήνη (avis aquilæ similis). SUID. *Lexic. elem.* φ.

Anciens. Φήνη. Jo. Tzetz. *Var. Hist.* chil. 12, cap. 438, vers. 9.
Φήνης (avis ossa frangens). Kiran. *Kiranid.* lib. III, cap. 35.

Ossifraga. Lucret. *de Rer. natur.* lib. v, vers. 1077.

Ossifragus, Sanqualis, Aquila ossifraga, Aquila barbata. Plin. *Hist. natur.* lib. x, cap. 3, sect. 3 et 4, et cap. 7, sect. 8; lib. xxx, cap. 7, sect. 20, et cap. 8, sect. 21.

Ossifragus, Avis ossifraga. Marcell. Empirid. *de Medicam.* cap. 26 et 29.

Ossifraga sive Sanqualis. Pomp. Fest. *de Ling. Latin* lib. i, *Alit.*; lib. ix, *Immuscul*; lib. xiii, *Oscin.*; lib. xvii, *Sanq.*

Ossifrangus (Ossifragus). Isidor. Hispal. *Origin.* lib. xii, cap. 7, n°. 55.

Chym, Kym (genus aquilæ, quod quidam Gryphen esse putant); Cum, Ossifragus, Kyrii, etc. Albert. *M. de Animal.* lib. vii, tract. 1, cap. 4; lib. viii, tract. 2, cap. 6; lib. xxiii, de Kyr. Notez que les anciens interprètes arabes traduisent Φήνη par *Chym.* Voyez l'Aristote de *Scotus.*

2. 1. Ἅρπη (sola inter omnes aves barbæ speciem gerens). Oppian. *Ixeutic.* lib. i, cap. 2.

Ἅρπη (avis montana). Ælian. *de Animal natur.* lib. i, cap. 47.

Ἅρπις, vel Ζαῦκος vel Ζεῦκος (vultur devorans alba cadavera); Ἅρπη. Kiran. *Kiranid.* lib. i, cap. 6, et lib. iii, cap. 2.

II. Ἅρπη. Homer. *Iliad.* lib. xix, vers. 350; et Eustath. *in hunc loc.*

Ἅρπη. Aristot. *Hist. animal.* lib. ix, cap. 1, sect. 2, et cap. 18, sect. 24.

Ἅρπη. Antonin. Liberal. *Metamorph.* fab. 20, s. *Cleinis; ex* Bœi lib. ii, *et* Simm. Rhod. *Apollin.*

Ἅρπη. Geoponic. Græc. lib. xv, cap. 1, *Zoroastr.*

Ἅρπη. Ælian. *de Animal natur.* lib. iv, cap. 5; lib. v, cap. 48; lib. xii, cap. 4, Gyll. *Add.*

Ἅρπη. Phil. *de Propriet. animal.* cap. 29, vers. 80.

Harpe. Plin. *Hist. natur.* lib. x, cap. 74, sect. 95, 96.

3. Ἀελλός (avis quædam). Hesych. *Onomatolog.* clem. α. Remarquez que Ἀελλώ est le nom d'une harpie.

Natural. Vultur barbatus. Linn. *Syst. natur.* edit. 12, tom. 1, *Aves*, gen. 41, n°. 6, pag. 123. — Vultur barbarus.

ORDRE Ier, FAMILLE 1., LES VAUTOURS.

Natural.   GMEL., *Syst. natur.* LINN. edit. 13, tom. I, *Aves*, gen. 41, n°. 13, pag. 250. — Falco barbatus. *Id. ibid.* gen. 42, n°. 38, pag. 252.

Vultur aureus. GESNER. *Hist. animal.* lib. III, pag. 750, avec une figure pag. 748.

Beinbrecker id est Ossifraga. ALDROVAND. *Ornith.* tom. I, lib. II, cap. II, pag. 229. Les montagnes du Tyrol.

Vautour barbu, Vultur barbatus. EDWARDS, *Hist. natur.*, part. III, pag. et tabl. 106.

Avoltoio barbato. CETT. *Uccell. di Sard.* pag. 16, avec une figure.

Vautour barbu. PICOT DE LA PEYR., *Encyclopédie méthodique*, Dictionnaire des oiseaux.

Gypaète des Alpes, Gypaëtos Alpinus. DAUD., *Traité d'ornith.*, tom. II, gen. 2, n°. 1, tabl. 10.

Voyag.   *Nisser*, ou *Aigle d'or.* BRUC., *Voyage aux sources du Nil*, traduct. franç., tom. V, pag. 182, planche 31. Les montagnes de l'Abyssinie.

Observ. BELON me paraît avoir rencontré cette espèce en Égypte; *voyez* ci-devant l'article du *Griffon*, n°. 1.

Arabes.   *Feynah* قينة, *Kâçir* كاسر, *Mekalefah* مكلفة. DEMYRY, *Kitâb hayouât el-hayouân*.

Chomeytah شميطة des Arabes du désert.

5.

† 2. *PHENE GIGANTEA*, LE GRAND VAUTOUR BARBU.

PHENE. . . . .

SYNONYM. 1. *Vautour de la Cettina.* FORTIS, *Voyage en Dalmath.*, tom. II, pag. 113, 114? Les bords de la Cettina.

Voyag.   2. *Sciamta.* VANSLEB, *Relation d'un voyage en Égypte*, pag. 102.

> Oiseau de proie d'une grandeur monstrueuse, « tué dans le voyage que le général Bonaparte fit à la mer Rouge. Plumage d'un brun-noirâtre, parsemé de quelques taches grises, principalement sous le ventre; barbe noire, etc. Les ailes étendues, mesurées en présence de MM. Monge et Berthollet, avaient vingt palmes d'envergure, que nous évaluâmes à quatorze pieds et quelques pouces. » (Notes manuscrites communiquées par M. Larrey.)

Arabes. *Chomeytah el-Kebyr* شيطة الكبير des Arabes du désert?

~~~~~~

IIe FAMILLE.

LES ÉPERVIERS, *ACCIPITRES.*

Caractères principaux.

BEC court, épais ou à peine allongé, incliné dès l'origine, comprimé en coin et crochu; les bords de la *mandibule supérieure* minces et descendus vers la base du crochet, chacun d'eux y formant un angle saillant très-obtus; *cire* compacte, découverte, séparée des yeux par un espace garni de soies fines disposées en rayons divergens; *narines* offrant toujours à leur ouverture un corps saillant osseux ou membraneux; *palais* armé quelquefois d'une côte dure et cornée; *mandibule inférieure* à bassin souvent pourvu d'une arête.

LANGUE assez grande, légèrement canaliculée, nue à sa surface, échancrée ou entière.

PIEDS écailleux, ou emplumés jusqu'au bas des tarses, mais point au-delà.

Doigt intérieur médiocrement allongé, sa dernière phalange débordée (excepté dans le genre ELANUS) par la phalange correspondante du doigt *extérieur;*

celui-ci ne se dirigeant ordinairement que de côté : *pouce* égal aux doigts latéraux, ou un peu plus court.

Ongles fortement rétractiles, très-aigus.

Caractères anatomiques.

Gosier moins élevé que l'*arrière-gosier*, et terminé de même par une frange cartilagineuse.
Devant du LARYNX très-lisse.
Jabot assez vaste, mais recouvert extérieurement par les plumes, et peu ou point apparent.
Cœcum très-courts ou nuls : intestins très-grêles.

Caractères accessoires.

Remiges, surtout les *primaires*, peu flexibles : moins de vingt *remiges secondaires*. Les genres AQUILA, HALIÆETUS, PANDION, en ont quinze ou davantage ; mais le nombre est resté fixé à quatorze dans les autres.

Douze *rectrices* seulement, fermes, assez longues.

Yeux grands, enfoncés dans les orbites ; *sourcils* saillans, poilus ; *paupières* bordées de *cils* simples.

Tête et cou *exactement emplumés* : vertex *large, aplati*.

Plumes tibiales extérieures presque toujours longues (*courtes dans le genre* PANDION) *et tombant sur les tarses.*

SECTION Iʳᵉ.

AËTI.

Narines grandes, offrant à leur orifice un lobe membraneux, renflé, ou plissé, qui tire son origine de leur paroi supérieure et postérieure.

Mandibule supérieure à bords non dentés, très-minces; *palais* mou, uni ou relevé d'un simple pli cartilagineux: *mandibule inférieure* tronquée obliquement et arrondie par le bout.

Première *phalange* du *doigt intérieur* très-courte et point sensiblement mobile sur la seconde.

Genre V. AQUILA.

Caractères principaux.

Bec grand, presque droit à la base, très en coin, à dos anguleux; *cire* glabre, un peu convexe; *narines* très-grandes, placées en travers, échancrées vers le haut, le bord antérieur de chacune renflé ou marqué d'un pli; *mandibule inférieure* à bassin uni et lisse.

Langue oblongue, à bords parallèles, simplement arrondie par-dessous, ses cornes lisses en dessus, et sa pointe très-obtuse, épaisse, entière.

Bouche large, fendue jusque sous les yeux.

Tarses empennés de toutes parts.

Doigts épais, l'*intermédiaire* dépassant de peu les latéraux.

Ongles intérieur et *postérieur* beaucoup plus grands que celui du milieu, plus courbés; l'*extérieur* petit.

Caractères accessoires.

Ailes longues, s'étendant à peu près jusqu'au bout de la queue.

ORDRE Ier, FAMILLE 2, LES ÉPERVIERS. 249

Six à sept *remiges* échancrées ; la plus extérieure courte, n'excédant pas la septième ; les autres peu différentes en grandeur ; la troisième et la cinquième presque égales à la quatrième, qui est la plus longue.

Queue arrondie.

ESPÈCES.

TRIBU Ire. *Narines* linéaires, à bord antérieur tranchant, formant vers le milieu un angle saillant très-pointu. — Aquilæ *Phlegyæ.*

6.

☉ 1. *AQUILA HELIACA*, L'AIGLE DE THÈBES.

Aquila *Phlegya* nigricans, jugulo saturatiore ; vertice cerviceque fulvis.

  Planche XII, dessinée d'après un individu tué dans la haute Égypte, et communiqué par M. Bert, lieutenant-colonel d'artillerie, membre de la Légion d'honneur.

Synonym.   Αἰετός (cujus effigiem Apis in tergo habet, etc.). Hero-
—   dot. *Hist.* lib. II, cap. 73 ; lib. III, cap. 28.
Anciens.   Ἀετὸς Θηβῶν (incolis sacer). Diodor. Sicul. *Biblioth. hist.* lib. I, sect. 2, cap. 32.

     Ἀετὸς Θηβαιὸς (sacer). Strab. *Geograph.* lib. XVII, Ægypt.... Il y avait aussi des aigles consacrés dans le temple d'Hiéropolis, en Syrie. *Voyez* Lucien, *de Dea Syria.*

     Αἰετὸς (Ægypti). Ælian. *Var. Hist.* lib. XIII, cap. 33.

     Ἀετὸς (quem Ægyptii venerantur). Euseb. *Præparat. evangel.* lib. II, cap. 1, *circa med.*

     Ἀετὸς (quem Ægyptii pingunt). Horus-Apoll. *Hieroglyph.* lib. II, cap. 2, 49, 56, 96. Stace fait mention des aigles de la haute Égypte, *Thebaïd.* lib. III, vers. 532 et seq.

Arabes.   *Khâtyeh* خطابه des Arabes du désert ?

TRIBU IIe. *Narines* elliptiques ou presque orbiculaires, à bord antérieur émoussé. — Aquilæ *simplices.*

7.

♃ 2. *AQUILA FULVA*, L'AIGLE COMMUN.

Aquila *s.* naribus subellipticis; caudâ exalbidâ, apice nigro.

Synonym. — Anciens.
Ἀετὸς Πύγαργος, Ἀετὸς Νεϐροφόνος (Albicilla, Hinnularia Th. G.). Aristot. *Hist. animal.* lib. vi, cap. 6, sect. 6; lib. ix, cap. 32, sect. 41.

Ὑψιαίετος, Νεϐροφόνος ἐρεμνὸς. Antonin. Liberal. *Metamorph.* fab. 20, s. *Cleinis.; ex* Bœi lib. ii, *et* Simm. Rhod. *Apoll.*

Πύγαργος (aquilæ species). Hesych. *Onomatolog. elem.* π.

Πύγαργος (genus aquilæ, sic dictum quod habeat πυγὴν ἀργὴν). Suid. *Lexic. elem.* π.

Pygargus (aquila secundi generis), Aquila candicante caudâ. Plin. *Hist. natur.* lib. x, cap. 3, 4, 7, sect. 3, 4, 5, 8; lib. xxxvii, cap 11, sect. 72.

Immussulus (pullus aquilæ, priusquam albicet cauda). Plin. *Hist. natur.* lib. x, cap. 7, sect. 8.

Immussulus. Arnob. *contra Gent.* lib. ii, *ultr. med.*, *et* vii.

Immusculus sive Regulus, Immustulus, Immussulus. Pomp. Fest. *de Ling. Latin.* lib. i, *Alit.;* lib. ix, *Immusc.*, *Immust.;* lib. xiii, *Oscin.*

Regaliolus avis. Sueton. *Duod. Cæsar. Vit. Jul.* cap. 81.

Comparez à cette espèce et à la précédente :

1°. Ἀετὸς γνήσιος. Aristot. *Hist. animal.* lib. ix, cap. 32, sect. 41.

Χρυσαίετος, Ἀετὸς Ἀστερίας. Ælian. *de Anim. natur.* lib. ii, cap. 39.

Aquila Γνήσιος. Plin. *Hist. natur.* lib. x, cap. 3, sect. 3.

2°. Aquila maxima quæ vocatur Herodius. Albert. *M. de Animal.* lib. vi, tract. 1, cap. 6; et lib. xxiii, *Aquil.*

Voyez ensuite, principalement pour le genre :

Ἀετὸς. Homer. *Iliad* lib. viii, vers. 247; lib. xii, vers. 201, 219; lib. xiii, vers. 822; lib. xv, vers. 690; lib. xxii, vers. 308. — *Id. Odyss.* lib. i, vers. 146; lib. xv, vers. 161; lib xix,

ORDRE Ier, FAMILLE 2, LES ÉPERVIERS.

Anciens. vers. 538, 543, 548; lib. xx, vers. 243; liv. xxiv, vers. 537.

Ἀετός. Æsop. *Apolog.* fab. 1, 2, 61.

Ἀιετός (rex avium). Pindar. *Pyth.* od. 1, vers. 10, 13; od. ii, vers. 91, 92; od. iv, vers. 8; od. v, vers. 149, 150. — *Id. Isthm.* od. vi, vers. 73; etc.

Ἀιετός. Æschyl. *Pers.* vers. 205. — *Id. Prometh.* vers. 1021. — *Id. Agamemn.* vers. 114 et seq., où le Πύγαργος et le Μελαναιετός sont visiblement indiqués, 142, 148. — *Id. Choephor.* vers. 245, 256 (*per translat.*).

Ἀιετός, Ἀετός. Aristoph. *Aves*, vers. 515 (aquila Jovis), 654, 979, 980, 988, 1110, 1181, 1248, 1337, 1340. — *Id. Spheg.* vers. 15. — *Id. Lysistrat.* vers. 695 (*plerumque metaphor.*).

Ἀιετός (regia ales). Nicand. *Theriac.* vers. 448, 449.

Ἀετός. Plutarch. *Moral. de Curiosit.* — *Id Sympos.* lib. v, quæst. 7. — *Id. Utra animal. solert.* — *Id. Amator.*; l'aigle franc, γνήσιος καὶ ὀρεινός, y est distingué des aigles de mer. — *Id. de Fortun. Alexand.* orat. 2. — *Id. de Virtut. mulier.* cap. 16, *Micc. et Megist.* — *Id. Vit. Num. Pompil., G. Mar., Alexandr. Magn., Aristid., Pyrrh., Dion.*, etc.

Ἀετός. Galen. *de Simpl. medicam.* lib. x, cap. 13, 27. — *Id. Euporist.* lib. iii, cap. 34, 37. — *Id. de Composit. secund. loc.* lib. iv, cap. 7. — *Id. de Art. medend.* lib. xiv, cap. 17; etc.

Ἀετός, Ἀιετός. Oppian. *Ixeutic.* lib. i, cap. 1; lib. ii, cap. 15, 18. — *Id. de Venat.* lib. i, vers. 68, 281; lib iii, vers. 117. — *Id. de Piscat.* lib. ii, vers. 540.

Ἀιετός. Philostrat. *Vit. Apollonii*, lib. i, cap. 7; lib. ii, cap. 14.

Ἀετός. Clem. Alex. *Stromat.* lib. ii, sect. 15; lib. v, sect. 8. — *Id. Pædag.* lib iii, cap. 2.

Ἀιετός. Ælian. *de Animal. natur.* lib. i, cap. 35, 42; lib. ii, cap. 26; lib. iv, cap. 26; lib. vi, cap. 29, 46; lib. vii, cap. 45; lib. ix, cap. 2, 10; lib. xii, cap. 21; lib. xiii, cap 1, 11; lib. xv, cap. 22; lib. xvii, cap. 24, 37.

Ἀετός. Dion. Cass. *Hist. Roman.* lib. xl, ann. 701; lib. xlvii; lib. xlviii, ann. 717; lib. lvi, ann. 767.

Ἀετός, Ἀιετός, Ἀκυλεὺς, Ἀγόρ, Αἱμετός (*leg.* Αἰζετός, Ἀιγίποψ), Ἀργιόπους, Ἀρξιφος, Παραός, Φλέγμας

Anciens.

(leg. Φλεγύας). HESYCH. *Onomatolog. elem. α, π, φ.*
Aquila. VARR. *de Re rustic.* lib. III, cap. 11, 12, 16. — *Id. de Ling. Latin.* lib. VII, VIII.
Aquila, Aquila fulva. VIRGIL. *Bucolic.* eclog. IX, vers. 13. — *Id. Æneïd.* lib. XI, vers. 752.
Aquila. HYGIN. *Poetic. Astronomic.* lib. II, cap. 17, *de Aquil.*
Aquila. COLUMELL. *de Re rustic.* lib. VIII, cap. 2, 4, 15; lib. IX, cap. 14.
Aquila. CORNEL. TACIT. *Annal.* lib. II, cap. 17. — *Id. Hist.* lib. I, cap. 62.
Aquila. SUETON. TRANQ. *Duod. Cæsar. Vit. August.* cap. 96; *Tiber.* cap. 14; *Claud.* cap. 7; *Galb.* cap. 4; *Vitell.* cap. 9; *Vespasian.* cap. 5; *Domitian.* cap. 6.
Aquila. APUL. *Florid.* sect. 11. — *Id. de Deo Socrat.* — *Id. Metamorph.* s. *Lus. Asin.* lib. III, VI.
Aquila. ISIDOR. HISPAL. *Origin.* lib. XII, cap. 7, n°. 10. Il confond les oiseaux de ce genre avec ceux du genre suivant.

Natural. 1. Falco fulvus. LINN. *Syst. natur.* edit. 12, tom. I, gen. 42, n°. 6, pag. 125. — GMEL., *Syst. natur.* LINN. edit. 13, tom. I, pag. 256, n°. 6.

Aigle. Histoire de l'*Académie*, tom. III, part. II, pag. 89, tabl. 49 et 50.

Aigle à la queue blanche. Aquila caudâ albâ. EDWARDS, *Hist. natur.*, part. I, pag. et planche 1.

Aigle, Aquila. BRISS., *Ornith.*, tom. I, gen. 9, n°. 1, pag. 419.

Aigle commun. BUFF., *Histoire naturelle*, Oiseaux, tom. I, pag. 86; planches enluminées, n°. 409.

> *Observ.* L'*Aigle brun* ou *commun*, et le *grand Aigle*, sont, dans toutes les collections que j'ai pu examiner, des oiseaux de même taille, et qui se ressemblent très-exactement, aux couleurs près : je suppose que le *grand Aigle* des naturalistes est l'oiseau jeune, et que leur *Aigle commun*, qui a plus de blanc sur quelques parties de son plumage, est l'oiseau âgé de plusieurs années.

2. Falco Chrysaëtos. LINN. *System. natur.* edit. 12, tom I, gen. 42, n°. 5, pag. 125. — Falco cerâ luteâ, pedibus lanatis; corpore rufo. *Id. Faun. Suecic.* edit. 1, n°. 56, pag 18.

ORDRE Ier, FAMILLE 2, LES ÉPERVIERS.

Natural.   Chrysaëtos. ALDROV. *Ornith.* tom. I, lib. II, cap. 2, pag. 110, avec figures, pag. 111, 113, 114.
         Aigle doré, Chrysaëtos, seu Aquila aurea. BRISS., *Ornith.*, tom. I, gen. 9, n°. 7, pag. 431.
         Golden Eagle. PENN. *Brit. Zoolog.* class. II, gen. I, n°. 1, pag. 61, tab. A.
         Grand Aigle. BUFF., *Histoire naturelle*, Oiseaux, tom. I, pag. 76, tabl. 1; planches enluminées, n°. 410.

    3. *Aigle noir*, Melanæetus, seu Aquila nigra. BRISS., *Ornith.*, tom. I, gen. 9, n°. 8, pag. 434?
         Observ. Le Melanaëtus de WILLUGHBY, RAY et LINNÉ, appartient au genre *Haliæetus*.

Voyag.   *Aigle.* VANSLEB, *Relat. d'un voyage en Egypte*, pag. 102.
         Aigle. MORIS., *Relation d'un voyage au mont Sinaï*, etc., liv. I, chap. 19, pag. 125.
         Aigle. PAUL LUC., 3ème *Voyage en Turquie, Egypte*, etc., tom. III, liv. VI, pag. 206.
         Aigle. GRANG., *Voyage en Egypte*, chap. 14, pag. 238.
         Aquila; arab. *Nisr.* FORSK. *Animal. Orient.* pag. 8, n°. 3.
         Aigle. SAVAR., *Voyage en Egypte*, tome II, lettre 5, pag. 62.

Arabes.   O'qâb el-Kebyr عقاب الكبير des Égyptiens.

         Lammâa'h لمّاعة des Arabes, en Syrie, etc.

8.

☉ 3. *AQUILA MELANÆETOS*, LE PETIT AIGLE NOIR.

AQUILA *s.* naribus subrotundis; caudâ nigrâ, apice canescente.

<small>PLANCHE XI, FIGURE 1, dessinée d'après un individu tué aux environs de Sân, le 23 frimaire de l'an IX.</small>

SYNONYM. 1. Ἀετὸς, Ἀετὸς μέλας. HOMER. *Iliad.* lib. XVII, vers. 674;
   —   lib. XXI, vers. 252; et EUSTATH. *ad eumd. loc.*

Anciens.   Ἀετὸς μέλας, Μελαναιετὸς, Λαγωφόνος (aquila omnium minima). ARISTOT. *Hist. animal.* lib. VI, cap. 6, sect. 6; lib. IX, cap. 32, sect. 41.
         Ἀετὸς μέλας (hinnulariâ μελάντερος καὶ ἐλάσσων.) ANTONIN. LIBERAL. *Metamorph.* fabul. 20, s. *Cleinis*; ex Bœı lib. II, et SIMM. RHOD. *Apoll.*
         Ἀετὸς (pullos suos vehementer amans). ÆLIAN. *de Anim. natur.* lib. II, cap. 40.

Anciens. Λαγοθήρας (aquilæ species). Hesych. *Onomatolog elem.* λ.
Aquila *Melanæetos* à Græcis dicta, Aquila Valeria. Plin. *Hist. natur.* lib. x, cap. 3, 4, sect. 3, 4, 5.

2. Aquila tertii generis, Aquila truncorum. Albert. *M. de Animal.* lib. xxiii, *Aquil.*

Natural. 1. Falco maculatus. Gmel., *Syst. natur.*, Linn. edit. 13, tom. 1, gen. 41, n°. 50, pag. 258?
Morphno congener. Aldrov. *Ornith.* t. 1, lib. ii, cap. 9 pag. 214, avec une figure pag. 215?

2. Aquila minima. Cett. *Uccell. di Sard.* pag. 28.

Voyag. Aquila leporaria. Prosp. Alpin. *Hist. Ægypt. natural,* tom. 1, lib. iv, cap. 1, pag. 199.
Okáb. Forsk. *Animal. Orient.* pag. 9, n°. 17, i.

Arabes. O'qáb عقاب (l'aigle mâle), Laqouat لقوة (l'aigle femelle), Heyiem هيثم (l'aiglon). Demyry, *Kitáb hayouát el-hayouán.*

O'qáb عقاب des Égyptiens. *O'qáb* est un mot générique; mais il devient spécifique pour le *Petit Aigle noir*, qui est l'O'qâb proprement dit.

⊙ 3 bis. *AQUILA MELANÆETOS* (senex avis).

Planche I, dessinée d'après un individu tué aux environs de Menzaleh, le 18 pluviose an ix.

E'gg ج (ou Hegg ح) des Arabes de Mataryeh.

Genre VI. HALIÆETUS.

Caractères principaux.

Bec grand, presque droit à la base, très en coin, à dos convexe et anguleux; *cire* glabre, convexe; *narines* très-grandes, lunulées, placées en travers, leur bord antérieur un peu étalé; *mandibule inférieure* à bassin uni et lisse.

Langue oblongue, à bords parallèles, simplement arrondie en dessous, ses cornes lisses en dessus, et sa pointe très-obtuse, épaisse, entière.

ORDRE Ier, FAMILLE 2, LES ÉPERVIERS.

Bouche fendue jusque sous les yeux.

Tarses épais, écailleux, réticulés, avec quelques tablettes par devant.

Doigts dénués de membranes, épais, l'*intermédiaire* excédant peu les latéraux.

Ongles intérieur et *postérieur* beaucoup plus grands que celui du milieu, plus courbés; l'*extérieur* petit.

Caractères accessoires.

Ailes assez longues.

Six à sept *remiges* échancrées; la première courte, ne dépassant pas la septième; les autres peu différentes en grandeur; la troisième et la cinquième presque égales à la quatrième, qui est la plus longue de toutes.

Queue large, cunéiforme.

ESPÈCE.

9.

☉ *HALIÆETUS NISUS*, L'AIGLE DE MER. (*v.*)

Haliæetus pedibus luteis; remigibus fasciis nullis.

Synonym. 1. Ἁλιαίετος. Aristoph. *Aves*, vers. 892.

— Ἁλιαίετος. (cervice magnâ et crassâ, uropygio lato, etc.).

Anciens. Aristot. *Hist. animal.* lib. viii, cap. 3, sect. 6, vel 7; lib. ix, cap. 32, sect. 41, et cap. 34, sect. 45.

Ἁλιαίετος. Auth. *Libri de mirabilib. auscult.*

Ἁλιαίετος. Antonin. Liberal. *Metamorph.* fabul. 11, s. Aëdon; *ex* Bœi *Ornithogon.*

Ἁλιαίετος. Oppian. *Exeutic.* lib. 11, cap. 1, 14. — *Id. de Piscat.* lib. 1, vers. 425.

Ἁλιαίετος. Ælian. *de Animal. natur.* lib. iii, cap. 45; lib. v, cap. 50... lib. vii, cap. 11.

Nisus. Virg. *Georgic.* lib. 1, vers. 404 et seq.; *et* Serv. *ad Bucolic.* eclog. 6.

Nisus, Haliæetus (alis fulvis). Ovid. *Metamorph.* lib. viii, fabul. 1, vers. 146.

Anciens. Nisus, Haliaetos, id est, Aquila marina. Hygin. *Fabul.* cap. 198.

Haliæetos. Plin. *Hist. natur.* lib. x, cap. 3, sect. 3; lib. xxix, cap. 6, sect. 58.

Aquila (avis in mare ex alto sese ruens, etc.). Isidor. Hisp. *Origin.* lib. xii, cap. 7, n°. 10.

Linachos (*vox corrupta pro* Haliæeto). Albert. *M. de Animal.* lib. xxiii, *de Linach.*

2. Ὑπεριονὶς (aquila devorans piscem, etc.). Kiran. *Kiranid.* lib. i, cap. 20; lib. iii, cap. 34.

3. Aquila secundi generis, quæ anseres accipit, etc.). Albert. *M. de Animal.* lib. xxiii, *Aquil.*

Voyez de plus, et comparez :

Μορφνὸς Φλεγύας. Hesiod. *Asp. Heracl.* vers. 134.

Ἀετὸς Μόρφνος, Περκνὸς. Homer. *Iliad.* lib. xxiv, vers. 315, 316.

Ἀετὸς Πλάγιος (*aliàs* Κλάγιος), Νητοφόνος, Μόρφνος. Aristot. *Hist. anim.* l. ix, c. 32, s. 41.

Ἀετὸς Περκνὸς, Μόρφνος. Lycophr. *Cassandr.* vers. 260, 261, 838 (*per translat.*).

Ἀετὸς, Ἀετὸς Νητοφόνος. Ælian. *de Animal. natur.* lib. v, cap. 33; lib. vii, cap. 16.

Μόρφνος (aquilæ species). Hesych. *Onomatolog.* elem. μ.

Μόρφνος (aquilæ species). Suid. *Lexic.* elem. μ...
Il lui attribue les habitudes propres au Περκνόπτερος.

Morphnos, Percnos Homeri, Aquila clanga, Aquila anataria. Plin. *Hist. natur.* lib. x, cap. 3, sect. 3.

Comparez comme espèce du même genre (Falco albus. Gmel., *Syst. natur.* Linn.) :

Ἀετὸς λευκῆς χιόνος πτέρυγι στεγανὸς (niveâ alâ tectus). Sophocl. *Antigon.* vers. 113, 115.

Ἀετὸς qui vocatur Κυκνίας. Pausan. *Græc. Descript. Arcadic.* cap. 17.

Ἀετὸς λευκὸς. Ælian. *Var. Hist.* lib. iv, cap. 17.

Aquila tota alba Albert. *M. de Animal.* lib. xxiii, *de Aquil.*

Natural. 1. Vultur Albicilla. Linn. *Syst. natur.* edit. 13, tom. 1, gen. 41, n°. 8, pag. 123. — Falco, etc. *Id. Faun. Suecic.*

ORDRE Ier, FAMILLE 2, LES ÉPERVIERS.

Natural. edit. 1, n°. 57, pag. 19.—Falbo Albicilla. GMEL., *Syst. natur.* LINN. edit. 13, tom. 1, pag. 253, n°. 39.—Falco albicaudus. *Id. ibid.* pag. 258, n°. 51.

Pygargus. ALDROV. *Ornith.* tom. 1, lib. II, cap. 5, pag. 205, avec une figure pag. 206.

Pygargus, seu Albicilla, quibusdam Hinnularia. WILLUGHB. *Ornith.* lib. II, pag. 31, art. 4.— RAI. *Synops. avium*, pag. 7, n°. 5.

2. Falco leucocephalus. LINN. *Syst. natur.* edit. 12, tom. 1, gen. 42, n°. 3, pag. 124.— GMEL., *Système naturel.* LINN. edit. 13, tom. 1, pag. 255, n°. 3.

Aigle à tête blanche, Aquila leucocephalos. BRISS., *Ornith.*, tom. 1, gen. 9, n°. 2, pag. 422.

Pygargue (à tête blanche). BUFF., *Histoire naturelle*, Oiseaux, tom. 1, pag. 99; planches enluminées, n°. 411, sous le nom d'*Aigle à tête blanche*.

Aigle Pygargue, Aquila leucocephala. VIEILL., *Histoire naturelle des oiseaux de l'Amérique septentr.*, tom. 1, pag. 27, planche 3.

> *Observ.* On ne doit pas suivre, sans quelque réserve, le sentiment des naturalistes modernes qui n'admettent, avec Buffon, qu'une seule espèce de *Pygargue*; sentiment que j'ai peine à croire suffisamment établi par les mêmes naturalistes, vu le peu d'accord que j'aperçois entre leurs observations. *Voyez* Othon Fabricius, *Faun. Groenland.* pag. 53, n°. 33; Daudin, *Traité d'ornith.*, tom. II, pag. 62, n°. 33; Vieillot, *loco citato*, etc. J'ajoute que de jeunes pygargues que j'ai pris vivans dans leur aire, avaient le bec et la cire d'un cendré très-obscur, les iris bruns, la queue noirâtre, de même que tout le plumage, et qu'ils ne ressemblaient nullement par leurs couleurs au pygargue adulte, mais bien à l'aigle improprement dit *Orfraie*.

3. Falco Ossifragus. LINN. *System. natur.* edit. 12, tom. 1, gen. 42, n°. 4, pag. 124.

Ossifraga. ALDROV. *Ornith.* tom. 1, lib. II, cap. 11, pag. 222, avec une figure page 225.

Orfraie ou *Aigle de mer.* BUFF., *Hist. nat.*, Ois., tom. 1, pag. 112, tabl. 3; planch. enlum., n°s. 112, 415, sous la dénomination de *Grand Aigle de mer*. Ödmann, *Nov. Act. societ. Upsal.* tom. IV, pag. 234, a fait voir que l'orfraie de Buffon ne différait en rien du *Falco Albicilla*, âgé de deux ans.

H. N. XXIII. 17

Natural. 4. *Grand Aigle royal de couleur fauve.* BEL., *de la Natur. des oys.*, liv. II, chap. 4, avec une figure. — *Aigle noir. Id. ibid.* chap. 5, avec une figure assez bonne. Ces deux aigles, d'après Belon lui-même, ne diffèrent sensiblement que par la couleur.

5. Chrysaëtos caudâ annulo albo cinctâ. WILLUGHB. *Ornith.* lib. II, pag. 28. — RAI. *Synops. avium*, pag. 6, n°. 2.

Arabes. *Chomeytah* شميطة des Égyptiens, sur les bords des lacs Menzaleh, Burlos, etc.; mais ce nom appartient ailleurs aux espèces du genre *Phene.*

Goukr جوكر des mêmes?

Genre VII. MILVUS.

Caractères principaux.

BEC un peu allongé, faiblement incliné à la base, très en coin, à dos rétréci et anguleux; *cire* glabre, convexe; *narines* elliptiques, placées obliquement, leur bord antérieur marqué d'un pli; *mandibule inférieure* à bassin uni et lisse.

LANGUE oblongue, simplement arrondie par-dessous, ses cornes lisses en dessus, et sa pointe épaisse, entière.

BOUCHE fendue jusque sous les yeux.

Tarses minces et courts, ne surpassant pas en longueur le doigt du milieu, réticulés avec un rang de plaques par devant.

Doigts courts, l'*intermédiaire* excédant de peu les latéraux.

Ongles médiocres, peu acérés; l'*intérieur* et le *postérieur* pas beaucoup plus grands que celui du milieu; l'*extérieur* petit.

Caractères accessoires.

AILES longues.

Six *remiges* échancrées; la première beaucoup plus courte que la sixième, et la seconde un peu plus que la cin-

ORDRE Ier, FAMILLE 2, LES ÉPERVIERS.

quième; la troisième presque égale à la quatrième, qui est la plus longue de toutes.

Queue fourchue.

ESPÈCES.

10.

† 1. *MILVUS ICTINUS*, LE MILAN COMMUN.

Milvus caudâ forficatâ, rufâ, maculis nigris.

Synonym. Ἰκτῖνος. Aristoph. *Aves*, vers. 499, 501, 502, 714 et seq., 866, 893, 1623. — *Id. Pax.* vers. 1100.
Anciens. Ἰκτῖνος. Aristot. *Hist. animal.* lib. II, cap. 15, sect. 18; lib. VIII, cap. 3, sect. 6, 7, et cap. 16, sect. 21; lib. IX, cap. 1, sect. 2.
Ἰκτῖνος. Xenoph. *Hipparch. s. de Magistr. equit. off.*, circa med.
Ἰκτῖνος. Auth. *Libr. de mirabilib. auscult.*
Ἰκτῖνος. Geopon. Græc. lib. XIII, cap. 8, *Florentin.*
Ἰκτῖνος. Galen. *Euporist.* lib. II, cap. 3. — *Id. de Theriac. ad Pison.* cap. 12.
Ἰκτῖνος. Lucian. *in Timon.*
Ἰκτίν. Pausan. *Græc. Descript. Eliac.* I, cap. 14.
Ἰκτίν, Ἰκτῖνος. Ælian. *de Animal. natur.* lib. I, cap. 35; lib. II, cap. 47; lib. IV, cap. 5, 26; lib. V, cap. 48.
Ἰκτῖνος. Oppian. *Ixeutic.* lib. I, cap. 5.
Ἰκτῖνος, Ἴκτινος, Ἰκτὸς, Ἁρπητὸς, Βαθυρρηγάλη, Δίκτυς, Κασσανδήριον, Σκίλλος. Hesych. *Onomatolog. elem.* β, δ, ι, κ, σ.
Ἰκτῖνος. Suid. *Lexic. elem.* ι.
Ἰκτῖνος, Ἁρπη. Jo. Tzetz. *Var. Hist. chiliad.* V, cap. 8.

Milvius. Horat. *Epod.* od. 16, vers. 32. — *Id. Epist.* lib. I, ep. 16, vers. 51.
Milvius. Ovid. *Metamorph.* lib. II, fabul. 12, vers. 716.
Milvus. Plin. *Hist. natur.* lib. X, cap. 10, sect. 12, et cap. 60, sect. 79, et cap. 74, sect. 95, 96; lib. II, cap. 37, sect. 75; lib. XXVII, cap. 8, sect. 35; lib. XXIX, cap. 6, sect. 36 et 38; lib. XXX, cap. 9, 10, 12.
Milvus. Martial. *Epigram.* lib. IX, n°. 55.
Milvus. Jul. Obseq. *de Prodig.* cap. 71, 112.
Milvus. Pomp. Fest. *de Ling. Latin.* lib. IX, *Juger.*

260   SYSTÈME DES OISEAUX.

Anciens.   Milvus. Isidor. Hispal. *Origin.* lib. xii, cap. 7, n°s. 9 et 54.
             Milvus. Albert. *M. de Anim.* lib. xxiii, *de Milv.*

Natural.   Falco Milvus. Linn. *Syst. natur.* edit. 12, tom. 1, gen. 42,
             n°. 12, pag. 126. — Gmel., *Syst. natur.* Linn. edit. 13,
             tom. 1, pag. 261, n°. 12.
             Milvus. Willughb. *Ornith.* lib. II, pag. 41, art. 5, tabl. 6.
             — Rai. *Synops. avium*, pag. 17, n°. 6.
             Milan royal, Milvus regalis. Briss., *Ornith.*, tom. 1,
             gen. 8, n°. 35, pag. 414, tabl. 33.
             Milan, *Milan Royal.* Buff., *Hist. natur.*, Oiseaux, tom 1,
             pag. 197, tabl. 7; planches enluminées, n°. 422.

Voyag.   Milan. Delv., *Observ. singul.*, liv. ii, chap. 30 et 36. — *Id.
             de la Natur. des oys.*, liv. ii, chap. 26, avec une figure.
             Milvus. Hasselq., *Voyage en Palestine*, etc., part. ii,
             class. 2, pag. 288 de la traduction allemande.
             Falco Milvus, arab. *Hæddája.* Forsk. *Animal. Orient.*
             pag. 8, n°. 1.

             Nota. Malgré ces trois autorités, je n'ai pas la certitude que le
             Milan commun se trouve en Égypte; les voyageurs
             ont généralement pris pour lui l'espèce suivante.

2. *MILVUS ÆTOLIUS*, LE MILAN ÉTOLIEN.

Milvus caudâ subforficata, fuscâ, tæniis obscurioribus.

Planche III, figure 1, dessinée d'après un individu tué aux environs du Kaire,
le 19 vendémiaire an vii.

Synonym.   Ἰκτῖνος Αἰγύπης (perennans). Herodot. *Hist.* lib. ii, cap. 22.
             Ἰκτῖνος Αἰτώλιος. Aristot. *Hist. animal.* lib. vi, cap. 6,
Anciens.   sect. 6.
             Ἰκτίν. Clem. Alexandr. *Stromat.* lib. v, sect. 8. — *Id.
             Pædagog.* lib. iii, cap. 11.

Natural.   1. Falco Ægyptius. Gmel., *Syst. natur.* Linn. edit. 13,
             tom. 1, gen. 42, n°. 61, pag. 261. — Falco Forskahlii.
             Id. ibid. n°. 121, pag. 263.
             2. Parasite. Levaill., *Histoire naturelle des oiseaux d'Afri-
             que*, tom. 1, pag. 88, planche 22 représentant l'indi-
             vidu âgé de plusieurs années.
             3. Falco ater. Gmel., *Syst. natur.* Linn. edit. 13, tom. 1,
             gen. 42, n°. 62, pag. 262.

ORDRE Ier, FAMILLE 2, LES ÉPERVIERS.

Natural. Milvus minor et nigrior. GESNER. *Hist. animal.* lib. III, pag. 586.

Milan noir. BUFF., *Histoire naturelle*, Oiseaux, tom. 1, pag. 203; planches enluminées, n°. 472.

Voyag. 1. Falco cinereo-ferrugineus, arab. *Haddáj.* FORSK. *Animal. Orient.* pag. 6, n°. 1; pag. 1, n°. 1.

Espèce de Milan nommée Haddaya. BRUC., *Voyage aux sources du Nil*, tom. v, pag. 175 de la traduct. franç.

Milan d'Égypte. HOLLANDR., *Abrégé d'histoire naturelle*, tom. II, pag. 34; planche D, figure 2.

2. Milan noir, Milvus Aetolius. BEL., *de la Natur. des oys.*, liv. II, chap. 27; « très-commun en Égypte pendant l'automne, et si bien apprivoisé qu'il vient jusque sur les fenêtres des maisons du Kaire, etc. »

3. *Milan.* MORIS, *Relation d'un voyage au mont Sinaï, etc.*, liv. I, chap. 19, pag. 124.

Milan, Heddam. VANSLEB, *Relation d'un voyage en Égypte*, pag. 102.

Milan. MAILL., *Descript. de l'Égypte*, tom. II, pag. 114. Les Arabes l'appellent *père de l'air.*

Milan. GRANG., *Voyage en Égypte*, chap. 14, pag. 238.

— Espèce de gros faucon. POCKOCKE, *Voyage en Orient*, traduction française, tom. II, liv. IV, chap. 9, pag. 151.

Milan. SAVAR., *Voyage en Égypte*, tome II, lettre 5, page 62.

Milan. SONNIN., *Voyage en Égypte*, tom. II, chap. 33, pag. 301; tom. III, chap. 39, pag. 25; chap. 40, pag. 61; chap. 45, pag. 165.

— Epervier. BROWN, *Voyage en Égypte, etc.*, traduct. française, tom. I, chap. 5, pag. 98.

Milan. OLIV., *Voyage en Turquie, etc.*, tom. I, chap. 14, pag. 136? Constantinople.

Milan. DENON, *Voyage dans la haute et basse Égypte*, édit. in-12, tom. I, pag. 49; tom. II, pag. 292.

Arabes. Hadágz حَدَاجْ (*Hada.* A. BELL.). AVICENN. *Canon.* lib. III, fen 3; tract. 4, cap. 6, version. latin.

Hadâh ou Hedâh حَدَاة. DEMYRY, *Kitâb hayouât el-hayouân.*

Haddáyeh حَدَّايَة des Égyptiens, au Kaire et par toute l'Égypte.

Genre VIII. CIRCUS.

Caractères principaux.

Bec un peu allongé, incliné très-sensiblement dès son origine, assez comprimé, à dos peu anguleux ; *cire* avancée, inclinée, déprimée, glabre ; *narines* ovales-oblongues, à bord supérieur droit et mince, placées en long et presque cachées par les soies fines et recourbées qui naissent entre elles et les yeux ; *mandibule inférieure* à bassin uni et lisse.

Langue oblongue, un peu rétrécie dans son tiers antérieur, simplement arrondie par-dessous, avec un léger sillon, ses cornes très-lisses en dessus, et sa pointe épaisse, échancrée.

Bouche fendue jusque sous les yeux.

Tarses grêles, surpassant de beaucoup en longueur le doigt du milieu, réticulés, avec un rang de tablettes par devant.

Doigt intermédiaire excédant de peu les latéraux ; l'*extérieur* de ceux-ci égal à l'intérieur ou plus grand.

Ongles allongés, très-acérés ; l'*extérieur* petit.

Caractères accessoires.

Ailes longues.

Quatre ou cinq *remiges* échancrées ; la première beaucoup plus courte que la cinquième, et la seconde un peu plus que la quatrième ; celle-ci presque égale à la troisième, qui est la plus longue de toutes.

Queue arrondie.

ESPÈCES.

TRIBU Ire. *Ongles intérieur* et *postérieur* égaux à celui du milieu. — Cinq *remiges* échancrées. — Tête *forte, dépourvue de collerette.* Circi Cœnei. (*Hypotriorchai Græcorum?*)

ORDRE Ier, FAMILLE 2, LES ÉPERVIERS.

12.

☉ 1. *CIRCUS ÆRUGINOSUS*, LE BUSARD.

Circus *Cæneus* corpore rubiginoso; pileo gulâque fulvescente-albis.

Synonym. 1. Ἱέραξ λεῖος (humivola). Aristot. *Hist. animal.* lib. ix, cap. 36, sect. 47.

Anciens. 2. Κίρκος Νηπλοκτίνος. Phil. *de Proprietat. animal.* cap. 13, vers. 6, 16.

Accipiter (quem fugit fluvialis avis). Ovid. *Metamorph.* lib. xi, fab. 11, vers. 773.

Accipiter (qui rapit anates). Columell. *de Re rustic.* lib. viii, cap. 15.

Voyez pour la tribu :

Ὑποτριόρχης. Aristot. *Hist. animal.* lib. ix, cap. 36, sect. 47.

Natural. Falco æruginosus. Linn. *System. natur.* edit. 12, tom. 1, gen. 42, n°. 29, pag. 130. — Gmel., *Système naturel.* Linn. tom. 1, pag. 267, n°. 29.

Milvus æruginosus. Aldrov. *Ornith.* t. 1, lib. v, cap. 15, pag. 396, avec une figure page 395.

Milvus æruginosus Aldrov. Willughb. *Ornith.* lib. 11, pag. 42, art. 6, tabl. 7. — Rai. *Synops. avium*, pag. 17, n°. 4.

Nota. On doit regarder cet oiseau comme le vrai *Bald Buzzard* de Turner. Voyez *Pandion* fluvialis, ci-après, n°. 17.

Busard des marais, Circus palustris. Briss., *Ornith.*, tom. 1, gen. 8, n°. 29, pag. 401.

Busard. Buff., *Histoire naturelle*, Ois., tom. 1, pag. 218, tabl. 10; planches enluminées, n°. 424.

Voyag. Busard. Hollandr., *Abrégé d'histoire naturelle*, tom. 11, pag. 44, planche 10, fig. 1. La Syrie.

Arabes. Hidm حدم des Égyptiens, au bord du lac Menzaleh et dans le Delta.

Gerràh جراح des mêmes, à Mataryeh, etc.

13.

☉ 2. *CIRCUS RUFUS*, LA HARPAYE.

Circus *Cœneus* remigibus intermediis retrecibusque canis.

Synonym. 1. Ἱέραξ Φρυνολόχος. Aristot. *Hist. animal.* lib. ix, cap. 36,
— sect. 47.
Anciens.   Ἱέραξ (qui ranis insidietur). Oppian. *Ixeutic.* lib. 1, cap. 4.
    2. Ἱέραξ πελαγικὸς. Ælian. *de Animal. natur.* lib. vi,
      cap. 45.
    Ἱέραξ id est Accipiter pelagi. Kiran. *Kiranid.* lib. 1,
      cap. 8, et lib. ii, τ.
    3. Κιρὶς (avis; *mel.* Κίρρις, *accipitris species sic dicta à cirrho
      colore?*). Hesych. *Onomatolog. elem.* κ.

Natural.   Falco rufus. Gmel., *Système naturel.* Linn. edit. 13,
    tom. 1, gen. 42, n°. 77, pag. 266.
    Vultur seu Laniarius medius. Frisch, *Vorstell. der voegel*,
      tom. 1, tabl. 78.
    Busard roux, Circus rufus. Briss., *Ornith.*, tom. 1, gen. 8,
      n°. 30, pag. 404.
    Harpaye. Buff., *Histoire naturelle*, Oiseaux, tom. 1,
      pag. 217; planches enluminées, n°. 460.

Arabes.   Derya'h دريه ou درىه des Égyptiens, à Mataryeh, etc.

TRIBU IIe. *Ongles intérieur* et *postérieur* sensiblement plus grands que l'intermédiaire.— Quatre *remiges* échancrées.
— Tête *médiocre, entourée de quelques rangs de plumes courtes et ordinairement frisées, lesquels de chaque côté partent du menton pour remonter en arc vers la nuque.* Circi simplices. (Lanarii *Aldrov.* et *Albert.*)

14.

☉ 3. *CIRCUS GALLINARIUS*, LA SOUBUSE.

Circus *s.* caudæ lateribus fasciis fulvis; notâ infra oculos albâ.

Synonym. Κίρκος (Circus. Th. G.). Aristot. *Hist. animal.* lib. ix,
—   cap. 1, sect. 2; cap. 36, sect. 47; et cap. 49, sect. 76.
Anciens. Κίρκος. Geopon. Græc. lib. xv, cap. 1, Zoroastr.

ORDRE Ier, FAMILLE 2, LES ÉPERVIERS.

Anciens. Κίρκος. GALEN. *de Usu part.* lib. 11, cap. 18.
Κίρκος. DIOGEN. LAËRT. *de Vit. Philosoph.* lib. ix, *in Pyrrh.*
Κίρκος. ÆLIAN. *de Animal. natur.* lib. 1, cap. 35; lib. III, cap. 45; lib. iv, cap. 5; lib. v, cap. 48, 50; lib. vi, cap. 45 et 46. Consultez Gyllius.
Κίρκος (Accipiter communis quem dicunt Circum). KIRAN. *Kiranid.* lib. 1, cap. 21.

Circus. PLIN. *Hist. natur.* lib. x, cap. 8, sect. 9, suivant quelques anciennes éditions; mais il paraît que les manuscrits portent *Ægithus.*

Voyez encore, pour cette espèce et ses analogues, parmi les suivantes :

1. Κίρκος, Ἴρηξ Κίρκος. HOMER. *Iliad.* lib. xxii, vers. 139. — *Id. Odyss.* lib. xiii, vers. 86, 87; lib. xv, vers. 524, 525. — *Id. Batrachomyom.* vers. 49.
Κίρκος. ÆSCHYL. *Supplic.* vers. 69, 232. — *Id. Pers.* vers. 207. — *Id. Prometh.* vers. 856.
Κίρκος. LYCOPHR. *Cassandr.* vers. 169, 531, 1351 (*per translat.*).
Κίρκος. APOLLON. *Argonaut.* lib. 1, vers. 1049; lib. 11, vers. 935; lib. 111, vers. 541, 543, 561; lib. iv, vers. 486.
Κίρκος. OPPIAN. *de Venation.* lib. 1, vers. 70, 282; lib. 111, vers. 120.
Κίρκος. QUINT. SMYRN. *Paralipomen. Homeric.* lib. 111, vers. 359; lib. xi, vers. 218.
Κίρκος, Κέρκαξ, Κέρκνος. HESYCH. *Onomatolog. elem. κ.*
Κίρκος. PHIL. *de Proprietat. animal.* cap. 29, vers. 8, 55, 73, 77.

2. Circanea. POMP. FEST. *de Ling. Latin.* lib. 111, *Circan.*

3. Accipiter (qui gallinas domesticas rapit). VARR. *de Re rustic.* lib. 111, cap. 9.
Accipiter (gallinis domesticis infestus). COLUMELL. *de Re rustic.* lib. viii, cap. 2, 4.
Accipiter (gallinis infestus). PLIN. *Hist. natur.* lib. x, cap. 54, sect. 75.

Natural. Falco Pygargus. LINN. *System. natur.* edit. 12, tom. 1,

Natural.   gen. 42, n°. 11, pag. 126. — GMEL., *Système naturel.* LINN. edit. 13, tom. 1, pag. 277, n°. 11.

Autre espèce d'Oyseau Saint-Martin, ou *Blanche queue*. BEL., *de la natur. des oys.*, liv. II, chap. 12. Couleurs du Milan, etc.

Accipiter Pygargus, Subbuteo Turneri. WILLUGHB. *Ornith.* lib. II, pag. 40, art. 4, tabl. 7. — RAI. *Synops. avium*, pag. 17, n°. 5.

Faucon à collier, Falco torquatus (femina). BRISS., *Ornith.*, tom. 1, gen. 8, n°. 7, pag. 345. Je n'ai pas observé en Égypte l'*Oiseau Saint-Martin* de Buffon, que Willughby, Brisson, Linné, ont décrit comme le mâle (sans doute le mâle adulte) de la *Soubuse*; celle-ci, cependant, y est très-commune.

Soubuse. BUFF., *Histoire naturelle*, Ois., tom. 1, pag. 215, tabl. 9; planches enluminées, n°. 443, 480.

Voyag.   *Havam.* VANSLEB, *Relat. d'un voyage en Égypte*, pag. 102. *Abu Haovâm.* FORSK. *Animal. Orient.* pag. 9, n°. 17. d.

Arabes.   *Abou Haouâm* ابو هوام des Égyptiens, à Alexandrie, au Kaire, etc.

Saqr el-Fyrân صقر الفيران des Arabes de Matarych.

Genre IX. DÆDALION.

Caractères principaux.

BEC court, épais, très-incliné dès la base, médiocrement comprimé, convexe dessous; *cire* courte, glabre; *narines* un peu ovales, presque disposées en long, à bord supérieur droit et mince; *mandibule inférieure* à bassin relevé d'une faible arête.

LANGUE oblongue, simplement arrondie par-dessous, ses cornes presque lisses en dessus, et sa pointe épaisse, échancrée en cœur.

BOUCHE fendue jusque sous les yeux.

Tarses plus ou moins élevés, réticulés, principalement sur les côtés, avec un rang de tablettes par devant.

Doigts longs, *l'intermédiaire* dépassant beaucoup les latéraux.

Ongles longs, très-courbés et très-acérés; *l'intérieur* et le *postérieur* plus grands que celui du milieu; *l'extérieur* petit.

Caractères accessoires.

AILES courtes (c'est-à-dire qu'elles parviennent à peine aux deux tiers de la queue).

Six *remiges* échancrées; la première beaucoup plus courte que la seconde, qui n'excède pas elle-même la sixième; les trois autres presque égales; l'intermédiaire de ces trois, ou la quatrième, la plus longue.

QUEUE arrondie.

ESPÈCES.

TRIBU Ire. *Tarses* peu déliés : *doigts* de même; la dernière phalange du doigt *intermédiaire* ne dépassant pas les ongles des deux doigts latéraux : *ongles intérieur* et *postérieur* très-grands. — *Langue* à peine échancrée, un peu rétrécie en devant. — Des *Cœcum*. DÆDALIONES *Astures*.

15.

♃ 1. *DÆDALION PALUMBARIUS*, L'AUTOUR.

DÆDALION *Astur* cerâ margine flavâ; caudâ fuscâ, fasciis nigricantibus.

SYNONYM. 1. Ἱέραξ Φασσοτύπος. ARISTOT. *Hist. animal.* lib. VIII, cap. 3,
— sect. 6, où cette dénomination est certainement prise
Anciens. dans un sens générique. Voyez *Falco communis*, ci-après, n°. 21.

Accipiter (columbis infestus). VARR. *de Re rustic.* lib. III, cap. 7.

Accipiter (columbis palumbisque infestus). COLUMELL. *de Re rustic.* lib. VIII, cap. 8.

Anciens. Accipiter (id.). PLIN. *Hist. natur.* lib. x, cap. 36 et 37, sect. 52.

2. Accipiter (qui columbas Thisbæas agitat), Dædalion. OVID. *Metamorph.* lib. XI, fab. 8, vers. 291, 295, 340, 344.

Accipiter Dædalion. HYGIN. *Fabul.* cap. 200.

3. Ἀστερίας (Stellaris. TH. G.). ARISTOT. *Hist. animal.* lib. IX, cap. 36, sect. 47.

4. Astur. JUS. FIRMIC. *Matheseos.* lib. v, cap. 7.

Astur, Accipiter major, Accipiter (simpliciter dictus). ALBERT. *M. de Animal.* lib. VII, tract. 1, cap. 4; lib. VIII, tract. 2, cap. 6; lib. XXIII, *de Accipitr.*, et *de Falcon.* cap. 20, 21, 22, 24. Cet auteur ne comprend, sous le nom générique d'Accipiter, que l'*Autour* et l'*Epervier.*

Voyez aussi :

1°. Ἱέραξ (Thraciæ, societate cujus homines aucupantur). ARISTOT. *Hist. animal.* lib. IX, cap. 36, sect. 47.

Ἱέραξ (Thraciæ, etc.). *Auth. Libri de mirabil. auscult.*

Ἱέραξ (Thraciæ, etc.). ANTIGON. CARYST. *Hist. mirabil.* cap. 34.

Ἱέραξ (Thraciæ, etc.). ÆLIAN. *de Animal. natur.* lib. II, cap. 42.

Κίρκος (Thraciæ, etc.). PHIL. *de Propriet. anim.* cap. 25. Notez que ce passage est un de ceux où Κίρκος est évidemment employé comme synonyme d'Ἱέραξ.

Accipiter (Thraciæ, etc.). PLIN. *Hist. natur.* lib. x, cap. 8, sect. 10.

2°. Κίρκος (aucupis comes). OPPIAN. *de Venat.* lib. I, vers. 64.

Accipiter (famulus aucupis). MARTIAL. *Epigr.* lib. XIV, n°. 216.

Accipiter (quo utuntur ad venatum). PROSPER, *de Vit contempl.* lib. III, cap. 17.

Natural. Falco palumbarius. LINN. *Syst. natur.* edit. 12, tom. I, gen. 42, n°. 30, pag. 130. — GMEL., *Système naturel.* LINN. edit. 13, tom. I, pag. 269, n°. 30.... Le Falco *gentilis* des mêmes est un autour, et vraisemblablement

ORDRE Ier, FAMILLE 2, LES ÉPERVIERS.

Natural. un jeune *autour* de l'espèce commune. *Voyez* les descriptions et les figures qu'en ont données Linné, *Faun. Suecic.*; Pennant, Lewin, Gerini, etc.

Asterias, Astur. ALDROV. *Ornith.* tom. 1, lib. v, cap. 1, pag. 336, avec deux figures pag. 340, 341.

Accipiter palumbarius. WILLUGHB. *Ornith.* lib. 11, p. 51, §. 1, tabl. 3 et 5. — RAI. *Synops. avium*, pag. 18, n°. 1.

Autour, Astur. BRISS., *Ornith.*, tom. 1, gen. 8, n°. 3, pag. 317. — *Gros Busard*, Circus major. *Id. ibid.* n°. 28, pag. 398. Celui-ci est l'autour de la première année.

Autour. BUFF., *Histoire naturelle*, Ois., tom. 1, pag. 230, tabl. 12; planches enluminées, n°^{s}. 461, 418, et n°. 423, où l'on a représenté une variété de l'*Autour* sous le nom de *Busard*.

Voyag. Baz. VANSLEB, *Relation d'un voyage en Égypte*, p. 102. *Elbas* (avis cinerea, columbâ major, prædatrix). FORSK. *Animal. Orient.* pag. VII, b.

Arabes. *Báz* باز AVICENN. *Canon.* lib. 11, tract. 2, cap. 613 de sterc.; lib. III, fen 3, tract. 4, cap. 3; lib. IV, fen 6, tract. 2, cap. 18, version latin.

Bázy بازي. DEMYRY, *Kitâb hayouât el-hayouân*.

Saqr el-Báz صقر الباز des Égyptiens, à Alexandrie. Notez que *Saqr* répond exactement à l'*accipiter* des Latins.

Louyhiq لبحق, *Abou Lâhiq* أبو لاحق des Arabes, en Syrie.

TRIBU IIe. *Tarses* longs et grêles : *doigts* de même, celui du *milieu* principalement, sa dernière phalange dépassant les ongles des deux doigts latéraux; *verrues plantaires* pédicellées : *ongles* très-comprimés. — *Bec* très-court. — *Langue* bien échancrée en cœur, de largeur égale partout. — Point de *Cœcum*. DÆDALIONES *simplices*.

16.

⊙ 2. *DÆDALION FRINGILLARIUS*, L'ÉPERVIER COMMUN.

Dedalion *s.* cerâ viridi; caudâ fauscâ, fasciis nigricantibus.

Synonym. 1. Ἱέραξ Σπιζίας. Aristot. *Hist. animal.* lib. viii, cap. 3,
Anciens. — sect. 6, où ce nom est pris dans une acception générique; lib. ix, cap. 36, sect. 47.
Σπιζίας (species accipitris). Hesych. *Onomatolog. elem. σ.*

2. Ἱέραξ ἐλάχιστος (cui magnitudine cuculus persimilis, atque volatu). Aristot. *Hist. animal.* lib. vi, cap. 7, sect. 6.

3. Κίρκος (qui parvis cædem infert avibus). Homer. *Iliad.* lib. xvii, vers. 757.

4. Nisus (femina), Muscetus (mas), Sperverius, Accipiter minor, Albert. *M. de Animal.* lib. vii, tract. 1, cap. 4; lib. viii, tract. 2, cap. 6; lib. xxiii, *de Accipitr.*, *de Falcon.* cap. 23, 24, etc., *et de Nis.*

Sparverius (Ocypteros, scilicet Sparverius). Kiran. *Kiranid.* lib. iii, cap. 27.

Voyez aussi :

Ἱέραξ (usus ad passerum captionem). Oppian. *Ixeutic.* lib. iii, cap. 5.

Natural. Falco Nisus. Linn. *System. natur.* edit. 12, t. 1, gen. 42, n°. 31, pag. 130. — Gmel., *Système naturel.* Linn. edit. 13, tom. 1, pag. 280, n°. 31. — Falco minutus. Linn. *ibid.* n°. 32, pag. 131. — Gmel., *ibid.* pag. 285, n°. 32.

Espervier, Fringillarius, Spizias. Bel., *de la Natur. des oys.*, liv. ii, chap. 21, avec une mauvaise figure.

Accipiter fringillarius, seu recentiorum Nisus. Willughb. *Ornith.* lib. ii, pag. 51, §. 2, tabl. 5. — Rai. *Synops. avium*, pag. 18, n°. 2.

Epervier, Accipiter. Briss., *Ornith.*, tom. 1, gen. 8, n°. 1, pag. 310. — *Petit Épervier*, Accipiter minor. *Id. ibid.* n°. 2, pag. 315, tabl. 30, fig. 1.

Epervier. Buff., *Hist. natur.*, Oiseaux, tom. 1, pag. 225, tabl. 11; planches enluminées, n°s. 412, 467.

ORDRE Ier, FAMILLE 2, LES ÉPERVIERS.

Voyag.   *Básciek.* Vansleb, *Relat. d'un voyage en Égypte*, p. 102.
      Epervier. Maill., *Description de l'Égypte*, tom. II, pag. 113, 114.
      Epervier. Grang., *Voyage en Égypte*, ch. 14, pag. 238.
      Epervier. Savar., *Voyage en Égypte*, tom. II, lettr. 5, pag. 62.
      Epervier. Sonnin., *Voyage dans la haute et basse Égypte*, tom. III, chap. 40, pag. 61.
      Epervier. Brown., *Voyage en Égypte*, etc., traduction franç., tom. 1, chap. 2, pag. 23.

Arabes.   *Báçeiq* باسق. Avicenn. *Canon.* lib. II, tract. 2, cap. de sterc. 613 version. latin.
      Bácheiq باشق, *Beydaq* ou *Beyzaq* بيذق. Demyry, *Kitáb hayouát el-hayouán.*
      Bácheiq باشق des Égyptiens, à Alexandrie, au Kaire, etc. Je crois que *Beydaq* est le nom du *tiercelet.*

Genre X. PANDION.

Caractères principaux.

Bec assez grand, presque droit à la base, à dos renflé; *cire* lobée au-dessous des narines, très-courte, hispide; *narines* lunulées, obliques, presque longitudinales, le bas de leur ouverture étalé, et le bord supérieur membraneux très-mince; *mandibule inférieure* à bassin relevé d'une faible arête.

Langue oblongue, assez large vers le sommet, simplement arrondie par-dessous, ses cornes presque lisses en dessus, et sa pointe épaisse, entière.

Bouche à peine fendue jusqu'à l'angle antérieur des yeux.

Tarses très-épais, réticulés, garnis, sur les deux faces, d'écailles petites, dures, saillantes, comme imbriquées de haut en bas sur la face antérieure, et de bas en haut sur la postérieure.

Doigts gros, rudes au toucher, dénués de toute membrane;

l'*intermédiaire* excédant de peu les latéraux ; l'*extérieur* de ceux-ci plus long que l'*intérieur*, se portant facilement en arrière.

Ongles égaux, très-grands, très-acérés à la pointe, courbés en demi-cercle, tous arrondis et lisses par-dessous ; celui du milieu conservant néanmoins une tranche saillante sur son côté interne.

Caractères accessoires.

Ailes très-longues et dépassant la queue.

Cinq *rémiges* échancrées ; la première excédant à peine la cinquième ; toutes deux beaucoup plus courtes que les trois intermédiaires ; la troisième la plus longue.

Queue composée de rectrices égales.

Yeux rapprochés du bec, presqu'à fleur de tête.

Cuisses et jambes revêtues de plumes courtes, serrées, lustrées, couchées sur la peau.

ESPÈCE.

17.

☉ *PANDION FLUVIALIS*, L'ORFRAIE ; *improprement le* BALBUZARD. (*v.*)

Pandion cerâ pedibusque cæsiis ; vertice albo.

Synonym. 1. Θεόκρονος. Oppian. *Ixeutic.* lib. ii, cap. 15.
Anciens. 2. Aquila parva quæ vocatur Aquila piscium. Albert, *M. de Animal.* lib. ii, tract. i, cap. 6 ; lib. vii, tract. i, cap. 4 ; et lib. xxiii, *de Aquil.* Description fabuleuse. Remarquez que l'Aigle de mer des anciens vivait de poissons et d'oiseaux, et que l'Aigle pêcheur d'Albert, ou le *Balbuzard*, vit simplement de poissons. *Voyez* au surplus la synonymie de l'*Haliæetus* Nisus, ci-devant, n°. 9.

ORDRE Ier, FAMILLE 2, LES ÉPERVIERS.

Anciens.   Voyez de plus et comparez :

1°. Τρίορχης, Τρίορχος, Aristoph. *Aves*, vers. 1181, 1206. — *Id Spheg.* vers. 1522.

Τρίορχης. Aristot. *Hist. animal.* lib. VIII, cap. 3, sect. 6; lib. IX, cap. 1, sect. 2, et cap. 36, sect. 47.

Τρίορχης. Theophrast. *Hist. plant.* lib. IX, cap. 9.

Τρίορχις Ἀετός. Lycophr. *Cassandr.* vers. 148 (*per translat.*).

Τρίορχης. Anton. Liberal. *Metamorph.* fab. 14, s. *Munich.; ex* Nicandr. lib. XI *Alterat.*

Τρίορχος. Athen. *Deipnosoph.* lib. VII, cap. 13; *ex Iamb.* Simonid.

Τρίορχης, Μέρμνος. Ælian. *de Animal. natur.* lib. XII, cap. 4, add. Gyll.

Τρίορχος, sive Τρίορχης (species aquilæ. Varin.), Βελλούνης, Κεγχρίλης, Μέρμνης. Hesych. *Onomatolog. elem.* β, κ, μ, τ.

Τρίορχης (accipitris genus). Suid. *Lexic. elem.* τ.

Triorches accipiter, Triorches, Buteo Romanorum. Plin. *Hist. natur.* lib. X, cap. 8, sect. 9, et cap. 74, sect. 95, 96; lib. XI, cap. 49, sect. 110; lib. XXV, cap. 6, sect. 32. 21.

2°. Buteo. Plin. *Hist. natur.* lib. X, cap. 49, sect. 69. (Falco Buteo. Linn.)

Buteo. Arnob. *contra Gent.* lib. IV, *ultra med.*, et VII.

Buteo. Pomp. Fest. *de Ling. Latin.* lib. I, *Alit.*; lib. II, *But.*; lib. XIII, *Oscin.*

Buteus. Albert. *M. de Anim.* lib. XXIII, *de But.*

3°. Millo (*alias* Millio). Marcell. Empiric. *de Medicam.* cap. 33.

Comparez aussi :

Θῦρ (avis Accipitri pelagi similis). Kiran. *Kiranid.* lib. I, cap. 8. Il n'y a cependant pas apparence que ce soit un oiseau de proie; car je trouve ailleurs que Thyria, Θυρίη, mère de Cycnus, fut changée, comme lui, en oiseau d'eau. *Voyez* Antoninus Liberalis, fab. 12.

Natural. 1. Falco Haliaëtus. Linn. *System. natur.* edit. 12, tom. 1, gen. 42, n°. 26, pag. 129. — Gmel. *Système naturel.* Linn. edit. 13, tom. 1, pag. 263, n°. 26.

Natural. Balbuzardus Anglorum. Willughb. *Ornith.* lib. II, p. 37, art. 1, tabl. 6. — Rai. *Synops. avium.* pag. 16, n°. 3.

Aigle de mer, Haliæetus, s. Aquila marina. Briss., *Ornith.*, tom. 1, gen. 9, n°. 10, pag. 440, tabl. 34.

Balbuzard. Buff., *Histoire naturelle*, Oiseaux, tom. 1, pag. 103, tabl. 2; planches enluminées, n°. 414.

2. *Orfraye* ou *Offraye*, en grec Haliæetus. Bel., *de la Natur. des oys.*, liv. II, chap. 7, avec une figure assez défectueuse. C'est donc au Balbuzard qu'appartient légitimement le nom d'*Orfraye*, ou d'*Orfraie*.

Osprey Anglorum. Gesner. *Hist. animal.* lib. III, art. de *Haliæeto*, p. 196, *ex* Turner. *et aliis*, avec une figure placée mal à propos à l'article du Morphnos, pag. 191. Transposition qui a fait croire aux naturalistes, même à Willughby, que cet oiseau était le Morphnos ou *Bald Buzzard* de Turner, tandis que le *Bald Buzzard* de cet Anglais est notre *Busard*.

Osprey. Penn. *Brit. Zoolog.* class. II, gen. 1, sp. 4, pag. 63, tabl. A. I.

Voyag. Balbuzard. Hollandr., *Abrégé d'histoire natur.*, tom. II, pag. 7, planche 3, fig. 2.

Nota. Buffon n'ignorait pas que le Balbuzard se trouvait en Égypte. *Voyez* son Histoire des oiseaux, *loco citato.*

Arabes. Náçoury ناسوری, des Égyptiens, aux environs du lac Menzaleh, etc.

Qreya' قريب des mêmes, à Mataryeh, etc. : quelques-uns donnent ce nom au *Busard*.

Genre XI. ELANUS.

Caractères principaux.

Bec petit, assez incliné dès la base, très-comprimé, à angle dorsal gros et arrondi; *cire* demi-hispide, très-courte; *narines* ovales, placées en long, ou à peu près, et cachées en grande partie par les soies recourbées qui naissent entre elles et les yeux; *mandibule inférieure* à bassin relevé d'une côte arrondie et fort saillante, surtout vers le bout.

ORDRE Ier, FAMILLE 2, LES ÉPERVIERS.

Langue large à la base, puis rétrécie, simplement arrondie par-dessous; ses cornes hérissées de papilles en dessus, et sa pointe demi-pellucide, échancrée en cœur.

Bouche fendue jusque sous les yeux.

Tarses empennés très-bas par devant, très-courts, très-épais, garnis d'écailles fines, grenues, égales, disposées en quinconce.

Doigts gros, dénués de membranes; l'*intermédiaire* excédant de peu les latéraux; la dernière phalange du doigt *intérieur* débordant celle de l'*extérieur*.

Ongles grands, inégaux; l'*intérieur* et le *postérieur* sont les plus forts, très-courbés, très-acérés à la pointe, lisses et arrondis en dessous; celui du milieu offrant néanmoins une tranche saillante formée par son bord interne.

Caractères accessoires.

Ailes très-longues, acuminées.

Deux *remiges* échancrées, mais légèrement, et seulement vers la pointe; la première un peu plus courte que la seconde, qui est la plus longue de toutes : les suivantes, depuis la quatrième jusqu'à la dixième, régulièrement étagées.

Queue médiocre, échancrée.

Tête *très-aplatie sur le vertex*.

ESPÈCE.

18.

⊙ *ELANUS CÆSIUS*, LE COUHYEH.

Elanus maculâ circa oculos, alarumque textricibus secundariis nigerrimis

PLANCHE II, FIGURE 2, dessinée d'après un individu tué aux environs de Menzaleh, le 21 frimaire an IX.

Synonym. — Anciens. Ἔλανος (Milvus; *an potiùs* species milvi?). Hesych, *Onomatolog. elem.* ε.

Observ. Le Couhyeh, commun sur les côtes de la Syrie, de l'Égypte, de la Barbarie, a sans doute été connu des anciens Grecs; c'est de tous les petits éperviers celui qui méritait le mieux les surnoms d'Ὠκύπτερος et de Ταυσίπτερος qu'ils ont donnés à certaines espèces. Voyez *Falco communis*, ci-après, n°. 21. Voyez, de plus, Ἱέραξ Ταυσίπτερος. Ælian. *de Animal natur.* lib. XII, cap. 4, add. Gyll.

Natural. Blac. Levaill., *Histoire naturelle des oiseaux d'Afrique*, tom. I, pag. 147, planches 36 et 37. — Falco melanopterus. Daud., *Traité d'ornith.*, tom. II, gen. 4, n°. 124, pag. 152.

Voyag. Espèce d'oiseau de proie. Sonnin., *Voyage en Égypte*, tom. II, chap. 24, pag. 59 et suiv. Description détaillée.

Arabes. Kouhyeh كوهية des Égyptiens à Menzaleh, Damiette, Fareskour, et dans le Delta.

Zorraq زرق de quelques auteurs arabes.

SECTION II.

HIERACES.

Narines petites, parfaitement circulaires, le centre de leur ouverture occupé par un tubercule solide, conique, presque lisse, qui s'élève de leur paroi inférieure et antérieure.

ORDRE Ier, FAMILLE 2, LES ÉPERVIERS.

Mandibule supérieure à bords assez épais, non-seulement anguleux, mais armés chacun d'une dent; *palais* entièrement corné, et relevé d'une côte très-grosse, arrondie; *mandibule inférieure* tronquée verticalement à son extrémité.

Première *phalange* du doigt *intérieur* bien mobile sur la pénultième.

Genre XII. FALCO.

Caractères principaux.

BEC très-court, épais, peu comprimé, arrondi dessus, très-convexe dessous, offrant, sur les bords du crochet de sa mandibule supérieure, deux dents triangulaires; *cire* très-courte, hispide; *narines* écartées; *mandibule inférieure* échancrée profondément de chaque côté, relevée sur son bassin d'une arête.

LANGUE large à la base, puis rétrécie, marquée inférieurement d'une profonde cannelure; ses cornes hérissées de papilles en dessus, et sa pointe cartilagineuse, très-mince, pellucide, échancrée.

BOUCHE fendue jusque sous les yeux.

Tarses courts, assez épais, réticulés, à écailles un peu plus grandes sur le côté interne par devant.

Doigt extérieur égal à l'*intérieur*, ou plus long.

Ongles presque égaux entre eux.

Caractères accessoires.

AILES longues, acuminées.

Trois *remiges* échancrées, mais seulement vers le bout, très-pointues; la seconde plus longue: les suivantes, depuis la quatrième jusqu'à la dixième, régulièrement étagées.

QUEUE arrondie.

ESPÈCES.

TRIBU Ire. *Doigts* courts, *l'intermédiaire* un peu plus long seulement que les latéraux : *ongles* médiocres et peu acérés. — Les trois premières *remiges* très–sensiblement échancrées ; l'extérieure plus courte que la troisième. — *Queue* très–arrondie par le bout. FALCONES *Cenchrides*.

19.

☉ 1. *FALCO TINNUNCULUS*, LA CRESSERELLE

FALCO *Cenchris* dorso rufo, maculato ; caudâ sub apice nigrâ, denique albâ.

SYNONYM. 1. Κερχνηΐς, Κερχνῆς. ARISTOPH. *Aves*, vers. 305, 590, 1181,
— 1335, 1454.
Anciens. Κερχνή. CALLIMACHUS *in libro de Avibus*, Scholiaste ARISTOPHANIS *citante*.
Κέρχνη. HESYCH. *Onomatolog. elem.* κ.

2. Κεγχρίς (Tinunculus. TH. G.). ARISTOT. *Hist. animal.* lib. II, cap. 17, sect. 22 ; lib. VI, cap. 1, sect. 1, et cap. 2, sect. 2 ; lib. VIII, cap. 3, sect. 7. — *Id. de Generat. animal.* lib. III, cap. 1.

Κεγχρίς. ANTONIN. LIBERAL. *Metamorph.* fab. 9, s. *Emathid.* ; *ex* NICANDR. lib. IV *Alterat.*

Κεγχρίς. DIOSCORID. *de Facil' parabil. medicam.* lib. I, cap. 41.

Κεγχρηΐς. ÆLIAN. *de Animal. natur.* lib. II, cap. 43.

Κεγχρίς. HESYCH. *Onomatolog. elem.* κ.

Κεγχρίνης, Κεγχρηΐς. SUID. *Lexic. elem.* γ, *in voc.* Gampsonych., *et elem.* κ.

Cenchris. PLIN. *Hist. natur.* lib. X, cap. 52, sect. 73, 74 ; lib. XXIX, cap. 6, sect. 38.

3. Tinnunculus (*aliàs* Tinunculus, Tinungulus, etc.). COLUMELL. *de Re rustic.* lib. VIII, cap. 8.
Tinnunculus (*aliàs* Tristunculus). PLIN. *Hist. natur.* lib. X, cap. 37, sect. 52.

4. Lanarius rubeus. ALBERT. *M. de Animal.* lib. XXIII, *de Falcon.* cap. 15.

ORDRE Ier, FAMILLE 2, LES ÉPERVIERS.

Natural. Falco Tinnunculus. LINN. *Syst. natur.* edit. 12, tom. 1, gen. 42, n°. 16, pag. 127. — GMEL., *Système naturel.* LINN. edit. 13, tom. 1, pag. 278, n°. 16.
Tinnunculus seu Cenchris. Aldrov. WILLUGHB. *Ornith.* lib. II, pag. 50, art. 15, tabl. 5. — RAI, *Synops. avium*, pag. 16, n°. 16.
Cresserelle, Tinnunculus. BRISS., *Ornith.*, tom, 1, gen. 8, n°. 27, pag. 393. — *Épervier des alouettes*, Accipiter alaudarius. *Id. ibid.* n°. 22, pag. 379.
Cresserelle. BUFF., *Histoire naturelle*, Oiseaux, tom. 1, pag. 280, tabl. 18; planches enluminées, n°s. 401, 471.

Voyag. Falco Tinnunculus. HASSELQ., *Voyage en Palestine*, etc., part. II, pag. 342, n°. 8, traduction allemande. La Syrie.
Abu Sarága. FORSK. *Animal. Orient.* pag. 9, n°. 17, e.
Cresserelle. HOLLANDR., *Abrégé d'histoire naturelle*, tom. II, pag. 69, pl. 3, fig. 2. La Syrie, l'Égypte, etc.
Espèce de faucon. SONNIN., *Voyage en Égypte*, tom. 1, chap. 19, pag. 364. Description étendue.

Arabes. *Khasr* خصر (*Sacchari.* A. BELL.). AVICENN. *Canon.* lib. II, tract. 2, cap. de sterc. 613, version. latin.
Abou Saraqah أبو سرقة des Égyptiens, à Alexandrie, Damiette, etc.
Saggáouy سجاوى des mêmes, au Kaire.

TRIBU IIe. *Tarses* un peu grêles : *doigts* longs, l'*intermédiaire* beaucoup plus que les latéraux : *ongles* grands, très-acérés, très-aigus. — Les trois premières *remiges* très-sensiblement échancrées; l'extérieure plus courte que la troisième. FALCONES *Æsalones*.

20.

☉ 2. *FALCO SMIRILLUS*, L'ÉMÉRILLON.

FALCO *Æsalon* dorso cærulescente, rufo, maculato; caudâ tæniis fulvis.

SYNONYM. Αἰσάλων. ARISTOT. *Hist. animal.* lib. IX, cap. 1, sect. 2, et
Anciens.   cap. 36, sect. 47.

Anciens. Αἰσάλων. ANTIGON. CARIST. *Hist. mirabil.* cap. 64.
Αἰσάλων. ÆLIAN. *de Animal. natur.* lib. 11, cap. 51.
Αἰσάλων (corruptè Αἰσάρων ; Αἰσαλών. SUID.). HESYCH. *Onomatolog. elem. α.*
Æsalon. PLIN. *Hist. natur.* lib. x, cap. 8, sect. 9 (on lit dans les éditions récentes, Epileos), et cap. 74, sect. 95.
Aeselon, Assalon. ALBERT. *M. de Animal.* lib. VIII, tract. 1, cap. 3; et lib. XXIII, *de Assal.*, où il le confond avec l'Ακανθίς.

> *Nota.* Cette première synonymie, adoptée par les auteurs, est principalement fondée sur un passage de Pline, où l'Æsalon est appelé un petit oiseau, *parva avis*. La synonymie suivante est moins douteuse.

1. Ἱέραξ Πέρκος. ARISTOT. *Hist. animal.* lib. IX, cap. 36, sect. 47.

2. Ἵρηξ ὠκυπέτης (lusciniarum occisor). HESIOD. *Oper. et dies*, vers. 201, 210.
Ἱέραξ (qui in cassitas et hirundines ruit). OPPIAN. *Ixeutic.* lib. 1, cap. 4.

3. Coredulus. ISIDOR. HISPAL. *Origin.* lib. XII, cap. 7, n°. 31.
Coredulus. ALBERT. *M. de Animal.* lib. XXIII, *de Coredul.*

4. Mirle, Smirlin ; Meristio (*vel* Merillo. Merillus. ISIDOR.). ALBERT. *M. de Animal.* lib. XXIII, *de Falçon,* cap. 14, et *de Merist.*

Natural. Falco Æsalon. GMEL., *Système naturel.* LINN. edit. 13, tom. 1, gen. 42, n°. 118, pag. 284.
Æsalon Aldrov. WILLUGHB. *Ornith.* lib. 11, pag. 50, art. 16, avec une figure très-peu exacte tabl. 3. — RAI. *Synops. avium*, pag. 15, n°. 15.
Emérillon, Æsalon. BRISS., *Ornith.*, tom. 1, gen. 8, n°. 23, pag. 382.
Emérillon. BUFF., *Histoire naturelle*, Oiseaux, tom. 1, pag. 288, tabl. 19; planches enluminées, n°. 468.
Emérillon commun, Falco Æsalon. DAUDIN, *Traité d'ornithologie*, tom. 11, gen. 4, n°. 111, pag. 137.

Arabes. Youyou يويو. DEMYRY, *Kitâb hayouât el-hayouân.*
Carâdyeh جرادية des Égyptiens, au Kaire.
Saqr el-gerâd صقر الجراد des mêmes, à Menzaleh, Matareyeh, Fareskour, etc.

TRIBU IIIe. *Tarses* très-courts et très-épais : *doigts* longs, l'*intermédiaire* beaucoup plus que les latéraux : *ongles* grands, très-acérés, très-aigus. — Les trois premières *remiges* plutôt insensiblement rétrécies et taillées en pointe à leur bout, qu'échancrées ; la première plus longue que la troisième. — *Queue* assez courte. FALCONES *simplices*.

21.

☉ 3. *FALCO COMMUNIS*, LE FAUCON.

FALCO *s*. genarum maculâ nigrâ; caudæ apice albo.

SYNONYM. I. Ἱρηξ (apud Ægyptios sacer, etc.). HERODOT. *Hist.* lib. II,
—   cap. 65, 67.
Anciens.   Ἱέραξ (sacer, etc.). DIODOR. SICUL. *Biblioth. hist.* lib. I,
             sect. 2, cap. 31, 32; lib. III, cap. 3.
             Ἱέραξ (Ægyptiis sacer). PHILO. JUD. *in libr. de Decalogo.*
             Ἱέραξ (Apollo et Hierax, Cereris cultor, in accipitres commutati). ANTONIN. LIBERAL. *Metamorph.* fab. 3, ex Bœi *libr. de Avium ortu*; fab. 28, s. *Typhon*, ex NICANDR. lib. IV. *Alterat.*
             Ἱέραξ (quem Ægyptii universi colunt). STRAB. *Geograph.* lib. XVII, *de Ægypt.*, duob. loc.
             Ἱέραξ (avis Dei symbolus, sacer, etc.). PLUTARCH. *de Isid. et Osirid*
             Ἱέραξ (symbolus Solis, etc.). CLEM. ALEXANDR. *Stromat.* lib. V, sect. 7.
             Ἱέραξ, Ægyptiacè Θαυμαστὸς (*vel* Θαυστὸς; avis cultissimus, Apollini dicatus, etc.). ÆLIAN. *de Animal. natur.* lib. II, cap. 42, 43; lib. IV, cap. 44; lib. VII, cap. 9, 45; lib. X, cap. 14, 24; lib. XII, cap. 4.
             Ἱέραξ (quem Ægyptii Soli acceptum putant, etc.). PORPHYR. *de Abstinent. ab animat.* lib. II, cap. 48; lib. III, cap. 5, 23; lib. IV, cap. 7, 9, 16.
             Ἱέραξ (quem Ægyptii Soli consecrant, etc.). EUSEB. *de Præparat. evangel.* lib. I, cap. 10, vers. fin.; lib. II, cap. I, *circa med.*; lib. III, cap. 4 et 12.
             Ἱέραξ, Ægyptiacè Βαιηθ. HORUS-APOLL. *Hieroglyph.* lib. I, cap. 6, 7, 8; lib. II, cap. 15, 99.

Anciens.   Accipiter (barbarorum deus). Cicer. *de Natur. Deorum*,
lib. iii, cap. 47.
    Accipiter sacer. Virg. *Æneid.* lib. xi, vers. 721 ; et Serv.
in hunc loc.
    Accipiter (Apollo in accipitrem mutatus). Ovid. *Metam.*
lib. vi, fab. 2, vers. 123.

2. Ἴρηξ Ὠκύπτερος. Homer. *Iliad.* lib. xiii, vers. 62.
    Ὠκύπτερος, Ὠξύπτερος. Clem. Alexandr. *Stromat.* lib. ii,
sect. 15 ; lib. v, sect. 8.—*Id. Pædagog.* lib. iii, cap. 11.
    Ἱέραξ Περδικοθήρας καὶ ὠκύπτερος. Ælian. *de Animal.
natur.* lib. xii, cap. 4, add. Gyll.

3. Ἴρηξ Φασσοφόνος. Homer. *Iliad.* lib. xv, vers. 237, 238 ;
lib. xxi, vers. 494. Conférez Eustath. *in Odyss.* lib. xv.
    Ἱέραξ Φασσοφόνος. Aristot. *Hist. animal.* lib. ix, cap. 12,
sect. 17, et cap. 36, sect. 47.
    Ἱέραξ Φασσοφόνος. Galen. *de Usu part.* lib. xi, cap. 18.
    Ἱέραξ Φασσοφόνος. Ælian. *de Animal. natur.* lib. xii,
cap. 4, add. Gyll.
    Ἱέραξ Φασσοφόνος (accipitrum omnium velocissimus).
Porphyr. *de Abstinent. ab animat.* lib. iii, cap. 8.
    Ἱέραξ Φασσοφόνος, Φαλακτόνοιο (Φασσοκτόνος?), Φαβοκ-
τόνος, Φαβοτύπος. Hesych. *Onomatolog. elem.* φ.

4. Ἱέραξ ὀρείτης. Ælian. *de Animal. natur.* lib. ii, cap. 43.

5. Φάλκων (species accipitris). Suid. *Lexic. elem.* φ.
    Falco. Jul. Firmic. *Matheseos*, lib. v, cap. 7 et 8.
    Falco, Capys Tuscorum. Servius ad lib. x *Æneid.*
vers. 145.
    Falco, Capys. Isidor. Hispal. *Origin.* lib. xii, cap. 7,
n°. 53.
    Falco peregrinus, F. gibbosus, F. rubeus ; etc. Albert.
M. de Animal. lib. xxiii, *de Falcon.*

    Comparez :

        1°. Πέρνης. Aristot. *Hist. animal.* lib. ix, cap. 36,
        sect. 47. Ce nom paraît désigner un oiseau
        de proie brun ou *saur.*
            Περνίς (species accipitris). Hesych. *Onomatolog.
            elem.* π ? Gesn.

        2°. Ξίφιος (avis hierakinos qui vocatur Kydos).
        Kiran. *Kiranid.* lib. i, cap. 14. Serait-ce
        le *Sef* des Arabes ?

Anciens.   3°. Aërisilon, Aëlius, Aëriphilus, Sacer. ALBERT. *M. de Animal.* lib. XXIII, *de Aërisil.*, *et de Falcon.* cap. 5.

          4°. Ἱέραξ (ab incolis Philarum cultus). STRAB. *Geograph.* lib. XVII, Ægypt.

Voyez de plus, pour le genre et ses analogues, parmi les précédens :

     Ἴρηξ. HOMER. *Iliad.* lib. XVI, vers. 582; lib. XVIII, vers. 615. — *Id. Odyss.* lib. V, vers. 66.

     Ἱέραξ. ÆSOP. *Apolog. fabul.* 3.

     Ἴρηξ. HERODOT. *Hist.* lib. III, cap. 76.

     Ἱέραξ. ARISTOPH. *Aves*, vers. 304, 516 (accipiter Apollinis), 1112, 1179, 1454.

     Ἱέραξ. ARISTOT. *Hist. animal.* lib. I, cap. 5, sect. 6; lib. II, cap. 15, sect. 18; lib. VI, cap. 6, 7, sect. 6; lib. VIII, cap. 28, sect. 33; lib. IX, cap. 11, 12, sect. 15, 16. — *Id. de Generat. animal.* lib. II, cap. 7, et lib. III, cap. 1. — *Id. de Physiognom.* cap. 6.

     Ἱέραξ. THEOCRIT. *Idyll.* IX, vers. 32.

     Ἱέραξ. OPPIAN. *Ixeutic.* lib. I, cap. 4, lib. II, cap. 15.

     Ἱέραξ, Ἴρηξ (*sive* Ἴραξ), Ἴστραξ, Βείραξ, Βάρ- ϲαξ, Νέρτος, Σταυνὶξ. HESYCH. *Onomatolog. elem.* β, ι, ν, ς.

Accipiter. LUCRET. *de Rer. natur.* lib. III, vers. 752; lib. IV, vers. 1003; lib. V, vers. 1078.

Accipiter. HORAT. *Carmin.* lib. I, od. 37, vers. 17. — *Id. Epistol.* lib. I, ep. 16, vers. 50.

Accipiter. PLIN. *Hist. natur.* lib. X, cap. 8, 9, 10, sect. 9, 11, 12, et cap. 17, sect. 19, et cap. 23, sect. 33, et cap. 59, sect. 79; lib. XI, cap. 37, sect. 75; lib. XXVIII, cap. 8, sect. 29; lib. XXIX, cap. 6, sect. 38; lib. XXX, cap. 11, 13; lib. XXXVII, cap. 10, 11, sect. 56, 72.

Accipiter. JUL. OBSEQ. *de Prodigiis*, cap. 119.

Accipiter. *Auth. Philomel.* vers. 24.

Accipiter. CASSIODOR. *Var. Epistol.* lib. I, epist. 24; lib. VIII, epist. 31.

Natural.   Falco communis. GMEL., *Système naturel.* LINN. edit. 13, tom. I, gen. 42, n°. 86, pag. 270.

Natural. Falco peregrinus. ALDROV. *Ornith.* tom. 1, lib. VII, cap. 1, pag. 463, avec une figure page 464.

Faucon, Falco. BRISS., *Ornith.*, tom. 1, gen. 8, n°. 4, pag. 321. — *Faucon pélerin*, Falco peregrinus. *Id. ibid.* n°. 6, pag. 341.

Nota. Les iris ne sont pas jaunes; ils sont au contraire d'un brun très-foncé.

Faucon. BUFF., *Histoire naturelle*, Ois., tom. 1, pag. 249, tabl. 15, 16; planches enluminées, n°s. 470, 421, et 430 sous le nom de *Lanier* : voyez la planche A* 5 de la Zoologie Britannique.

Faucon. MAUD., *Encyclopédie méthodique*, Dictionnaire des oiseaux.

Voyag. Falco. PROSP. ALPIN. *Hist. Ægypt. natur.* tom. 1, lib. IV, cap. 1, pag. 197, 200.

Sciahín. VANSLEB., *Relat. d'un voyage en Égypte*, p. 102.

Faucon. MAILL., *Descript. de l'Égypte*, tom. II, p. 115.

Falco gentilis, arab. *Schahín*, ital. *Lufuga.* FORSK. *Anim. Orient.* pag. 8, n°. 4.

Arabes. *Châhyn* شاهين. DEMYRY, *Kitâb hayouât el-hayouân.*

Saqr, Saqr Châhyn صقر شاهين des Égyptiens, au Kaire, à Damiette, etc.

Saqr el-Ghazâl صقر الغزال des mêmes, à Menzaleh, où ils l'appellent aussi quelquefois *Saqr el-Bâz.*

Saqr el-Teyr صقر الطير des mêmes, à Mataryeh.

III.ᵉ FAMILLE.

LES CHOUETTES, *ULULÆ.*

Caractères principaux.

Bec court, incliné dès la base, comprimé en coin et crochu; sa *mandibule supérieure* très-mobile, à bords peu descendus vers le crochet, quelquefois même simplement arqués, *cire* molle, spongieuse, entièrement recouverte par les plumes des côtés de la face, et par beaucoup d'autres plumules ou soies roides, qui entourent la base du bec et qui s'appliquent dessus; *narines* offrant à leur orifice un corps mou et membraneux; *palais* cartilagineux, pourvu d'une arête obtuse; *mandibule inférieure* à bassin uni, ou relevé d'une faible arête.

Langue très-médiocre, légèrement canaliculée, hérissée de papilles dans sa moitié postérieure, échancrée à son extrémité.

Bouche fendue jusque sous le milieu des yeux, à très-large ouverture.

Pieds empennés jusqu'aux doigts, et communément jusque vers les ongles.

Doigt intérieur long, égal à l'intermédiaire ou à peu près, et dépassant à sa dernière phalange la phalange correspondante du doigt extérieur; celui-ci porté habituellement en arrière; *pouce* assez court relativement aux autres doigts.

Ongles fortement et complètement rétractiles, très-acérés à la pointe et très-aigus.

Caractères anatomiques.

Gosier confondu avec l'*arrière-gosier*.

Larynx entièrement hérissé de papilles.

Jabot nul, l'œsophage étant partout d'égale largeur.

Deux longs *cœcum* pédiculés et renflés en massue.

Caractères accessoires.

Remiges larges et flexibles; la première et les suivantes, lorsqu'elles sont échancrées, dentelées le long du bord extérieur, où les barbes sont désunies et rebroussées par le bout; *remiges secondaires* au nombre de treize ou de quatorze au plus.

Douze *rectrices* très-flexibles et courtes généralement.

Yeux très-grands, saillans, tournés en devant, situés au centre de deux cercles ou disques radiés, un peu concaves, formés par les plumes roides et décomposées de la face, et eux-mêmes entourés d'une collerette de plumes frisées qui passe sous la gorge, derrière les oreilles, et vient se replier sur le front.

Paupières bordées de véritables plumules, et non de cils simples.

Tête *grosse* : cou *gros et court, tous deux fort garnis de plumes.*

Jambes à plumes courtes. Les plumes de tout le corps molles et douces au toucher.

Genre XIII. NOCTUA.

Caractères principaux.

Bec épais, très-court, brusquement incliné, peu comprimé, convexe dessous; *cire* très-renflée sur les narines et comme gibbeuse de chaque côté; *narines* écartées, très-petites, parfaitement rondes, tournées en devant; *mandibule inférieure* ayant deux échancrures marginales vers le bout.

Langue ovale, épaisse, pourvue de deux côtes en dessous, très-obtuse.

Tarses laineux de toutes parts.

Doigts velus jusqu'à la base des dernières phalanges.

Ongle intermédiaire sans crénelures.

Caractères accessoires.

Ailes peu pointues, dépassées par la queue.

Quatre à cinq *remiges* légèrement échancrées; la première assez courte, la troisième la plus longue.

Queue égale.

Cercles périophthalmiques médiocres et peu réguliers.

Oreilles externes petites, rondes et dénuées d'opercules.

Tête *sans aigrettes.*

ESPÈCE.

22.

⊙ *NOCTUA GLAUX*, LA CHEVÊCHE. (*v.*)

Noctua iridibus pallidè flavis; abdomine maculato; gulâ albâ.

Synonym. Γλαύξ. Horus-Apoll. *Hieroglyph.* lib. ii, cap. 51.
Anciens. Γλαύξ (et Κικκαβῆ, Κικυμὶς, Κύμινδις. Scholiast.). Aristoph.

Anciens. *Aves*, vers. 302, 357, 516 (noctua Minervæ), 590, 1106. — *Id. Lysistrat.* vers. 761. — *Id. Equit.* vers. 1091. — *Id. Spheg.* vers. 1081 (*aliquot, per translat.*).

Γλαῦξ (Noctua Th. G.). Aristot. *Hist. animal.* lib. 1, cap. 1, sect. 2; lib. 11, cap. 15, sect. 18, et cap. 17, sect. 22; lib. viii, cap. 3, sect. 6, et cap. 16, sect. 21; lib. ix, cap. 1, sect. 2, et cap. 34, sect. 43.

Γλαύξ. Arat. *Phænomen.* vers. 999.

Γλαύξ. Antigon. Caryst. *Hist. mirabil.* cap. 10 et 62.

Γλαῦξ (ὀρνίθεον, avicula). Antonin. Liberal. *Metamorph.* fab. 10, s. *Minyad.*, *ex* Nicandr. lib. iv, *Alterat.*; et fab. 15, s. *Meropis, ex* Bœi lib. 1 *de Avium ortu.*

Γλαύξ. Plutarch. *Vit. Lysandr., Themistocl., Pericl.* — *Id. Moral. de Invid. et Odio.*

Γλαύξ. Galen. *de Simplic. medicam.* lib. x, cap. 3 et 17.

Γλαύξ. Lucian. *Epistol. ad Nigrin.* — *Id. in Harmon.*

Γλαύξ. Athen. *Deipnosoph.* lib. viii, cap. 12; lib. ix, cap. 10, 14; lib. xiv, cap. 20.

Γλαύξ. Oppian. *Ixeutic.* lib. 1, cap. 13; lib. iii, cap. 17.

Γλαύξ. Ælian. *de Animal. natur.* lib. 1, cap. 29; lib. iii, cap. 9; lib. v, cap. 2, 48; lib. vii, cap. 7; lib. x, cap. 37; lib. xv, cap. 28. — *Id. Var. Hist.* lib. iii, cap. 42.

Γλαύξ. Porphyr. *de Abstinent. ab animal.* lib. iii, cap. 5.

Γλαύξ, Γλαῦξ, Νυκτόϲας, Κικυμῆϊς (*vel* Κικυμίς, Κικυμὸς), Κυϐήνη, Κοκκοϐάρη (*vel* Κοκκαϐαίη), Τυτὼ. Hesych. *Onomatolog. elem.* γ, κ, ν, τ.

Γλαύξ. Kiran. *Kiranid.* lib. 1, cap. 3.

Noctua. Plaut. *Menæchm.* act. iv, scen. 2, vers. 649.

Noctua. Virgil. *Georg.* lib. 1, vers. 403; *et* Serv. *in hunc loc.*

Noctis avis, Nyctimene. Ovid. *Metamorph.* lib. ii, fab. 8 et 9, vers. 504, 590, 593.

Noctua. Hygin. *Fabul.* cap. 136, 204.

Noctua. Plin. *Hist. natur.* lib. x, cap. 12, sect. 16, et cap. 16, 17, sect. 18, 19, et cap. 23, sect. 33, et cap. 29, sect. 41, et cap. 57, sect. 78, et cap. 73, sect. 95; lib. xviii, cap. 35, sect. 87; lib. xxix, cap. 4, sect. 29, et cap. 6, sect. 36, 39; lib. xxx, cap. 4, sect. 12, et cap. 15, sect. 51.

Noctua. *Author Philomel.* vers. 40.

Noctua. Apul. *Florid.* sect. 13.

Noctua. Solin. *Polyhist.* cap. 17.

ORDRE I[er], FAMILLE 3, LES CHOUETTES.

Anciens. Noctua. PALLAD. *de Re rustic.* lib. I, tit. 35; lib. x, tit. 12.
Cicuma, Noctua. POMP. FEST. *de Ling. Latin.* lib. III, Cicum.; lib. XII, *Noct.*

> *Observ.* On voit par certains passages de Pline, d'Antoninus Liberalis, etc., que la Γλαύξ ou *Noctua* proprement dite était un oiseau moins grand que l'*Otus*, un *petit oiseau*; ce qui n'empêche pas que le nom de cette espèce n'ait, chez la plupart des auteurs, un sens vague, applicable à tous les oiseaux de nuit indistinctement.

> Voyez aussi :

> 1°. Γλαύξ (indica). PHILOST. *Vit. Apollon.* lib. III, cap. 40. — *Id. Icon.* lib. II, n°. 17.

> 2°. Κύμινδις : Ὕβρις : Πτύγξ... ci-après, à l'article de l'*Engoulevent*.

Natural. Strix passerina. LINN. *System. natur.* edit. 12, tom. I, gen. 43, n°. 12, pag. 133. — GMEL., *Système naturel.* LINN. édit. 13, tom. I, pag. 296, n°. 12.
Noctua minor. WILLUGHB. *Ornith.* lib. II, pag. 69, §. 6, tabl. 13 ?
Petite Chouette, ou *Chevêche,* Noctua minor. BRISS. *Ornith.,* tom. I, gen. 12, n°. 5, pag. 514.
Chevêche ou *Petite Chouette.* BUFF., *Histoire naturelle,* Ois., tom. I, pag. 377, tabl. 28; planch. enlum., n°. 439.
Chevêche. MAUD., *Encyclopédie méthodique,* Dictionnaire des oiseaux.

> Comparez comme oiseau du même genre, mais d'espèce différente :

> *Petit Hibou.* EDWARDS, *Glan.* part. I, pag. 39, chap. 18, planche 228.

Voyag. Noctua columbâ ferè non minor. PROSP. ALPIN. *Hist. Ægypt. natur.* tom. I, lib. IV, cap. I, pag. 197, 198.
Petit Hibou. POCKOCK., *Voyage en Orient,* traduction française, tom. II, liv. IV, chap. 9, pag. 152.
Strix Noctua, arab. *Bûma.* FORSK. *Animal. Orient.* pag. 8, n°. 2.
Chevêche, Strix passerina, Linn.; en égyptien, *Sahr.* SONNIN., *Voyage en Égypte,* tom. I, chap. 18, pag. 349; tom. II, chap. 24, pag. 62.

Arabes. Boumeh بومه. Avicenn. Canon. lib. 11, cap. de sang. 609, version. latin.

Boumah بومه des Égyptiens, à Damiette, Alexandrie ? etc.

Omm Qouyq أم قويق, Qouyqah قويقه des mêmes, à Menzaleh, Mataryeh, Fareskour, au Kaire, etc.

Omm el-Sahar أم السهر (mère de la veillée) des mêmes, à Rahmànyeh, Rosette, etc.

Genre XIV. SCOPS.

Caractères principaux.

Bec épais, très-incliné dès la base, très en coin, convexe dessous; *cire* mince, légèrement renflée des deux côtés; *narines* petites, ovales, rapprochées, situées un peu obliquement; *mandibule inférieure* à deux échancrures marginales vers le bout.

Langue ovale, épaisse, pourvue de deux côtes en dessous, et rétrécie au sommet.

Tarses laineux, écailleux par derrière.

Doigts simplement écailleux.

Ongle intermédiaire sans crénelures.

Caractères accessoires.

Ailes assez longues, dépassant la queue.

Deux à trois *rémiges* légèrement échancrées; la première assez courte, la troisième la plus longue.

Queue égale.

Cercles périophthalmiques médiocres et peu réguliers.

Oreilles externes petites, rondes, dépourvues d'opercules.

Tête surmontée de quelques plumes, formant au-dessus des sourcils deux aigrettes mobiles, redressables, auriculiformes.

ORDRE Ier, FAMILLE 2, LES CHOUETTES.

ESPÈCE.

23.

☉ *SCOPS EPHIALTES*, LE PETIT DUC.

Scops iridibus flavissimis; rostro fusco; corpore cinereo, striato.

SYNONYM. 1. Σκὼψ. HOMER. *Odyss.* lib. v, vers. 66; *et* EUSTATH. *ad*
— eumd. loc. Κουκούβα Romanorum.
Anciens. Σκὼψ (Asio. TH G.). ARISTOT. *Hist. animal.* lib. VIII,
cap. 3, sect. 6; lib. IX, cap. 28, sect. 36.
Σκὼψ. THEOCR. *Idyll.* 1, vers. 136.
Σκὼψ, Κὼψ. ATHEN. *Deipnos.* lib. IX, cap. 10, ALEXAND.
MYND. *et* CALLIMACH. *citans.*
Σκὼψ. JUL. POLL. *Onomastic.* lib. IV, cap. 14.
Σκὼψ. ÆLIAN. *de Animal. natur.* lib. VI, cap. 46, GYLL.
add.; lib. XV, cap. 28.
Σκὼψ. HESYCH. *Onomatolog. elem.* σ.
Σκὼψ. SUID. *Lexic. elem.* σ.
Scops. PLIN. *Hist. natur.* lib. X, cap. 49, sect. 70.

2. Θάπιος. KIRAN. *Kiranid.* lib. III, cap. 13.

Voyez de plus, et comparez :

1°. Αἰείσκωψ (Semperasio. TH. G.). ARISTOT. *Hist.
animal.* lib. IX, cap. 28, sect. 36.
Ἀείσκωψ. ATHEN. *Deipnosoph.* lib. IX, cap. 10,
CALLIMACH. *citans.*
Ἀείσκωψ. ÆLIAN. *de Animal. natur.* lib. XV,
cap. 28.

2°. Nocticorax (noctuâ minor). ALBERT. *M. de
Animal.* lib. VII, tract. 1, cap. 4; et lib. XXIII,
de Noctic.

Natural. 1. Strix Scops. LINN. *System. natur.* edit. 12, tom. 1,
gen. 43, n°. 5, pag. 132. — GMEL., *Système naturel.*
LINN. edit. 13, tom. 1, pag. 290, n°. 5. Notez que
Linné, Buffon, et la plupart des naturalistes avec eux,
supposent au Scops *des aigrettes d'une seule plume.* C'est
une erreur prise dans Aldrovande et qu'il faut corriger.
Huette ou Hulote. BEL., *de la Nature des oyseaux*, liv. II,
chap. 34, pag. 141, avec une figure pag. 142.

Natural.	*Petit Duc*, Scops. Briss., *Ornith.*, tom. 1, gen. 11, n°. 5, pag. 495, tabl. 37, fig. 1. *Scops* ou *Petit Duc.* Buff., *Histoire naturelle*, Oiseaux, tom. 1, pag. 353, tabl. 24; planch. enlum. n°. 436. *Scops* ou *Petit Duc.* Maud., *Encyclopédie méthodique*, Dictionnaire des oiseaux. 2. *Assiulo*, *Zonca*. Cett. *Uccell. di Sard.* pag. 60?
Arabes.	*Boum* بوم des Égyptiens, à Alexandrie; mais ce nom est plutôt générique que spécifique. Demyry rapporte qu'il y a plusieurs espèces de Boum ; que le mâle en particulier s'appelle *Sadä* صَدى, ou *Fayád* فياد, et la femelle *Omm el-Kharáb* ام الخراب, et *Omm el-Sebyán* ام الصبيان ; qu'on leur donne aussi le nom de *Ghoráb ol Leyl* غراب الليل, *corvus noctis*. J'entrevois ici la cause de la méprise d'Isidore, qui confond la *Noctua* avec le *Nycticorax*; car le *Boum* des Arabes peut se rendre en latin par *noctua*.

Genre XV. BUBO.

Caractères principaux.

Bec épais, brusquement incliné dès la base, très en coin, peu convexe dessous; *cire* un peu renflée des deux côtés, très-mince; *narines* grandes, elliptiques, sinuées à leur bord supérieur, rapprochées et disposées obliquement; *mandibule inférieure* ayant deux échancrures marginales vers le bout.

Langue presque ovale, épaisse, pourvue de deux côtes par-dessous, et rétrécie au sommet.

Tarses empennés de toutes parts.

Doigts velus jusqu'à la base des dernières phalanges; le doigt *extérieur* se dirigeant parfaitement en arrière.

Ongle du milieu sans crénelures.

ORDRE Ier, FAMILLE 2, LES CHOUETTES.

Caractères accessoires.

AILES assez longues et dépassant quelquefois (n°. 1) la queue.

Deux ou trois *remiges* échancrées près de la pointe; la première un peu plus courte que la seconde, celle-ci (ou la troisième) la plus longue de toutes.

QUEUE arrondie ou égale.

Cercles périophthalmiques grands, échancrés sur les côtés du front.

OREILLES externes excessivement grandes, arquées de manière à suivre le contour de la face, et operculées, c'est-à-dire couvertes chacune d'une valve membraneuse, emplumée, qui s'ouvre par son bord postérieur.

Tête surmontée de quelques plumes oblongues, formant au-dessus des sourcils deux aigrettes mobiles, redressables et auriculiformes.

ESPÈCES.

24.

† 1. *BUBO OTUS*, LE HIBOU.

BUBO auricularum pennis sex; abdomine maculis oblongis cruciatis.

SYNONYM. 1. Ὦτὸς, Νυκτικόραξ (Otus, Ulula. TH. G.). ARISTOT. *Hist.*
— *animal.* lib. VIII, cap. 12, sect. 15.
Anciens. Ὦτος. PLUTARCH. *Moral. de Animal. solert.*, vers. princip.
Ὦτος seu Λαγωδίας (*vel* Λαγωτίας, columbæ magnitudine). ATHEN. *Deipnosoph.* lib. IX, cap. 10, ALEXAND. MYND. citans. Il le confond avec l'outarde, Ὦτις.
Ὦτὸς, Νυκτικόραξ. HESYCH. *Onomatolog. elem.* ω.
Ὦτος. SUID. *Lexic. elem.* ω.
Ὦτος. EUSTATH. *in Homer. Iliad.* lib. V, sect. 110, ÆLIUM DIONYS. citans.

Anciens. Otus, Asio. Plin. *Hist. natur.* lib. x, cap. 23, sect. 33;
lib. xi, cap. 37, sect. 50.
Othus. Albert. *M. de Animal.* lib. xxiii, de Oth.

2. Νυκτικόραξ (Cicuma. Th. G.). Aristot. *Hist. animal.*
lib. ii, cap. 17, sect. 22 ; lib. viii, cap. 3, sect. 6;
lib. ix, cap. 34, sect. 43.

Νυκτικόραξ. Antonin. Libéral. *Metamorph.* fab. 15, s.
Meropis ; ex Bœi lib. 1 *de Avium ortu.*

Νυκτικόραξ. Galen. *Euporist.* lib. 1, cap. 43. — *Id. de
Composit. secund. loc.* lib. iv, cap. 8, n° 11.

Νυκτικόραξ. Lucian. *Asin.* s. Luc. Apulée, dans sa version latine de la même fable, liv. iii, le rend par Bubo.

Νυκτικόραξ. Athen. *Deipnosoph.* lib. viii, cap. 12. On lit
Κόραξ, mais il est question d'un oiseau de nuit.

Νυκτικόραξ, Νυκτὶ πετόμενος. Hesych. *Onomatol. elem.* ν,
et σ, voc. Στρίγλ.

Νυκτικόραξ. Suid. *Lexic. elem.* ν.

Νυκτικόραξ. Eustata. *in Homer. Iliad.* lib. v, sect. 110,
Æl. Dionys, *citans.*

Μύγριος (Μύαγρος?), Νυκτικόραξ. Kiran. *Kiranid.* lib. 1,
cap. 3 et 12.

3. Λαγωδίας? Antonin. Libéral. *Metamorph.* fab. 21, s.
Polyphont. ; ex Bœi lib. ii *Ornithogon.* On lit Λαγὰς,
Lepus.

4. Lagopus aurita (Glaucopis aurita?). Martial. *Epigram.*
lib. vii, n°. 86, vers. 1.

Natural. Strix Otus. Linn. *Syst. natur.* edit. 12, tom. 1, gen. 43,
n°. 4, pag. 132. — Gmel., *Système naturel.* Linn.
edit. 13, tom. 1, pag. 288, n°. 4.

Otus sive Noctua aurita. Willughb. *Ornith.* lib. ii,
pag. 64, §. 2, tabl. 12. — Rai. *Synops avium,* pag. 25,
n°. 2.

Moyen Duc, ou *Hibou,* Asio. Briss., *Ornith.,* tom. 1,
gen. 11, n°. 4, pag. 486.

Hibou ou *Moyen Duc.* Buff., *Histoire naturelle,* Ois.,
tom. 1, pag. 342, tabl. 23; planch. enlum., n°s. 29 et 473.

Comparez comme espèce du même genre :

Grande Chouette, Noctua major. Briss., *Ornith.,*
tom. 1, gen. 10, n°. 4, pag. 511.

Chouette ou *Grande Chevêche.* Buff., *Histoire
naturelle,* Ois., tom. 1, pag. 372, tabl. 27;

ORDRE Ier, FAMILLE 3, LES CHOUETTES.

Natural. planches enluminées, n°. 438. Ses aigrettes sont courtes, mais distinctes.

Voyag. Strix Otus. Hasselq., *Voyage en Palestine*, etc., part. II, class. 2, n°. 15, pag. 290 de la traduction allemande.

Arabes. Voyez la synonymie de l'espèce précédente.

25.

☉ 2. *BUBO ASCALAPHUS*, LE HIBOU D'ÉGYPTE.

Bubo auricularum pennis numerosis; abdomine lineis transversis undulatis.

<small>Planche III, figure 2, dessinée d'après un individu tué dans la haute Égypte, et communiqué par M. Bert.</small>

Synonym. 1. Νυκτικόραξ (obitûs signum). Horus-Apoll. *Hieroglyph.* lib. II, cap. 25.

Anciens. 2. Ἀσκάλαφος (Ascalaphus. Th. G.). Aristot. *Hist. animal.* lib. II, cap. 17, sect. 22.

Ὦτος, Ἀσκάλαφος. Apollod. *Biblioth.* lib. II, *ultra med.*
Ἀσκάλαφος. Porphyr. *de Abstinent. ab animat.* lib. II, cap. 48. On lit Ἀσπαλάκων, *talparum.* Voyez à ce sujet la correction proposée par Gesner, lib. III, pag. 233.

Ascalaphus, Bubo. Ovid. *Metamorph.* lib. V, fab. 8, vers. 539, 550, d'après la fable grecque. Ovide a donc rendu Ὦτος par *Bubo*.

Voyez de plus et comparez:

Νυκτικόραξ αἰγύπτιος. Strab. *Geogr.* lib. XVII, *de Ægypt.*

Comparez comme espèce du même genre (Strix Bubo. Linn.):

1. Νυκτικόραξ (Græciæ, æquilæ magnitudinem habens). Strab. *Geograph.* lib. XVII.
2. Νυκταίετος (avis sacer Junonis). Hesych. *Onomatolog. elem.* V.
3. Βύας (Bubo, Th. G.). Aristot. *Hist. animal.* lib. VIII, cap. 3, sect. 6.

Βουβὼν Romanorum. Flav. Joseph. *Antiq. Judaïc.* lib. XVIII, cap. 6, §. 7; lib. XIX, cap. 8, §. 2.

Anciens.

Βύας. Sext. Platonic. *de Medicin. ex animal.* part. 1, cap. 18 *de Cat.*, n°. 4.

Βύας. Dion. Cass. *Hist. Roman.* lib. xl, ann. 701, 702; lib. xli, ann. 705; lib. xlii, ann. 707; lib. l, ann. 722; lib. lvi, ann. 767.

Βύας. Suid. *Lexic. elem.* β.

Βοῦφος. Kiran. *Kiranid.* lib. iii, cap. 7.

Bubo. Varr. *de Ling. Latin.* lib. iv, vers. med.

Bubo. Virgil. *Æneid.* lib. iv, vers. 462; et Serv. *in hunc loc.*

Bubo. Ovid. *Metam.* lib. vi, fab. 8, vers. 432; lib. x, fab. 9, vers. 453; lib. xv, fab. 3, vers. 791. — *Id. Amor.* lib. i, eleg. 12, vers. 19. — *Id. Ibis*, vers. 223.

Bubo. Senec. *Hercul. furent.* act. iii, vers. 687. — *Id. Med.* act. iv, vers. 733.

Bubo. Lucan. *de Bell. civil.* lib. v, vers. 396; lib. vi, vers. 689.

Bubo. Plin. *Hist. nat.* lib. x, cap. 12, sect. 16, et cap. 16, sect. 18, et cap. 23, sect. 33; lib. xi, cap. 37, sect. 50; lib. xxviii, cap. 16, sect. 66; lib. xxix, cap. 4, sect. 26, 10, 2, et cap. 6, sect. 38; lib. xxx, cap. 6, sect. 17, et cap. 11, sect. 29, et cap. 12, sect. 36, 39.

Bubo. Stat. *Thebaïd.* lib. iii, vers. 510.

Bubo. *Author Philomel.* vers. 37.

Bubo. Jul. Obseq. *de Prodig.* cap. 85, 86, 88 (Lycosth.), 90, 92, 100, 103, 106, 107, 109, 113.

Bubo. Claud. *Eutrop.* lib. ii, vers. 407.

Bubo. Nonn. Marcell. *de Propriet. serm.*, in cap. *de indiscret. generib. elem.* b.

Bubo. Albert. M. *de Animal.* lib. xxiii, *de Bub.*

4. Asio (nocturnarum genus maximum, quibus pluma aurium modo micat). Plin. *Hist. natur.* lib. xxix, cap. 6, sect. 38.

5. Βύζα. Antonin. Liberal. *Metamorph.* fab. 10, s. *Minyad.*; ex Nicandr. lib. iv *Alterat.*, et ex Corinna.

6. Βύσσα (Leucotheæ avis). Antonin. Liberal.

Anciens. *Metamorph.* fab. 15, s. *Meropis ; ex* Bœi lib. 1 *de Avium ortu.*

7. Βρύταλις. Æsop. *Apolog.* fabul. 77.

Arabes. *Bouh* بوه des Égyptiens, au Kaire? à Syout, etc.

Genre XVI. SYRNIUM.

Caractères principaux.

Bec épais, assez incliné dès la base, très en coin, convexe dessous; *cire* mince et peu distincte par devant, légèrement renflée des deux côtés; *narines* petites, presque rondes, rapprochées et situées en travers; *mandibule inférieure* ayant deux échancrures marginales vers le bout.

Langue un peu ovale, épaisse, pourvue par-dessous de deux côtes, et très-obtuse.

Tarses emplumés de toutes parts.

Doigts velus jusqu'à la base des dernières phalanges.

Ongle intermédiaire sans crénelures.

Caractères accessoires.

Ailes très-obtuses, n'excédant pas la queue.

Cinq *remiges* échancrées; la première très-courte; la seconde dépassée par les suivantes jusqu'à la septième; la quatrième et la cinquième plus longues que les autres.

Queue étagée.

Cercles périophthalmiques grands, réguliers.

Oreilles externes grandes et operculées.

Tête *dépourvue d'aigrettes.*

ESPÈCE 26.

⊙ *SYRNIUM ULULANS.* LE CHAT-HUANT.

Syrnium dorso rufescente; iridibus castaneis; rostro albo.

Synonym. 1. Ἔλεος, Ἐλεὸς (Aluco. Th. G.). Aristot. *Hist. animal.*
— lib. viii, cap. 3, sect. 6.
Anciens. Ἐλειὸς (Ἐλεὸς?). Hesych. *Onomatolog. elem.* ε.
Ἐλεὸς. Suid. *Lexic. elem.* ε, *in voc.* Ἔλεος, *misericord.*

2. Ulula. Varr. *de Ling. Latin.* lib. iv, *circ. med.*
Ulula. (vulgò Alucus. Serv.). Virgil. *Bucolic.* eclog. viii, vers. 55; *et* Serv. *in hunc loc.*
Ulula. Plin. *Hist. natur.* lib. x, cap. 12, sect. 16; lib. xxix, cap. 6, sect. 38; lib. xxx, cap. 12, sect. 39.
Ulula. *Author Philomel.* vers. 41.
Ulula. Apul. *Florid.* sect. 13.
Ulula. Isidor. Hispal. *Origin.* lib. xii, cap. 7, n°⁵. 9 et 35.
Ulula. Albert. *M. de Animal.* lib. xxiii, *de Ulul.*

3. Σύρνιον. Pomp. Fest. *de Ling. Latin.* lib. xvii, *Strig.*
Leçon incertaine.

Natural. 1. Strix Aluco. Linn. *System. natur.* edit. 12, tom. 1, gen. 43, n°. 7, pag. 132. — Gmel., *Systèma naturel.* Linn. edit. 13, tom. 1, pag. 292, n°. 7. — Strix capite lævi, corpore ferrugineo; oculorum iridibus atris; remigibus primoribus serratis. Linn. *Faun. Suecie.* edit. 1, pag. 17, n°. 48. Les descriptions de ces auteurs paraissent convenir au *Chat-huant*, mais leurs synonymies ne s'y rapportent pas.
Ulula. Gesner. *Hist. animal.* lib. iii, pag. 740, avec une figure.

2. *Chat-huant*, Noctua major, etc. Frisch, *Vorstell. der vögel*, tom. 1, planches 95 et 96.
Chat-huant, Strix. Briss., *Ornith.*, tom. 1, gen. 12, n°. 1, pag. 500.
Chat-huant. Buff., *Histoire naturelle*, Oiseaux, tom. 1, pag. 362, tabl. 25; planch. enlum., n°. 437. Les iris de cet oiseau ne sont pas bleus, mais d'un brun-marron.

Observ. Linné réunit le *Chat-huant* des Français à l'espèce de

Natural. chouette qu'il nomme *Strix stridula* ; c'est une méprise évidente, s'il est vrai que dans cette chouette la troisième remige soit plus longue que les autres.

Comparez comme étant du même genre :

1. Ulula. ALDROV. *Ornith.* tom. 1, lib. VIII, cap. 6, pag. 538, avec une figure page 540.
Hulote, Ulula. BRISS., *Ornith.*, tom. 1, gen. 12, n°. 3, pag. 507.
Hulotte. BUFF., *Histoire naturelle*, Ois., tom. 1, pag. 358 ; planches enluminées, n°. 441. Le dessus du corps d'un cendré très-foncé, marqueté de taches noires et blanchâtres ; le dessous, blanchâtre, croisé de lignes noires.

Nota. Quelques naturalistes ont avancé que les oiseaux décrits sous le nom de *Hulotte* étaient de jeunes *chats-huans* : mais ceux-ci ressemblent beaucoup aux *chats-huans* adultes, dès l'âge de deux mois ; ils en ont la teinte roussâtre, etc., etc.

2. Strix cinerea. WILLUGHB. *Ornith.* lib. II, p. 66, §. 2.

Genre XVII. STRIX.

Caractères principaux.

BEC sensiblement allongé, presque droit à la base, comprimé, très-crochu ; *cire* arrondie sur les côtés, très-mince ; *narines* grandes, sous-elliptiques, sinuées à leur bord supérieur, rapprochées et disposées en long ou à peu près ; *mandibule inférieure* ayant quatre échancrures marginales vers le bout.

LANGUE oblongue, peu épaisse, simplement arrondie par-dessous, avec un léger sillon, mince au sommet.

Tarses déliés, velus de toutes parts.

Doigts poilus jusqu'aux dernières phalanges ; le doigt *extérieur* se dirigeant imparfaitement en arrière.

Ongle intermédiaire crénelé sur la tranche saillante formée par son bord interne.

Caractères accessoires:

AILES acuminées, longues et dépassant la queue.
Point de *remiges* sensiblement échancrées; la première presque égale à la seconde, qui est la plus longue de toutes.
QUEUE échancrée.
Cercles périophthalmiques très-grands et réguliers.
OREILLES externes grandes, operculées.

Tête *sans aigrettes.*

ESPÈCE.

27.

⊙ *STRIX FLAMMEA*, L'EFFRAIE.

STRIX facie albâ; iridibus atris; canthis oculorum maculâ casteneâ.

SYNONYM. 1. Αἰγώλιος, Αἰγωλιὸς (Ulula. TH. G.). ARISTOT. *Hist. anim.*
— lib. VIII, cap. 3, sect. 6; lib. IX, cap. 1, sect. 2, et
Anciens. cap. 17, sect. 22.

Αἰγωλιὸς. ANTONIN. LIBERAL. *Metam.* fab. 19, s. *Fures*;
ex Bœi lib. I *de Avium ortu.*

Ægolius. PLIN. *Hist. natur.* lib. X, cap. 60, sect. 79. Je
pense qu'il faut lire *Ætolius. Voyez* MILVUS Ætolius,
ci-devant, n°. 11.

2. Ἐπολιὸς (genus avis nocturnæ). SUID. *Lexic. elem.* ε, et η,
in voc. Ἡμερίν.

3. Στρίγλος, seu Νυκτοϲόα. HESYCH. *Onomatolog. elem.* σ.
Le dernier de ces noms convient mieux au Hibou.
Στρὶξ? (Strix.) KIRAN. *Kiranid.* lib. II, *de Hyæn.*

Nota. La Strix n'est pas mentionnée dans Darès de Phrygie,
comme on pourrait le croire d'après une fausse citation d'Aldrovande; mais elle l'est dans JOSEPH. ISCAN.
de Bell. Trojan. lib. II, vers. 147.

Strix. TIBUL. *Eleg.* lib. I, el. 6, vers. 15, 16.
Strix. HORAT. *Epod.* od. V, vers. 20.
Strix. OVID. *Metamorph.* lib. VII, fab. 2, vers. 269. — *Id.*

ORDRE Ier, FAMILLE 3, LES CHOUETTES.

Anciens.   *Fast.* lib. vi, vers. 131 et seq. — *Id. Amor.* lib. 1, eleg. 12, vers. 0.

Strix. Senec. *Hercul. furent.* act. iii, vers. 688. — *Id. Med.* act. iv, vers. 733.

Strix. Lucan. *de Bel. civil.* lib. vi, vers. 689.

Strix. Plin. *Hist. natur.* lib xi, cap. 39, sect. 95.

Strix. Stat. *Thebaïd.* lib. iii, vers. 510.

Strix. *Author Philomel.* vers. 39.

Strix. Seren. Sammonic. *de Medicin.* cap. 60, vers. 7.

Strix. Auson. *Eidyll. arm.* 345, s. *de Hist.* vers. 26.

Strix (*alias* Striga), grec. Σύρνιον, Στρίγξ. Pomp. Fest. *de Ling. Latin.* lib. xii, *Strig.*

Strix, vulg. Amma. Isido. Hispal. *Origin.* lib. xi, cap. 4; lib. xii, cap. 7, n°. 39. Le nom d'*Amma*, ou *Ama*, me paraît emprunté des Araes. *Voyez* Demyry.

Strix, Amma. Albert. *M. de Animal.* lib. xxiii, *de Stric.*

Observ. Il ne faut pas oublier que chez les anciens l'idée de la Strix se trouvait liée de certaines fictions.

4. Στύξ. Antonin. Liberal. *Metamorph.* fab. 21, s. *Polyph.*; ex Bœi lib. ii, *Ornithogon.*

Voyez aussi :

Πνίξ ? Pomp. Fest. *de Lag. Latin.* lib. xvii, *Strig.* Leçon très-incertaine.

Natural.   Strix flammea. Linn. *System. natur.* edit. 12, tom. 1, gen. 43, n°. 8, pag. 133. — Gmel., *Système naturel.* Linn. edit. 13, tom. 1, pag. 295 n°. 8.

Ulula quam flammeatam quidam ognominant. Gesner. *Hist. animal.* lib. iii, pag. 742, vec une figure.

Aluco minor Aldrov. Willughb. *Ornith.* lib. ii, p. 67, §. 3, tab. 13. — Rai. *Synops. avium*, pag. 25, n°. 1.

Petit Chat-huant, Aluco. Briss., *Ornith.*, tom. 1, p. 503, gen. 12, n°. 2.

Effraie ou *Fresaie.* Buff., *Histoire naturelle*, Oiseaux, tom. 1, pag. 366, tabl. 26; planches enluminées, n°. 440.

Voyag.   Strix Orientalis, ægypt. *Massusu*, syr. Bane. Hasselq., *Voyage en Palestine*, etc., part. ii, lass. 2, n°. 15, pag. 290 de la traduction allemande.

Arabes.   Massâçah مَصَّاصَة des Égyptiens, au Kaie, à Damiette, Rosette, Alexandrie, etc.

Hâmah هَامَة des auteurs arabes.

EXPLICATION SOMMAIRE

DES

PLANCHES D'OISEAUX

DE L'ÉGYPTE ET DE LA SYRIE,

Publiées par Jules-César SAVIGNY,

Membre de l'Institut;

offrant un exposé des caractères naturels des genres
avec la distinction des espèces,

Par VICTOR AUDOUIN*.

Les oiseaux forment la seconde classe des animaux vertébrés; ils sont ovipares et éminemment organisés pour le vol. L'air est leur domaine et leur élément naturel. De tous les animaux ce sont les plus habiles et les plus propres au mouvement; ils peuvent en peu d'instans franchir les espaces les plus considérables, parcourir plusieurs centaines de lieues en un jour, et s'élancer à des distances prodigieuses dans les régions les plus élevées de l'atmosphère. Tantôt

---

* *Voyez tome XXII, page 111, la Note concernant l'explication sommaire des planches dont les dessins ont été fournis par M. J.-C. SAVIGNY pour l'HISTOIRE NATURELLE DE L'OUVRAGE.*

on les voit monter, descendre, paraître, disparaître, tourner, voltiger en zig-zag; tantôt filer en droite ligne, décrire mille cercles, se jouer et se balancer avec grâce, raser la surface de l'eau ou de la terre, se soutenir en l'air par une multitude de petits chocs ou trépidations, ou bien se perdre dans les nues et lutter contre les vents et les tempêtes. Tout en eux semble concourir vers ce but et contribuer à la prestesse des mouvemens : la légèreté de leur corps pénétré d'air dans toutes ses parties, l'amplitude de leurs poumons, la nature des tégumens qui les recouvrent, la forme de leurs ailes convexes en dessus, concaves en dessous, leur grande étendue et la force des muscles qui les meuvent. Ils sont bipèdes ; ils tiennent le corps incliné en avant et portent la tête élevée. Leur intelligence est généralement moins perfectionnée que chez les mammifères. Les organes propres au vol sont toujours développés en raison inverse des organes propres à la marche, et *vice versâ :* ainsi, les oiseaux qui ont le vol le plus puissant et le plus rapide, sont aussi ceux qui ont les pieds les plus courts, comme, par exemple, dans la plupart des accipitres, dans les hirondelles, les martinets, les pigeons, les pétrels, les mouettes, les sternes, les becs-en-ciseaux, les frégates, etc.; tandis qu'au contraire ceux qui sont le plus favorablement conformés pour la marche ou la natation, ont tous les ailes courtes, peu proportionnées au volume de leur corps, ou n'ont que des rudimens d'ailes : tels sont, les gallinacés, les outardes, les autruches, les casoars, les grèbes, les plongeons, les manchots, etc. Excepté dans quelques palmipèdes, la longueur du cou est toujours en proportion de la longueur des jambes.

Quelques familles se servent de leurs pieds comme organes de préhension, surtout celles dont les doigts sont divisés par paires : mais le bec tient lieu de main dans le plus grand nombre; c'est avec le bec qu'ils saisissent les substances propres à leur nourriture, qu'ils attaquent ou se défendent, qu'ils ramassent les matériaux nécessaires à la construction de leur nid. Le bec remplace les dents chez les oiseaux ; les deux mandibules sont revêtues d'une substance semblable à la corne, et composée de même par couches. La dureté de cette substance est très-variable ; elle est très-grande dans les oiseaux de proie, les perroquets, les pies, les fringilles, les loxies, etc.; moins solide dans ceux qui avalent leurs alimens sans mastication, ou qui vivent spécialement de fruits et d'insectes, et elle se change en une simple peau, de consistance molle, dans ceux qui se nourrissent de vers et qui sont destinés à aller chercher leur nourriture dans la vase ou au fond de l'eau, comme les pluviers, les vanneaux, les courlis, les bécasses, les barges, les spatules, les ralles, les cygnes, les canards, les harles, etc. La forme des mandibules n'est pas moins variable que les tégumens qui les entourent; mais toujours ces variations sont en concordance avec la nourriture des espèces, et le naturaliste exercé peut tirer des indices certains sur les habitudes des oiseaux d'après l'examen de cette forme et du plus ou moins de solidité du bec.

Les oiseaux ont en général la tête petite et articulée sur l'atlas de manière à pouvoir tourner la face antérieure tout-à-fait en arrière.

Le cou est composé d'un grand nombre de vertèbres, au moins neuf dans la plupart des espèces ; ce qui lui donne la mobilité nécessaire pour se reployer suivant les besoins de l'oiseau.

Les os de l'aile sont analogues à ceux qui forment la main des mammifères. Sur les doigts, s'attachent les plumes que l'on nomme *primaires*, et qui sont toujours au nombre de dix : celles qui tiennent à l'avant-bras s'appellent *secondaires*; les plumes *scapulaires* sont celles que porte l'humérus, et les *batardes* celles qui naissent sur le pouce. Comme il fallait une grande force pour mettre l'aile en mouvement et pour qu'elle pût résister au choc de l'air, la nature y a pourvu en donnant un large plastron pour point d'appui aux attaches des muscles épais et robustes qui doivent en être les moteurs. Le sternum est d'une grande étendue, bombé, muni d'une carène longitudinale, et très-convenablement conformé pour faciliter le libre développement des poumons dans la poitrine et permettre l'introduction d'une grande quantité d'air, afin d'alléger le poids de l'oiseau. Plus le sternum est développé en raison du volume du corps, plus les muscles pectoraux sont robustes et plus le vol de l'oiseau est puissant et rapide. Les clavicules réunies entre elles en une seule pièce, près du sternum, en forme de V, qui tend à écarter les omoplates l'un de l'autre, aident aussi considérablement les muscles de la poitrine lorsque l'oiseau fait des efforts pour abaisser l'aile pendant le vol.

La queue osseuse est très-courte, et supporte pareillement une rangée de plumes qui servent de gouvernail à l'oiseau et contribuent à le soutenir dans le vol.

Le fémur est toujours plus court que le tibia, et s'articule à cet os, ainsi qu'avec le péroné, de la même manière qu'un ressort; en sorte que l'extension se fait sans effort pour les muscles. Le tarse et le métatarse sont soudés en un seul os plus ou moins allongé. Le pied des oiseaux est le plus ordinairement représenté par trois doigts en avant et un derrière, ou seulement trois devant; quelquefois le pouce manque, et il est alors remplacé par le doigt externe, ou bien il se porte en avant, comme dans les colious et les martinets. Le nombre des phalanges va en augmentant, en allant du pouce qui en a deux au doigt externe qui en a cinq. Les muscles des jambes, dont les attaches sont fixées sur les os du bassin, sont forts et robustes; les tendons de plusieurs d'entre eux descendent jusque sur les doigts, de manière que le seul poids des oiseaux suffit pour ployer les doigts. Ce mécanisme est indépendant de leur volonté, et explique comment ils peuvent se tenir perchés pendant leur sommeil.

L'organe de l'odorat est peu développé chez le plus

grand nombre des oiseaux; les vautours et les corbeaux sont les seuls qui l'aient très-délicat.

Les sens de la vue et de l'ouïe sont ceux dont l'appareil est le plus perfectionné, particulièrement celui de la vue. Cette perfection était en quelque sorte commandée par la vitesse et la rapidité du vol dont les a doués la nature. Ils peuvent ainsi calculer et mesurer la distance des trajets qu'ils ont à parcourir, et n'ont pas à craindre sans cesse de se heurter et de trouver des obstacles. Au reste, le plus ou moins de perfection de l'organe visuel est toujours en raison du plus ou moins de perfection de l'organe du vol. Ils voient également bien de près et de loin; mais la trop grande dilatation de la pupille chez les uns (les nocturnes), laisse entrer tant de rayons lumineux, qu'ils en sont éblouis et qu'ils ne peuvent voir que la nuit ou pendant le crépuscule. Le sens de l'ouïe est surtout très-développé dans les oiseaux de nuit et dans les oiseaux crépusculaires, tels que le plus grand nombre des échassiers et autres.

La langue a peu de substance musculaire et est couverte de papilles cornées : aussi le goût ne paraît-il point délicat.

Tout le corps des oiseaux étant couvert de plumes, le toucher devait être le plus faible et le plus imparfait de tous les sens. Les plumes sont d'une substance très-légère, et sont composées d'une tige cornée, creuse à la base; elles sont garnies de barbes, qui sont elles-mêmes, en quelque sorte, autant de petites plumes, et qui ont aussi une tige sur les côtés de laquelle existent de petits crochets ou barbules. Ces crochets sont réunis entre eux, dans la plupart des espèces et des genres, de telle manière que l'air ne peut passer au travers : ils servent aux oiseaux à les préserver des variations continuelles de température auxquelles les expose leur passage rapide dans les diverses régions de l'atmosphère. La nature leur a en outre donné une glande située sur le croupion, qui suinte un suc huileux dont ils se servent pour lubrifier leurs plumes en les passant alternativement dans leur bec, avec lequel ils ont préalablement comprimé et pressé la glande pour en retirer une partie du suc qu'elle contient; ce suc les pénètre plus ou moins profondément et les rend imperméables à l'humidité. Cette glande était surtout nécessaire aux oiseaux aquatiques; aussi est-elle chez eux beaucoup plus développée, et peuvent-ils plonger et passer leur vie sur l'eau sans en être jamais mouillés.

Tout le monde connaît le chant varié des oiseaux, la flexibilité de leur gosier et le charme de leur voix mélodieuse, ainsi que leur adresse et leur industrie non moins étonnante dans la construction de leur nid, et les tendres soins qu'ils prennent de leur progéniture. La ponte n'a lieu le plus souvent qu'une fois l'année, mais quelques espèces en font deux et quelquefois trois. Le mâle, dans plusieurs genres, partage avec la femelle les soins de l'incubation. Dans le plus grand nombre de cas, le mâle se distingue de la femelle par l'éclat, la vivacité et la variété des couleurs.

Tous les oiseaux, en général, muent dans la première année de leur âge, et les couleurs de leur plumage sont, dans la plupart des espèces, après cette première mue, très-différentes de ce qu'elles étaient auparavant. Après ce premier changement il s'en fait un second, aussi considérable à la seconde et à la troisième mues, et ainsi jusqu'à ce que les oiseaux aient acquis leur entier accroissement et soient parvenus à l'état adulte; c'est ce qui arrive, dans le plus grand nombre d'espèces, à la troisième ou à la quatrième année, comme dans les zygodactyles, les passereaux, les passérigalles, les gallinacés, les échassiers et les palmipèdes; mais cela a lieu plus tard, et seulement à la cinquième ou même à la sixième année, dans les oiseaux de proie. On voit encore plusieurs espèces, tant indigènes qu'exotiques, chez lesquelles une double mue change annuellement deux fois les couleurs du plumage; dans ce cas, la mue se fait en tout ou en partie, mais toujours à l'exception des plumes des ailes et de la queue. Cette double mue s'opère, dans plusieurs genres, chez les deux sexes; dans d'autres elle n'a lieu que chez le mâle, et alors il prend en hiver le plumage de la femelle, qui est presque toujours celui des jeunes : ces derniers ont une livrée qui leur est propre quand les adultes mâles et femelles sont de même couleur. La nouvelle mue ou la mue de printemps ne se maintient que pendant le temps des amours. De tous les oiseaux qui ne muent qu'une seule fois dans l'année, les hirondelles et les martinets sont les seuls chez qui la mue ait lieu au mois de février ou de mars.

Sans qu'on en connaisse encore la véritable cause, les oiseaux émigrent périodiquement des régions glaciales vers les pays tempérés et chauds, et ceux des pays chauds vers les régions tempérées et polaires. C'est aux équinoxes qu'ont lieu chaque année ce flux et reflux d'oiseaux, du nord vers le midi et du midi vers le nord.

Les caractères d'après lesquels on distribue méthodiquement les oiseaux, sont tirés de la forme du bec et des pieds.

Les oiseaux sont divisés en sept ordres que l'on subdivise en familles, les familles en genres, et les genres en sections. Ces ordres sont : les oiseaux de proie (*accipitres*), les zygodactyles (*zygodabtyli*), les passereaux (*passeres*), les passerigalles ou pigeons (*passerigalli*), les gallinacés (*gallinacei*), les échassiers (*grallatores*), et les palmipèdes (*palmipedes*).

EXPLICATION SOMMAIRE DES PLANCHES.

ORDRE I.ᵉʳ

ACCIPITRES, *ACCIPITRES.*

Caractères principaux.

Bec court, robuste, comprimé; *mandibule supérieure* couverte à sa base d'une *cire* nue ou garnie de poils rudes, dans laquelle sont percées les narines; *mandibule inférieure* droite, à bassin profond.

Pieds forts, musculeux, courts ou de moyenne longueur, emplumés jusqu'au talon ou jusqu'aux ongles.

Doigts très-flexibles, très-propres à saisir, verruqueux sous les jointures; trois devant, un derrière; les *antérieurs* entièrement séparés, ou les deux *extérieurs* unis à la base par une membrane; l'*externe* se portant naturellement de côté, ou même en arrière; le *postérieur* articulé au bas du tarse, sur le même plan que les antérieurs.

Ongles mobiles, rétractiles, allongés, crochus, très-acérés.

Caractères accessoires.

Yeux sur les côtés ou dirigés en avant.

Doués d'un vol puissant et d'armes redoutables, les accipitres sont la terreur des petits mammifères et des petits oiseaux. Ils occupent dans leur classe la place des carnassiers parmi les quadrupèdes : tous sont carnivores. Les uns préfèrent les charognes, les autres poursuivent les animaux vivans : quelques-uns se nourrissent principalement de poissons et de reptiles; les petites espèces recherchent aussi les insectes.

Les endroits les plus solitaires ou les plus inaccessibles sont ceux dont ils font choix pour y établir leur nid. Le nombre des œufs n'excède jamais celui de quatre. Les petits, dès leur naissance, prennent eux-mêmes la nourriture qui leur est apportée par le père et la mère, et ne quittent le nid qu'en état de voler.

De tous les oiseaux ce sont ceux dont le plumage, dans les différentes circonstances de leur vie, présente le plus de variations et qui offrent le plus de difficultés pour constater l'identité des espèces.

Les femelles sont d'un tiers plus grosses que les mâles. Les accipitres vivent par couples isolés, et tous sont monogames. Leur estomac, suivant M. Cuvier, est presque entièrement membraneux; leurs intestins sont peu étendus; leur cœcum est très-court; leur sternum large est complètement ossifié, pour donner aux muscles de l'aile des attaches plus étendues; et leur fourchette, demi-circulaire, est très-écartée, pour mieux résister dans les abaissemens violens de l'humérus, qu'un vol rapide exige.

Genre VAUTOUR

(*Vultur*, Cuv., Vieill., Temm., Briss., Lin., Lath.; *Ægypius*, Savig.).

Caractères principaux.

Bec droit, allongé, comprimé latéralement, convexe en dessus, gros ou grêle; *mandibule supérieure* couverte d'une *cire* à sa base et courbée seulement vers le bout; l'*inférieure* droite, arrondie et inclinée à sa pointe; *narines* nues, lunulées ou arrondies, transversales ou longitudinales.

Langue canaliculée, bordée d'aiguillons ou sans aiguillons, échancrée à son extrémité.

Bouche fendue jusque sous les yeux.

Tarses réticulés.

Doigts au nombre de quatre, verruqueux en dessous; trois devant, un derrière; les *extérieurs* réunis à leur base par une courte membrane; l'*intermédiaire* très-long; le *postérieur* articulé au bas du tarse sur le même plan que les *antérieurs*.

Ongles faiblement arqués.

Caractères accessoires.

Ailes longues; la première plus courte que la sixième; la quatrième la plus longue.

Jabot formant saillie au-dessus de la fourchette, et couvert d'un duvet touffu

Tête *et* cou *en partie dénués de plumes ; yeux à fleur de tête.*

Les vautours ont un *facies* bien tranché qui leur est propre et qui les distingue de tous les accipitres. Ce sont des oiseaux lâches, voraces et cruels, qui se nourrissent bien plus de charognes que de proie vivante : la corruption et l'infection les attirent au lieu de les repousser. Dans les pays chauds, tels que l'Égypte, où ils sont très-nombreux, ils rendent des services essentiels aux habitans, en purgeant la terre d'immondices, des débris de cadavres qui, en se putréfiant, infecteraient l'atmosphère. La conformation de leurs pieds ne leur permet point de se servir de leurs serres pour enlever une partie de leur proie ; ils emportent dans leur ample jabot la nourriture destinée à leurs petits, et la leur dégorgent dans le bec. Leur vue est perçante, et l'organe de l'odorat a acquis chez eux le plus haut degré de perfection ; il découle de leur narine une humeur fétide. Quand ils ont mangé, leur jabot forme une grosse saillie au-dessus de leur fourchette.

La mue est simple.

Les vautours sont les seuls oiseaux de proie qui volent et vivent en troupes ; ils nichent sur les rochers les plus inaccessibles.

VAUTOUR. PL. 11.

ESPÈCE.

LE VAUTOUR BRUN, *VULTUR CINEREUS*

(*Ægypius niger*, Sav., pl. 11).

V. corpore fusco-nigricante, cerâ pedibus cærulescentibus.

SYNONYM. Vultur cinereus, monachus, Bengalensis, niger. LIN.;
GML., *Syst. nat.*, pag. 247, 246, 245, 248, n°⁸. 6, 4, 2, 9.
Vultur cinereus, monachus, niger. LATH. *Ind. Ornith.*
pag. 33, 34, n°⁸. 2, 9, 11. Editore Johanneau, Parisiis.
Vautour ou *Grand Vautour*. BUFF., *Histoire naturelle*,
Oiseaux, tom. 1, pag. 158; planches enluminées, n°. 425.
Crested Black vulture. EDW., pl. 290.
Arrian. PICOT DE LA PEYROUSE, *Encyclopédie méthod.*,
Dictionnaire des oiseaux.
Vautour brun, Vultur cinereus. CUV., *Règne anim.*, tom. 1,
pag. 305.
Vautour noir, Vultur niger. VIEILL., *Tabl. encycl.*, t. III,
pag. 1170.
Vautour noir, Ægypius niger. SAV., *Ois. d'Égypte*, p. 237.
Cinereous or asch coloured vultur. LATH. *Syn.* tom. 1,
pag. 14, n°. 8.
Avoltoio lepraiolo. Stor. degli Uccelli, tom. 1, pl. 9.
Vautour d'Arabie, Vultur Arabicus. BRISS., *App.*, n°. 29.

Le vautour brun porte un collier de plumes longues, étroites, à barbes déliées, qui part du milieu du cou et s'étend en deux branches sur les côtés de la poitrine; la peau de la tête et du cou est bleuâtre et garnie de duvet, ce duvet plus long et plus épais sur l'occiput; la cire, les tarses et les doigts sont d'un blanc blafard; les jambes sont couvertes de plumes longues et pendantes, et vêtues jusqu'au-dessous de leur articulation avec le tarse; la couleur générale du plumage est brune, tirant au noir; la quatrième remige la plus longue de toutes. La longueur totale est de trois pieds six pouces.

La femelle ne diffère du mâle que par une taille un peu plus forte et un plumage plus sombre : les jeunes ont le cou entier garni de duvet; les plumes sont terminées par une couleur plus claire.

On trouve le vautour brun sur les hautes montagnes d'Afrique, d'Asie et d'Europe. Il n'existe point de différences bien marquées entre les individus rapportés des diverses contrées de ces trois parties du monde.

Sa nourriture consiste principalement en charognes; ce n'est que dans les temps de disette qu'il attaque des animaux vivans.

La propagation est inconnue.

Genre AIGLE

(*Aquila*, Cuv., Vieill., Savig., Briss.; *Falco*, Temm., Lin., Lath.).

Caractères principaux.

Bec robuste, garni d'une *cire* poilue à la base, comprimé latéralement, anguleux en dessus; *mandibule supérieure* dilatée sur les bords, ne se courbant qu'à partir du milieu de sa longueur; *narines* grandes, transverses, elliptiques.
Langue épaisse, entière, charnue, arrondie par-dessous.
Bouche très-fendue.
Tarses courts ou de moyenne longueur, robustes, entièrement emplumés.
Doigts extérieurs réunis à la base par une membrane.
Ongles interne et postérieur plus grands que celui du milieu; l'*extérieur* le plus court.

Caractères accessoires.

AILES longues, s'étendant jusqu'au bout de la queue.
La quatrième *remige* la plus longue.

Les espèces qui composent ce genre ne se nourrissent que d'animaux vivans qu'ils poursuivent à tire-d'ailes; ce n'est que dans l'extrême disette qu'ils se rabattent sur les cadavres et les charognes. Ils sont si bien organisés, et leur force musculaire est tellement puissante, qu'ils peuvent lutter contre la violence des vents, et la vaincre: ils s'élèvent très-haut et disparaissent à nos yeux dans l'immensité de l'espace.

L'organe de l'odorat est moins développé chez eux que celui de la vue.

Les aigles recherchent, pour établir leur aire, les lieux les plus sauvages, les arbres les plus élevés, les rochers les plus escarpés.

La mue est simple.

ESPÈCES.

AIGLE CRIARD, *AQUILA NÆVIA*

(*Aquila melanœetos*, Sav., pl. 1 et Pl. 2, fig. 1).

A. corpore suprà ferrugineo, subtùs fusco; pedibus lanatis, luteis.

SYNONYM. Falco nævius et maculatus. LIN.; GMEL., *Syst. natur.*, pag. 258, nos. 49, 50. (Jeunes après la première mue.)
Falco nævius et maculatus. LATH. *Ind. Ornith.* pag. 37, nos. 18, 19. (Jeunes après la première mue.) Editore Johanneau, Parisiis.

Petit Aigle. BUFF., *Histoire naturelle*, Oiseaux, pag. 91.

Synonym. *Petit Aigle* ou *Aigle tacheté*, Falco nævius et maculatus. Cuv., *Règne anim.*, tom. 1, pag. 314.
Aigle plaintif, Aquila planga. Vieill., *Tabl. encyclop.*, pag. 1190.
Petit Aigle noir, Aquila *Melanæetos*. Savig., *Oiseaux d'Égypte*, pag. 253, 254, pl. 1 (adulte); et pl. 2, fig. 1. Figure exacte du jeune de l'année, après la mue.
Rough-footed Eagle et *spotted Eagle*. Lath. *Syn.* 1, p. 37, 38, n°%. 14, 15.
Aigle tacheté, Aquila nævia. Briss., *Ornith.*, t. 1, p. 425, n°. 4.

Le corps en dessus et en dessous, la tête, les ailes et la queue sont d'un brun lustré plus ou moins clair ; cette teinte est plus pâle sur les plumes du croupion, des cuisses, des tarses et les couvertures inférieures de la queue, qui est terminée de roux-blanc : la cire et les pieds sont jaunes ; le bec est noir.

La femelle est un peu plus forte que le mâle.

Les jeunes, âgés d'un an et de deux ans, ont tous le plumage brun glacé de noir, avec de nombreuses taches ovales, d'un blanc-grisâtre vers le bout des couvertures des ailes ; celles du dessous de la queue, ainsi que les remiges secondaires, sont terminées de cette même couleur : ces taches sont d'autant plus nombreuses que les individus sont plus jeunes.

Cette espèce se trouve communément en Égypte, en Arabie, en Perse, en Barbarie, et sur les hautes montagnes du midi de l'Europe ; elle est moins abondante vers le nord.

Les lièvres, les lapins, les mulots, les pigeons et les canards sont sa proie ordinaire, mais de préférence ces derniers ; en été, elle vit aussi d'insectes.

Elle niche sur les arbres; sa ponte est de deux œufs blancs marqués de raies rougeâtres.

De tous les aigles proprement dits, c'est le plus faible et le moins courageux; c'est aussi celui qui s'apprivoise avec le plus de facilité. On s'en servait autrefois en fauconnerie; mais il était peu estimé par la raison qu'un épervier pouvait le vaincre.

AIGLE DE THÈBES, *AQUILA HELIACA*

(Pl. 12).

A. capite rufo; corpore suprà aurato-fusco; subtus saturatè fusco; abdomine flavescente-rufo; caudâ cinereâ, apice nigro tranversim striato; dorso albo admisto; cerâ digitisque luteis; pedibus lanatis.

SYNONYM. Falco mogilnik. LINN.; GML., pag. 259, n°. 56.
Falco mogilnik. LATH. *Ind. Ornith.* pag. 38, n°. 28. Editore Johanneau, Parisiis.
Falco mogilnik. CUV., *Syn. de l'Aigle commun*, Règne animal, tom. 1, pag. 314.
Aigle de Thèbes, Aquila Heliaca. VIEILL., *Tabl. encycl.*, pag. 1190.
Aigle de Thèbes, Aquila Heliaca. SAVIG., *Ois. d'Égypte*, pag. 82, pl. 12.
Aigle impérial. TEMM., planches coloriées, 151 (mâle), et 152 (jeune).
Ruissian Eagle. LATH., *Syn.*, tom. 1, pl. 43, n°. 24.

Les parties supérieures sont d'un brun foncé avec les scapulaires d'un blanc pur; le dessous du corps est d'un brun sombre, à l'exception de l'abdomen, qui est d'un roux-jaunâtre; le sommet de la tête, l'occiput et le dessus du cou sont d'un roux vif; la queue est d'un gris-cendré, portant des bandes noires irrégulières; toutes les rectrices ont une large raie noire vers le bout, et elles sont terminées de jaunâtre; la cire et les dents sont jaunes; l'iris est d'un jaune-blanchâtre.

Les jeunes de l'année et ceux d'un an ont le dessus du corps d'un brun-roussâtre, varié de grandes taches d'un roux clair; les plumes des scapulaires sont terminées de blanc; la queue est cendrée, tachée de brun vers le bout, et terminée de roux-blanchâtre; la nuque et toutes les parties inférieures sont d'une teinte roussâtre; les plumes de la poitrine et du ventre sont frangées latéralement et se terminent par du roux vif; les pieds sont d'un jaune livide.

La figure de la planche 12 représente un individu à l'âge de deux ou trois ans, et sur le point de se revêtir de la livrée de l'adulte.

Il est très-répandu en Égypte, en Barbarie, en Turquie, en Pologne, en Hongrie, en Dalmatie; très-rare vers le nord.

Sa nourriture se compose de daims, de chevreuils et de gros oiseaux.

Il niche sur les arbres les plus élevés ou les rochers les plus escarpés. Sa ponte est de deux œufs blanchâtres.

Genre MILAN

(*Milvus*, Cuv., Vieill., Savig.; *Accipiter*, Briss.; *Falco*, Temm., Lin., Lath.).

Caractères principaux.

Bec incliné dès sa base, garni d'une *cire* glabre, anguleux en dessus, comprimé latéralement; *mandibulo superiouro* à bords dilatés ou droits; l'*inférieure*, droite et obtuse, à bassin uni et lisse; *narines* elliptiques, obliques et marquées d'un pli au bord antérieur.

Langue oblongue, charnue, épaisse, arrondie par-dessous.

Bouche très-fendue.

Tarses courts, minces, écussonnés par devant, emplumés un peu au-dessous du talon.

Doigts courts, trois devant, un derrière; les *extérieurs* réunis à leur origine par une membrane; l'*intermédiaire* excédant de peu les *latéraux*.

Ongles médiocres, faiblement acérés.

Caractères accessoires.

Ailes très-longues atteignant l'extrémité de la queue, qui est fourchue ou étagée.

La troisième et quatrième *remiges* les plus longues de toutes.

Les milans se distinguent de tous les oiseaux de rapine par leurs ailes excessivement longues et par leur queue fourchue, qui permet un vol plus rapide et plus facile. Ils s'élancent sans efforts dans les plus hautes régions de l'atmosphère, se perdent dans les nues ou s'abaissent comme s'ils ne faisaient que glisser sur un plan incliné; le vol semble être leur état naturel. Ces oiseaux ont été à tort regardés comme le symbole de la lâcheté: leur pusillanimité est plutôt due à la faiblesse de leurs serres qu'au manque de courage: leurs doigts et leurs ongles sont courts, et ne peuvent que très-difficilement saisir et retenir leur proie. Cette faiblesse de conformation dans les organes de la préhension, les oblige à fuir devant des assaillans d'une moindre taille qu'eux. Les milans établissent leurs nids dans le creux des rochers ou sur les plus grands arbres des forêts.

La mue est simple.

ESPÈCE.

LE MILAN NOIR ou PARASITE, *MILVUS ATER*

(*Milvus ætolius*, Sav., pl. 3, fig. 1).

M. suprà exfusco-niger; capite et corpore subtùs albidis; caudâ subbifurcatâ; rostro flavo, puncto nigro; cerâ pedibusque flavis.

SYNONYM. Falco ater (adult.) Ægyptius, Forskahlii (juni.). LINN.; GMEL., *Syst. nat.*, pag. 262, 261, 263, n°^{s}. 62, 61, 121. Falco Forskahlii, ater, parasiticus. LATH. *Ind. Ornith.* pag. 39, 51, n°^{s}. 36, 38, 136. Editoré Johanneau, Parisiis.
Milan noir. BUFF., *Histoire naturelle*, Oiseaux, pag. 203; planches enluminées, 472. (Jeune.)
Milan étolien, Milvus ætolius. VIEILL., *Tabl. encylop.*, tom. III, pag. 1203.
Milan étolien, Milvus ætolius. SAVIG., *Oiseaux d'Égypte*, pag. 260, pl. 3, fig. 1. (Jeune.)
Milan parasite. LEVAILL., *Oiseaux d'Afrique*, tom. I, pag. 22.
Black kite. LATH. *Syn.* tom. I, pag. 62, et *parasite faucon*, Suppl., tom. II, pag. 30.
Milan noir, Milvus niger. BRISS., *Ornith.*, tom. I, pag. 413, n°. 34.

Le dessus de la tête et la gorge sont rayés longitudinalement de blanchâtre et de brun; les parties supérieures sont d'un gris-brun très-foncé, les inférieures d'un brun-roussâtre avec des taches longitudinales d'un brun-noir sur le centre des plumes; la queue est peu fourchue, brune et traversée de neuf ou dix bandes d'un gris-blanc, et terminée d'une teinte fauve et légère; la cire et les pieds sont d'un jaune-orange; l'iris est d'un gris-noirâtre; le bec noir.

La femelle est plus grosse que le mâle et n'en diffère point par la couleur du plumage.

La figure 1re de la planche 3 représente un individu à l'âge de deux ans.

Cette espèce, qui est très-abondante en Égypte, en Barbarie, au cap de Bonne-Espérance, est assez rare en Europe; elle semble se plaire davantage dans les contrées où règne constamment une haute température.

Le milan noir chasse à toutes sortes de menus gibiers : mais il préfère le poisson à toute autre nourriture; il pêche à la manière du balbuzard, en plongeant dans l'eau.

Il fait son nid sur les arbres ou dans les anfractuosités des rochers, et mieux encore, sur des buissons, entre les roseaux, s'il trouve des marais dans le canton qu'il habite. Sa ponte est de trois ou quatre œufs d'un blanc-jaunâtre, entièrement couverts de taches brunes tellement confondues ensemble, que la couleur du fond s'aperçoit à peine.

Genre ÉLANOÏDE

(*Elanoïdes*, Vieill.; *Elanus*, Savig.).

Caractères principaux.

Bec court, incliné dès la base, garni d'une *cire* étroite, arrondi en dessus, comprimé latéralement; *narines* ovales, en partie couvertes de poils.
Langue large à la base, échancrée à la pointe.
Tarses très-courts, épais, emplumés très-bas par devant.
Quatre *doigts*, trois devant, entièrement séparés, un derrière.

Caractères accessoires.

La deuxième *remige* la plus longue.
Queue simplement échancrée ou très-fourchue.

Les élanoïdes habitent en Afrique et en Amérique; ils se nourrissent de très-petits mammifères, d'oiseaux, de reptiles et d'insectes.
La propagation n'en est point connue.

ESPÈCE.

L'ÉLANOÏDE BLAC, *ELANUS CÆSIUS*
(Pl. 2, fig. 2).

E. corpore suprà cærulescente, subtùs albo; alarum tectricibus nigricantibus; maculà circà oculos atrà; pedibus luteis.

Synonym. Falco melanopterus, Sonninensis. Lath. *Ind. Ornith.* pag. 51, 53, n°. 139, 161.
Blac. Cuv., *Règne animal*, tom. 1, pag. 322.
Élanoïde blac, Elanoïdes cæsius. Vieill., *Tableau encyclopédique*, pag. 1206.

Synonym. *Couhyeh*, Elanus cæsius. Savig., *Oiseaux d'Égypte*, p. 276, pl. 2, fig. 2.
Blac. Levaill., *Oiseaux d'Afrique*, tom. 1, pl. 36 et 37.

Le sommet de la tête, le dessus du cou, de la queue, le dos, les remiges sont d'un cendré-bleuâtre; les couvertures des ailes d'un noir profond; le pli de l'aile, la gorge, la poitrine, les flancs, l'abdomen, les plumes des cuisses, des jambes, et la queue en dessous sont d'un blanc pur; la cire, la base de la mandibule inférieure et les pieds sont jaunes.

La femelle ne diffère du mâle que par sa taille qui est un peu plus forte.

Les jeunes sont, en naissant, couverts d'un duvet gris-roussâtre; ce duvet est remplacé plus tard par des plumes qui, sur le manteau, la tête et le derrière du cou, prennent une forte teinte roussâtre: la poitrine est alors d'un beau roux-ferrugineux, et le reste du blanc est légèrement de cette même couleur.

Le blac est répandu dans toute l'Afrique; on le rencontre depuis l'Égypte jusqu'au cap de Bonne-Espérance : il est commun en Égypte et en Barbarie.

Les insectes sont sa principale nourriture.

Il établit son nid entre les branches des grands arbres ; sa ponte est de quatre œufs entièrement blancs.

Genre HIBOU

(*Otus*, Cuv.; *Strix*, Vieill., Temm., Lin.; *Bubo*, Savig., Briss.).

Caractères principaux.

Bec court, crochu, incliné dès la base, garni d'une *cire* molle, couverte par des plumes cétacées dirigées en avant, épais, comprimé latéralement; *mandibule supérieure* à bords dilatés; l'*inférieure* droite, obtuse, échancrée vers le bout; *narines* elliptiques, cachées sous les plumes.

Langue épaisse, charnue, obtuse, pourvue de deux côtes en dessous.

Bouche très-fendue.

Tarses et *doigts* entièrement couverts de duvet.

Quatre *doigts*, trois devant et un derrière; l'*intermédiaire* uni au doigt *externe* par une membrane; celui-ci versatile.

Ongles forts, crochus, aigus, rétractiles.

Caractères accessoires.

Première, deuxième et troisième *remiges* échancrées près de la pointe.

Yeux grands, dirigés en avant, et placés dans des orbites larges, concaves, entourés d'un disque de plumes roides et décomposées.

Conque de l'oreille s'étendant en demi-cercle depuis le bec jusque vers le sommet de la tête, et garnie en avant d'un opercule membraneux.

Tête grosse, surmontée de quelques plumes oblongues, formant au-dessus des sourcils deux aigrettes mobiles redressables et auriculiformes.

Les hibous ou chouettes à aigrettes sont comme presque toutes les espèces du grand genre *strix* des

oiseaux de proie nocturnes, qui chassent au lever de
l'aurore, au crépuscule tombant, et lorsque la lune
répand sa clarté. Leur énorme pupille laisse entrer
tant de rayons qu'ils sont éblouis par une lumière
trop forte; et pendant que le soleil est sur l'horizon, la plupart se retirent dans des trous d'arbres
ou de murailles : quelquefois ils se tiennent blottis
sur de grosses branches, et c'est alors que les petits
oiseaux peuvent les insulter impunément. Mais cette
vue, que le trop grand éclat offusque, s'exerce parfaitement et avec un immense avantage à une faible
clarté. Le peu de force qu'a chez eux l'appareil du
vol, et leurs plumes à barbes douces, veloutées et
finement duvétées, les mettent aussi à portée d'approcher sans bruit de leur proie, et de fondre sur
elle à l'improviste. Quelques espèces font cependant
exception à cette loi générale, et jouissent même, en
plein jour, de toutes les facultés de la vue; elles
poursuivent leur proie à tire-d'ailes ou la guettent
dans l'épaisseur des forêts : telles sont les harfangs,
les chouettes-éperviers. Les hibous et les chouettes
ne se réunissent jamais en troupes; on les rencontre
presque toujours seuls, ou par paire composée du
mâle et de la femelle. Les fentes de rochers, les
masures, les poutres des vieux édifices, les creux
des arbres, sont les lieux où ces oiseaux de nuit font
le plus ordinairement leurs nids, qu'on trouve aussi
quelquefois dans des touffes d'herbes ou dans des
trous que certaines espèces creusent elles-mêmes
en terre. Leur ponte est de deux à quatre œufs.

Les petits naissent couverts d'un duvet épais. L'ouverture de la bouche des chouettes étant très-grande, elles peuvent avaler leur proie en entier : aussi rejettent-elles, après la digestion des chairs, les os, les poils ou les plumes en pelotes arrondies. Tous les accipitres nocturnes ont les deux mandibules mobiles, comme celles des perroquets. De cette conformation résulte un craquement produit par le froissement des mâchoires, et qu'ils font entendre quand ils sont attaqués ou frappés de quelque objet nouveau ; ils hérissent en même temps les plumes, étendent les ailes, se redressent, prennent des postures bizarres et font des mouvemens ridicules.

La mue n'a lieu qu'une fois l'année.

ESPÈCE.

LE HIBOU ASCALAPHE ou D'ÉGYPTE, *STRIX ASCALAPHUS*

(*Bubo ascalaphus*, Sav., pl. 3, fig. 2).

S. auricularum pennis numerosis; corpore flavo, dorso et pectore ex fusco maculato; abdomine lineis transversis undulatis; caudâ subtùs albidâ, striis tribus aut quatuor transversisque fuscis; rostro fusco; unguibus nigris.

SYNONYM. *Grand Hibou à huppes courtes*, Strix ascalaphus. Cuv., tom. 1, pag. 328.
Hibou ascalaphe ou d'Égypte, Strix ascalaphus. Vieill., Tabl. encyclop., tom. III, pag. 1276.
Hibou d'Égypte, Bubo ascalaphus. Savig., *Ois. d'Égypte*, pag. 295, pl. 3, fig. 2
Hibou à huppes courtes. Temm., planches coloriées, 57.

Tout le plumage est d'un fauve-roussâtre. Les plumes du dos, des couvertures des ailes et des côtés de la poitrine, sont variées de fauve, de blanc et de noir; cette dernière couleur domine surtout sur les côtés de la poitrine : le dos et les ailes sont vermiculés; les plumes du ventre sont très-finement découpées à leur extrémité, et terminées par un petit filet d'un brun-noirâtre; la queue est blanchâtre en dessous, avec trois ou quatre raies transversales, étroites et brunes; les joues sont d'un rouge briqueté clair.

On rencontre le hibou ascalaphe en Égypte, dans l'Asie mineure, en Perse, en Turquie; et, si l'on en croit Pennant, il se trouverait dans quelques pays du centre de l'Europe, car il dit l'avoir reçu d'Écosse.

Il se nourrit de taupes, de rats, de souris, de mulots, de petits oiseaux et d'insectes.

La propagation est inconnue.

ORDRE II.

ZYGODACTYLES, *ZYGODACTYLI*

(Grimpeurs, Cuv.).

Caractères principaux.

Bec très-courbé, crochu; ou simplement arqué, comprimé, gros, celluleux; ou de forme conique, épais, élargi à sa base souvent garnie de longues soies; ou droit, quadrangulaire, tranchant sur ses bords.

Deux *doigts* devant, et, le plus ordinairement, deux derrière; rarement un seul doigt *postérieur*, et, dans ce cas, c'est le pouce qui manque.

Les oiseaux de l'ordre des grimpeurs nichent, pour la plupart, dans les trous des vieux arbres; leur nourriture se compose principalement d'insectes et de fruits.

Le sternum, dans le plus grand nombre des genres, a, suivant M. Cuvier, deux échancrures en arrière; mais dans les perroquets il n'a qu'un trou, et souvent il est absolument plein.

Genre COUA

(Cuv.; *Coccyzus*, Vieill., Temm.; *Cuculus*, Briss., Lin., Lath.).

Caractères principaux.

Bec épais à sa base, faiblement arqué, comprimé, sans échancrures, arrondi en dessus; *narines* à ouvertures ovales, percées dans les bords de la *mandibule*, entourées d'une membrane nue et proéminente.
Langue plate, courte, entière, terminée en flèche.
Bouche grande.
Pieds tétradactyles.
Tarses de moyenne longueur, emplumés au-dessous du talon.
Quatre *doigts*, deux devant, deux derrière; les *antérieurs* soudés à la base; les *postérieurs* totalement séparés.

Caractères accessoires.

Ailes courtes, arrondies.
Les troisième, quatrième et cinquième *remiges* les plus longues.
Queue longue, plus ou moins étagée, à dix rectrices.

Les couas diffèrent extérieurement des coucous par leurs tarses plus élevés, par leurs ailes courtes et par leur queue allongée. Ils construisent des nids et élèvent leurs petits.

Leur nourriture se compose d'insectes et de baies.

Ils habitent l'Afrique, l'Asie, l'Australasie et l'Amérique.

ESPÈCE.

LE COUA NOIR ET BLANC, *COCCYZUS PISANUS*

(Pl. 4, fig. 2).

C. corpore suprà albo et nigro vario, subtùs albo; capite nigro, cristato; gulâ et pectore rufis; caudâ cuneiformi; pedibus viridibus.

SYNONYM. Cuculus pisanus, glandarius. LINN.; GMEL., *Syst. natur.*, pag. 416, 411, n°ˢ. 36, 5.
Cuculus pisanus, glandarius. LATH. *Ind. Ornith.* pag. 135, 133, n°ˢ. 14, 3.
Coucou huppé, noir et blanc, Grand Coucou tacheté, BUFF., *Histoire naturelle,* Oiseaux, tom. VI, pag. 362, 361.
Coulicou noir et blanc, Coccyzus pisanus. VIEILL., *Tabl. encyclop.*, pag. 1340.
Coucou d'Andalousie, Cuculus Andalusiæ. BRISS., tôm. IV, pag. 126, n°. 10. (Jeune.)
Pesan cuckow. LATH. *Syn.* I, tom. II, pag. 520, n°. 13; et *Great spotted cuckow*, pag. 513, n°. 3.

Les plumes du dos, des couvertures des ailes, les remiges sont noires, bordées et terminées de blanc; les rectrices noirâtres, frangées et terminées de roux clair; la gorge, la poitrine, le ventre, les couvertures inférieures de la queue sont roussâtres; les plumes du front, du dessus de la tête, de la nuque, de la région des yeux et des oreilles, sont d'un noir profond, et allongées en forme de huppe.

Le jeune porte une huppe d'un gris-bleuâtre et un bandeau noir au-dessus des yeux : le reste du plumage est à peu près comme dans l'adulte; les nuances sont seulement moins vives et moins pures.

Cette espèce est assez abondante en Égypte, en

Barbarie; elle se trouve moins communément en Portugal, en Espagne, en Italie, en Turquie : on ne l'a jamais vue dans d'autres parties de l'Europe.

Elle se nourrit de chenilles roses et velues, de sauterelles, de limaçons, de phalènes, de scarabées, etc.

La propagation est inconnue; on sait simplement qu'elle niche sur les arbres.

Genre COUCAL

(*Centropus*, Cuv., Temm.; *Corydonyx*, Vieill.; *Cuculus*, Briss., Linn., Lath.)

Caractères principaux.

Bec court, fort, dur, caréné en dessus, plus haut que large, courbé depuis la base; *narines* situées près du front, latérales, étroites, à demi fermées par une membrane.
Langue large, un peu frangée à sa pointe.
Pieds tétradactyles.
Quatre *doigts*, deux devant, réunis à leur base; deux derrière, totalement séparés.
Ongles gros, courts, celui du pouce très-long, presque droit et pointu comme chez les alouettes.

Caractères accessoires.

Ailes courtes.
Queue longue.

Les coucals habitent en Afrique, en Asie et en Australasie, nichent dans les forêts, dans des trous d'arbres, ou sur les arbres, couvent eux-mêmes leurs œufs, et élèvent leurs petits. Ils se nourrissent d'insectes et principalement de sauterelles.

Le mot *coucal* a été composé par Levaillant pour désigner les coucous qui ont l'ongle du pouce long, droit et pointu comme celui des alouettes.

ESPÈCE.

COUCAL HOUHOU, *CENTROPUS ÆGYPTIUS*

(Pl. 4, fig. 1).

C. corpore suprà viridi-fusco, subtùs rufo-albo; capite et cervice obscuris; caudâ cuneiformi, splendidè viridi; remigibus rufis; pedibus nigricantibus.

SYNONYM. Cuculus Ægyptius, Senegalensis. LINN.; GMEL., *Syst. nat.*, pag. 420, 412, nos. 43, 6.
Cuculus Ægyptius, Senegalensis. LATH. *Ind. Ornith.* pag. 135, nos. 17, 19.
Coucou rufalbin, BUFF., *Histoire naturelle*, Oiseaux, tom. VI, pag. 367; planches enluminées, 332.
Toulou houhou, Corydonyx Ægyptius. VIEILL., *Tableau encyclopédique*, pag. 1353.
Egyptian cuckow, et *Strait heeled cuchow*. LATH. *Syn.* 1, tom. II, pag. 522, 525, nos. 16, 18.
Coucou du Sénégal, Cuculus Senegalensis. BRISS., *Ornith.*, tom. IV, pag. 120, n°. 7, pl. 8, fig. 1.
Coucal houhou. LEVAILL., *Oiseaux d'Afrique*, pl. 219.

Le bec est fort et plus épais vers sa base; les tarses sont gros et couverts de larges écailles; la tête et le dessus du cou sont d'un vert obscur à reflets d'acier poli; un roux-verdâtre le remplace sur les couvertures des ailes, dont les pennes sont rousses et terminées de vert luisant : cette dernière couleur domine principalement sur les trois dernières pennes, et est mêlée avec le roux sur quelques-unes des précédentes; le dos, le croupion et les couvertures du dessus de la queue, dont le fond est brun, prennent des nuances d'un vert plus ou moins éclatant, suivant la position de l'oiseau; la gorge, le devant du cou, la poitrine, le ventre et les flancs, dont les plumes ont les côtes brillantes, sont d'un blanc-roussâtre, plus clair sur le ventre que sur les flancs; le bec est noir; l'iris est d'un rouge vif.

La femelle a moins de reflets métalliques que le mâle, et est d'un quart plus petite.

Le nom de *houhou* est celui que les Arabes donnent à cette espèce.

Les houhous s'approchent de très-près des habitations et ne paraissent point craindre le voisinage de l'homme. Ils volent mal, et ne peuvent traverser une certaine étendue de terrain sans se reposer.

Ils placent leur nid dans les arbres creux; la femelle y dépose quatre œufs d'un blanc-roux: le mâle partage avec la femelle les soins de l'incubation.

Les sauterelles, les grillons, les criquets sont les insectes dont ils se nourrissent de préférence.

Le coucal houhou est commun en Égypte, au Sénégal, et aux environs du Cap, et dans toute l'Afrique; il se trouve aussi dans l'Inde.

ORDRE III.

PASSEREAUX, *PASSERES.*

Caractères principaux.

Bec médiocre, robuste, comprimé, échancré; ou fortement déprimé, très-large à sa base, échancré; ou légèrement courbé, menu, échancré; ou court, conique, épais; ou long, arqué, grêle, effilé, arrondi; ou fort, quadrangulaire, droit; ou enfin à bords crénelés, renflé, surmonté d'énormes proéminences.

Pieds courts ou moyens.

Quatre *doigts*, trois devant et un derrière; très-rarement trois; l'*externe* quelquefois versatile; le *postérieur* articulé au bas du tarse, sur le même plan que les autres.

Ongles grêles, courbés, pointus, rarement obtus.

La plupart des oiseaux qui composent cet ordre se rassemblent après les couvées en grandes bandes pour les voyages; et, à de faibles exceptions près, tous sont monogames. Chez le plus grand nombre, le mâle nourrit la femelle pendant qu'elle couve, et partage avec elle les soins de l'incubation : l'un et l'autre appâtent leurs petits dans le nid : ceux-ci ne le quittent qu'en état de voltiger, et sont encore nourris par le père et la mère quelque temps après en être sortis. C'est parmi eux qu'on trouve les espèces qui montrent le plus d'industrie dans la structure de leur nid, et celles qui ont la voix la plus cadencée et la plus harmonieuse. Leur nourriture consiste en grains, fruits, insectes, petits oiseaux, poissons, suivant que leur bec est plus fort ou plus long. Les oiseaux de l'ordre des passereaux placent leur nid sur les arbres, dans les trous des murailles et des vieilles tours, dans les creux des arbres, dans les buissons ou au milieu des roseaux.

D'après M. Cuvier, l'estomac des passereaux est en forme de gésier musculeux. Ils ont généralement deux petits cœcum : leur sternum n'a d'ordinaire qu'une échancrure de chaque côté à son bord inférieur ; cependant il en a deux dans les rolliers, les martins-pêcheurs, les guêpiers ; on n'en aperçoit plus chez les martinets et chez les colibris.

Genre HIRONDELLE

(*Hirundo*, Cuv., Vieill., Temm., Briss., Lin., Lath.).

Caractères principaux.

Bec court, déprimé, large à sa base, triangulaire, étroit à sa pointe ; *mandibule* échancrée et courbée à son extrémité ; *narines* basales, oblongues ou arrondies, en partie fermées par une membrane.

Langue courte, large et divisée à sa pointe.

Bouche très-fendue.

PIEDS tétradactyles.
Trois *doigts* devant, un derrière; les *extérieurs* réunis à leur base.

Caractères accessoires.

AILES longues.
La première *remige* la plus longue de toutes.
QUEUE le plus souvent fourchue, égale chez quelques espèces, et à rectrices terminées en pointe.

On trouve des hirondelles dans toutes les contrées de l'univers. Elles sont sédentaires dans les climats où la température n'est sujette qu'à de faibles variations, en Égypte, en Éthiopie, en Lybie, et dans les pays situés entre les tropiques ; elles sont de passage dans les régions froides ou tempérées, qu'elles quittent en automne, et où elles reparaissent au printemps. Ce sont des oiseaux insectivores, dont l'air semble être l'élément par excellence, qui mangent et boivent en volant. Les lieux humides sont ceux que préfèrent les hirondelles, sans doute à cause de la plus grande abondance de cousins, de mouches et autres insectes ailés qu'elles y trouvent et qu'elles saisissent avec une extrême adresse. Elles rendent de grands services à l'agriculture en détruisant plusieurs insectes, qui font de grands dégats dans les campagnes, et dont elles sont très-friandes. Les nids formés par toutes les espèces de ce genre sont d'une construction solide, faite avec art, et composée de substances dures ; l'intérieur est tapissé de matières molles : quelques-unes nichent deux fois dans l'année, et placent leur nid dans les cheminées, sous les toits des maisons ou contre les rochers; d'autres, dans les trous des collines sablonneuses et escarpées, ou dans des creux d'arbres. Leur ponte est de quatre ou cinq œufs le plus ordinairement d'un blanc pur.

Les observations intéressantes faites dans ces derniers temps sur les hirondelles et les martinets par M. Natterer de Vienne, réfutent de la manière la plus péremptoire les hypothèses de leur immersion et de leur engourdissement. M. Natterer a, pendant huit ou neuf ans, élevé et gardé en cage un certain nombre d'hirondelles et de martinets, qui ont constamment mué chaque année au mois de février. Comment pourrait-on concilier ce fait avec la prétendue torpeur de ces oiseaux? Il reste donc évident que les hirondelles émigrent et muent avant leur arrivée dans les pays tempérés..

ESPÈCE.

HIRONDELLE DE RIOCOUR [1], *HIRUNDO RIOCOURII*

(Pl. 4, fig. 4).

H. vertice, colli parte superiori, dorso, alarum tectricibus, uropygioque pectore cœruleis; fronte, gulâ, ventre, lateribus, abdomine et caudæ tectricibus inferioribus rufis; rectricibus apice nigris; remigibus fuscis; caudâ valdè furcatâ.

Le sommet de la tête, le dessus du cou, le dos, les couvertures des ailes, le croupion, les pennes

---

[1] Nous avons dédié cette espèce à M. de Riocour, amateur très-zélé à qui l'ornithologie est redevable d'une multitude de bonnes observations.

de la queue en dessus et la poitrine sont d'un beau bleu; le front, la gorge, le ventre, les flancs, l'abdomen et les couvertures inférieures de la queue sont d'un roux foncé; les remiges sont brunes, les rectrices roussâtres en dessous et terminées de noir, les extérieures très-longues; le bec est bleuâtre; les pieds sont bruns.

La femelle diffère peu du mâle.

Cette hirondelle n'a été trouvée, jusqu'à présent, qu'en Égypte.

La propagation est sans doute la même que celle de l'hirondelle de cheminée, avec laquelle cette espèce a beaucoup de rapports.

Genre GOÈLAND ou MOUETTE

(*Larus*, Cuv., Vieill., Temm., Briss., Lin., Lath.).

Caractères principaux.

Bec médiocre, comprimé, tranchant; *mandibule supérieure* arquée vers le bout; l'*inférieure* formant en dessous un angle saillant; *narines* latérales placées vers le milieu du bec, fendues longitudinalement, étroites et percées de part en part.

Jambes nues au-dessus du talon.

Tarses médiocres.

Trois *doigts* devant, entièrement ou presque entièrement palmés; un derrière, libre, court, articulé très-haut sur le tarse.

Caractères accessoires.

Ailes longues.

La première et la deuxième *remiges* à peu près de même longueur.

Queue à pennes d'égale longueur, ou un peu fourchue.

Ce sont des oiseaux lâches et voraces qui abondent sur toutes les côtes ; ils volent avec rapidité, se reposent indifféremment sur le rivage ou sur les eaux : leur nourriture consiste principalement en poissons, voiries et coquillages. Ils nichent sur le sable et sur les rochers des bords de la mer, ou au milieu des herbes dans les terrains marécageux. La ponte est de deux ou trois œufs. La livrée des jeunes est différente de celle des adultes ; elle varie jusqu'à la troisième mue. De là est venue la confusion qui existe dans la nomenclature. Les sexes ne se distinguent que par la grosseur : la femelle est ordinairement plus petite que le mâle.

La mue est double ; les changemens produits par la seconde s'opèrent principalement sur la tête et le corps.

ESPÈCE.

LA MOUETTE DE DORBIGNY, *LARUS DORBIGNYI*[1]

(Pl. 9, fig. 3).

L. occipite, nuchâ, dorso, alisque caudâ fusco-cinereo-cœrulescentibus ; fronte, genis, collo et partibus inferioribus albis ; caudâ parùm furcatâ ; rostro nigro ; pedibus rubris.

L'occiput, la nuque, le dos, les ailes et la queue sont d'un brun-cendré tirant au bleuâtre ; cette cou-

---

[1] M. Dorbigny, jeune naturaliste, membre de la Société d'histoire naturelle de Paris, et actuellement en voyage au Chili et au Pérou.

leur est plus claire sur les couvertures des ailes et sur les barbes extérieures des grandes remiges; le front, les joues, le cou et toutes les parties inférieures sont d'un blanc pur; la queue est un peu fourchue; le bec est noir; les pieds sont rouges.

Cette espèce est la plus petite du genre; elle se rapproche, tant pour la taille que pour le plumage, de l'hirondelle de mer épouvantail (*sterna nigra*) en livrée d'hiver. Ses pieds, toutes choses égales d'ailleurs, sont plus grêles que chez ses congénères; les membranes sont aussi plus découpées et plus courtes. On peut la considérer comme établissant le passage des mouettes aux sternes ou hirondelles de mer.

La nourriture et la propagation sont inconnues.

Genre MERLE

(*Turdus*, Cuv., Vieill., Temm., Lin., Lath., Briss.).

Caractères principaux.

Bec aussi haut que large à sa base, ensuite comprimé latéralement; *mandibule supérieure* échancrée et courbée vers sa pointe; l'*inférieure* droite et entière; *narines* basales ovoïdes, en partie couvertes d'une membrane nue.

Langue cartilagineuse fendue à son extrémité.

Bouche ciliée.

Pieds tétradactyles.

Trois *doigts* devant, un derrière; les *extérieurs* unis à leur base.

Pouce posé au bas du tarse, et portant à terre sur toutes les articulations.

Caractères accessoires.

Les troisième et quatrième *remiges* les plus longues dans le plus grand nombre d'espèces.

Queue égale ou échancrée, à douze rectrices.

Les merles et les grives se rencontrent dans toutes les parties du monde, nichent sur les arbres, dans les buissons, sur des souches, dans les creux des rochers et à terre; leur ponte est de quatre à six œufs. Ils recherchent avec avidité toutes sortes de baies, mais les insectes forment leur principale nourriture, particulièrement dans le temps des couvées. Le mâle nourrit sa femelle quand elle couve, et partage avec elle l'incubation. Les petits, qui ne voient pas en naissant, sont appâtés dans le nid, et ne le quittent qu'en état de voler.

La mue est simple.

Dans certaines contrées, les merles émigrent; ils sont sédentaires dans d'autres.

ESPÈCE.

MERLE DE ROCHE, *TURDUS SAXATILIS*

(Pl. 13, fig. 1).

T. capite, collo cœrulescente-cinereis; alis suprà nigricantibus; dorso albo; pectore, abdomine, caudâ rufis.

SYNONYM. Lanius infaustus et minor (senex), Turdus saxatilis (junior aut femina). LINN.; GMEL., *Syst nat.*, pag. 310, n°. 25, et pag. 833, n°. 114.
Turdus saxatilis Lath. (senex), Turdus infaustus (junior aut femina), LATH. *Ind. Ornith.* pag. 209, n°s. 33, 32.
Merle de roche. BUFF., *Histoire naturelle*, Oiseaux, planches enluminées, 562. (Mâle.)
Merle de roche, Turdus saxatilis. Cuv., *Règne animal*, tom. 1, pag. 351.
Merle de roche, Turdus saxatilis. VIEILL., *Tabl. encyclop.*, pag. 649.
Merle de roche, Merula saxatilis. BRISS., *Ornith.*, t. II, pag. 238, n°. 13.
Rock shrike et *Rock thrush*. LATH. *Syn.* 1, tom. 1, pag. 176, n°. 27; et II, tom. 1, pag. 54, n°. 57.

La tête et le cou sont d'un cendré-bleuâtre; la poitrine, les flancs, le ventre et la queue d'un roux vif; les remiges et les deux rectrices supérieures brunes, finement lisérées de blanchâtre; les couvertures supérieures de l'aile sont noires, à reflets bleuâtres; le dos est blanc.

La femelle a le dessus de la tête, le derrière du cou et les deux pennes intermédiaires de la queue bruns, lisérés de blanc; les plumes du dos, des couvertures des ailes, les remiges sont de la première teinte et terminées de blanc; la gorge, le devant du cou, la poitrine et les autres parties inférieures sont d'un blanc-roussâtre bordé de brun : cette couleur forme un demi-cercle à l'extrémité de chaque plume; le bec et les pieds sont bruns.

Les jeunes de l'année diffèrent peu de la femelle. La figure 1 de la planche 13 représente un jeune ou une femelle; les vieux mâles sont après la mue et en hiver semblables à la femelle.

Ce merle se trouve en Égypte, en Barbarie, au Sénégal, au Cap et dans l'Inde; il se rencontre aussi en Europe, sur les hautes montagnes de la Turquie, de la Hongrie, du Tyrol, de la Suisse, de l'Italie, de l'Espagne : il est plus rare vers le Nord.

Son chant naturel est très-agréable et ressemble à celui de la fauvette à tête noire; il imite avec une grande facilité le ramage des autres oiseaux.

Sa nourriture consiste en scarabées, sauterelles et baies sauvages.

Les endroits les plus retirés et les plus inaccessibles sont ceux qu'il préfère. Il se pose ordinairement sur les grosses pierres, où on le découvre de loin, sans qu'on puisse jamais l'approcher à la portée du fusil. Il choisit les trous et les crevasses des rochers pour y placer son nid, et l'attache au plafond des cavernes. Sa ponte est de quatre ou cinq œufs d'un bleu-verdâtre sans taches.

Genre TRAQUET

(*Saxicola*, Cuv., Temm.; *OEnanthe*, Vieill.; *Motacilla*, Lin.; *Sylvia*, Lath., Briss.).

Caractères principaux.

Bec grêle, plus large que haut à sa base, très-fendu, à bords droits; *arête* saillante, s'avançant sur le front; *mandibule supérieure* un peu obtuse, échancrée et courbée à sa pointe; *narines* basales, latérales, ovoïdes, à moitié fermées par une membrane.

Bouche ciliée.

Pieds tétradactyles.

Trois *doigts* devant, un derrière; l'*extérieur* réuni à sa base à celui du milieu.

Tarses hauts.

Caractères accessoires.

Les troisième et quatrième *remiges* les plus longues de toutes.

Les traquets ou motteux sont des oiseaux vifs, méfians, assez hauts sur jambes; ce qui les rend agiles et habiles coureurs : ils aiment de préférence les terrains en jachères, les bruyères, les endroits arides, pierreux, rocailleux, et les montagnes. On les voit toujours ou perchés sur des pierres, sur des mottes de terre, sur de faibles arbustes, ou bien voltigeant et courant sur le sol à la recherche des insectes dont ils se nourrissent uniquement : alors ils remuent sans cesse la queue. La dépression de leur bec à sa base les lie aux gobe-mouches proprement dits. Ils nichent au milieu des pierres, dans les crevasses des rochers, sous une motte de terre, et souvent aussi entre les racines des buissons.

La mue n'a lieu qu'une fois l'année.

Toutes les espèces connues sont de l'ancien continent.

ESPÈCE.

LE TRAQUET COUREUR, *SAXICOLA CURSORIA*

(Pl. 5, fig. 1).

S. vertice rectricibusque lateralibus albis; corpore, alis, pectore, gulâ, rostro, pedibus nigris.

SYNONYM. *Le Traquet coureur*, Sylvia cursoria. VIEILL., *Tableau encyclopédique*, pag 493.
Le Traquet coureur. LEVAILL., *Oiseaux d'Afrique*, planche 190.

Le dessus de la tête, la queue, qui est étagée, et les couvertures inférieures sont d'un blanc pur; tout le reste du plumage est d'un noir mat; le bec échancré à sa pointe; les pieds et les tarses sont pareillement noirs; les tarses sont allongés; les yeux sont d'un brun-noir.

La femelle ne diffère du mâle que par la taille, qui est un peu moindre, et par le noir, un peu plus rembruni que celui du mâle.

Le traquet coureur est rusé et très-méfiant; on ne peut l'approcher qu'en le surprenant. Il habite les plaines brûlantes et les plus arides de l'Afrique méridionale. Monté sur de longues jambes, il court avec une grande vitesse en poursuivant les insectes, particulièrement les sauterelles, dont il fait sa principale nourriture.

La propagation n'est point connue.

Genre FAUVETTE

(*Curruca*, Cuv., Briss.; *Sylvia*, Vieill., Temm., Lath.; *Motacilla*, Lin.).

Caractères principaux.

Bec grêle, subulé, à base un peu comprimée chez certaines espèces, un peu déprimée chez d'autres, étroit à son extrémité; *mandibule supérieure* rarement entière, échancrée à son extrémité; l'*inférieure* droite; *narines* basales, latérales, ovoïdes, garnies en dessus d'une membrane.
Langue cartilagineuse, lacérée à sa pointe.
Bouche ciliée.
Pieds tétradactyles.
Trois *doigts* devant, un derrière; l'*extérieur* soudé à sa base à celui du milieu.

Caractères accessoires.

Queue composée de douze rectrices.

C'est dans ce genre nombreux que se trouvent les espèces qui ont été le plus favorisées de la nature sous le rapport de la voix : à l'exception de celles qui vivent sur le bord des eaux, et qui se plaisent dans les lieux aquatiques, toutes ont un chant cadencé plus ou moins mélodieux. La plupart sont de passage dans les pays qu'elles habitent. Les unes se nourrissent uniquement d'insectes, de vermisseaux, dont elles s'emparent en voltigeant de branche en branche, de roseau en roseau, et en visitant chaque feuille; d'autres joignent à cette nourriture les baies et les fruits succulens. Elles nichent deux et rarement trois fois l'année, dans les buissons, sur les arbrisseaux, au milieu des roseaux, à terre et dans les trous. Les petits naissent aveugles, et ne quittent le nid que lorsqu'ils sont en état de voler. Les fauvettes se rencontrent dans toutes les parties du monde.

La mue n'a lieu qu'une seule fois l'année.

ESPÈCES.

LA FAUVETTE GRISETTE, *SILVIA CINEREA*

(Pl. 5, fig. 2).

S. suprà subferrugineo-cinereâ; abdomine albido; rectrice primâ longitudinaliter dimidiato albâ; secundâ apice albâ.

SYNONYM. Motacilla sylvia. LINN.; GMEL., *Syst. nat.*, pag. 956, n°. 9.
Sylvia cinerea. LATH. *Ind. Ornith.* pag. 247, n°. 23.
La *Grisette* ou la *Fauvette grise.* BUFF., *Histoire naturelle*, Oiseaux, planches enluminées, 579, fig. 3, avec la description et l'historique de la *Fauvette babillarde*.
Fauvette grise, Motacilla sylvia. Cuv., *Règne animal*, tom. 1, pag. 367.
Fauvette cendrée ou *Grisette*, Sylvia cinerea. VIEILL., *Tabl. encyclop.*, tom. II, pag. 416.
Wite throat. LATH. *Syn.* 2, tom. II, pag. 428, n°. 19.
Fauvette grise ou *la Grisette*, Curruca cinerea. BRISS., tom. III, pag. 376, n°. 4; pl. 21, fig. 1.

Le mâle a la tête et le dessous du cou cendrés; les autres parties supérieures d'un gris fortement teint de roux : cette dernière couleur domine principalement sur le haut du dos; les paupières et la gorge blanches; la poitrine nuancée de roussâtre, et quelquefois d'un gris-blanc; le ventre blanchâtre; les flancs roussâtres; les ailes sont noirâtres avec les couvertures bordées de roux vif; les remiges lisérées de cette couleur, excepté la primaire, qui est frangée de blanc; les pennes de la queue sont brunes et bordées de gris-roussâtre à l'extérieur; la plus éloignée de chaque côté est blanche en dehors, la suivante est seulement terminée de blanchâtre.

La femelle a les teintes moins pures et le dessus du corps plus nuancé de roux; une tache blanche entre l'œil et le bec, la poitrine roussâtre et les tempes fauves.

Les jeunes ont encore plus de roux sur les parties supérieures.

Cette fauvette est commune en Égypte, en Barbarie, dans les îles de l'Archipel et dans toutes les contrées de l'Europe. On la voit s'élever au-dessus des haies, pirouetter en l'air et retomber en chantant.

Sa nourriture se compose de mouches, de petits scarabées, de larves, d'insectes, de chenilles rases.

Elle place son nid à deux ou trois pieds de terre, dans les buissons, et de préférence dans ceux qui sont isolés. La ponte est de quatre ou cinq œufs d'un gris-verdâtre, moucheté de nombreuses taches roussâtres et olivâtres.

La figure 2 de la planche 5 représente la femelle.

LA FAUVETTE BABILLARDE, *SYLVIA CURRUCA*

(Pl. 5, fig. 3.)

S. suprà cinereo-fuscâ; subtùs albâ; rectricibus fuscis, extimâ margine exteriore albâ.

SYNONYM. Motacilla dumetorum. LINN.; GMEL., *Syst. nat.*, p. 985, n°. 31.
Sylvia dumetorum et curruca. LATH. *Ind. Ornith.* p. 250, 246, n°ˢ. 45 et 9.

Fauvette babillarde. BUFF., *Histoire naturelle*, Oiseaux, planches enluminées, 580, fig. 3, avec le texte et l'historique de la *Fauvette grisette.*
Fauvette babillarde, Motacilla curruca. CUV., *Règn. anim.*, tom. 1, pag. 368.
Fauvette babillarde, Sylvia garrula. VIEILL., *Tableau encyclopédique*, tom. II, pag. 414.
Babbling warbler, et *White-Breasted warbler*. LATH. *Syn.* tom. II, pag. 417, 447, n°ˢ. 6, 41.
Fauvette babillarde, Curruca garrula. BRISS., *Ornith.*, tom. III, pag. 384, sp. 7.

Le mâle a toutes les parties supérieures grises, tirant sur le brun. Cette couleur est plus foncée sur la tête, entre l'œil et le bec, et sur l'orifice des oreilles; la poitrine, les flancs et l'abdomen sont d'un blanc légèrement teint de roussâtre; le reste des parties inférieures est d'un blanc pur; les petites couvertures des ailes sont brunes, de même que les grandes, dont le bord est d'un gris-roussâtre; les remiges brunes, bordées de cendré-brun; les rectrices sont noirâtres, à l'exception de l'extérieure, qui est cendrée, bordée et terminée de blanc : cette dernière couleur règne sur toute la barbe intérieure;

les deux suivantes sont terminées par une petite tache blanche.

La femelle ne diffère point du mâle.

Cette espèce, répandue dans tout l'ancien continent, est plus commune dans les pays tempérés que partout ailleurs.

Sa nourriture est la même que celle de l'espèce précédente.

Elle fait son nid au milieu des buissons les plus touffus, et le place à trois ou quatre pieds de terre. La ponte est de quatre à six œufs d'un blanc-verdâtre, parsemé de taches brunes.

LA FAUVETTE PINC-PINC, *SILVIA TEXTRIX*

(Pl. 5, fig. 4).

S. corpore suprà fusco, subtùs rufescente albo; caudâ elongatâ.

Synonym. *Fauvette pinc-pinc*, Sylvia textrix. Vieill., *Tableau encyclopédique*, pag. 461. (Femelle ou jeune.)
Pinc-Pinc. Levaill., *Oiseaux d'Afrique*, planche 131.

Le mâle a le dessus de la tête, du cou, le dos et les ailes d'un brun-cendré plus foncé sur la tête et sur le cou; toutes les parties inférieures sont d'un blanc-jaunâtre; la queue est étagée, cendrée en dessus et grisâtre en dessous; toutes les rectrices portent une tache noire à leur extrémité, et sont terminées de blanc.

Chez la femelle, les parties supérieures sont de deux teintes, l'une brune tirant au noir sur le milieu de chaque plume, et l'autre d'un brun clair sur les bords; la gorge, le devant du cou et la poitrine sont d'un blanc sale; l'abdomen et le croupion d'un blanc-jaunâtre; la queue comme dans le mâle; le front est fauve-roussâtre.

Les jeunes, avant la première mue, ressemblent à la femelle; mais la queue est plus courte.

Le pinc-pinc est répandu dans toute l'Afrique.

La figure de la planche 131 de Levaillant ne représenterait-elle point une jeune fauvette de cette espèce? Cette supposition paraît d'autant plus vraisemblable, qu'en comparant de jeunes individus qui se trouvent dans les galeries du Muséum, et qui ont été rapportés du Cap par feu Delalande, on n'aperçoit que de très-légères différences dans le plumage; le bec et les pattes n'en présentent aucune.

Le nid du pinc-pinc est construit avec beaucoup d'art; il a une forme plus ou moins ronde, et présente un étranglement à sa partie élevée : c'est par-là que l'oiseau se glisse dans l'intérieur. La ponte est quelquefois de huit œufs; mais, le plus ordinairement, de six, plus ou ou moins gravelés de brun, suivant l'âge de la femelle, et moins à la première ponte qu'à la seconde.

Le coucou didric dépose souvent ses œufs dans le nid du pinc-pinc.

LA FAUVETTE LOCUSTELLE, *SYLVIA LOCUSTELLA*

(Pl. 13, fig. 3).

S. fusco viridis; maculis nigricantibus; subtùs flavescens; caudâ cuneatâ.

SYNONYM. Sylvia locustella. LATH. *Ind. Ornith.* pag. 248, n°. 25.

Fauvette tachetée. BUFF., *Histoire naturelle ;* Oiseaux, planches enluminées, 581, n°. 3. La description n'appartient point à cette espèce.

Fauvette tachetée, Motacilla nævia. CUV., *Règne animal*, tom. 1, pag. 367.

Fauvette locustelle, Sylvia locustella. VIEILL., *Tabl. encyclop.*, tom. II, pag. 420.

La locustelle est d'un brun-olivâtre en dessus, avec des taches noires plus petites sur la tête, où elles forment six bandelettes longitudinales, que sur le dos et les parties postérieures; une ligne fauve étroite passe au-dessus de l'œil; cette teinte règne sur les paupières, la gorge, la poitrine, le ventre et les flancs; la gorge est piquetée de petites taches brunes et de forme ovoïde; les couvertures inférieures de la queue, d'une couleur jaune-roussâtre, présentent des taches brunes qui suivent la direction des baguettes. La queue est longue et étagée.

La femelle et le jeune diffèrent du mâle par des teintes moins vives.

Cette espèce vit le long des bords des fleuves, dans les pâturages ou dans les genêts épineux, et dans les bruyères.

Sa nourriture consiste en petits limaçons, en insectes qui vivent sur le bord des eaux, et en graines de plantes aquatiques. Elle niche au milieu des roseaux et dans les grandes touffes d'herbes. Le nombre des œufs et leur couleur ne sont point connus.

LA FAUVETTE DES JONCS, *SYLVIA SCHOENOBÆNUS*

(Pl. 13, fig. 4).

S. capite maculato, suprà testaceo-fuscâ; subtùs pallidè testaceâ; remigibus extùs rufo marginatis; pedibus rubescente-fuscis.

SYNONYM. Motacilla schœnobænus. LINN.; GMEL., *Syst. nat.*, p. 953, n°. 4.
Sylvia schœnobænus. LATH. *Ind. Ornith.* pag. 246, n°. 10.
Fauvette des joncs, Sylvia schœnobænus. VIEILL., *Tabl. encyclop.*, pag. 419.
Sedge warbler. LATH. *Syn.* tom. II, pag. 430, n°. 21. — *Id. Suppl.* pag. 180.

Cette fauvette a le dessus de la tête et du corps d'un brun-roussâtre, avec des taches d'un brun sombre sur la première partie et très-peu apparentes sur le dos; la gorge blanchâtre; les sourcils et les autres parties inférieures d'un blanc-jaunâtre ou roussâtre, mais les flancs plus nuancés de cette dernière teinte; le croupion et les couvertures supérieures de la queue d'une couleur de tan foncée chez les vieux mâles; le haut de la poitrine est taché de brun chez les adultes; la queue dépasse l'extrémité des ailes de plus d'un pouce : elle est arrondie.

La femelle ne diffère point du mâle.

Les jeunes de l'année n'ont point de trait blanchâtre au-dessus des yeux; les parties inférieures offrent plus de roussâtre, et les pieds ne prennent leur teinte jaunâtre qu'après la première mue.

Il est très-facile de confondre cette espèce avec la fauvette de marais (*sylvia aquatica*, Lath., et *motacilla aquatica*, Lin., Gmel.); celle-ci se distingue principalement de celle que nous décrivons, par la présence constante de trois bandes longitudinales sur le dessus de la tête, dont deux noires et l'autre d'un blanc-jaunâtre : cette dernière est située au milieu des deux noires; les sourcils sont d'un blanc-jaunâtre.

La fauvette des joncs se trouve en grand nombre dans toute l'Afrique septentrionale ; elle est très-abondante en Égypte, en Turquie, dans les îles de l'Archipel, en Dalmatie, en Italie, en Espagne, en France, en Hollande, en Angleterre.

Sa nourriture se compose de petits hannetons, cousins, libellules, et de larves d'insectes.

Elle construit son nid près de terre, entre les roseaux ou entre les racines des saules, sur le bord des eaux. La femelle y dépose quatre ou cinq œufs d'un blanc sale ou d'un cendré-fauve, avec de petits points bruns disposés en zone.

Genre ROITELET ou POUILLOT

(*Regulus*, Cuv., Vieill.; *Sylvia*, Temm., Lath.; *Motacilla*, Lin.; *Asilus*, Briss.).

Caractères principaux.

Bec très-grêle, court, droit, en cône très-aigu, finement entaillé vers le bout de sa partie supérieure; *narines* couvertes par des petites plumes décomposées et dirigées en avant.

Pieds tétradactyles.

Quatre *doigts*, trois devant, un derrière.

Pouce articulé au bas du *tarse*, sur le même plan que les antérieurs.

Les roitelets et les pouillots semblent établir le passage des sylvies aux mésanges. Ce sont de petits oiseaux très-agiles qui se tiennent sur les arbres et y poursuivent les mouches et divers insectes. On les trouve en Afrique, en Asie, en Europe et en Amérique.

ESPÈCE.

LE POUILLOT A VENTRE JAUNE, *SYLVIA TROCHILUS*

(Pl. 13, fig. 2).

S. suprà olivaceo viridis; subtùs superciliisque flavis; remigibus primariis ad apicem albido maculatis.

SYNONYM. Motacilla trochilus. LINN.; GMEL., *Syst. nat.*, pag. 995, n°. 491.
Sylvia trochilus. LATH. *Ind. Ornith.* pag. 550, n°. 135.
Pouillot à ventre jaune, Sylvia flaviventris. VIEILL., *Tabl. encyclop.*, tom. II, pag. 468.
Pouillot ou Chantre, Asilus. BRISS., tom. III, pag. 479, n°. 45.
Yellow wren. LATH. *Syn.* 2, tom. II, pag. 512, n°. 147.
EDWARDS, *Ois.*, pl. 278, fig. 2.

Le mâle a toutes les parties supérieures d'un jaune-olive un peu cendré; les sourcils, les paupières, la gorge, la poitrine, le ventre, les couvertures inférieures de la queue et les plumes des jambes jaunes; les tectrices supérieures et les remiges sont d'un cendré rembruni et bordées de vert-olive à l'extérieur, les primaires terminées par une petite tache d'un blanc un peu jaunâtre; le pli de l'aile et ses couvertures d'un beau jaune.

La femelle a les teintes moins pures.

Les jeunes ressemblent à la femelle.

Le pouillot à ventre jaune visite, pendant la saison des chaleurs, les contrées septentrionales, et revient, au commencement des froids, dans les pays méridionaux.

Il se nourrit de mouches, de cousins, de moucherons et de petites chenilles rases.

Suivant quelques auteurs, il niche à terre parmi la mousse et les feuilles, ou entre les racines. La ponte est de six œufs tachés de rougeâtre sur un fond blanc.

Genre PIPI

(*Anthus*, Cuv., Vieill., Temm.; *Alauda*, Briss., Lin., Lath.).

Caractères principaux.

Bec grêle, droit, cylindrique, à bords courbés en dedans, vers le milieu; base de la *mandibule supérieure* en arête, pointe légèrement échancrée; *narines* basales, un peu ovales, latérales, à moitié fermées par une membrane.

Langue cartilagineuse, fourchue à son extrémité.

Pieds tétradactyles.

Trois *doigts* devant, un derrière; l'*extérieur* soudé à sa base à celui du milieu.

Ongles, celui de derrière plus ou moins courbé, le plus souvent excédant la longueur du doigt. (Il n'y a qu'une seule exception, pour le pipi des arbres, *anthus arboreus*, Bechst.)

Caractères accessoires.

Rémiges, les troisième et quatrième les plus longues de toutes.
Queue médiocre, souvent un peu fourchue.

Les oiseaux de ce genre ont été long-temps réunis aux alouettes, bien que pourtant il y ait entre eux des différences essentielles. Ils s'en distinguent par un bec plus grêle, échancré à sa pointe, par la forme long-cône de leur tête, par une taille plus svelte, et par la longueur de leur queue, qu'ils meuvent de bas en haut.

Les pipis ont un chant agréable, qu'ils font entendre en s'élevant perpendiculairement de terre à la manière des alouettes, et en restant, comme elles, suspendus en l'air.

Leur nourriture consiste en semences et insectes.

Ils nichent à terre et font deux couvées par an. Leur nid est construit avec des herbes et des racines sèches; les femelles y déposent quatre ou cinq œufs gris et tachetés. Les petits quittent le nid avant d'être en état de voler. La chair des pipis est très-délicate.

La mue n'a lieu qu'une seule fois l'année.

On trouve des pipis dans toutes les parties du monde, dans les lieux à découvert, dans les prairies, les champs, les bosquets, sur les bords graveleux des fleuves ou des eaux.

ESPÈCES.

LE PIPI DE COUTELLE, *ANTHUS COUTELLII*[1]

(Pl. 5, fig. 5).

A. capite, colli parte superiori, dorso, rectricibus alarum fuscis; plumis margine albis; superciliis albidis; oculorum ambitu nigro; gulâ viridi-cærulescente; pectore supernè albo; lateribus, ventreque pectore infernè albo-roseis; rostro fusco rubescente; pedibus fuscis.

Les plumes du dessus de la tête, du cou, du dos et les couvertures des ailes sont brunes et encadrées de blanc-jaunâtre; les sourcils et les paupières sont de cette dernière couleur; le tour des yeux est noir; la gorge est nuancée de vert-bleuâtre clair; le haut de la poitrine est d'un blanc très-faiblement teint de bleuâtre; le bas de la poitrine, le ventre et les flancs sont d'un blanc-rosé, piqueté longitudinalement de brun; les remiges sont frangées de blanchâtre, et les rectrices de blanc pur; le bec est d'un brun-rougeâtre; les pieds sont bruns.

Ce pipi habite en Égypte, et très-probablement aussi dans d'autres parties de l'Afrique.

D'après le mode de coloration, le plumage des deux sexes ne doit offrir que peu de différences.

LE PIPI DE CÉCILE, *ANTHUS CECILII*[2]

(Pl. 5, fig. 6).

A. corpore suprà plumis fuscis, margine griseis vestito; pectore, ventreque lateribus fusco maculatis; rectrice extimâ exteriùs albâ;

[1] Membre de l'Institut d'Égypte. [2] *Idem.*

fronte, oculorum ambitu, gulâ et pectore suprà testaceis ; rostro infrà rubescente ; pedibus fusco-flavis.

Le sommet de la tête et les parties supérieures sont d'un cendré nuancé d'olivâtre avec du brun-noirâtre sur le centre de chaque plume ; le front, le tour de l'œil, la gorge et le haut de la poitrine sont d'un rouge-briqueté mat ; la partie inférieure de la poitrine et les flancs d'un blanc-jaunâtre, taché de brun ; l'ongle du pouce est aussi long ou plus long que le doigt.

Le plumage de la femelle n'est point connu.

Ce pipi se distingue aisément de tous ses congénères par la couleur briquetée du haut de la poitrine, de la gorge, du front et du tour des yeux ; le bec est plus court, plus grêle et moins aigu que dans l'espèce précédente.

Il se trouve en Égypte, en Syrie, en Turquie, en Barbarie.

LE PIPI DES ARBRES, *ANTHUS ARBOREUS*

(Pl. 13, fig. 5).

A. suprà fusco olivaceoque varius ; pectore maculis nigris longitudinalibus picto ; rectrice extimâ exteriùs albâ, secundâ apice albâ ; ungue postico arcuato digito breviore.

Synonym. Alauda trivialis. Linn.; Gmel., *Syst. natur.*, pag. 796, n°. 5.
Alauda trivialis. Lath. *Ind. Ornith.* pag. 240, n°. 10.
Alouette pipi. Buff., *Histoire naturelle;* Oiseaux, planches enluminées, 660, fig 1.
Pipi, Alauda trivialis. Cuv., *Règne animal*, pag. 371.

Synonym. *Alouette pipi*, Alauda trivialis. Vieill., *Tabl. encyclop.*, pag. 312.
Fieldlarck. Lath. *Syn.* tom. ii, pag. 375, n°. 6.

Le dessus de la tête, du cou, le dos, les ailes sont d'un brun-olivâtre avec une tache noire sur le milieu de chaque plume; sourcils et paupières jaunâtres; le blanc-jaunâtre de l'extrémité des petites et des moyennes couvertures forme une double bande transversale sur l'aile; la gorge, la poitrine et les parties postérieures sont d'un blanc légèrement nuancé de jaune; les côtés, le devant du cou et la poitrine sont tachés de noirâtre; les rectrices brunes, la plus extérieure blanche en dehors, les suivantes terminées de cette couleur; l'ongle du pouce plus court que le doigt.

La femelle ne diffère point du mâle.

Cette espèce est très-facile à confondre avec le pipi des buissons (*anthus sepiarius*, *alauda trivialis*, Lin., Lath.): le meilleur caractère pour les distinguer l'une de l'autre est celui du pouce, qui est toujours moins long que le doigt chez l'*anthus arboreus*, tandis qu'il est plus long que le doigt chez l'*anthus sepiarius*.

Le pipi des arbres est répandu dans tout l'ancien continent.

Sa nourriture se compose de graines et d'insectes.

Il construit son nid à terre dans une touffe d'herbes, dans les bruyères ou au pied d'un buisson; sa ponte est de cinq ou six œufs d'un blanc sale, tacheté de brun.

Genre ALOUETTE

(*Alauda*, Cuv., Vieill., Temm., Lin., Lath.; *Passer*, Briss.).

Caractères principaux.

Bec court, conique, légèrement arqué, pointu; les *mandibules* presque égales, sans échancrures; *narines* ordinairement couvertes de plumes et situées à la base du *bec*.
Langue fourchue.
Pieds tétradactyles.
Tête *arrondie*, souvent ornée d'une *huppe*.
Trois *doigts* devant, un derrière; les *antérieurs divisés*.
Ongle de derrière plus long que le doigt.

Caractères accessoires.

Ailes médiocres, plus courtes que la *queue*.
Troisième *remige* la plus longue de toutes.
Queue moyenne et presque toujours fourchue.

Le plus grand nombre des oiseaux de ce genre sont de passage et se rassemblent en grandes troupes au commencement de l'hiver : leur nourriture consiste principalement en grains et semences; les insectes leur servent d'aliment durant le temps de la reproduction. Ils ont un chant agréable qu'ils font entendre en s'élevant perpendiculairement de terre, et en restant comme suspendus en l'air; ils chantent surtout au lever de l'aurore.

Leur nid est construit avec des herbes sèches, de petites racines et des crins, et placés dans les champs ou les plaines, au milieu des herbes, ou adossé à une motte dans les terres labourées ; les femelles y déposent de cinq à sept œufs gris tachetés de brun. Les petits quittent le nid aussitôt après être revêtus d'un léger duvet.

La mue n'a lieu qu'une fois dans l'année ; les mâles ne diffèrent presque point des femelles.

On trouve des alouettes dans toutes les parties du monde.

ESPÈCE.

LE COCHEVIS, *ALAUDA CRISTATA*

(Pl. 13, fig. 6).

A. rectricibus nigris; extimis duabus margine exteriore albis; capite cristato. LINN.

SYNONYM. Alauda cristata. LINN.; GMEL., *Syst. natur.*, pag. 796, n°. 6.
Alauda cristata. LATH. *Ind. Ornith.* pag. 243, n°. 25.
Alouette-Cochevis. BUFF., *Histoire naturelle;* Oiseaux, tom. v, pag. 66, planches enluminées, 503, fig. 1.
Cochevis ou *Alouette huppée*, Alauda cristata. CUV., *Règne animal*, pag. 378.
Crested lark. LATH. *Syn.* tom. 11, pag. 389, n°. 23.
Allodola cappellata, *Stor. degl. Ucc.* pl. 374, tom. IV.
Alouette huppée ou *Cochevis*, Alauda cristata. BRISS., *Ornith.* tom. III, pag. 357, n°. 8.

Les plumes qui couvrent la tête, et toutes celles du dessus du cou et des ailes ont le centre d'un gris foncé et la bordure plus claire ; la huppe est formée de neuf à douze plumes allongées, acuminées, et qui s'inclinent en arrière au gré de l'oiseau ; sur les côtés de la tête, et à la hauteur des yeux, est une bande d'un blanc-roussâtre ; tout le dessous est d'un blanc obscur avec des taches longitudinales brunes sur la poitrine et les flancs; les rectrices intermédiaires sont roussâtres; les suivantes d'un brun-noirâtre, et terminées par une bordure blanchâtre très-étroite; le bec est brun en dessus, blanchâtre en dessous et arqué; les pieds sont gris-blanchâtre.

Les alouettes-cochevis se tiennent sur le bord des routes et vont chercher dans le crottin de cheval des grains qui n'ont pas été digérés; elles fréquentent les environs des habitations, où on les voit souvent posées sur les murs de clôture; elles ne volent point en troupe comme les autres espèces d'alouettes : c'est au bord des routes, derrière quelque motte ou au pied des buissons qu'on rencontre le plus souvent leur nid; la femelle y dépose quatre ou cinq œufs d'un cendré clair tacheté de brun foncé.

Les alouettes-cochevis sont répandues dans tout l'ancien continent.

Genre FRINGILLE

(*Fringilla*, Cuv., Vieill., Temm., Lin., Lath.).

Caractères principaux.

Bec court, fort, droit, conique en tous sens; *mandibule supérieure* renflée, couvrant les bords de l'*inférieure*, rarement inclinée à sa pointe, à palais creux, sans arête, déprimée en dessus, souvent prolongée en angle entre les plumes du *front; narines* basales, rondes, ouvertes, placées près du front, derrière l'élévation cornée de la partie bombée du *bec*, couvertes plus ou moins par de petites plumes dirigées en avant.

Langue épaisse, arrondie, à pointe comprimée et bifide.

Pieds tétradactyles.

Trois *doigts* devant, un derrière; les *extérieurs* réunis à leur base.

Caractères accessoires.

Ailes courtes.

Les troisième et quatrième *remiges* les plus longues.

Queue de forme variée, à douze rectrices; les intermédiaires quelquefois très-longues.

On rencontre des fringilles dans toutes les contrées du globe, mais en plus grand nombre dans les pays chauds que dans ceux qui sont tempérés ou froids. Ils émigrent en troupes nombreuses, et dans les lieux où ils sont sédentaires on les voit le plus ordinairement réunis par bandes. Les graines et les semences dont ils rejettent l'enveloppe, les baies et plus rarement les insectes, sont les alimens dont ils se nourrissent. Ils nichent dans les buissons, sur les arbres ou dans les trous des murs. La ponte est de quatre à six œufs. Les mâles partagent les soins de l'incubation. Chez plusieurs espèces, la mue est double; et, dans ce cas, le mâle prend en hiver la livrée de la femelle.

Tous les oiseaux qui présentent, à très-peu de différences près, les mêmes caractères extérieurs que le *fringilla cœlebs* et le *fringilla domestica*, offrent une grande conformité de mœurs et d'habitudes avec ces deux espèces; et ce serait à tort que, pour de légères modifications dans la forme du bec, on essaierait de vouloir les en séparer pour en former des genres distincts.

ESPÈCE.

LE MOINEAU CISALPIN, *FRINGILLA CISALPINA*

(Pl. 5, fig. 7).

F. vertice, colli parte superiori castaneis; dorsi et alarum plumis nigris margine rufo-lutescentibus; gulâ, juguloque atris; lateribus nigro et albo maculatis; superciliis, genis, alarum fasciâ, ventreque abdomine albis.

SYNONYM. *Gros bec Cisalpin*, Fringilla Cisalpina. TEMM., *Manuel d'ornith.*, pag. 351; et Fringilla Hispaniolensis, *ibid.* pag. 353.

Le sommet de la tête, la nuque et le dessus du cou sont d'un marron vif; la gorge, le devant du cou et la poitrine d'un noir foncé; les flancs sont tachetés de cette couleur; le milieu du ventre, l'abdomen, les joues, les côtés du cou et les sourcils sont d'un blanc pur; les plumes du dos et du manteau sont noires et frangées latéralement de roux-jaunâtre; les rectrices d'un cendré-brun et bordées de blanchâtre.

On rencontre ce moineau dans toute l'étendue de l'Afrique, depuis l'Égypte jusqu'au cap de Bonne-Espérance, en Asie et dans toutes les contrées méridionales de l'Europe.

M. Temminck (*Manuel d'ornithologie*) a établi une nouvelle espèce de moineau sous le nom de *fringilla Hispaniolensis*, dont les seules différences sont d'avoir quelques taches noires sur les flancs; le dessus de la tête, du cou, le dos, le manteau, les joues, la poitrine, les côtés et le devant du cou sont absolument les mêmes que dans le moineau cisalpin. Une si faible différence peut-elle autoriser la création d'une nouvelle espèce ?

Ici se fait sentir l'inconvénient de donner à une espèce le nom de la localité où elle a été trouvée.

Genre BOUVREUIL

(*Pyrrhula*, Cuv., Vieill., Temm., Briss.; *Loxia*, Lin., Lath.).

Caractères principaux.

Bec robuste, court, arrondi, renflé, bombé en tous sens, conique, ou comprimé à la pointe et vers l'arête qui s'avance sur le front; *mandibule supérieure* courbée, couvrant les bords et l'extrémité de l'*inférieure*, à palais creux; *narines* arrondies, latérales, le plus ordinairement cachées par les plumes du front.

Langue charnue en dessus, épaisse, à pointe obtuse et entière.

Pieds tétradactyles.

Trois *doigts* devant, un derrière; les *antérieurs* entièrement divisés.

Caractères accessoires.

Ailes médiocres.

Les troisième et quatrième *remiges* les plus longues.

Queue composée de douze *pennes,* un peu longue, arrondie ou carrée.

Les bouvreuils habitent en Afrique, en Asie, en Europe et en Amérique; les régions septentrionales semblent leur convenir bien plus que les contrées méridionales, car on n'en connaît jusqu'à présent que très-peu d'Afrique, et point de la Nouvelle-Hollande. Les régions boréales de l'Amérique, de l'Europe et de l'Asie en produisent au contraire un bon nombre d'espèces. Ils se nourrissent de graines, de semences et de baies, et nichent dans les buissons. Leur ponte est de quatre à six œufs.

Chez la plupart des espèces connues, la mue a lieu deux fois dans l'année. Les jeunes ne se distinguent des adultes que jusqu'à la première mue.

ESPÈCE.

LE BOUVREUIL DE PAYRAUDEAU, *PYRRHULA PAYRAUDÆI* [1]

(Pl. 5, fig. 8).

P. corpore suprà subalbido, infrà subrubicundo-violacescente; remigibus nigris roseo marginatis; genis et fronte roseis; auriculis viridi-cærulescentibus; rostro flavescente; pedibus plumbeis.

Les parties supérieures sont d'une teinte isabelle; le front et les joues sont d'un rosé vif; la région des oreilles est nuancée de vert et de bleuâtre clair; la gorge et les côtés du cou sont de couleur de chair; la poitrine, les flancs, le croupion, les couvertures inférieures et le dessous de la queue sont d'une teinte vineuse légèrement nuancée de violâtre; les pennes des ailes sont noires et frangées de rosé; le bec est jaunâtre; les pieds sont livides.

[1] J'ai voulu, en dédiant cette espèce à mon ami Payraudeau, savant ornithologiste, lui exprimer publiquement ma reconnaissance pour le secours dont il m'a été dans la rédaction de la partie des oiseaux, dont les planches avaient été publiées par M Savigny.

Genre GUÊPIER

(*Merops*, Cuv., Vieill., Temm., Lin., Lath.; *Apiaster*, Briss.).

Caractères principaux.

Bec médiocre, très-pointu, légèrement incliné, quadrangulaire, comprimé; *narines* basales, latérales, ovoïdes, ouvertes, un peu cachées par des poils dirigés en avant.

Langue terminée par des filamens ou par des dentelures.

Jambes nues au-dessus du talon.

Pieds tétradactyles.

Tarses courts.

Trois *doigts* devant, un derrière; celui du milieu uni avec l'*extérieur* jusqu'à la troisième phalange, et, avec l'*intérieur*, jusqu'à la première phalange seulement.

Caractères accessoires.

La deuxième *remige* le plus souvent la plus longue, quelquefois la troisième.

Queue allongée, carrée, étagée ou fourchue.

Les deux *rectrices* intermédiaires, dans le plus grand nombre d'espèces, dépassant les autres.

Les guêpiers vont, comme les hirondelles, à la poursuite des abeilles, des guêpes, des frelons, des cousins, des libellules, et autres insectes ailés. Ils nichent dans des trous qu'ils creusent eux-mêmes avec leurs pattes et leurs becs, sur les bords des rivières ou au pied des coteaux, dans le voisinage des endroits bas et marécageux. La ponte est de cinq à sept œufs d'un blanc pur. Tous les guêpiers appartiennent à l'ancien continent; il ne s'en trouve point en Amérique.

La mue est simple.

Les ailes des guêpiers présentent une disposition dans les pennes qui ne leur est point commune avec la forme ordinaire des ailes des autres oiseaux. Les grandes rémiges décroissent brusquement, à partir des plus extérieures; les pennes secondaires s'accroissent au contraire par degré dans un sens inverse, de sorte que la première des rémiges secondaires est la plus courte de toutes.

ESPÈCE.

LE GUÊPIER SAVIGNY. *MEROPS SAVIGNYI*

(Pl. 4, fig. 3).

M. corpore suprà et infrà viridi; fronte albâ; tæniâ suprà oculos nigricante, gulâ flavâ; jugulo castaneo; rectricibus duabus elongatis.

SYNONYM. Merops superciliosus. LINN.; GMEL., *Syst. nat.*, p. 461, n°. 4.
LATH. *Ind. Ornith.* pag. 160, n°. 4.
Guêpier Savigny. LEVAILL., *Histoire des Promer. et des Guêp.*, planche 6, et *bis.*
Guêpier de Madagascar. BUFF., *Histoire naturelle*, Ois., tom. VI; planches enluminées, 259.
Guêpier d'Egypte, Merops Ægyptius. VIEILL., *Tabl. encyclop.*, pag. 276; et *Guêpier de Madagascar*, Merops superciliosus. *Id.* pag. 278.
Guêpier de Madagascar, Apiaster Madagascariensis. BRISS., *Ornith.*, tom. IV, pag. 546, n°. 7, tab. 42, f. 1.
Supercilious Bee-eater. LATH. *Syn.* I, II, p. 673, n°. 4.

Le guêpier Savigny a le front blanc; les sourcils et les joues d'un vert aigue-marine; la gorge d'un jaunecafé, et le devant du cou d'un roux-marron. Entre l'œil et le bec, et sur la région des oreilles, est une raie noire; toutes les parties supérieures et inférieures sont d'un beau vert, à reflets bleuâtres dans quelques individus, et à reflets marrons dans d'autres. Les pennes des ailes et de la queue sont d'un vert obscur; les remiges ont les barbes intérieures noirâtres; les rectrices sont d'un brun-cendré en dessous; les intermédiaires dépassent les autres d'environ deux pouces et demi. Le bec est noir et les pieds sont rougeâtres.

Cette espèce offre de faibles variations dans les couleurs et dans la grosseur, suivant les localités : mais ces variations ne doivent sans doute être attribuées qu'aux différences de climats.

Le guêpier Savigny est répandu dans toute l'Afrique et dans une grande partie de l'Asie; il se trouve en Égypte, en Barbarie, au Sénégal, dans la Guinée, au cap de Bonne-Espérance, à Madagascar, en Perse et dans l'Inde.

ORDRE IV.

PASSÉRIGALLES, *PASSERIGALLI*

(Les Pigeons).

Caractères principaux.

Bec médiocre, incliné et renflé à sa pointe, garni à sa base d'une membrane dans laquelle sont percées les *narines*, lesquelles sont couvertes par une écaille cartilagineuse.
Pieds courts ou médiocres.
Tarses réticulés.
Doigts au nombre de quatre, trois devant, un derrière ; les *antérieurs* entièrement séparés, rarement réunis à leur base par une membrane.

Caractères accessoires.

Rectrices, douze ou quatorze.

Les oiseaux de cet ordre établissent le passage des passereaux aux gallinacés, et tiennent également des uns et des autres. Ils sont tous monogames. Les arbres ou les creux des rochers sont les lieux qu'ils choisissent pour y placer leur nid. La ponte est de deux œufs. Les graines et les semences dont ils font leur nourriture sont soumises à une sorte de macération dans le jabot avant de passer dans le gésier. Les jeunes ne quittent le nid que lorsqu'ils sont en état de voler, et reçoivent jusqu'à cette époque les alimens plus ou moins macérés que le père et la mère dégorgent dans leur œsophage.

Le sternum, selon M. Cuvier, est osseux, profondément et doublement échancré, le jabot extrêmement dilaté, le larynx inférieur muni d'un seul muscle propre.

Cet ordre se compose d'un seul genre, le genre pigeon, *columba*, Lin., qui est susceptible d'être divisé en plusieurs sections.

Genre PIGEON

(*Columba*, Cuv., Vieill., Temm., Briss., Lin., Lath.).

Caractères principaux.

Bec médiocre, droit, renflé à la pointe et un peu fléchi; *narines* oblongues, situées au milieu du *bec*, percées dans un espace membraneux, et couvertes d'une écaille cartilagineuse qui forme un renflement près du front.

Pieds tétradactyles.

Tarses courts manquant d'éperons.

Quatre *doigts*, trois devant, un derrière; les *antérieurs* totalement divisés; le *postérieur* s'articulant sur le même plan que ceux de devant.

Caractères accessoires.

Ailes un peu allongées, mais plus courtes que la *queue*.

Les pigeons vivent par couples, et une fois unis ils ne se séparent plus. Chaque couvée n'est que de deux œufs; mais ils en font plusieurs par an.

Les pigeons ou les tourterelles ne boivent point à la manière des gallinacés, en relevant le bec, mais d'un trait, et tenant la tête baissée.

La mue n'a lieu qu'une fois dans l'année.

ESPÈCES.

LE PIGEON COLOMBIN OU DE ROCHE, *COLUMBA OENAS*

(Pl. 13, fig. 7).

C. corpore suprà obscurè cinereo, subtùs dilutiore; jugulo et pectore vinaceis; fasciâ alarum duplici apiceque caudæ nigricantibus; rostro pedibusque rubris.

Synonym. Columba œnas. Linn.; Gmel., *Syst. nat.*, pag. 769, n°. 1.
Columba œnas. Lath. *Ind. Ornith.* pag. 266, n°. 1.
Colombin ou *Petit Ramier*, Columba œnas. Cuv., *Règne animal*, pag. 456.
Pigeon sauvage, Columba œnas. Vieill., *Tabl. encyclop.*, pag. 226.
Stock pigeon. Lath. *Syn.* tom. II, pag. 604. — *Id.* Suppl , tom. 1, pag. 197.
Colombella. Stor. degl. Ucc. tom. III, planche 271.
Pigeon sauvage, Œnas sive vinago. Briss., *Ornith.*, t. 1, pag. 86, n°. 5.
Colombe colombin. Temm., *Pig. et Gall.*, t. 1, p. 118.

La tête est cendrée; le haut du dos, les couvertures des ailes sont de la même teinte, mais plus foncée; la partie du dos, le croupion et tout le dessous du corps d'un cendré-bleuâtre; les côtés du cou sont d'un vert-doré lorsqu'on fait jouer la lumière dans un certain sens; le bas du cou et la poitrine sont de couleur de lie-de-vin; chaque aile offre deux taches transversales noires, situées, l'une sur les dernières pennes secondaires, et l'autre sur les grandes couvertures; les remiges et les rectrices sont cendrées et terminées de noir, à l'exception de la rectrice la plus latérale, qui est frangée extérieurement de blanc; le bec est d'un rouge pâle, et les pieds de même couleur, mais plus prononcée; l'iris est d'un rouge-brun.

Cette espèce est commune en Égypte, en Barbarie et dans toutes les contrées méridionales de l'Europe.

Sa nourriture consiste en diverses sortes de graines et semences.

Elle niche ou sur des arbres, ou dans des trous d'arbres et dans les anfractuosités des rochers. La ponte est de deux œufs blancs.

COLOMBE MAILLÉE, *COLUMBA CAMBAYENSIS*

(Pl. 5, fig. 9).

C. ex vinaceo griseâ; cervicis plumis nigris, illis tæniâ albâ, his nigrâ pictis; remigibus intùs nigricantibus, extùs griseis; rectricibus parte dimidiâ nigris, lateralibus alterâ parte albis, intermediis cinereo-fuscescentibus; rostro apice fusco-lutescente; pedibus rubris.

SYNONYM. Columba Cambayensis, Suratensis, Senegalensis. LINN.; GMEL., *Syst. nat.*, pag. 779, 778, 782, n°s. 49, 48, 26.
LATH. *Ind. Ornith.* pag. 273, 274, n°s. 56, 55, 62.
Turtur gutture maculato Senegalensis. BRISS., *Ornith.*, t. 1, pag. 125, tab. 8, fig. 3.

Tourterelle à gorge tachetée. BUFF., *Histoire naturelle*, Oiseaux, tom. II, pag. 552.

Synonym. *Pigeon de Surate*, Columba Suratensis, Vieill., *Tabl. encyclop.*, pag. 236.
Cambayan Turtle, *Surate Turtle*, *Senegal Turtle*. Lath. *Syn.* tom. 11, pag. 652. 655, n°˙. 47, 46, 53.
Tourterelle maillée. Levaill., *Oiseaux d'Afrique*, t. vi, pl. 270.
Colombe maillée. Temm., *Histoire des pigeons*, pl. 45.
Tourterelle de Surate, et *Tourterelle grise de Surate.* Sonnerat, *Voyage aux Indes et à la Chine*, tom. 11, pag. 179, 180.

La tête et le haut du cou sont d'une belle couleur vineuse, qui, sur la poitrine, prend un ton roussâtre, varié agréablement de lignes noires formant des espèces de mailles lâches. Le dessous du corps est d'un gris-perlé, mais plus clair sur les parties basses; les couvertures inférieures sont blanches; les rectrices sont noires dans la première moitié; les intermédiaires d'un cendré-brun, et les latérales d'un blanc pur dans l'autre moitié. Le manteau est roussâtre, ainsi que les grandes couvertures des ailes; les supérieures sont d'un cendré-bleuâtre. Les remiges sont noires sur les barbes intérieures, et lisérées de blanc sur les extérieures. Le bec est d'un brun-noir jaunissant vers la pointe; les yeux sont orangés, et les pieds d'un rouge clair.

La femelle est un peu plus petite que le mâle et ses couleurs sont moins vives.

La colombe maillée niche, comme nos tourterelles, sur les arbres, et pond deux œufs blancs.

Elle habite dans toute l'étendue de l'Afrique et se trouve aussi dans l'Inde.

ORDRE V.

ÉCHASSIERS, *GRALLATORES*

Deux divisions..... { *Campestres.*
{ *Littorales.*

Caractères principaux.

Bec court, droit, obtus à sa pointe, déprimé horizontalement, ou comprimé, ou robuste; très-rarement plus long que la tête, courbé ou crochu à son extrémité, droit ou arqué, presque cylindrique, médiocre ou très-long.

Narines vers le milieu du bec.

Pieds à tarses longs ou médiocres, robustes ou grêles.

Jambes nues au-dessus du talon, rarement au-dessous.

Tarses glabres, réticulés ou annelés, le plus souvent arrondis.

Doigts, seulement deux ou trois dirigés en avant, fendus, rarement à palmure entière; le plus ordinairement quatre, trois devant, un derrière; le *postérieur* articulé au niveau des *antérieurs*, ou plus élevé; tous les quatre presque entièrement divisés et libres, quelquefois entourés d'une bordure festonnée.

Ongles de diverses formes.

ÉCHASSIERS.

La dénomination de cet ordre vient de ce que la plupart des oiseaux qui le composent peuvent porter en avant le tibia en même temps que le tarse, ce qui les fait paraître comme montés sur des échasses ; et aussi à cause de la longueur de leurs jambes et de leurs pieds, presque toujours disproportionnée comparativement avec le volume de leur corps. Cette dénomination est très-applicable à tous les oiseaux classés par les auteurs dans cette division ; mais la qualification d'*oiseaux de rivage*, par laquelle on les désigne fréquemment ne leur convient point dans un sens aussi général, puisqu'il en est parmi eux qui ne fréquentent jamais ni les bords des fleuves, ni les bords de la mer : telles sont les espèces des genres *struthio, rhea, casuarius, dromaius, otis, cursorius, œdicnemus, serpentarius, cariama, psophia*. Les espèces qui composent ces genres habitent toutes dans l'intérieur des terres, le plus ordinairement dans les lieux déserts, éloignés des bois et des eaux ; elles ont des mœurs et des habitudes totalement différentes de celles qui vivent sur les rivages. Leur nourriture se compose principalement d'herbes, de graines, d'insectes terrestres ou de reptiles ; tandis que les espèces qui recherchent les lieux submergés se nourrissent particulièrement de poissons, de frai, d'insectes aquatiques, de vers, et quelques-unes de reptiles. Presque toutes les espèces des genres cités sont polygames, et au contraire celles des lieux riverains sont monogames. D'après ces considérations, on pourra établir deux divisions dans cet ordre, et toutes les deux seront naturelles, l'une sous le nom de *campestres*, et qui comprendra les genres ci-dessus, l'autre sous celui de *littorales,* qui renfermera toutes les espèces qui vivent sur les plages vaseuses ou les grèves baignées par les eaux de la mer ou des fleuves.

Parmi les espèces de la première division, qui toutes sont terrestres, il en est quelques-unes dont les ailes sont impropres au vol, et qui ne s'en servent que pour accélérer leur course, qui est très-rapide. Elles nichent toutes à terre; leurs petits quittent le nid peu de jours après leur naissance, et prennent d'eux-mêmes les alimens que leur présente ou que leur indique la mère.

La plupart des espèces de la seconde division sont demi-nocturnes; ce qui signifie que c'est au moment des crépuscules et pendant la nuit qu'elles se rapprochent des bords de la mer, des lacs, des rivières ou des terrains humides, pour y chercher leur subsistance : c'est aussi pendant ce temps que certains mollusques et crustacés sortent du sable ou de dessous les pierres où ils se tiennent durant le jour, que les poissons, les reptiles et les insectes aquatiques sont en mouvement, et que les vers sortent de terre. Les unes entrent dans l'eau sans mouiller leurs plumes, ou parcourent les terrains vaseux; d'autres, quoique avec des tarses longs et grêles, et pourvus de doigts entièrement divisés et longs, plongent avec une grande facilité; chez un petit nombre d'espèces, les doigts sont entourés d'une membrane festonnée, et celles-là nagent aussi bien que les vrais palmipèdes.

Tous les riverains nichent ou sur les arbres ou dans les endroits bas et marécageux; ils sont tous monogames et nourrissent leurs petits dans le nid : ceux-ci ne l'abandonnent qu'en état de voler.

Dans cette division, les femelles sont presque toujours plus grosses que les mâles; ce qui est le contraire pour les oiseaux de la première section.

La mue est double dans plusieurs genres de l'une et l'autre division, et elle change périodiquement les couleurs du plumage; dans d'autres, elle est simple; et, dans ce cas, il s'écoule plusieurs années avant que le jeune oiseau se soit revêtu de la livrée de l'adulte.

Les échassiers étendent leurs jambes en arrière lorsqu'ils volent, au contraire des autres oiseaux, qui les reploient sous le ventre.

Genre PLUVIER

(*Charadrius*, Cuv., Vieill., Temm., Lin., Lath.; *Pluvialis*, Briss.).

Caractères principaux.

Bec plus court que la tête, droit, grêle, renflé vers le bout et obtus; *narines* basales, très-étroites, fendues longitudinalement au milieu d'une membrane qui recouvre environ les deux tiers de la longueur du *bec*.

Langue lancéolée, entière.

Pieds longs ou de moyenne longueur, grêles.

Seulement trois *doigts* dirigés en avant; celui du *milieu* est réuni à l'*extérieur* par une membrane; l'*intérieur* séparé.

Caractères accessoires.

AILES simples ou éperonnées, tantôt plus longues que la queue, tantôt de même longueur et tantôt plus courtes. La première ou la deuxième *remige* la plus longue de toutes. QUEUE arrondie ou carrée.

Les pluviers sont des oiseaux des contrées septentrionales qui émigrent périodiquement chaque année, en automne, vers les climats tempérés ou chauds, et qui reviennent dans les régions boréales au commencement du printemps. Ils vivent en troupes, et fréquentent principalement les terrains humides, tels que les marais, les prairies, les grèves des fleuves et des rivières, ou les bords de la mer. Ils se nourrissent d'insectes et de vers qu'ils se procurent avec beaucoup d'adresse, en frappant la terre de leurs pieds. Les femelles pondent deux à cinq œufs à terre, ou sur le sable. Le manque de pouce contribue à la vitesse de leur course.

La mue est double chez le plus grand nombre.

La chair des pluviers est généralement estimée et recherchée. Plusieurs d'entre eux ont des lambeaux ou des proéminences charnues à la tête ou aux mandibules. Ils sont répandus dans tout l'ancien et le nouveau continent.

ESPÈCES.

LE PLUVIER A AIGRETTES, *CHARADRIUS SPINOSUS*

(Pl. 6, fig. 3).

Ch. corpore suprà ex castaneo-fusco, subtùs nigro; occipite ex nigro-viridi, cristato; gutture remigibusque nigris; alulis spinosis; genis, colli lateribus, abdomine et caudæ tectricibus inferioribus albis; rectricibus basi albis, apice atris; pedibus fuscis.

SYNONYM. Charadrius spinosus. LINN; GMEL., *Syst. nat.*, pag. 690, n°. 12
Charadrius spinosus. LATH. *Ind. Ornith.* pag. 321, n°. 24.
Pluvier à aigrettes. BUFF., *Histoire naturelle*, Oiseaux. tom. VIII, pag. 99. — *Id. Pluvier armé du Sénégal;* planches enluminées, 801.
Pluvier huppé, Charadrius Persicus. VIEILL., *Tabl. encyclop.*, tom. I, pag. 21.
Pluvier armé du Sénégal, Pluvialis Senegalensis armata. BRISS., *Ornith.*, tom. v, pag. 86, n°. 15 — *Id.* Pluvialis Persica cristata, tom. v, pag. 84, n°. 94.
Spur-winged plover. LATH. *Syn.* tom. III, pag. 213, n°. 20.

Les plumes effilées du dessus de la tête forment une huppe que l'oiseau relève à volonté, et sont d'un noir foncé lustré de vert; les joues, les côtés du cou, l'abdomen, les couvertures inférieures et la moitié de la queue sont d'un blanc pur; un trait qui descend de la mandibule inférieure sur le devant du cou, la poitrine, les flancs, le ventre, les remiges et la moitié des rectrices, est d'un noir profond; le bec, les pieds et l'éperon du pli de l'aile sont d'un brun foncé.

La femelle diffère du mâle en ce qu'elle a le cou entièrement blanc, et que toutes les teintes sont moins pures.

On trouve le pluvier à aigrettes dans la Turquie d'Asie, en Perse, dans l'Arabie, en Égypte, en Barbarie et au Sénégal.

La nourriture et la propagation sont inconnues.

LE PLUVIAN, *CHARADRIUS MELANOCEPHALUS*

(Pl. 6, fig. 4).

Ch. capite, collo postico et dorso nigris; superciliis, corpore subtùs albo-rufescentibus, alis uropygio, caudâ pedibusque cinereis.

Synonym. Charadrius melanocephalus. Linn.; Gmel., *Syst. nat.*, pag. 692, n°. 26.
Charadrius melanocephalus. Lath. *Ind. Ornith.* pag. 321, n°. 29.
Pluvian. Buff., *Histoire naturelle*, Oiseaux, tom. VIII, pag. 104; planches enluminées, 918.
Pluvian, Charadrius melanocephalus. Vieill., *Tabl. encyclop.*, tom. I, pag. 13.
Back headed plover. Lath. *Syn.* tome III, page 217, n°. 24.

Cette espèce a le sommet de la tête, le trait entre l'œil et le bec, le dessus du cou, le dos et un collier sur la poitrine, d'un noir profond; les couvertures des ailes, le croupion et les pennes de la queue d'un cendré-bleuâtre; toutes les rémiges portent une tache blanche vers le milieu, et sont terminées de noir; la gorge, le devant du cou, la poitrine, le ventre et les flancs sont d'un blanc-jaunâtre : cette teinte devient plus foncée sur les couvertures inférieures de la queue; les rectrices sont traversées vers leur extrémité par une bande noire, et terminées de blanc pur; la même couleur règne sur les sourcils, qui se prolongent jusque sur la nuque : les pieds sont d'un cendré-verdâtre ; le bec est noir, plus comprimé et plus pointu que dans les autres espèces de pluviers, et peu renflé à sa pointe.

Cet oiseau se trouve au Sénégal, en Barbarie et en Égypte. Il paraît dans cette dernière contrée et s'approche des bords du Nil quand les eaux de ce fleuve sont retirées dans leur lit. Il vit presque toujours par couples ; rarement on le voit en troupe, et ces réunions ne s'étendent pas au-delà de sept ou huit ; il ne se pose jamais sur les terres limoneuses, et ne fréquente que les endroits sablonneux. Quand le pluvian prend sa volée, il répète plusieurs fois un petit cri aigu. Il n'est point craintif et se laisse facilement approcher.

La nourriture et la propagation ne sont point connues.

LE GRAND PLUVIER A COLLIER, *CHARADRIUS HIATICULA*

(Planche 14, figure 1).

Ch. occipite, dorso, alarum tectricibus ex griseo-fuscis; genis, vertice, collo ad basim et remigibus nigris; fronte, superciliis, gulâ, torque, pectore et partibus inferioribus albis; rostri dimidiâ parte et pedibus luteis.

SYNONYM. Charadrius hiaticula. LINN.; GMEL., *Syst. nat.*, pag. 683, n°. 1.
Charadrius hiaticula. LATH. *Ind. Ornith.* pag. 319, n°. 8.
Pluvier à collier. BUFF., *Histoire naturelle*, Oiseaux, tom VIII, pag. 90; planches enluminées, 920.
Pluvier à collier, Charadrius hiaticula. VIEILL., *Tabl. encyclop.*, tom. 1, pag. 13.

Synonym *Ringed prover.* Lath. *Syn.* tom. III, pag. 201, n°. 8.
Piviere concollare. Stor degl. Ucc. tom. v, planche 476.
Pluvier à collier, Pluvialis torquata. Briss., *Ornith.*, tom. v, pag. 60, n°. 7; tabl. 5. f. 1.

L'occiput, la nuque, le dos, les couvertures des ailes et le croupion sont d'un cendré-brun; le vertex, les joues, un large plastron à la partie inférieure du cou, et qui en fait le tour, d'un noir profond; le front, les sourcils, la gorge, le collier et toutes les parties inférieures, d'un blanc pur; les rectrices intermédiaires sont cendrées à la base et terminées de brun, les extérieures entièrement blanches; toutes les autres portent une tache brune vers le bout, lequel est terminé de blanc; les deux tiers du bec, les paupières et les pieds sont d'un jaune-orange; le bout du bec est noir.

La femelle a toutes les teintes moins vives; le plastron du bas du cou est d'un brun foncé.

Chez les jeunes, le cendré-brun des parties supérieures est plus clair, les plumes sont bordées de jaunâtre, le vertex n'est point noir, le blanc du front est moins large, le plastron du bas du cou est d'un brun-cendré.

Cette espèce émigre chaque année en grandes troupes, en automne, des régions arctiques vers les contrées tempérées ou chaudes des deux continens. Les individus de l'Amérique septentrionale ne diffèrent point de ceux d'Afrique et d'Europe. Le grand pluvier à collier se tient sur le bord des eaux douces ou salées; il aime les endroits graveleux et unis. Il est très-abondant en Égypte. Sa nourriture se compose d'insectes et de vers aquatiques. Il niche dans les herbes proches de la mer, ou dans le sable; la femelle pond de trois à cinq œufs verdâtres et rayés de noir.

La figure 4 de la planche 6 représente une femelle, ou un jeune individu après la première mue.

Genre VANNEAU

(*Vanellus*, Vieill., Temm., Briss.; *Tringa*, Cuv., Lath.; *Tringa* et *Parra*, Lin.).

Caractères principaux.

Bec droit, médiocre, arrondi, renflé et obtus à sa pointe.
Langue courte, grêle, un peu cylindrique à son extrémité; *narines* latérales, linéaires, concaves, situées dans une rainure, et couvertes d'une membrane.
Pieds tétradactyles, grêles.
Quatre *doigts*, trois devant, un derrière; les *antérieurs* rudes en dessous; les *extérieurs* unis à leur base par une membrane; le *postérieur* très-court, composé d'une seule phalange, articulé sur le tarse, ne touchant point à terre.

Caractères accessoires.

Ailes simples ou armées d'un éperon.
La première *remige*, chez les uns, la plus longue de toutes; chez les autres, plus courte que la quatrième et la cinquième, qui sont les plus longues.

Les vanneaux offrent, dans leurs caractères génériques, la forme générale de leur corps et leurs mœurs, de grands rapports avec les pluviers; ils n'en diffèrent que par la présence d'un pouce, mais trop petit et articulé trop haut sur le tarse pour pouvoir toucher terre. Ce sont des oiseaux vermivores, de passage régulier à deux époques de l'année, d'un naturel défiant, se laissant difficilement approcher, chez lesquels le vol est très-aisé, qui s'élèvent fort haut, et se jouent dans les airs de diverses manières. Les vanneaux voyagent en famille ou en bandes très-nombreuses; ils habitent les bords de la mer, des grands fleuves, ou les prairies humides. La mue a lieu deux fois l'année. Les sexes n'offrent aucune différence de plumage.

On rencontre des vanneaux en Afrique, en Europe, en Asie et en Amérique.

ESPÈCE.

VANNEAU DE VILLOTEAU, *VANELLUS VILLOTÆI*

(Pl. 6, fig. 2).

V. capite suprà, cervice, colli lateribus cinereo-rufescentibus; collo inferiori, dorso, plumis scapulariis et tectricibus alarum minoribus subalbido-virescente purpurascentibus; remigibus primariis nigris, remigibus secundariis et rectricibus albis; tectricibus majoribus ad basim subalbidis, apice nigris; fronte et gulâ albidis; pectore subrubicundo-violacescente; ventreque abdomine fulvescentibus; rostro nigro; pedibus flavis.

Le dessus de la tête, les côtés et le dessus du cou sont d'un cendré-roussâtre; le dos, les scapulaires, les petites couvertures des ailes, d'une couleur isabelle à reflets verdâtres-pourprés ; les grandes remiges d'un noir profond ; les remiges secondaires et les rectrices d'un blanc pur ; les grandes couvertures des ailes blanchâtres à leur base et terminées de noir ; le front et la gorge d'un blanc sale ; la poitrine est d'une teinte vineuse nuancée de violâtre ; le ventre et l'abdomen sont d'un fauve clair ; le bec est noir ; les pieds sont jaunes. (Femelle.)

La livrée du mâle n'est point connue.

Cette espèce nouvelle n'a été trouvée, jusqu'à présent, nulle part ailleurs qu'en Égypte.

La nourriture et la propagation sont inconnues.

Genre HÉRON

(*Ardea*, Cuv., Vieill., Temm., Briss., Lin., Lath.).

Caractères principaux.

Bec plus long que la tête, robuste, aigu, droit ou un peu courbe, tranchant, fendu jusque sous les yeux, comprimé latéralement, ordinairement échancré vers sa pointe, et orné de dentelures tournées en arrière et propres à retenir la proie ; *mandibule supérieure* sillonnée de chaque côté ; *arête* arrondie ; *narines* linéaires, longitudinales, latérales, placées presque à la base du *bec*, et en partie couvertes par une membrane.

Langue médiocre, membraneuse, aplatie, pointue.

Yeux entourés d'une peau qui s'étend jusqu'au *bec*.

Jambes dégarnies de plumes dans un espace plus ou moins grand au-dessus du talon.

Pieds tétradactyles.

Tarses longs.

Trois *doigts* devant, un derrière; l'intermédiaire des *antérieurs* réuni à l'*extérieur* par une courte membrane; l'*intérieur* libre.

Le *pouce* articulé intérieurement à la hauteur des *antérieurs*, et posant à terre dans toute sa longueur.

Ongles longs, aigus; celui du milieu dentelé intérieurement.

Caractères accessoires.

AILES médiocres.

Les deuxième et troisième *remiges* les plus longues.

QUEUE courte.

Les hérons n'ont qu'un cœcum très-petit; leur estomac est un très-grand sac peu musculeux : ils vivent sur les bords des lacs, des étangs, des rivières ou dans les marais, et se nourrissent de poissons et de leur frai, de reptiles, de grenouilles, de coquillages d'eau douce, d'insectes et de vers aquatiques, et quelquefois de campagnols et de musaraignes. Ce sont des oiseaux tristes, qui se tiennent immobiles au bord des eaux, le corps droit, le cou replié sur la poitrine, la tête appuyée sur le dos et presque cachée entre les deux épaules relevées. Ils nichent en grandes troupes dans le même lieu, les uns dans les roseaux, les autres sur les arbres, non loin des rivières. Leur fiente est très-nuisible aux arbres, elle les fait périr. Les petits des premiers quittent leur nid aussitôt leur naissance, ceux des seconds y restent jusqu'à ce qu'ils soient en état de voler.

La ponte est de quatre ou cinq œufs.

La mue n'a lieu qu'une fois l'année : quelques

espèces portent sur le dos des plumes à tiges longues et à barbes décomposées, lesquelles ne repoussent point aussi promptement que les autres plumes du corps; elles tombent à la mue, et ne reparaissent qu'au printemps suivant. Les sexes offrent peu de différences dans le plumage.

Les hérons sont répandus sur tout le globe; on doit les considérer plutôt comme des oiseaux erratiques que de passage, puisqu'ils vont et reviennent au même lieu dans une même saison et à des époques indéterminées, suivant le plus ou moins d'abondance de nourriture, et qu'ils supportent également les diverses températures.

ESPÈCE.

LE HÉRON GARDE-BŒUF, *ARDEA BUBULCUS*

(Pl. 8, fig. 1).

A. capite, collo, corpore suprà et infrà, remigibusque rectricibus albis (mas et femina, hiemis plumarum vestiti); capiteque collo suprà, pectore, dorso antico rufis, plumis laxis, angustis, pendulis, longissimis; cæteris partibus albis (mas et femina, veris plumarum vestiti).

Synonym. *Héron garde-bœuf*, Ardea bubulcus. Cuv. (Collection du Muséum).

Ægyptian Ibis? Lath. *Syn.* tom. iii, pag. 111, n°. 10.

Le mâle et la femelle sont, en plumage d'hiver, d'un blanc pur; en livrée du printemps, ils ont le dessous de la tête et du cou d'un roux foncé, le bas du cou et le haut du dos d'un roux clair : les plumes de ces parties présentent des baguettes faibles et très-allongées; les barbes en sont longues, déliées, légères et très-flexibles; le reste du plumage est d'un blanc pur; le bec et les pieds sont d'un jaune-orangé.

On rencontre le héron garde-bœuf dans toute l'Afrique; il est très-commun en Égypte et au Sénégal : les Européens établis dans ce premier pays lui ont donné le nom sous lequel il est décrit ici, parce qu'on le voit le plus souvent parmi les troupeaux de bœufs. Il a pour habitude de becqueter le cou de ces animaux pour les obliger à marcher, et faire découvrir ainsi sous leurs pieds les vers qui font sa pâture. Le nom qu'il porte chez les Arabes équivaut à ceux de garde-bœuf et de *bubulcus* : ils le nomment *abou-ghanam*, le *père aux troupeaux*, pour le même motif que nous venons d'exprimer.

Cet oiseau se nourrit de petits poissons, de grenouilles, de vers, d'insectes aquatiques et de coquillages.

La propagation est inconnue.

Genre IBIS

(*Ibis*, Cuv., Savig., Vieill., Temm.; *Numenius*, Briss.; *Tantalus*, Lin., Lath.)

Caractères principaux.

Bec long, arqué, quadrangulaire à sa base, comprimé; *mandibule supérieure* sillonnée dans toute sa longueur; *narines* basales, percées vers le dos, et, dans la membrane qui couvre le sillon, oblongues et étroites.

Langue triangulaire, très-courte, lisse, épaisse, cartilagineuse, frangée à son origine.

Face nue, point de plumes entre le *bec* et les *yeux* ; souvent la tête et une partie du cou nues.

P‍ieds tétradactyles.

Tarses médiocres ou grêles, nus au-dessus du talon.

Trois *doigts* devant, un derrière ; les *antérieurs* réunis jusqu'à la première phalange ; le *postérieur* long et portant à terre.

Caractères accessoires.

A‍iles à peu près de même longueur que la *queue*.

La deuxième et la troisième *remige* les plus longues.

Q‍ueue courte.

On rencontre des ibis en Afrique, en Europe, en Amérique et en Asie, mais on n'en a point encore trouvé dans l'Australasie. Ce sont des oiseaux qui vivent d'insectes, de vers aquatiques, de coquillages, et quelquefois aussi de petits poissons ; ils fréquentent les bords des fleuves et des lacs, et nichent à terre ou sur les arbres. La ponte est de quatre œufs. Les uns quittent le nid après leur naissance, les autres seulement quand ils se sentent en état de voler. Ce ne sont point, comme le disent plusieurs auteurs anciens, des destructeurs de serpens ; ils n'y touchent même jamais.

La mue n'a lieu qu'une fois par an. Le plumage des jeunes est différent de celui des adultes ; les sexes, chez ces derniers, sont difficiles à distinguer entre eux.

Les opinions fabuleuses des auteurs anciens, tels que Hérodote, Cicéron, Pomponius Mela, Solin,

Élien, Ammien Marcellin, etc., sur les mœurs des ibis blanc et noir (*ibis religiosa* et *ibis falcinellus*), ont rendu tellement obscure l'histoire de ces oiseaux, que, pendant plusieurs siècles, ils ont été méconnus, et que la plupart des naturalistes les ont rapportés à des espèces de formes et d'habitudes tout-à-fait différentes. Ce n'est que depuis le voyage qu'entreprit Bruce, en 1768, pour découvrir les sources du Nil, que les idées ont commencé à se fixer. Dans ce voyage, et durant son séjour dans la basse Éthiopie, Bruce fut à portée d'observer des oiseaux dont les formes lui rappelèrent celles des ibis, telles que les monumens égyptiens les lui avaient présentées; il reconnut que ces oiseaux étaient en effet les véritables ibis blanc et noir. L'opinion et les observations de Bruce furent confirmées dans ces derniers temps par MM. Geoffroy et Savigny, qui, pendant l'expédition des Français en Égypte, purent se procurer un grand nombre d'oiseaux absolument semblables. Le dernier de ces savans, surtout, contribua puissamment, ainsi que M. Cuvier, à éclaircir plusieurs points de l'histoire des ibis, couverte d'obscurité depuis bien des siècles; M. Savigny fit connaître ses observations dans un ouvrage ayant pour titre *Histoire naturelle et mythologique de l'ibis*[1], et M. Cuvier, dans un *Mémoire sur l'ibis des anciens Égyptiens*, imprimé dans les *Annales*

---

[1] *Voyez*, à la fin de ce volume, l'Extrait que nous avons cru devoir faire de cet important ouvrage, publié en 1805 (1 vol. in-8º), qui est peu connu des naturalistes et assez rare aujourd'hui.

du Muséum d'histoire naturelle de Paris, tome IV, page 116 (1804); en sorte qu'il ne reste plus aujourd'hui de doutes sur l'identité des espèces d'ibis connues des peuples de l'antiquité, avec celles qui sont connues des naturalistes modernes. Les auteurs anciens attribuaient la vénération des Égyptiens pour les ibis, qu'ils plaçaient dans leur temple, aux prétendus services que ces oiseaux leur rendaient en les délivrant des serpens ailés qui les menaçaient chaque année d'une ruine inévitable. Les serpens venaient des marais de l'Arabie ou des déserts de la Libye, et les ibis allaient, disait-on, au-devant d'eux, les attaquaient et les détruisaient entièrement. L'inspection anatomique démontre clairement que les organes de ces oiseaux ne sont point appropriés aux habitudes qu'on leur supposait. Leur bec, par exemple, long, grêle, très-arqué, à bords émoussés et à pointe dilatée et arrondie, n'aurait pu ni diviser les serpens ni les percer. La conformation de cet organe de manducation indique pour toutes les espèces où elle se rencontre une grande sensibilité, qui leur permet seulement de fouiller dans les terrains mous ou dans la vase, pour y choisir les alimens qui leur conviennent. Si les ibis se nourrissaient de serpens et trouvaient un attrait à leur livrer des combats, pourquoi, au lieu de les empêcher de pénétrer dans le pays où eux-mêmes devaient passer une partie de l'année, ne pas les suivre dans leur retraite? et quelle était leur nourriture après l'entière destruction des serpens? Il est plus naturel de voir dans les récits que les anciens font des mœurs et des habitudes des ibis, des fictions imaginées pour exprimer les heureux effets du phénomène qui, chaque année, triomphe de toutes les sources de corruption, et qui vient en même temps assurer la fertilité du sol. La présence constante de ces oiseaux aux époques de l'inondation a pu faire supposer des rapports surnaturels entre leur séjour et l'accroissement des eaux du Nil. M. Cuvier a annoncé avoir trouvé, dans une momie d'ibis, des débris non encore digérés de peau et d'écailles de serpens, et en a conclu que ces oiseaux ont pu être ophiophages. Ce fait, qui est le seul cité par M. Cuvier, est contradictoire avec les observations faites en Égypte, par M. Savigny, sur un grand nombre d'individus vivans qu'il a ouverts, et dans le gésier desquels il a constamment trouvé des coquillages univalves et fluviatiles, la plupart des genres cyclostome, ampullaire et planorbe, et toujours entiers quand les animaux n'en avaient pas été digérés. Le fait cité par M. Cuvier peut aisément s'expliquer par l'usage dans lequel étaient les Égyptiens d'embaumer tous leurs animaux sacrés, qu'ils fussent entiers ou qu'il n'y eût qu'une partie de leur corps. D'ailleurs plusieurs espèces de serpens étaient comptées parmi les animaux sacrés, et ne l'eussent-elles pas été, on les embaumait tout aussi bien que les ibis. C'est peut-être là l'origine de cette association. M. Savigny dit que, dans *les puits des Oiseaux*, aux plaines de Saqqârah, on trouve des momies d'ibis, dans l'intérieur desquelles se voient, parmi des coquilles d'œufs d'ibis, de petits quadrupèdes d'espèces diverses, les uns entiers, les autres incomplets, et dont on n'avait évidemment recueilli que les débris.

Les ibis ne nichent point en Égypte, et, suivant le rapport des habitans, ils arrivent dès que le Nil commence à croître : leur nombre semble s'augmenter, avec les eaux du fleuve, pour diminuer ensuite avec elles; et, lorsque l'inondation est passée, ils ont tous disparu. Leur apparition en Égypte a lieu vers la fin de juin, et ils y séjournent environ sept mois, c'est-à-dire à peu près jusqu'au 15 de janvier.

Les Égyptiens et les Arabes estiment la chair des ibis; ils en tuent peu au fusil, mais ils en prennent beaucoup au filet de l'une et de l'autre espèce, et, dans l'automne, on en trouve une grande quantité dans les marchés de la basse Égypte : on est dans l'usage de leur couper la tête avant de les vendre.

ESPÈCES.

L'IBIS BLANC, *IBIS RELIGIOSA*
(Pl. 7, fig. 1).

I. alba; capite colloque superiore fuscis; dorso postico remigibusque nigris; rostro suprà viridi, subtùs nigro; pedibus atris.

SYNONYM. Tantalus Æthiopicus. LATH. *Ind. Ornith.* pag. 305, n°. 12.
Ibis sacré, Ibis religiosa. CUV., *Règne animal*, tom. I, pag. 483; et *Annales du Muséum*, tom. IV, planche 55.
Ibis sacré, Ibis religiosa. VIEILL., *Tabl. encyclop.*, t. III, pag. 1144.
Abou-hannès. BRUCE, *Voyage aux sources du Nil*, t. V, pag. 202, planche 35.
Ibis blanc, Numenius Ibis. SAVIG., *Hist. natur. et mythol. de l'Ibis.*

Parvenu à l'état adulte, l'ibis blanc ou sacré a la tête et les deux tiers environ de la longueur du cou dépourvus de plumes : la couleur de la peau tire sur le noir ; les grandes remiges sont terminées par du noir profond à reflets, dans lequel le blanc forme des échancrures obliques, et les remiges secondaires par un beau vert foncé, aussi à reflets. Les trois ou quatre remiges internes sont de même couleur que les grandes, et les barbes en deviennent, avec l'âge, si longues et si effilées, qu'elles recouvrent tout le croupion, et que, retombant par-dessus le bout des ailes, elles cachent une partie de la queue, dont les pennes sont blanches comme le reste du plumage. C'est la forte échancrure formée par le blanc avec le noir du croupion, qui, suivant Plutarque, retraçait aux Égyptiens l'image de la lune dans son croissant. L'iris est d'un brun noisette ; le bec et les pieds sont noirs.

Dans le jeune âge, les joues, le bas du cou et la gorge entière sont couverts de plumes petites, rares et comme semées sur la peau, qu'elles ne recouvrent qu'imparfaitement ; le dessus de la tête et celui de la nuque sont revêtus de plumes plus grandes et mieux fournies, assez longues à l'occiput pour y former une sorte de huppe si l'oiseau avait le pouvoir de les relever. Ces plumes, celles du sommet de la tête, des joues et du derrière du cou sont d'un noir à reflets, et quelques-unes ont une bordure blanche ; celles de la gorge sont de cette dernière couleur : c'est un individu dans cet état que représente la figure 1 de la planche 7. L'*abou-hannès* figuré par Bruce dans le tome v, planche 36, de son *Voyage aux sources du Nil,* est un individu du même âge.

L'ibis blanc a un ventricule musculeux très-épais, d'environ trois pouces et demi de diamètre, qui occupe près des deux tiers de la capacité antérieure de l'abdomen. Le renflement qu'éprouve l'œsophage vers son insertion est considérable et très-glanduleux; les intestins forment une masse elliptique composée d'une double spirale, outre un premier repli qui borde le gésier. Ils ont un peu plus de trois pieds et demi de longueur. Les cœcum, au nombre de deux, sont assez courts et obtus.

L'ibis blanc vit quelquefois isolément, quelquefois par petites troupes de huit à dix; il a le vol puissant et élevé, et jette de temps en temps des cris rauques. Lorsqu'il s'abat sur des terres nouvellement découvertes, il reste des heures entières occupé à fouiller la vase avec son bec. On ne voit jamais les ibis s'élancer, comme nos courlis, et courir avec rapidité; mais ils vont pas à pas; ils se tiennent assez constamment pressés les uns contre les autres, le corps presque horizontal, le cou fléchi, la tête inclinée : ils dirigent celle-ci, tantôt à gauche, tantôt à droite; tantôt ils la portent en avant, ou ils la ramènent en frappant la terre du bout de leur bec.

A leur arrivée, les ibis se portent d'abord sur les terrains bas, qui sont recouverts par les eaux avant tous les autres; mais quand l'inondation fait des progrès, que les eaux deviennent plus profondes et s'étendent chaque jour, les ibis refluent vers des terres plus élevées : ils s'approchent alors du Nil, viennent autour des villages, où ils se posent dans les rizières, les luzernes, le long des canaux, et sur les petites digues dont on environne la plupart des terrains cultivés. Lorsqu'ensuite les eaux, parvenues au terme de leur accroissement, baissent et se retirent peu à peu, les ibis les suivent, et ne s'éloignent de même que lentement. Les ibis ne s'approchent point du Kaire, dont les environs sont trop arides et trop fréquentés. M. Savigny n'a pu les examiner à loisir que dans les environs de Damiette et de Menzaleh, et ne les a retrouvés en certain nombre que près de Kafr Abou-Sa'yd, sur la rive gauche du Nil, à trois mille mètres de ce fleuve et à vingt mille de Damiette, dans de grandes inondations qui s'étendent jusqu'au lac Bourlos, et qui produisent en hiver quelques prairies naturelles où les Arabes conduisent des troupeaux. Là, ces oiseaux ne se laissent pas aisément atteindre; car on ne peut parvenir jusqu'à eux qu'après les avoir poursuivis à travers des marécages profonds, ou sur des plages de vases encore liquides et impraticables. Des coquillages, comme les cyclostomes, les planorbes, les ampullaires, etc., des vers, de petits poissons, des insectes aquatiques, sont les alimens dont se nourrit l'ibis blanc.

L'ibis blanc s'appelle en Égypte *mengel, abou-mengel*, nom qui exprime la courbure de son bec, et qui, traduit littéralement, signifie *père de la faucille*. Dans la basse Éthiopie, il porte le nom de *abou-*

hannès, qui veut dire *père Jean*, parce que c'est vers la fête de la Saint-Jean, époque à laquelle commencent les pluies dans l'Abyssinie, qu'il paraît sur les bords du Nil. L'ibis sacré est répandu dans toute l'Afrique; il se trouve aussi dans l'Inde et aux Molluques [1].

La propagation est inconnue.

L'IBIS NOIR, *IBIS FALCINELLUS*

(Pl. 7, fig. 2).

I. capite, collo, pectore, lateribus ventreque abdomine castaneis; dorso, alis, uropygioque caudâ viridi-fusco-violascentibus; rostro et pedibus fusco-virescentibus.

SYNONYM. Tantalus falcinellus. LINN.; GMEL., *Syst. nat.*, pag. 648, n°. 2 (senex); et Tantalus viridis, pag. 648, n°. 8 (junior).

Tantalus falcinellus. LATH. *Ind. Ornith.* pag. 305, n°. 14 (senex); et pag. 306, n°. 15 (junior).

Courlis vert. BUFF., *Histoire naturelle*, Oiseaux, tom. VIII, pag. 29, *et Courlis d'Italie*; planches enluminées, 819. (Vieux mâle.)

Ibis vert, Scolopax falcinellus. CUV., *Règne anim.*, tom. I, pag. 485.

Ibis vert, Ibis falcinellus. VIEILL., *Tabl. encyclop.*, t. III, pag. 1143.

Bay and glossy Ibis. LATH. *Syn.* tom. III, pag. 113, n°. 12; et *Greene Ibis*, pag. 114, n°. 13.

Ibis noir. SAVIG., *Hist. natur. et mythol. de l'Ibis*, pag. 36, fig. 4. (Jeune âge.)

Courly marron, Numenius castaneus. BRISS., *Ornith.*, t. V, pag. 329, n°. 5 (senex); et *Courly vert*, Numenius viridis, pag. 326, n°. 4, tabl. 27, f. 2 (junior).

Chiurlo. *Stor. degl. Ucc.* tom. IV, pag. 439. (Vieux mâle.)

---

[1] *Voyez* à la fin du volume l'Extrait de l'histoire naturelle et mythologique de l'ibis, par M. J.-C. Savigny.

Cette espèce a la tête, le cou, la poitrine, les flancs, le ventre et l'abdomen d'un marron foncé; le dos, les ailes, le croupion et la queue d'un vert-noirâtre à reflets violâtres; le bec et les pieds d'un noir-verdâtre; la nudité des yeux verte.

La femelle ne se distingue du mâle que par une taille plus petite.

Les jeunes, avant d'avoir acquis la livrée des adultes, ont les plumes de la tête, de la gorge et du haut du cou, rayées longitudinalement de brun-noirâtre et bordées de blanchâtre; la partie inférieure du cou, la poitrine, le ventre, les flancs et l'abdomen, d'un cendré-noirâtre; le dos, les ailes, le croupion et la queue sont d'un vert-cendré à reflets moins vifs.

La figure 2 de la planche 7 représente un individu dans cet état.

L'ibis noir se trouve, non-seulement en Égypte, mais encore en Asie et en Europe; il est de passage régulier dans cette dernière partie, en Pologne, en Hongrie, en Turquie, dans l'Archipel, et surtout en Italie, en Sicile, en Sardaigne; on le voit aussi, mais plus rarement, en France, en Allemagne, en Hollande, en Danemarck et en Angleterre. Cet oiseau a un goût aussi décidé que l'ibis sacré pour les coquillages fluviatiles; ce que M. Savigny a pu observer sur plus de vingt individus qu'il a ouverts : il va par troupes plus nombreuses que ce dernier, et ordinairement composées de trente à quarante individus. Ce qui a été dit de l'ibis blanc s'applique également à celui-ci.

Les Arabes le désignent sous le nom de *el-hareiz*[1].
La propagation est inconnue.

Genre RHYNCHÉE

(*Rhynchæa*, Cuv., Vieill., Temm.; *Scolopax*, Briss., Lin., Lath.).

Caractères principaux.

Bec plus long que la tête, grêle, un peu renflé vers le bout; *mandibules* égales à la pointe et légèrement courbées; la *supérieure* sillonnée dans toute sa longueur; l'*inférieure* seulement au bout qui est déprimé; *fosses nasales* se prolongeant jusqu'au milieu du *bec; narines* latérales, linéaires, percées de part en part.
Langue médiocre, filiforme, pointue.
Pieds médiocres.
Quatre *doigts*, trois devant; les *extérieurs* unis à leur origine par une très-petite membrane; le *postérieur* portant à terre sur le bout.

Caractères accessoires.

Ailes amples.
Les première, deuxième et troisième *remige* presque égales.

On ne sait encore rien sur les habitudes des rynchées; mais comme ils ont, par leur taille et leur port, de l'analogie avec les bécassines, on peut supposer qu'ils ont le même genre de vie. On les trouve dans les contrées marécageuses de l'Afrique et des grandes Indes.

[1] *Voyez*, à la fin de ce volume, l'*Extrait de l'histoire naturelle et mythologique de l'ibis*, par J.-C. Savigny.

ESPÈCE.

LE RHYNCHÉE DU CAP DE BONNE-ESPÉRANCE,
RHYNCHOEA CAPENSIS

(Pl. 14, fig. 4).

R. lineâ verticis rufescente; fasciâ pectorali nigrâ; lineâ utrinque dorsi albâ; superciliis candidis; remigibus caudâque maculis ovatis, flavis; rostro rufescente.

SYNONYM. Scolopax Capensis. LINN.; GMEL., *Syst. natur.*, pag. 66, n°. 14.
Scolopax Capensis. LATH. *Ind. Ornith.* pag. 309, n°. 10 (l'adulte); et Scolopax sinensis, n°. 11 (jeune ou femelle).
Bécassine du cap de Bonne-Espérance. BUFF., *Histoire naturelle*, Oiseaux, tom. VII, pag. 494; planches enluminées, 270 (adulte). — *Id. Bécassine de Madagascar*, tom. VII, pag. 495; planches enluminées, 992 (variété d'âge, de sexe ou de localité); et *Bécassine de la Chine*, tom. VII, pag. 495; planches enluminées, 881 (jeune ou femelle).
Rhynchée du cap de Bonne-Espérance, Rhynchœa Capensis. VIEILL., *Tabl. encyclop.*, t. III, pag. 1163 (senex); et Rhynchœa sinensis, pag. 1164 (junior aut femina).
Cape snipe. LATH. *Syn.* tom. III, pag. 138, n°. 9.
Bécassine du cap de Bonne-Espérance, Gallinago capitis Bonæ Spei. BRISS., *App.*, pag. 141, tabl. 6.

Le sommet de la tête est d'un brun-noir, traversé par une bande d'un blanc-jaunâtre; la poitrine porte un large plastron noir encadré de blanc; les côtés de la poitrine et le haut des flancs sont de la première couleur; les sourcils, le ventre, la partie inférieure des flancs, l'abdomen, les couvertures inférieures de la queue sont d'un blanc pur; le cou est d'un roux foncé; les plumes du dos, les scapulaires, les couvertures des ailes, le croupion, les remiges et les rectrices sont d'un cendré-brun nuancé d'olivâtre et finement rayé de noir en travers; les remiges et les rectrices offrent quatre rangs de taches ovales d'un roux clair, et disposées transversalement; quelques plumes du dos sont bordées de cette couleur; le bec est d'un brun-roussâtre; les pieds sont bruns.

Chez la femelle ou les jeunes, le cou et la poitrine sont d'un cendré-brun-verdâtre; la gorge est blanche et pointillée de brun; le reste du plumage est comme chez le vieux mâle, mais toutes les teintes sont plus claires.

Cette espèce est répandue dans toute l'Afrique, depuis l'Égypte jusqu'au cap de Bonne-Espérance; elle se trouve aussi à Madagascar et dans une grande partie de l'Asie, dans l'Inde, à la Chine, etc.

La nourriture et la propagation sont inconnues.

Genre CHEVALIER

(*Totanus*, Vieill., Temm., Briss., Cuv.; *Tringa*, Lin., Lath.).

Caractères principaux.

Bec médiocre ou long, grêle, presque rond, mou à la base, dur, solide, et un peu bâillant vers la pointe; les deux *mandibules* sillonnées à leur base, la *supérieure* courbée à son extrémité sur *l'inférieure; narines* latérales, linéaires, ne dépassant pas la moitié de la longueur du *bec*, et fendues dans le sillon.

Langue médiocre, filiforme, pointue.

Pieds tétradactyles.

Tarses longs, grêles, nus au-dessus du talon.

Trois *doigts* devant, un derrière; les *extérieurs* réunis à leur base par une membrane qui se prolonge chez quelques espèces jusqu'à la seconde phalange; *pouce* ne portant à terre que sur le bout.

Caractères accessoires.

Ailes médiocres, dépassant peu l'extrémité de la *queue*.
La première *remige* la plus longue de toutes.
Queue courte.

Les chevaliers fréquentent les fonds humides, les bords des fleuves et de la mer. Ils émigrent périodiquement, et voyagent en troupes peu nombreuses. Leur nourriture consiste en insectes, en vers aquatiques, en coquillages, rarement en petits poissons. Les œufs, au nombre de quatre ou de six, sont déposés sur les rivages, sur le sable nu, ou au milieu des herbes, sur les bords des fleuves. Les petits marchent aussitôt leur naissance.

La femelle est toujours un peu plus grosse que le mâle; les jeunes ressemblent aux adultes en plumage d'hiver.

Les chevaliers se trouvent dans toutes les parties du monde.

ESPÈCES.

LE CHEVALIER GAMBETTE, *TOTANUS CALIDRIS*

(Pl. 6, fig. 1).

T. corpore cinereo; remigibus secundariis albis; rostro recto rubro, pedibus coccineis.

SYNONYM.   Scolopax calidris. LINN ; GMEL., *Syst. natur.*, pag. 664, n°. 11; Tringa gambetta, pag. 671, n°. 11 (en plumage de noces); et Tringa striata, pag. 672, n°. 5 (jeune en mue prenant la livrée d'hiver).
Scolopax calidris. LATH. *Ind. Ornith.* pag 311, n°. 25; Gambetta, pag. 313, n°. 9 (en plumage d'été); et Tringa striata, pag. 315, n°. 24 (jeune prenant la livrée d'hiver).
Totanus nævius. BRISS.. *Ornith.*, tom. v, pag. 200, n°. 6, tab. 18, f. 2 (en livrée de noces); et Totanus striatus, pag. 196, n°. 5, tabl. 18, f. 1 (jeune en mue d'automne).
Gambetta. *Stor. degl. Ucc.* tom 5, planche 463.
Chevalier aux pieds rouges, ou *Gambette*. BUFF., *Histoire naturelle*, Oiseaux, tom. VII, pag. 513; planches enluminées, 845 (en plumage d'été); et *Chevalier rayé*, pag. 516; planches enluminées, 827 (jeune en mue d'automne).
Petit Chevalier aux pieds rouges, Tringa gambetta. CUV , *Règne animal*, tom. I, pag. 494.
Chevalier gambette, Totanus calidris. VIEILL., *Tabl. encyclop.*, tom. III, pag. 1095.
Redschankand gambet sandpiper. LATH. *Syn.* tom. III, pag. 150, et 167, n°ˢ. 20 et 9 (livrée de noces); et *Striated sandpiper*, pag. 176, n°. 21 (jeune prenant le plumage d'hiver).

Le chevalier gambette, a en plumage d'hiver, la tête, le derrière du cou, le haut du dos, les scapulaires et les couvertures des ailes d'un brun-cendré, plus foncé le long des baguettes ; la gorge, les côtés de la tête, le devant du cou et la poitrine, d'un blanc-grisâtre, avec une fine raie brune sur la tige des plumes; le croupion, le ventre et l'abdomen d'un blanc pur; les rectrices rayées transversalement de blanc et zigzags noirs; les pieds d'un rouge pâle; l'iris brun; la moitié du bec rouge, la pointe noire. (Pl. 6, fig. 1.)

Les jeunes, avant la première mue, ont le bec et le *lorum* bruns; les plumes du sommet de la tête d'un brun finement liséré de jaunâtre; la nuque cendrée; le dos et les scapulaires bruns, avec le bord des plumes roussâtre; les couvertures supérieures des ailes d'un brun-noirâtre, bordées et terminées de blanc-jaunâtre; la gorge blanchâtre, parsemée de petits points bruns; les côtés du cou et de la poitrine cendrés et rayés longitudinalement de brun; le ventre blanc; les flancs, les couvertures inférieures de la queue tachetés de brun; les rectrices roussâtres à leur extrémité; le bec d'une teinte livide à sa base et brun vers le bout; les pieds d'un jaune-orangé.

Dans la saison des amours, la tête, la nuque, le haut du dos, les scapulaires et les couvertures des ailes offrent de petites raies noires transversales; les premières pennes de l'aile sont noires; les intermédiaires, moitié de cette teinte et moitié blanches; le croupion est de cette dernière couleur, de même que les côtés de la tête, la gorge et les parties postérieures, mais avec des taches brunes, longitudinales sur le centre de chaque plume; les rectrices sont rayées en travers de blanc et de noir et terminées par du blanc pur; la moitié du bec et les pieds sont d'un rouge-vermillon.

Le chevalier gambette se trouve dans l'ancien et le nouveau continent. Il est très-abondant dans les régions septentrionales de l'Afrique et dans toute l'Europe, à son double passage dans les marais, les prairies, les bords des fleuves et de la mer.

Il se nourrit d'insectes, de vers aquatiques et de petits coquillages.

La femelle place son nid au milieu des prairies, ou dans les herbes proche de la mer; elle y dépose quatre ou cinq œufs d'un blanc sale et tachetés de brun vers le gros bout.

LE CHEVALIER AUX PIEDS VERTS, *TOTANUS GLOTTIS*

(Pl. 14, fig. 3).

T. griseo-fusco, maculis nigricantibus vario; superciliis, dorso infimo corporeque subtùs albis; rectricibus albis, fasciis fuscis; rostro fusco-nigro; pedibus viridibus.

SYNONYM. Scolopax glottis. LINN.; GMEL., *Syst. nat.*, pag. 664, n°. 10.
Scolopax glottis. LATH. *Ind. Ornith.* pag. 310, n°. 21.
Barge variée et *Barge aboyeuse.* BUFF., *Histoire naturelle,* Oiseaux, tom. VII, pag. 503 et 505.
Chevalier à gros bec ou *Grand Chevalier aux pieds verts.* CUV., *Règne anim.*, tom. I, pag. 493.
Chevalier aux pieds verts, Totanus glottis. VIEILL., *Tubl. encyclop.*, tom. III, pag. 1096.
Greenshand. LATH. *Syn.* tome III, page 147, n°. 18. — *Id.* Suppl. pag. 245.
Barge grise, Limosa grisea. BRISS, *Ornith.*, tom. V, pag. 267, planche 13, fig. 1.
Pantana verderello. Stor. degl. Uccel. tom. V, pag. 461.

Le dessus de la tête, les joues, les côtés et le devant du cou sont rayés longitudinalement de brun et de blanc ; les plumes du dos et des ailes sont cendrées ou noires, et toutes bordées de blanc-jaunâtre ; les rectrices blanches et rayées transversalement de brun ; les sourcils, la gorge, la poitrine, les flancs, le ventre, l'abdomen, le croupion et les couvertures inférieures de la queue sont d'un blanc pur ; le bec est d'un brun-cendré ; les pieds sont d'un vert-jaunâtre. (En plumage d'hiver, planche 14, figure 3.)

La livrée de noces ne diffère qu'en ce que toutes les parties, qui sont en hiver d'un blanc pur, sont semées alors de taches ovales nombreuses, et que toutes les nuances de la tête, du cou, du dos et des ailes sont plus foncées et plus vives.

Les jeunes ne se distinguent des adultes, après la première mue, que par la couleur des pieds, qui est d'un cendré-brun.

Cette espèce vit isolément sur les bords de la mer ou des fleuves. Répandue dans tout l'ancien continent, elle est de passage régulier, chaque année, dans toutes les contrées de l'Europe et de l'Afrique septentrionale.

Sa nourriture se compose de vers, d'insectes aquatiques, de frai de poissons, de coquillages et de petits crustacés.

Elle niche au bord des eaux, entre les herbes ; sa ponte est de quatre ou cinq œufs d'un blanc-jaunâtre, semé de larges taches brunes.

LE CHEVALIER SYLVAIN, *TOTANUS GLAREOLUS*

(Pl. 14, fig. 2).

T. corpore fusco, albo punctato; pectore albido; rostro nigro, basi virescente; pedibus virescentibus.

SYNONYM. Tringa glareola. LINN.; GMEL., *Syst. nat.*, p. 677, n°. 21.
Tringa glareola. LATH. *Ind. Ornith.* pag. 314, n°. 13.

Chevalier des bois, Tringa glareolus. VIEILL., *Tabl. encyclop.*, tom. III, pag. 1093.
Wood sandpiper. LATH. *Syn.* tom. III, pag. 172, n°. 13.

Le dessus de la tête, les côtés et le devant du cou, et le haut de la poitrine, sont variés de blanc et de brun : cette dernière teinte est disposée longitudinalement. Les flancs offrent le même mélange de couleurs, mais le brun est en travers; les sourcils, le bas de la poitrine, le ventre, l'abdomen et les couvertures supérieures et inférieures de la queue sont d'un blanc pur; les plumes du dos, les scapulaires et les couvertures des ailes brunes, avec cinq ou six taches d'un blanc-jaunâtre sur le bord des barbes; la queue est rayée alternativement de brun et de blanc; le bec est verdâtre à sa base et noir à son extrémité; les pieds sont verts.

Dans la livrée des amours, toutes les teintes sont plus vives.

Les jeunes, après la première mue, diffèrent peu des adultes.

Cette espèce est très-abondante sur tout le littoral de l'Afrique septentrionale et dans les contrées les plus méridionales de l'Europe, en Turquie, dans les îles de l'Archipel, en Italie, en Sicile, en Sardaigne, en Corse; elle se trouve aussi en Asie, dans l'Inde, à Java, etc.

Le *tringa solitaria* de Wilson (vol. VII, pl. 58, fig. 3) se rapproche beaucoup du chevalier sylvain, si toutefois ce n'est pas une espèce identique.

Sa nourriture se compose de vers et d'insectes.

La propagation est inconnue.

ORDRE VI.

PALMIPÈDES, *PALMIPEDES.*

Caractères principaux.

Bec de formes diverses.
Pieds courts plus ou moins implantés à l'arrière du corps.
Jambes le plus ordinairement dénuées de plumes sur leur partie inférieure.
Tarses comprimés latéralement, rarement emplumés au-dessous du talon.
Doigts palmés ou lobés, trois seulement, réunis et dirigés en avant, ou trois devant et un derrière; les *antérieurs* seuls réunis, ou les quatre unis par la même membrane; *pouce* articulé intérieurement sur le tarse allongé, et portant à terre sur toute sa longueur dans quelques genres; court ou élevé de terre, ou ne posant que sur son bout dans d'autres.

Le plus grand nombre des oiseaux de cet ordre sont essentiellement organisés pour la natation; ils ont les pieds courts, les doigts antérieurs réunis par une large membrane, quelquefois même les quatre doigts, ou bien les doigts garnis latéralement d'une membrane découpée en festons; leur corps est arqué et bombé comme la carène d'un vaisseau ; leur plumage, serré, lustré, imbibé d'un suc huileux, et garni près de la peau d'un duvet épais, les préserve de l'humidité, et les rend plus légers pour flotter sur l'eau, qui est le lieu qu'ils fréquentent de prédilection. Tous se nourrissent de poissons et de leur frai, de coquillages, d'insectes et de vers aquatiques; quelques genres joignent les végétaux à cette nourriture. Ils nichent dans des trous, sur les rochers, ou simplement sur le sable.

La mue est double dans la plupart des genres; il en est quelques-uns chez lesquels la femelle mue plus tard que le mâle. Dans le plus grand nombre, la livrée des deux sexes ne présente aucune différence; le plumage des jeunes avant la première mue ressemble à celui de la femelle, et demande, pour plusieurs espèces, deux ou trois ans avant d'acquérir son dernier degré de perfection ou de stabilité. De tous les oiseaux, ce sont ceux qui ont le cou le plus allongé, proportionnellement à la longueur de leurs jambes: leur genre de vie exigeait un long cou, afin de pouvoir, en nageant à la surface de l'eau, plonger leur tête à une certaine profondeur.

Leur sternum est très-long; il garantit bien la plus grande partie de leurs viscères, et n'a de chaque côté qu'une échancrure ou un trou ovale garni de membranes. Ils ont généralement le gésier musculeux, les cœcum longs et le larynx inférieur simple, mais renflé, dans les espèces d'une famille, en capsules cartilagineuses. (Cuvier, *Règne animal.*)

Genre STERNE ou HIRONDELLE DE MER

(*Sterna*, Cuvier, Vieill., Temm., Brisson, Lin., Lath.).

Caractères principaux.

Bec aussi long ou plus long que la tête, presque droit, lisse, pointu, tranchant, comprimé; *mandibules* à très-peu près d'égale longueur; la *supérieure* inclinée vers la pointe; l'*inférieure* formant en dessous une légère saillie, ou sans saillie: *narines* basales, ovales, longues, percées de part en part.
Langue épaisse, pointue.
Jambes nues au-dessus du talon.
Pieds tétradactyles.
Tarses très-courts.
Trois *doigts* devant, un derrière; les *antérieurs* réunis par une membrane échancrée; le *postérieur* libre et court.

Caractères accessoires.

Ailes plus longues que la *queue*.
La première *remige* la plus longue.
Queue plus ou moins fourchue.

Les hirondelles de mer se trouvent dans toutes les parties du monde; elles volent en tous sens et avec rapidité sur les mers ou dans l'intérieur des terres, sur les bords des lacs, faisant entendre de grands cris. Leur nourriture consiste en petits poissons vivans, mollusques et insectes aquatiques, qu'elles saisissent, comme les vraies hirondelles, en rasant la surface des eaux. Elles se reposent le plus souvent à terre; rarement on les voit appuyées sur les eaux.

Les sternes nichent en grand nombre dans les mêmes lieux ; elles déposent leurs œufs, ordinairement deux, sur les rochers des bords de la mer, et sur quelques brins d'herbes sèches, que tapissent environ une demi-douzaine de plumes, ou bien dans un petit enfoncement pratiqué dans le sable.

La mue est double chez toutes les espèces connues ; une partie du plumage change de couleurs, tandis que l'autre reste la même, et c'est surtout à la tête que s'opère le plus grand changement. La première mue a lieu au mois d'août, et la seconde au mois de mars : celle-ci est terminée au commencement d'avril. Il n'existe aucune différence extérieure dans les sexes : les jeunes ne se distinguent des adultes qu'avant la première mue ; passé cette époque, il n'existe plus aucune différence dans le plumage.

ESPÈCES.

HIRONDELLE DE MER TSCHEGRAVA, *STERNA CASPIA*

(Pl. 9, fig. 1).

St. corpore suprà cinereo; subtùs niveo; capite nigro et albo variegato; remigibus primariis fusco-cinereo-argenteis; rostro rubro; pedibus nigris.

SYNONYM. Sterna Caspia, LINN.; GMEL., *Syst. nat.*, pag. 603, n°. 8.
Sterna Caspia. LATH. *Ind. Ornith.* pag. 339, n°. 1.
Hirondelle de mer Caspienne, Sterna Caspia. VIEILL., *Tabl. encylop.*, tom. 1, pag. 96.
Caspian tern. LATH. *Syn.* tom. III. pag. 350, n°. 1.
Sterna maggiore. *Stor. degl. Ucc.* planche 546, tom. v.

L'hirondelle de mer tschegrava en plumage d'hiver, a le dessus de la tête et la nuque variés de blanc et de noir; toutes les parties supérieures d'un cendré clair tirant au blanc; les premières remiges d'un brun-cendré argenté; les parties inférieures d'un blanc pur; le bec est rouge; l'iris d'un brun-jaunâtre; les pieds sont noirs. (Pl. 9, fig. 1.)

En livrée de noces, le dessus de la tête et la nuque sont d'un noir profond; le reste du plumage est comme en hiver.

Les jeunes, avant la première mue, ont les parties supérieures d'un brun-cendré, rayé de bandes et de taches transversales noirâtres; les rectrices sont terminées de brun; les remiges sont presque en entier de cette couleur; le bec est d'un rouge terne à sa base, et noirâtre à sa pointe.

L'hirondelle tschegrava est répandue sur toute la surface du globe; les individus tués sur les côtes de la Nouvelle-Hollande ne diffèrent point de ceux des bords de la mer Caspienne, de la Méditerranée ou de la Baltique.

Les poissons et les mollusques forment sa nourriture. Elle niche dans les endroits inhabités, sur le sable nu ou sur quelques herbes sèches déposées sur les rochers des bords de la mer. Sa ponte est de deux œufs d'un blanc sale nuancé de verdâtre et parsemé de grandes taches brunes.

L'HIRONDELLE DE MER HANSEL, *STERNA ARANEA*

(Pl. 9, fig. 2).

St. vertice, occipiteque nuchâ suprà albo et nigro variis; corpore suprà cinereo-cærulescente; subtùs niveo; remigibus primariis apice cinereo-fuscis; rostro pedibusque nigris.

Synonym. *Hirondelle de mer des marais*, Sterna aranea. Vieill., *Tabl. encyclop.*, pag. 348.

Sterna aranea. Wilson, *American Ornithology*, t. viii, pag. 143, pl. 72, f. 6.

Le dessus de la tête jusqu'aux yeux, l'occiput et la nuque sont variés de blanc et de noir; le manteau, le dos, les ailes, les remiges et les rectrices sont d'une seule nuance de bleuâtre clair : cette teinte est un peu plus foncée et mêlée de gris le long des baguettes et vers le bout des remiges; toutes les autres parties sont d'un blanc pur; le bec est épais, robuste, anguleux et d'un noir foncé; les pieds sont de cette couleur. (Le mâle et la femelle en plumage d'hiver, pl. 9, fig. 2.)

Dans la livrée du printemps, le dessus de la tête, l'occiput et la nuque sont d'un noir profond; le reste du plumage est comme en hiver. (Les deux sexes.)

Les jeunes de l'année ont sur le blanc du sommet de la tête de très-petites taches longitudinales brunes; une ligne noire qui part du bec et traverse l'œil; du brun et du jaunâtre clair mêlés avec les teintes cendré-bleuâtres du dos et des ailes; la queue peu fourchue, cendrée et terminée de blanc; les remiges d'un cendré-brun; toutes les parties inférieures d'un blanc pur; la base du bec jaunâtre, le reste d'un brun-noirâtre; les tarses d'un orangé terne.

Cette hirondelle de mer, très-abondante en Égypte, dans la Turquie d'Asie, dans la Turquie d'Europe, sur les bords de la mer Noire et en Hongrie, est rare dans les autres parties de l'Europe. Les individus tués dans les États-Unis et au Brésil ne diffèrent en aucune manière.

Les insectes qu'elle prend au vol font sa principale nourriture.

Elle niche sur les bords des lacs salins, sur des tas d'herbes sèches, sans aucune apparence de nid; ses œufs, au nombre de trois ou quatre, sont d'un vert-olivâtre tacheté de brun.

Genre CORMORAN

(*Phalacrocorax*, Cuv., Briss.; *Hydrocorax*, Vieill.; *Carbo*, Temm.; *Pelecanus*, Lin., Lath.).

Caractères principaux.

Bec robuste, allongé, presque cylindrique, un peu comprimé latéralement; *mandibule supérieure* sillonnée, crochue vers le bout, aiguë; l'*inférieure* tronquée à l'extrémité; *narines* basales, linéaires, peu apparentes.

Face et *gorge* nues; la peau de la gorge dilatable.

Langue petite, carénée et verruqueuse.

Pieds tétradactyles.

Tarses courts, robustes.

Quatre *doigts* réunis par une membrane entière; le *pouce* articulé intérieurement.

Ongle du doigt intermédiaire dentelé en scie.

Caractères accessoires.

Ailes médiocres.
La deuxième *remige* la plus longue de toutes.
Queue étagée.

Les cormorans sont des oiseaux aussi bons plongeurs que nageurs; ils poursuivent avec une vitesse étonnante la proie qu'ils ont aperçue, et rarement elle leur échappe. Lorsqu'ils nagent, ils ont le plus souvent la tête seule hors de l'eau. Leur vol est accéléré et soutenu. Ils se nourrissent de diverses sortes de poissons. Les cormorans habitent l'embouchure des rivières, les bords de la mer ou les rochers à fleur d'eau, et nichent, suivant les localités, au milieu des joncs, dans les fentes des rochers ou sur les arbres. La ponte est ordinairement de deux œufs blanchâtres.

La mue est double, et les plumes qui sont venues au printemps tombent les premières, avant la mue d'automne. Les jeunes se distinguent des adultes par des nuances différentes et plus variées.

On trouve des cormorans en Afrique, en Asie, en Europe et en Amérique.

ESPÈCE.

LE CORMORAN D'AFRIQUE, *PHALACROCORAX AFRICANUS*

(Pl. 8, fig. a).

Ph. corpore suprà ex nigroque albo vario; subtùs nigro ex viridi nitente; area oculorum nudâ; rostro flavicante; pedibus nigris.

CORMORAN. PL. 8.

SYNONYM. Pelecanus Africanus. LINN.; GMEL., *Syst. nat.*, pag. 577, n°. 29.
Pelecanus Africanus. LATH. *Ind. Ornith.* pag. 369, n°. 24.
Pélican d'Afrique, Pelecanus Africanus. VIEILL., *Encyclop.*, tom. 1, pag. 51.
African shag. LATH. *Syn.* tom. III, pag. 606, n°. 23.
Nir-kaka. LESCHENAULT, *Cat.*, 1818, n°. 426.

Le dos, les scapulaires et les couvertures des ailes sont mélangés de noir et de blanc; le reste du plumage est d'un noir foncé lustré de vert; les pieds sont noirs; le bec est jaunâtre. (Mâle.)

La femelle a la gorge, le devant du cou, la poitrine, le milieu du ventre et l'abdomen d'un blanc pur; les flancs et les cuisses noirs, lustrés de verdâtre; le dessus de la tête et du cou d'un cendré-brun; les plumes du dos, les scapulaires et les couvertures des ailes d'une teinte cendrée, traversées de brun foncé et bordées de blanc. Après la première et la seconde mue, le ventre est varié de brun et de blanc : c'est un individu dans cet état que représente la fig. 2 de la pl. 9.

Cette espèce est répandue dans toute l'Afrique, depuis l'Égypte jusqu'au cap de Bonne-Espérance; elle se trouve aussi dans l'Inde.

Sa nourriture consiste principalement en poissons.

La propagation n'est point connue.

Genre CANARD

(*Anas*, Cuv., Vieill., Temm., Briss., Lin., Lath.).

Caractères principaux.

Bec convexe en dessus, aplati en dessous, recouvert d'une peau mince, plus large que haut, obtus et muni d'un onglet à l'extrémité, dentelé en lames coniques ou de forme plate sur le bord des deux mandibules; *narines* presqu'à la surface du *bec*, et situées près de la base, ovales.

Langue charnue, entière, arrondie par le bout, membraneuse et frangée.

Pieds tétradactyles.

Tarses courts.

Trois *doigts* devant, un derrière; les *antérieurs* entièrement palmés; le *postérieur* libre, dépourvu de membrane ou n'en ayant qu'un rudiment.

Caractères accessoires.

Ailes plus longues ou plus courtes que la *queue*; le plus souvent ornées d'un miroir éclatant.

Queue courte.

Les canards ont les jambes posées à l'arrière du corps, ce qui leur donne une démarche vacillante et embarrassée : ils avancent peu, même en se hâtant; mais autant leur allure est gênée, autant, sur les eaux, leurs mouvemens s'exécutent avec grâce et facilité; les uns se servent de leur cou, ayant la tête plongée pour saisir leur proie; d'autres plongent tout le corps et restent assez long-temps sous l'eau. Ils peuvent indifféremment vivre sur les eaux douces, saumâtres ou salées. Les poissons, les insectes, les coquillages, les vers, les végétaux et les graines servent à leur nourriture. Ils nichent dans les anfractuosités des rochers, dans les cavités des arbres, ou dans des trous creusés dans le sable. La femelle pond un grand nombre d'œufs : elle seule est chargée du soin de l'incubation ; aussitôt que les petits sont éclos, elle les conduit à l'eau. La chair des canards est recherchée et estimée.

La mue est double chez la plupart des espèces connues.

ESPÈCES.

LE CANARD CASARCA, *ANAS CASARCA*

(Pl. 10, fig. 1).

A. corpore suprà dilatè rutilo; subtùs obscuro; cervice albicante; genis et gulâ lutescentibus; torque nigro; tectricibus alarum secundariis albis; remigibus primariis atris; rostro pedibusque nigris.

SYNONYM. Anas casarca. LINN.; GMEL., *Syst. nat.*, pag. 511, n°. 46.
Anas casarca. LATH. *Ind. Ornith.* pag. 351, n°. 24.
Anas rutila. PALLAS. *Nov. Comm. Petrop.* t. XIV, p. 579, tabl. 22, fig. 1.

Canard rouge, Anas casarca. VIEILL., *Tabl. encyclop.*, tom. 1, pag. 126.
Ruddy duck. LATH. *Syn.* tom. III, pag. 456, n°. 18.
Grey headed duck. FORST. *Ind. Zool.* pag. 104, pl. 41 (femelle), et pl. 42 (vieux mâle).
Anatra forestiero. Stor. degl. Uccelli, tom. v, pl. 571. (Mâle.)

Ce canard a la tête blanchâtre et teinte de jaune

sur les joues, le front et la gorge; le cou entouré d'un collier noir; toutes les parties du corps d'un roux-rougeâtre; le croupion et les rectrices d'un noir-verdâtre; les remiges noires, les moyennes couvertures alaires forment un miroir d'un blanc pur, et les plus grandes un miroir d'un vert foncé; le bec est étroit, demi-cylindrique et d'une couleur noire; l'iris d'un brun-jaunâtre; les pieds sont longs, et, de même que le bord des paupières, ils sont d'un brun-noirâtre. (Le mâle.)

La femelle n'a point de collier noir; le roux du plumage est plus clair et plus lavé.

Cette espèce habite en été les bords du Volga, du Tanaïs, de la mer Noire, en Russie et en Sibérie; elle se retire, l'hiver, en Perse, dans l'Arabie, dans l'Inde, en Égypte et dans toute l'Afrique orientale.

Quoique ce canard soit très-timide, on peut l'approcher d'assez près. Sa démarche est gracieuse, son vol léger; son cri a quelque rapport avec le son de la clarinette.

Sa nourriture se compose de petits poissons, d'insectes aquatiques, de plantes marécageuses et de leurs semences.

Il niche dans des trous abandonnés par d'autres animaux, dans les creux des arbres ou dans les anfractuosités des rochers; sa ponte est de neuf ou dix œufs blancs, plus gros que ceux du canard sauvage (*anas boschas*). Aussitôt que les petits sont éclos, la mère les conduit à l'eau.

LE CANARD A TÊTE BLANCHE, *ANAS LEUCOCEPHALA*

(Pl. 10, fig. 2).

A. vertice, nuchâque colli parte inferiori nigris; fronte, genis, gulâ, auriculis et colli lateribus albis; dorsoque alis rufis, fusco-lineatis et punctatis; rectricibus rigidis, acuminatis; intermediis longioribus; rostro cærulescente; pedibus fusco-cinerascentibus.

SYNONYM. Anas leucocephala. LINN.; GMEL., *Syst. nat.*, pag. 516, n°. 72.
Anas leucocephala. LATH. *Ind. Ornith.* pag. 356, n°. 64.
Canard à tête blanche, Anas leucocephala. VIEILL., *Tabl. encyclop.*, tom. 1, pag. 131.
White-headed duck. LATH. *Syn.* tome III, page 478, n°. 33. — *Ural duck.*, id., pag. 514.
Anatra d'iverno. *Stor. degl. Uccelli*, tom. v, pl. 577. (Mâle.)

Le canard à tête blanche a le sommet de la tête, la nuque et la partie inférieure du cou d'un noir profond; le front, les joues, la région des oreilles, la gorge et les côtés du cou d'un blanc pur; la poitrine, les parties supérieures du corps et les flancs d'un beau roux foncé, traversé par une multitude de lignes brunes en zigzags; le croupion d'un roux-pourpré; la queue noire, étagée, et les pennes intermédiaires les plus longues; les parties inférieures d'un blanc tirant sur le roussâtre, coupé en travers par de fines raies en zigzags; le bec très-élevé à sa base, évasé dans le milieu, et d'un bleu vif; l'iris d'un jaune-doré; les pieds d'un brun-cendré. (Le mâle.)

La femelle a le roux du plumage nuancé de brun-cendré, et les lignes transversales moins apparentes;

le sommet de la tête, l'occiput, la nuque, et une bande partant de l'angle du bec et se rendant sur la région des oreilles, d'un brun foncé; la gorge, les joues et le devant du cou d'un blanc-jaunâtre; le croupion d'un brun-roux rayé en travers de lignes brunes; la queue plus courte que dans le mâle, portant des lignes transversales noires très-rapprochées; le bec et les pieds roussâtres; l'iris d'un jaune clair.

Les jeunes, après la première mue, ne se distinguent de la femelle que par les couleurs de la tête, qui sont plus vives.

Ce canard est très-abondant à son double passage en Russie, en Pologne, en Turquie, sur les bords de la mer Noire, dans l'Asie mineure et en Égypte; il est rare en Hongrie, en Autriche et en Italie.

Les poissons et les coquillages forment sa principale nourriture.

Il niche sur les rivages de la mer, ou sur les bords des lacs de la Russie; sa ponte est de huit à dix œufs d'un blanc-verdâtre.

Nous avons cru devoir suivre dans le travail qui précède un ordre méthodique qui nous permît de donner quelques développemens sur chaque genre, et de leur rapporter ensuite les espèces d'oiseaux qui leur appartenaient. Cet arrangement, comme il est facile de s'en convaincre, n'est pas celui des espèces représentées par la gravure, car une même planche en renferme souvent de genres fort différens. Il n'en résulte sans doute aucun inconvénient très-grave; mais ce manque de méthode, qu'explique assez bien la dimension des planches, peut se faire sentir aux personnes qui consulteraient plutôt l'atlas que le texte.

C'est afin de rendre ces planches plus commodes à consulter, que nous avons cru devoir en donner une énumération pure et simple, et dans l'ordre où elles se présentent. Si le lecteur veut connaître les descriptions, il aura recours au texte; mais s'il veut se borner à savoir les noms des espèces, il consultera la table suivante.

Nous ferons aussi remarquer que nos descriptions ayant été faites, autant que possible, sur nature et non d'après des dessins, il arrive quelquefois qu'elles ne s'accordent pas point pour point avec les figures des exemplaires coloriés; mais ces différences peuvent dépendre de l'âge, du sexe, de la saison et même de l'individu qui a été dessiné, et elles n'ont aucune importance réelle. Il se pourrait faire aussi que dans quelques cas elles dépendissent du coloriage, quelques soins que l'on ait apportés à l'exécution, car nous n'avons eu à notre disposition aucun dessin original ni aucune note qui pût nous aider dans la rédaction de notre texte.

TABLE

Des espèces d'Oiseaux dans l'ordre des planches de l'ouvrage.

Planches.	Figures.		Pages.
1.	1.	Aigle criard (adulte), *Aquila nœvia*. .	317
2.	1.	Aigle criard (jeune), *Aquila nœvia*. .	Ib.
	2.	Élanoïde blac, *Elanus cœsius*.	324
3.	1.	Milan noir ou Parasite, *Milvus ater*. .	322
	2.	Hibou ascalaphe ou d'Égypte, *Strix ascalaphus*.	328
4.	1.	Coucal houhou, *Centropus Ægyptius*.	334
	2.	Coua noir et blanc, *Coccyzus pisanus*.	332
	3.	Guêpier Savigny, *Merops Savignyi*. .	371
	4.	Hirondelle de Riocour, *Hirundo Riocourii*.	339
5.	1.	Traquet coureur, *Saxicola cursoria*. .	347
	2.	Fauvette grisette, *Sylvia cinerea*. . . .	349
	3.	Fauvette babillarde, *Sylvia curruca*. .	351
	4.	Fauvette pinc-pinc, *Sylvia textrix*. .	352
	5.	Pipi de Coutelle, *Anthus Coutellii*. . .	360
	6.	Pipi de Cécile, *Anthus Cecilii*.	Ib.
	7.	Moineau Cisalpin, *Fringilla Cisalpina*.	367
	8.	Bouvreuil de Payraudeau, *Pyrrhula Payraudœi*.	369
	9.	Colombe maillée, *Columba Cambayensis*.	376

TABLE DES ESPÈCES D'OISEAUX.

Planches.	Figures.		Pages.
6.	1.	Chevalier gambette, *Totanus calidris*.	407
	2.	Vanneau de Villoteau, *Vanellus Villotœi*.	388
	3.	Pluvier à aigrettes, *Charadrius spinosus*.	383
	4.	Pluvier Pluvian, *Charadrius melanocephalus*.	384
7.	1.	Ibis blanc ou sacré, *Ibis religiosa*.	397
	2.	Ibis noir, *Ibis falcinellus*.	401
8.	1.	Héron garde-bœuf, *Ardea bubulcus*.	391
	2.	Cormoran d'Afrique, *Phalacrocorax Africanus*.	421
9.	1.	Hirondelle de mer Tschegrava, *Sterna Caspia*.	417
	2.	Hirondelle de mer Hansel, *Sterna aranea*.	418
	3.	Mouette de Dorbigny, *Larus Dorbignyi*.	341
10.	1.	Canard casarca, *Anas casarca*.	424
	2.	Canard à tête blanche, *Anas leucocephala*.	425
11.		Vautour brun, *Vultur cinereus*.	315
12.		Aigle de Thèbes, *Aquila heliaca*.	319
13.	1.	Merle de roche, *Turdus saxatilis*.	344
	2.	Roitelet à ventre jaune, *Sylvia trochylus*.	357
	3.	Fauvette locustelle, *Sylvia locustella*.	354
	4.	Fauvette des joncs, *Sylvia schœnobœnus*.	355
	5.	Pipi des arbres, *Anthus arboreus*.	361
	6.	Alouette cochevis, *Alauda cristata*.	364

Planches.	Figures.		Pages.
13.	7.	Pigeon colombin ou de roche, *Columba œnas*.	375
14.	1.	Grand Pluvier à collier, *Charadrius hiaticula*.	385
	2.	Chevalier sylvain, *Totanus glareolus*.	411
	3.	Chevalier aux pieds verts, *Totanus glottis*.	409
	4.	Rhynchée du cap de Bonne-Espérance, *Rhynchœa Capensis*.	404

N. B. Ceux des oiseaux précédens qui ont été représentés sur les monumens d'Égypte, conservent dans les planches l'attitude qu'on remarque dans les sculptures et les peintures antiques : nous citerons seulement pour exemple le *Milan*, pl. 3, fig. 1 ; le *Hibou*, pl. 3, fig. 2 ; les *Ibis*, pl. 7 ; les *Canards*, pl. 10 ; le *Vautour*, pl. 11 ; M. Savigny a eu le même soin pour d'autres espèces d'animaux, telles que le grand *Aspic Haïe* (REPTILES-SUPPL., pl. 3). Cette disposition a pour but de faciliter l'étude des monumens égyptiens sous un rapport important.

E. J.

EXTRAIT

DE

L'HISTOIRE NATURELLE

ET MYTHOLOGIQUE

DE L'IBIS,

Par M. J.-C. SAVIGNY[1].

Description de l'ibis blanc.

Si notre numenius ibis et l'ibis blanc ne sont que le même oiseau, la description de l'un conviendra très-exactement à l'autre. Je pourrai même me borner à rappeler l'ancienne description d'Hérodote, qui est assez étendue, en y ajoutant les observations nécessaires pour l'éclaircir ou la completter.

Voyons en effet comment cet auteur dépeint les ibis de l'espèce commune dans les lieux habités :

1°. *Ils ont une partie de la tête et toute la gorge dénuées de plumes*[2].

---

[1] *Histoire natur. et mythol. de l'Ibis*, par J.-C. Savigny, membre de l'Institut d'Égypte, ornée de six planches; in-8°. Paris, 1805.

[2] *Histoire* d'Hérodote, traduite du grec, tome II, page 62.

On voit que j'emprunte la traduction de M. Larcher. D'autres ont traduit : *ils ont la tête et le cou nus;* et si M. Larcher eût consulté les figures d'ibis qui nous viennent des Égyptiens, il eût peut-être préféré cette dernière version : elle exprime un caractère que présente constamment le numenius ibis dans l'âge adulte, après quelques mues. Dans la jeunesse, l'autre lui conviendrait davantage. Les joues, le bas du cou et la gorge entière sont alors revêtus de plumes petites, rares et comme semées sur la peau, qu'elles ne recouvrent qu'imparfaitement ; le dessus de la tête et la nuque le sont de plumes plus grandes, mieux fournies, assez longues à l'occiput pour y former une sorte de huppe, si l'oiseau avait le pouvoir de les relever. L'ibis en bronze de Middleton, qui a aussi une petite huppe [1], et qui a paru ressembler si peu à notre oiseau, n'en serait-il pas une figure exécutée ailleurs qu'en Égypte, d'après des indications vraies, mais qui auraient été mal saisies?

2°. *Leur plumage est blanc, excepté celui de la tête, du cou, de l'extrémité des ailes et de la queue, qui est très-noir.*

Remarquons d'abord que tout ce qui n'est pas noir dans le plumage du numenius ibis, est d'un blanc pur.

Hérodote s'est-il contredit en parlant de la couleur du plumage de la tête et du cou, après avoir dit que ces parties étaient nues? M. Larcher répond [2] que,

---

[1] *Antiquit. monument.*, tab. 10, pag. 129.
[2] *Histoire* d'Hérodote, tome II, note 254, page 308.

d'après le texte même d'Hérodote, elles ne l'étaient pas complètement; mais il faut encore distinguer les deux âges. Lorsque ces parties ont des plumes, celles du sommet de la tête, des joues, et du derrière du cou sont d'un noir à reflets, quelques-unes bordées de blanc; celles de la gorge sont de cette dernière couleur. Lorsqu'elles n'en ont plus, la peau nue perd peu à peu sa couleur naturelle pour en prendre une qui tire sur le noir. Quel que soit le sentiment des traducteurs, cet endroit de la description d'Hérodote convient toujours, soit qu'on l'applique aux plumes noires de la tête et du cou, ou seulement à la peau, lorsque les plumes sont tombées.

L'extrémité des ailes est noire, ainsi que le dit le même auteur. Les grandes pennes sont terminées par un noir cendré, luisant, dans lequel le blanc forme des échancrures obliques; les secondaires par un beau noir chargé de reflets verts et violets, et qui s'étend de plus en plus. Les trois ou quatre pennes internes sont même entièrement de ce noir à riches reflets, et les barbes en deviennent avec l'âge si excessivement longues et effilées, qu'elles couvrent tout le croupion, et que, retombant par-dessus le bout des ailes, elles cachent encore une partie de la queue : mais les véritables pennes de la queue sont blanches comme le reste du plumage; elles le sont dans les ibis embaumés, ce qui prouve que M. Larcher a mal traduit en français l'expression grecque dont le sens me paraît beaucoup mieux rendu par le mot latin *nates*. Le noir du croupion fait avec le blanc une forte échancrure, laquelle, comme le dit Plutarque, retraçait aux Égyptiens l'image de la lune dans son croissant[1].

3° *Quant aux cuisses (aux jambes) et au bec, ils les ont de même que l'autre ibis*, c'est-à-dire qu'ils ont les jambes *semblables à celles de la grue et le bec recourbé*, ou, plus exactement, en grande partie courbé.

Les jambes, ou plutôt les pieds du numenius ibis, ne diffèrent pas de ceux des espèces du même genre (on sait assez que les avoir semblables à ceux de la grue est un attribut commun à tous les oiseaux de rivage); ils ne sont même distingués des pieds du courlis commun, *scolopax arquata*, que par plus d'épaisseur, et par des doigts et des ongles plus allongés. Ils sont noirs, ainsi que le bec. Ils paraissent précisément de sa longueur, si, en y joignant la partie nue de la jambe, on ne les mesure que jusqu'à l'origine des doigts. On lit en effet dans Plutarque, que l'espace compris entre les deux jambes de l'ibis et son bec forme un triangle à trois côtés égaux[2].

Ce bec, quoique assez épais, est d'une substance peu compacte, long, comprimé par les côtés, un peu convexe en dessus, d'abord presque droit, courbé très-sensiblement dans son dernier tiers, et terminé non en pointe, mais par un bout obtus. On n'y voit point d'échancrures, et les bords n'en sont que mousses et arrondis. La mandibule supérieure est sillonnée de deux cannelures[3] depuis son extrémité jusqu'à

---

[1] *Plutarch. moral. de Iside et Osiride.*

[2] *Plutarch. moral. de Iside et Osiride; et Symposiacon*, lib. IV.

[3] Non-seulement ces cannelures existent, quoi qu'en dise Buffon, mais elles sont très-profondes et beaucoup plus que dans notre courlis.

sa base, où l'on aperçoit les narines qui sont linéaires et placées dans ces mêmes cannelures. Enfin ce bec est en tout essentiellement conformé comme celui des autres numenius.

J'en puis dire autant de la langue que l'on aperçoit à peine au fond du gosier. Celle-ci est lisse, épaisse, cartilagineuse, ovale-obtuse, sagittée et frangée à sa base; la couleur en est noirâtre.

Les yeux, séparés du bec par un espace qui est toujours nu, ont leurs iris d'un brun un peu couleur de noisette.

Je sens que je suis entré dans des détails qui peuvent paraître superflus; on en reconnaîtra la nécessité à mesure que nous avancerons : mais il nous reste encore ici quelques considérations à exposer.

Il y a deux caractères spécifiques qui semblent d'abord appartenir exclusivement à l'ibis, et le distinguer essentiellement dans son genre naturel, je veux dire, le défaut de plumes sur la tête et le cou, et le prolongement des barbes de quelques-unes des pennes secondaires. Cependant on les retrouve dans des espèces voisines, mais étrangères à l'Égypte; savoir, dans une espèce envoyée du Bengale au Muséum de Paris par le naturaliste Macé, et dans une autre du cap de Bonne-Espérance, que j'ai jugée différente de la première sur les dessins de M. Levaillant, sans compter celle que M. Cuvier a confondue avec la nôtre, et que l'on présume venir du Sénégal. Il serait trop long d'énumérer ici toutes les différences de couleur qui séparent ces trois numenius du vrai ibis. Il me suffira d'en remarquer quelques-unes relativement à l'espèce de M. Cuvier. 1°. Le plumage est d'un blanc sale; 2°. les grandes pennes de l'aile sont terminées par du noir à reflets verts; mais les plumes effilées m'ont paru uniquement d'un beau violet; 3°. le dessous des ailes, leurs grandes couvertures antérieures, ainsi que les cuisses, présentent une teinte rousse assez vive; 4°. les pieds sont plutôt grisâtres que noirs.

Pour distinguer cette espèce, les ornithologistes pourraient employer le nom suivant : *numenius Cuvieri, capite et collo nudis, corpore albido, tectricibus anterioribus alarum femoribusque rufis, remigibus secundariis elongatis, violaceis.* Celui de l'ibis blanc serait : *numenius ibis, capite colloque nudis, corpore candido, remigibus secundariis elongatis, ex nigro-viridi micantibus.*

Il existe d'ailleurs au Sénégal un autre numenius qui s'éloigne de tous les précédens par des caractères tranchés. Par exemple, la tête et le cou ne perdent jamais leurs plumes; la peau nue des joues et du haut de la gorge est d'un rouge vif, etc. Cependant cette espèce, dont je dois la connaissance à M. Levaillant, n'en a pas moins, tout aussi bien que l'ibis, des pennes secondaires à barbes prolongées et effilées. Ce dernier attribut n'est donc point exclusif, comme le pense M. Cuvier; il ne prouve donc point l'identité de son numenius avec l'ancien ibis blanc.

Les Égyptiens, dans leurs figures, ont-ils indiqué ce même attribut, ou tout autre, et en particulier le dénûment de la tête et du cou? Je prie seulement celui qui aurait quelque doute à cet égard, de jeter les yeux sur l'ouvrage de Caylus[1], et il se convaincra qu'ils les ont exprimés quelquefois avec une certaine précision, ce que Bruce ni moi n'avons pu faire, n'ayant eu à notre disposition que des jeunes. On a gravé dans cet ouvrage une tête d'ibis et un ibis complet; les originaux en bronze en sont actuellement déposés au Cabinet des antiques, où chacun peut les voir. Il est certain que l'oiseau qui a servi de modèle pour la tête, n'avait point de plumes en cet endroit ni sur le cou, puisque outre le poli de ce bronze on y distingue tous les plis de la peau et les trous auditifs externes. Le bec est parfaitement conforme à ce que j'en ai dit plus haut. Je n'observe ceci qu'en passant. Dans l'ibis complet qui est sous de plus petites dimensions, on a surtout bien représenté les plumes effilées qui enflent le croupion, en cachant presque la queue.

Quelque soin que l'on prenne, il est assez rare que dans les ibis embaumés l'on trouve de ces plumes qui soient très-remarquables par leur longueur et leur finesse; ce qui témoigne peut-être qu'elles ne parviennent plus à cet état dans une extrême vieillesse.

[1] Recueil d'antiquités égyptiennes, t. 1, pl. 10, n°. 4, p. 38 et 39; et t. v, pl. 11, n°. 1, p. 50. Consultez aussi les belles planches de M. Denon.

De l'ibis noir.

Il y a en Égypte un autre numenius qui s'y plaît autant que le précédent, qui même y habite en plus grand nombre. Cette seconde espèce, moins grande que la première, s'en distingue surtout par le défaut de blanc dans son plumage, et par les plumes dont le cou et la tête sont toujours bien revêtus. Tout le dessus du corps est d'un noir à reflets très-riches, verts et violets; tout le dessous, d'un noir cendré qui jette aussi quelques reflets; et ces deux couleurs sont à peu près telles qu'on les voit aux pennes effilées, et à l'extrémité des grandes pennes de l'aile du numenius ibis. Il arrive néanmoins que dans les vieux individus, le ventre et les cuisses prennent une teinte d'un marron foncé, qui s'étend quelquefois jusque sur la poitrine. Les plumes de la tête et de tout le cou sont noirâtres, frangées légèrement de blanchâtre, plus foncées sur le sommet de la tête et sur la nuque, où il y a des reflets, prolongées à l'occiput. Le bec et les pieds ont exactement la même forme que dans le numenius ibis; seulement ils sont moins épais : ils paraissent noirs d'abord, mais ensuite on y distingue une couleur cendrée olivâtre. Les pieds sont aussi proportionnellement plus longs, et le bec un peu plus court. La langue, plus petite, est un peu lancéolée, très-obtuse. Les iris sont bruns. A cela près, les deux espèces se ressemblent à tous égards; et l'unique différence que les Égyptiens mettent entre elles, et qu'on puisse y remarquer soi-même au premier coup d'œil, lorsqu'on ne les regarde pas de très-près, c'est que la première est noire et blanche, et que la seconde semble entièrement noire [1].

Ces deux *numenius* sont dans leur genre les seules espèces qui arrivent régulièrement en Égypte à de certaines époques : celui de Belon, à tête, bec, et pieds rouges, s'y montre si rarement, que l'on n'en a pas seulement la plus légère idée. Ce sont, à coup sûr, les seuls que les habitans actuels reconnaissent, les seuls qu'ils sachent désigner, qui en reçoivent des noms particuliers; et durant tout le séjour de l'armée française, c'est-à-dire dans le cours de plus de trois années, ni moi, ni personne que je sache, n'en a vu d'autres.

Qu'on se souvienne, maintenant, que les anciens Égyptiens honoraient deux espèces d'ibis; que la distinction essentielle établie par Hérodote entre ces oiseaux est également très-frappante entre les deux nôtres, et de plus celle que les Arabes y voient encore; que l'ibis blanc était très-noir sur la tête, le cou, l'extrémité des ailes et le croupion, tandis que l'ibis noir était partout très-noir; expression que l'historien grec n'emploie sans doute que par opposition, dans tous les cas, dont il s'est évidemment servi pour désigner un noir avec de riches reflets, et même un noir-cendré, puisque l'une et l'autre de ces couleurs existent dans le plumage de l'ibis blanc. Qu'on se

[1] *Hada atteyr asouad kollouhou*, disent les Arabes, « Cet oiseau est tout noir. »

rappelle tout cela, et l'on sera forcé de convenir que notre seconde espèce de *numenius* est aussi l'ibis noir dont les anciens ont fait mention. Cette conclusion est de rigueur, à moins qu'on ne rejette tout ce que nous regardions comme prouvé précédemment, c'est-à-dire, qu'on n'admette plus que notre *numenius ibis* soit le vrai ibis blanc des anciens Égyptiens.

S'il me fallait ajouter une dernière preuve à ces diverses considérations, j'en choisirais une seule qui confirmerait le sentiment que je viens d'avancer; la voici : c'est que l'oiseau que je présente comme l'ibis noir, n'a pas perdu son ancien nom égyptien, celui de *leheras* ou *ieheras*, qu'Aristote nous a conservé[1], et qui se retrouve pour ainsi dire sans altération dans le nom arabe *el-hareiz*[2] (on prononce

[1] Suivant Albert (lib. VIII, *de Animal.* tract. 2, c. 5; *et aliis locis*).

[2] M. Belletête, que j'avais consulté sur l'identité de ces deux noms appliqués au même oiseau, a bien voulu me communiquer les observations suivantes:

« L'analogie de ces deux noms, *leheras* ou *ieheras* en ancien égyptien, *hareiz* en arabe, est telle, qu'il n'y a aucun lieu de douter que le premier n'ait donné naissance au second. Il est peu de mots, en effet, qui, comme ce dernier, aient passé d'une langue dans une autre avec des changemens aussi légers et qui réunissent plus de conditions nécessaires à en constater l'origine. C'est ce que les personnes versées dans la connaissance des langues orientales reconnaîtront aisément avec moi; mais pour faire passer cette conviction dans l'esprit des autres lecteurs, il faut établir la démonstration de cette proposition.

« Le génie de la plupart des langues orientales et particulièrement de l'arabe, est de rapporter tous les mots à une racine composée de trois lettres, que, par cette raison, l'on appelle radicales. Ces trois lettres primitives, et toujours consonnes, entrent essentiellement dans la formation de tous les dérivés d'une même racine, qui sont diversement modifiés, soit par la mutation des voyelles dont les radicales sont affectées, soit par l'addition d'une ou de plusieurs lettres. Quoique ce ne soit pas un usage indispensable d'assujettir à cette règle tous les mots empruntés de langues étrangères, je pourrais donner une liste nombreuse de termes exotiques adaptés et fa-

aussi *el-hareis*, et même *el-hereis*), que cet oiseau re-

çonnés en quelque sorte au joug de la grammaire arabe. Je n'en citerai qu'un seul exemple dont l'application puisse parfaitement convenir au nom qui est l'objet de cette note, par l'identité de décomposition.

« Je choisirai le mot *iblis*, diable, bien évidemment dérivé du *diabolos* des Grecs, lequel a subi le retranchement de la première lettre *delta* (δ), pour appartenir à la racine *ablasa*, quatrième conjugaison de *balasa*, non usité (radicales *b*, *l*, *s*), et qui, à cette quatrième forme, signifie *desperare*. S'il venait à l'esprit de quelques personnes de trouver dans ce mot une dépendance de sens immédiate de la racine, et de croire par conséquent qu'il fût national, je leur ferai observer que les Arabes dénaturent d'autant plus les mots étrangers adoptés par eux, qu'ils rencontrent dans leur langue une racine dont le sens se rapproche plus de la signification de ce mot. Je ne donnerai pas à cette explication de plus longs développemens, parce que ce serait sortir de mon sujet.

« Fidèles à leur système, les Arabes, en transportant dans leur langue le mot égyptien *leheras* ou *ieheras*, ont donc dû le réduire à la forme primitive que leur grammaire leur prescrivait. Pour y parvenir, il ne fallait que faire disparaître l'une des quatre consonnes qui entrent dans sa formation. Il semble d'abord que le hasard ou le caprice ont seuls disposé du sort de cette lettre, et que la première a été ainsi aveuglément sacrifiée ; mais il devient bientôt évident aux yeux des orientalistes qu'une indication raisonnée et appuyée sur les élémens de la grammaire arabe a conduit ces réformateurs à retrancher la première lettre, parce que, s'ils reconnaissaient que le mot égyptien se prononçait *leheras*, le *lam* (*l*) qui le commence aurait été sujet à se confondre avec celui de leur article *al*; et s'ils adoptaient, au contraire, la prononciation de *ieheras*, ils auraient établi une anomalie de formation très rare dans leur langue, en conservant pour radicale la lettre initiale *ya* (*i*). Cette opération faite, il n'est plus resté que les trois consonnes *h*, *r*, *s*, qui auraient pu produire une racine nouvelle, si elle n'avait déjà existé sous la forme *haraza* ou *harasa*, qui signifie *custodire*. Le rapprochement de cette signification avec les qualités qu'ils supposaient reconnues par les anciens Égyptiens dans l'oiseau appelé ibis, a pu achever de déterminer leur choix. Mais continuant à faire, au mot qu'ils naturalisaient, l'application des règles de leur grammaire sur la formation des dérivés, il leur restait à l'assimiler à la forme de nom qui lui était propre, et qui, à raison de l'idée attachée à la dénomination qu'ils lui donnaient, devait être la forme du nom d'agent *hariz* ou *haris*, *custodiens*, le gardien; nom conforme à celui employé par les Arabes de nos jours, et qui ne diffère de l'ancien mot égyptien, comme je crois l'avoir prouvé, que parce qu'il a été assoupli au génie de la langue arabe.

« Cette étymologie, quoique suffisamment démontrée, serait peut-être encore plus satisfaisante, si, comme

çoit à Menzaleh, à Damiette, à Rosette et dans tout le Delta, des Égyptiens de nos jours.

il est naturel de le supposer quand les règles de l'écriture et de l'orthographe sont connues, l'on admettait que, par succession de temps, un léger changement a été introduit dans l'orthographe du mot *haris*, dans lequel la lettre *sin* aurait remplacé la lettre *tse*; en effet, l'affinité de prononciation entre ces deux lettres est telle dans le plus grand nombre des dialectes de la langue arabe, que ces lettres se confondent de manière à ne plus être distinguées. Dans cette supposition, la racine de ce mot serait *haratsa*, dont la signification *arare*, en passant à la forme du nom d'agent, se diviserait et offrirait à-la-fois les deux sens d'*agricola* et de *custos*, entre lesquels on pourrait choisir ou le dernier *custos*, dont j'ai déjà établi les rapports avec les qualités de l'ibis, ou le premier *agricola*, qui, par la connexion des idées de culture et de fertilité que ce mot présente à l'imagination avec les opinions identiques que vous vous êtes formées sur les propriétés anciennement reconnues dans ce même oiseau, servirait à fortifier votre système. » (*Note adressée par M. Belletête, membre de la Commission des sciences et arts, et interprète du Gouvernement pour les langues orientales.*)

J'ajoute à cette dissertation, qui n'aura pas été lue sans intérêt, que les animaux naturels à l'Égypte, dont les anciens noms nous sont connus, les ont toujours conservés; à moins que ces mêmes noms n'aient été remplacés par quelque épithète d'un sens populaire. C'est un fait que je donne pour certain, et que la nomenclature que je possède me fournira quelque jour l'occasion de prouver.

FIN DU TOME VINGT-TROISIÈME.

TABLE

DES MATIÈRES DU TOME XXIII.

HISTOIRE NATURELLE

ZOOLOGIE.

ANIMAUX INVERTÉBRÉS (suite).

	Pages.
EXPLICATION *sommaire des planches d'échinodermes de l'É-gypte et de la Syrie*, publiées par J.-C. SAVIGNY, membre de l'Institut; *offrant un exposé des caractères naturels des genres avec la distinction des espèces*, par Victor Audouin................	1
Observations préliminaires........................	Ib.
Planche 1. *Comatules, Ophiures*.....................	4
Genre Comatule, *Comatula* (fig. 1 et 2)....	Ib.
Genre Ophiure, *Ophiura* (fig. 3)..........	5
Planche 2. *Ophiures*...............................	7
Planche 3. *Astéries*...............................	9
Planche 4. *Astéries*...............................	10
Planche 5. *Astéries*...............................	12
Planche 6. *Oursins*...............................	13
Planche 7. *Oursins*...............................	14
Planche 8. *Holothuries*............................	16
Planche 9. *Holothuries*............................	18
EXPLICATION *sommaire des planches de zoophytes de l'Égypte et de la Syrie*, publiées par J.-C. SAVIGNY, membre de l'Institut; *offrant un exposé des caractères naturels des genres avec la distinction des espèces*, par Victor Audouin...............	20

EXPLICATION *sommaire des planches d'ascidies de l'Égypte et de la Syrie*, publiées par J.-C. SAVIGNY, membre de l'Institut;

TABLE DES MATIÈRES.

Pages.

offrant un exposé des caractères naturels des genres avec la distinction des espèces, par Victor Audouin.................. 23

    Observations préliminaires........................... *Ib.*

ASCIDIES COMPOSÉES.

    Planche 1. *Polyclines, Aplides*...................... 25
        Genre Polycline, *Polyclinum*. Sav. (fig. 1, 2, 3, 4)............................ *Ib.*
        Genre Aplide, *Aplidium*. Sav. (fig. 5 et 6). 33

EXPLICATION sommaire des planches de polypes de l'Égypte et de la Syrie, publiées par J.-C. SAVIGNY, membre de l'Institut; offrant un exposé des caractères naturels des genres avec la distinction des espèces, par Victor Audouin............. 40

    Observations préliminaires........................... *Ib.*

    Planche 1. *Actinies, Polypes tubifères*................... 42
    Planche 2. *Isaures libres, Isaures fixes, Nephthées*......... 46
    Planche 3. *Polypes corticaux*........................ 50
    Planche 4. *Madrépores*............................. 54
    Planche 5. *Madrépores*............................. 56
    Planche 6. *Sertulaires*.............................. 58
    Planches 7, 8, 9, et 10. *Flustres*...................... 61
        Genre Flustre, *Flustra*.................. 62
        Genre Cellépore, *Cellepora*............... *Ib.*

    Planche 8. *Flustres*................................ 65
    Planche 9. *Flustres*................................ 67
    Planche 10. *Flustres*............................... 68
    Planche 11. *Cellaires*.............................. 69
    Planche 12. *Cellaires*.............................. 71
    Planche 13. *Catenaires, Chlidonies, Gemellaires*........... 73
    Planche 14. *Dyasmées, Plumulaires*.................... 76

EXPLICATION sommaire des planches d'hydrophytes de l'Égypte et de la Syrie, publiées par M. J.-C. SAVIGNY, membre de l'Institut; offrant un exposé des caractères naturels des genres avec la distinction des espèces, par Victor Audouin.............. 79

    Observations préliminaires........................... *Ib.*

    Planche 1. *Hydrophytes*............................ 81
    Planche 2. *Hydrophytes*............................ 84

TABLE DES MATIÈRES.

ANIMAUX VERTÉBRÉS.

PREMIÈRE CLASSE. — MAMMIFÈRES.

Pages.

DESCRIPTION *des mammifères qui se trouvent en Égypte*, par M. GEOFFROY-SAINT-HILAIRE, membre de l'Institut........ 91

§er. I. Des Chauve-souris (pl. 1-4).................... *Ib.*

    I. Vespertilion, *Vespertilio*................. 118
    II. Oreillard, *Plecotus*..................... 119
    III. Nyctère, *Nycteris*..................... *Ib.*
    IV. Rhinopome, *Rhinopoma*................ 120
    V. Mulot-Volant, *Molossus*................. *Ib.*
    VI. Myoptère, *Myopterus*.................. *Ib.*
    VII. Taphien, *Taphozous*................... 121
    VIII. Bec-de-lièvre, *Noctilio*................ *Ib.*
    IX. Nyctinome, *Nyctinomus*................ 122
    X. Sténoderme, *Stenoderma*................ *Ib.*
    XI. Phyllostome, *Phyllostoma*............... *Ib.*
    XII. Rhinolophe, *Rhinolophus*.............. 123
    XIII. Mégaderme, *Megaderma*.............. *Ib.*
    XIV. Roussette, *Pteropus*.................. 124
    XV. Cephalote, *Cephalotes*................. *Ib.*

        1. Vespertilion pipistrelle, *Vespertilio pipistrellus* (pl. 1, n°. 3)............ 125
        2. Oreillard vulgaire, *Plecotus auritus* (pl. 2, n°. 3)..................... 129
        3. Nyctère de la Thébaïde, *Nycteris Thebaïcus* (pl. 1, n°. 2)............. 132
        4. Rhinopome microphylle, *Rhinopoma microphyllus* (pl. 1, n°. 1).......... 140
        5. Taphien perforé, *Thaphosous perforatus* (pl. 3, n°. 1)................... 145
        6. Nyctinome d'Égypte, *Nyctinomus Ægyptiacus* (pl. 2, n°. 2)............. 150
        7. Rhinolophe trident, *Rhinolophus tridens* (pl. 2, n°. 1).................... 154
        8. Roussette d'Égypte, *Pteropus Ægyptiacus* (pl. 3, n°. 2)................. 161

TABLE DES MATIÈRES.

Pages.

§. II. De l'Ichneumon, *Ichneumon Pharaon* (pl. 6)...... 166
§. III. Du Rat d'Alexandrie, *Mus Alexandrinus* (pl. 5, fig. 1).................................. 183
§. IV. De l'Échimys du Nil, *Echimys Niloticus* (pl. 5, fig. 2). 186
§. V. Du Hérisson oreillard, *Erinaceus auritus* (pl. 5, fig. 3). 191
§. VI. Du Lièvre d'Égypte, *Lepus Ægyptius* (pl. 6, fig. 2). 196
§. VII. Du Belier à large queue, *Ovis laticaudata* (pl. 7, fig. 1). 199
§. VIII. Du Mouflon à manchettes, *Ovis ornata* (pl. 7, fig. 2) 201

DESCRIPTION *sommaire des mammifères carnassiers qui se trouvent en Égypte*, publiés par J.-C. SAVIGNY, membre de l'Institut ; *offrant un exposé des caractères naturels des genres avec la distinction des espèces*, par Victor Audouin.......... 205

CARNASSIERS (pl. 1, Supplément).

Fig. 1. Mangouste ichneumon (*Ichneumon Pharaonis*, Geoff. Saint-Hilaire)............................. 206
Fig. 2. Hérisson oreillard (*Erinaceus auritus*, Geoff. Saint-Hilaire)................................ 207
Fig. 3. Felis chaus (*Felis chaus*, Guld.)............... 210
Fig. 4. Hyène rayée (*Hyæna vulgaris*, Geoff. Saint-Hilaire). 213
Fig. 5. Chien chacal (*Canis aureus*, Lin.)............... 215
Fig. 6. Chien renard (*Canis vulpes*, Lin.)............... Ib.

DEUXIÈME CLASSE. — OISEAUX.

SYSTÈME *des oiseaux de l'Égypte et de la Syrie*, par J.-C. SAVIGNY, membre de l'Institut............................ 221

Explication des abréviations et des signes............. 222

ORDRE Ier. Oiseaux de proie, *Aves accipitrinæ*............... 223
    Caractères distinctifs...................... Ib.
    Caractères complémentaires.................. 224

Caractères distinctifs des familles et des genres............... 226
    I. Les Vautours, *Vultures*..................... Ib.
    II. Les Éperviers, *Accipitres*.................. 227
    III. Les Chouettes, *Ululæ*.................... 228

Ire *famille.* — Les Vautours, *Vultures*.................... 230
    Caractères principaux...................... Ib.
    Caractères anatomiques.................... 231
    Caractères accessoires..................... Ib.

TABLE DES MATIÈRES.

Pages.

Genre I. *Gyps*... 231
    Caractères principaux..................... *Ib.*
    Caractères accessoires..................... 232
        Espèce. 1. — *Gyps vulgaris*, Le Griffon... *Ib.*

Genre II. *Ægypius*.. 236
    Caractères principaux..................... *Ib.*
    Caractères accessoires..................... *Ib.*
        Espèce. 2. — *Ægypius niger*, le Vautour noir..................... 237

Genre III. *Neophron*..................................... 238
    Caractères principaux..................... *Ib.*
    Caractères accessoires..................... 239
        Espèce. 3. — *Neophron percnopterus*, le Percnoptère........... *Ib.*

Genre IV. *Phene*.. 242
    Caractères principaux..................... *Ib.*
    Caractères accessoires..................... 243
        Espèces. 4. — I. *Phene ossifraga*, le Vautour barbu.............. *Ib.*
        5. — II. *Phene gigantea*, le grand Vautour barbu....... 245

11° famille — Les Éperviers, *Accipitres*................... 246
    Caractères principaux..................... *Ib.*
    Caractères anatomiques..................... 247
    Caractères accessoires..................... *Ib.*

SECTION Ire. — *Aëti*................................. 248
Genre V. *Aquila*... *Ib.*
    Caractères principaux..................... *Ib.*
    Caractères accessoires..................... *Ib.*
        Espèces. 6. — 1. *Aquila heliaca*, l'Aigle de Thèbes......... 249
        7. — 2. *Aquila fulva*, l'Aigle commun............ 250
        8. — 3. *Aquila Melanæetos*, le petit Aigle noir...... 253
        3 bis. *Aquila Melanæetos* (*Senex avis*)........... 254

TABLE DES MATIÈRES.

Pages.

Genre VI. *Haliæetus*.................................. 254
    Caractères principaux..................... *Ib.*
    Caractères accessoires..................... 255
        Espèce. 9. — *Haliæetus nisus*, l'Aigle de mer.................... *Ib.*

Genre VII. *Milvus*.................................. 258
    Caractères principaux..................... *Ib.*
    Caractères accessoires..................... *Ib.*
        Espèces. 10. — I. *Milvus ictinus*, le Milan commun............ 259
        11. — II. *Milvus Ætolius*, le Milan Étolien............. 260

Genre VIII. *Circus*.................................. 262
    Caractères principaux..................... *Ib.*
    Caractères accessoires..................... *Ib.*
        Espèces. 12. — I. *Circus æruginosus*, le Busard............ 263
        13. — II. *Circus rufus*, la Harpaye. 264
        14. — III. *Circus gallinarius*, la Soubuse............. *Ib.*

Genre IX. *Dædalion*................................ 266
    Caractères principaux..................... *Ib.*
    Caractères accessoires..................... 267
        Espèces. 15. — I. *Dædalion palumbarius*, l'Autour............ *Ib.*
        16. — II. *Dædalion fringillarius*, l'Épervier commun... 270

Genre X. *Pandion*.................................. 271
    Caractères principaux..................... *Ib.*
    Caractères accessoires..................... 272
        Espèce. 17. — *Pandion fluvialis*, l'Orfraie; improprement le Balbuzard............. *Ib.*

Genre XI. *Elanus*.................................. 274
    Caractères principaux..................... *Ib.*
    Caractères accessoires..................... 275

TABLE DES MATIÈRES. 449

Pages.

Espèce 18. — *Elanus cæsius*, le Couhyeh.. 276

SECTION II. — *Hieraces*................................. *Ib.*

Genre XII. *Falco*..................................... 277
    Caractères principaux..................... *Ib.*
    Caractères accessoires..................... *Ib.*
    Espèces. 19. — 1. *Falco tinnunculus*, la Cresserelle......... 278
             20. — 2. *Falco smirillus*, l'Émérillon............. 279
             21. — 3. *Falco communis*, le Faucon............. 281

IIIe *famille*. — Les Chouettes, *Ululæ*.................. 285
    Caractères principaux..................... *Ib.*
    Caractères anatomiques................... 286
    Caractères accessoires..................... *Ib.*

Genre XIII. *Noctua*.................................. 287
    Caractères principaux..................... *Ib.*
    Caractères accessoires..................... *Ib.*
    Espèce. 22. — *Noctua glaux*, la Chevêche.. *Ib.*

Genre XIV. *Scops*.................................... 290
    Caractères principaux..................... *Ib.*
    Caractères accessoires..................... *Ib.*
    Espèce. 23. — *Scops ephialtes*, le Petit Duc. 291

Genre XV. *Bubo*..................................... 292
    Caractères principaux..................... *Ib.*
    Caractères accessoires..................... 293
    Espèces. 24. — 1. *Bubo otus*, le Hibou.... *Ib.*
             25. — 2. *Bubo Ascalaphus*, le Hibou d'Égypte........ 295

Genre XVI. *Syrnium*.................................. 297
    Caractères principaux..................... *Ib.*
    Caractères accessoires..................... *Ib.*
    Espèce. 26. — *Syrnium ululans*, le Chat-huant 298

Genre XVII. *Strix*.................................... 299
    Caractères principaux..................... *Ib.*

TABLE DES MATIÈRES.

Pages.

Caractères accessoires...................... 300
 Espèce. 27. — *Strix flammea*, l'Effraie.... *Ib.*

EXPLICATION *sommaire des planches d'oiseaux de l'Égypte et de la Syrie*, publiées par J.-C. SAVIGNY, membre de l'Institut; *offrant un exposé des caractères naturels des genres avec la distinction des espèces*, par Victor Audouin.................. 302

ORDRE Ier. Accipitres, *Accipitres*...................... 311
 Caractères principaux..................... *Ib.*
 Caractères accessoires..................... 312
  Genre Vautour (*Vultur*, CUV., VIEILL., TEMM., BRISS., LINN., LATH.; *Ægypius*, SAVIG.)........................ 313
  Caractères principaux..................... *Ib.*
  Caractères accessoires..................... *Ib.*
   Espèce. — Le Vautour brun, *Vultur cinereus* (*Ægypius niger*, SAV., pl. 11).......... 315
  Genre Aigle (*Aquila*, CUV., VIEILL., SAVIG., BRISS.; *Falco*, TEMM., LIN., LATH.)..... 316
  Caractères principaux..................... *Ib.*
  Caractères accessoires..................... 317
   Espèce. — Aigle criard, *Aquila nœvia* (*Aquila melanæetos*, SAV., pl. 1, et pl. 2, fig. 1)... *Ib.*
   Aigle de Thèbes, *Aquila heliaca* (pl. 12)........ 319
  Genre Milan (*Milvus*, CUV., VIEILL., SAVIG.; *Accipiter*, BRISS.; *Falco*, TEMM., LIN., LATH.)........................ 320
  Caractères principaux..................... *Ib.*
  Caractères accessoires..................... 321
   Espèce. — Le Milan noir *ou* Parasite, *Milvus ater* (*Milvus ætolius*, SAV., pl. 3, fig. 1). 322
  Genre Élanoïde (*Elanoïdes*, VIEILL.; *Elanus* SAVIG.)...................... 324
  Caractères principaux..................... *Ib.*
  Caractères accessoires..................... *Ib.*

TABLE DES MATIÈRES.

Pages.

Espèce. — L'Élanoïde blac, *Ælanus cæsius* (pl. 2, fig. 2)...... 324

Genre Hibou (*Otus* , Cuv.; *Strix* , Vieill. , Temm., Lin.; *Bubo* , Savig. , Briss)...... 326

Caractères principaux........................ *Ib.*
Caractères accessoires........................ *Ib.*

Espèce. — Le Hibou ascalaphe *ou* d'Égypte, *Strix ascalaphus* (*Bubo ascalaphus* , Sav. , pl. 3, fig 2)........... 328

ORDRE II. Zygodactyles, *Zygodactyli* (Grimpeurs, Cuv.)..... 330

Caractères principaux........................ *Ib.*

Genre Coua (Cuv.; *Coccyzus* , Vieill. , Temm.; *Cuculus* , Briss., Lin., Lath.)............ 331

Caractères principaux........................ *Ib.*
Caractères accessoires........................ *Ib.*

Espèce. — Le Coua noir et blanc, *Coccyzus pisanus* (pl. 4, fig. 2). 332

Genre Coucal (*Centropus* , Cuv. , Temm.; *Corydonyx* , Vieill.; *Cuculus* , Briss. , Lin , Lath.).............................. 333

Caractères principaux........................ *Ib.*
Caractères accessoires........................ *Ib.*

Espèce. — Coucal houhou , *Centropus Ægyptius* (pl. 4 , fig. 1). 334

ORDRE III. Passereaux, *Passeres*...................... 336

Caractères principaux........................ *Ib.*

Genre Hirondelle (*Hirundo* , Cuv. , Vieill. , Temm. , Briss., Lin. , Lath.)........... 337

Caractères principaux........................ *Ib.*
Caractères accessoires........................ 338

Espèce. — Hirondelle de Riocourt, *Hirundo Riocourii* (pl. 4 , fig. 4)............... 339

Genre Goéland *ou* Mouette (*Larus* , Cuv. , Vieill. , Temm. , Briss. , Lin. , Lath.).... 340

Caractères principaux........................ *Ib*
Caractères accessoires........................ *Ib*

TABLE DES MATIÈRES.

Pages.

Espèce — La Mouette de Dorbigny, *Larus Dorbignyi* (pl. 9, fig. 3). 341

Genre Merle (*Turdus*, Cuv., Vieill., Temm., Lin., Lath., Briss.).................. 342
Caractères principaux...................... *Ib.*
Caractères accessoires..................... 343
 Espèce. — Merle de roche, *Turdus saxatilis* (pl. 13, fig. 1). 344

Genre Traquet (*Saxicola*, Cuv., Temm.; *OEnanthe*, Vieill.; *Motacilla*, Lin.; *Sylvia*, Lath., Briss.).................. 346
Caractères principaux...................... *Ib.*
Caractères accessoires..................... *Ib.*
 Espèce. — Le Traquet coureur, *Saxicola cursoria* (pl. 5, fig. 1)... 347

Genre Fauvette (*Curruca*, Cuv., Briss.; *Sylvia*, Vieill., Temm., Lath.; *Motacilla*, Lin.)...................................... 348
Caractères principaux...................... *Ib.*
Caractères accessoires..................... *Ib.*
 Espèces. — La Fauvette grisette, *Sylvia cinerea* (pl. 5, fig. 2)... 349
 La Fauvette babillarde, *Sylvia Curruca* (pl. 5, fig. 3) 351
 La Fauvette pinc-pinc, *Sylvia textrix* (pl. 5, fig. 4).... 352
 La Fauvette locustelle, *Sylvia locustella* (pl. 13, fig. 3). 354
 La Fauvette des joncs, *Sylvia schœnobænus* (pl. 13, fig. 4)................ 355

Genre Roitelet ou Pouillot (*Regulus*, Cuv., Vieill.; *Sylvia*, Temm., Lath.; *Motacilla*, Lin.; *Asilus*, Briss.).................. 356
Caractères principaux...................... *Ib.*
 Espèce. — Le Pouillot à ventre jaune, *Sylvia trochilus* (pl. 13, fig. 2)................ 357

TABLE DES MATIÈRES. 453

Pages.

Genre Pipi (*Anthus*, Cuv., Vieill., Temm.;
Alauda, Briss., Lin., Lath.).......... 358
Caractères principaux....................... *Ib.*
Caractères accessoires...................... 359

Espèces. — Le Pipi de Coutelle, *Anthus
Coutellii* (pl. 5, fig. 5)... 360
Le Pipi de Cécile, *Anthus
Cecilii* (pl. 5, fig. 6).... *Ib.*
Le Pipi des arbres, *Anthus
arboreus* (pl. 13, fig. 5). 361

Genre Alouette (*Alauda*, Cuv., Vieill.,
Temm., Lin., Lath.; *Passer*, Briss.)..... 363
Caractères principaux....................... *Ib.*
Caractères accessoires...................... *Ib.*

Espèce. — Le Cochevis, *Alauda cristata* (pl. 13, fig. 6)...... 364

Genre Fringille (*Fringilla*, Cuv., Vieill.,
Temm., Lin., Lath.)................ 365
Caractères principaux....................... *Ib.*
Caractères accessoires...................... 366

Espèce. — Le Moineau Cisalpin, *Fringilla Cisalpina* (pl. 5, fig. 7)........ 367

Genre Bouvreuil (*Pyrrhula*, Cuv., Vieill.,
Temm., Briss.; *Loxia*, Lin., Lath.)...... 368
Caractères principaux....................... *Ib.*
Caractères accessoires...................... *Ib.*

Espèce. — Le Bouvreuil de Payraudeau,
PyrrhulaPayraudœi(pl. 5,
fig. 8)................ 369

Genre Guêpier (*Merops*, Cuv., Vieill.;
Temm., Lin., Lath.; *Apiaster*, Briss.)... 370
Caractères principaux....................... *Ib.*
Caractères accessoires...................... *Ib.*

Espèce. — Le Guêpier Savigny, *Merops
Savignyi* (pl. 4, fig. 3)... 371

Ordre IV. Passérigalles, *Passerigalli* (les Pigeons).......... 373
Caractères principaux....................... *Ib.*

TABLE DES MATIÈRES.

	Pages.
Caractères accessoires.....................	373
Genre Pigeon (*Columba*, Cuv., Vieill., Temm., Briss., Lin., Lath.)............	374
Caractères principaux.....................	*Ib.*
Caractères accessoires.....................	*Ib.*
Espèces. — Le Pigeon colombin ou de roche, *Columba œnas* (pl. 13, fig. 7)........	375
Colombe maillée, *Columba cambayensis* (pl. 5, fig. 9).	376

Ordre V. Échassiers, *Grallatores*....................... 378
    Caractères principaux..................... *Ib.*

Genre Pluvier (*Charadrius*, Cuv., Vieill., Temm., Lin., Lath.; *Pluvialis*, Briss.)...	381
Caractères principaux.....................	*Ib.*
Caractères accessoires.....................	382
Espèces. — Le Pluvier à aigrettes, *Charadrius spinosus*, (pl. 6, fig. 3)................	383
Le Pluvian, *Charadrius melanocephalus* (pl. 6, fig. 4).	384
Le grand Pluvier à collier, *Charadrius hiaticula* (pl. 14, fig. 1)................	385

Genre Vanneau (*Vanellus*, Vieill., Temm., Briss.; *Tringa*, Cuv., Lath.; *Tringa* et *Parra*, Lin.).....................	387
Caractères principaux.....................	*Ib.*
Caractères accessoires.....................	*Ib.*
Espèce. — Vanneau de Villoteau, *Vanellus Villotæi* (pl. 6, fig. 2)................	388

Genre Héron (*Ardea*, Cuv., Vieill., Temm., Briss., Lin., Lath.)..................	389
Caractères principaux.....................	*Ib.*
Caractères accessoires.....................	390
Espèce. — Le Héron garde-bœuf, *Ardea bubulcus* (pl. 8, fig. 1).	391

TABLE DES MATIÈRES. 455

Pages.

Genre Ibis (*Ibis*, Cuv., Sav., Vieill., Temm.;
 Numenius, Briss.; *Tantalus*, Lin., Lath.).   392
 Caractères principaux......................   *Ib.*
 Caractères accessoires......................   393
  Espèces. — L'Ibis blanc, *Ibis religiosa*
   (pl. 7, fig. 1)..........   397
   L'Ibis noir, *Ibis falcinellus*
   (pl. 7, fig. 2)..........   401

Genre Rhynchée (*Rhynchœa*, Cuv., Vieill.,
 Temm.; *Scolopax*, Briss., Lin., Lath.)...   403
 Caractères principaux......................   *Ib.*
 Caractères accessoires......................   *Ib.*
  Espèce. — Le Rhynchée du cap de Bonne-
   Espérance, *Rhynchœa Ca-
   pensis* (pl. 14, fig. 4)....   404

Genre Chevalier (*Totanus*, Vieill., Temm.,
 Briss., Cuv.; *Tringa*, Lin., Lath.).......   405
 Caractères principaux......................   *Ib.*
 Caractères accessoires......................   406
  Espèces. — Le Chevalier gambette, *To-
   tanus calidris* (pl. 6,
   fig. 1)................   407
   Le Chevalier aux pieds verts,
   Tatanus glottis (pl. 14,
   fig. 3)................   409
   Le Chevalier sylvain, *To-
   tanus glareolus* (pl. 14,
   fig. 2)................   411

Ordre VI. Palmipèdes, *Palmipedes*......................   413
 Caractères principaux......................   *Ib.*

Genre Sterne *ou* Hirondelle de mer (*Sterna*,
 Cuvier, Vieill., Temm., Brisson, Lin.,
 Lath.).....................................   415
 Caractères principaux......................   *Ib.*
 Caractères accessoires......................   *Ib.*
  Espèces. — Hirondelle de mer, *Ische-
   grava Sterna caspia*.....   416

TABLE DES MATIÈRES.

	Pages.
L'Hirondelle de mer Hansel, *Sterna aranea* (pl. 9, fig. 2)................	418
Genre Cormoran (*Phalacrocorax*, Cuv., Briss.; *Hydrocorax*, Vieill.; *Carbo*, Temm.; *Pelecanus*, Lin., Lath.)........	419
Caractères principaux......................	*Ib.*
Caractères accessoires......................	420
Espèce. — Le Cormoran d'Afrique, *Phalacrocorax Africanus* (pl. 8, fig. 2).	420
Genre Canard (*Anas*, Cuv., Vieill., Temm., Briss., Lin., Lath.)..................	422
Caractères principaux......................	*Ib.*
Caractères accessoires......................	*Ib.*
Espèces. — Le Canard casarca, *Anas casarca* (pl. 10, fig. 1)..	423
Le Canard à tête blanche, *Anas leucocephala* (pl. 10, fig. 2)................	425
Table des espèces d'Oiseaux dans l'ordre des planches de l'ouvrage......................................	428
EXTRAIT de l'Histoire naturelle et mythologique de l'*Ibis*, par M. J.-C. Savigny...............................	431
Description de l'Ibis blanc.......................	*Ib.*
De l'Ibis noir...............................	438

FIN DE LA TABLE.

TRADUCTION
DES CLASSIQUES LATINS

AVEC LE TEXTE EN REGARD

BIBLIOTHÈQUE LATINE-FRANÇAISE

PUBLIÉE SOUS LES AUSPICES

DE S. A. R. MONSIEUR LE DAUPHIN.

C. L. F. PANCKOUCKE, ÉDITEUR.

Toute l'édition est imprimée in-octavo *sur papier très-beau, fin et satiné, avec des caractères neufs de Firmin Didot.*

VOLUMES PUBLIÉS

VELLEIUS PATERCULUS, 1 vol.; trad. nouv. par M. DESPRÉS, ancien conseiller de l'Université.

SATIRES DE JUVÉNAL, 2 vol.; traduction de Dusaulx, revue par M. J. PIERROT. (Près des deux tiers de cet ouvrage ont été traduits de nouveau.)

LETTRES DE PLINE LE JEUNE, 2ᵉ volume; traduction de De Sacy, revue et corrigée par M. Jules PIERROT.

FLORUS, 1 vol.; traduct. nouvelle par M. RAGON, professeur d'histoire au collège royal de Bourbon, avec une Notice par M. VILLEMAIN.

CORNELIUS NEPOS, 1 vol.; tr. nouv. par MM. DE CALONNE et POMMIER.

JUSTIN, 1ᵉʳ vol.; traduct. nouvelle par MM. J. PIERROT et BOITARD, avec une Notice par M. LAYA.

VALÈRE MAXIME, tomes 1 et 2; trad. nouv. par M. FRÉMION, professeur au collège royal de Charlemagne.

CÉSAR, 2ᵉ vol.; traduct. nouvelle par M. ARTAUD, professeur au collège royal de Louis-le-Grand, avec une Notice par M. LAYA.

QUINTE-CURCE, 1ᵉʳ vol.; traduction nouvelle par MM. Auguste et Alphonse TROGNON.

Le prix de chaque volume est de SEPT francs.

Il paraîtra dix à douze volumes par an. Ainsi les Souscripteurs de toute cette belle et unique Collection ne s'engageront qu'à une dépense d'à peu près SIX FR. *par mois.*

ON PEUT ACQUÉRIR CHAQUE AUTEUR SÉPARÉMENT.

Il a été tiré cinquante exemplaires sur papier Cavalier, grand format, Montgolfier superfin. Cette Collection, de grand format, fait suite aux Classiques français publiés par M. Lefèvre. Le prix est de QUATORZE francs chaque volume. — On doit adresser les demandes à M. C. L. F. PANCKOUCKE, éditeur, rue des Poitevins, n. 14, et chez tous les libraires de la France et de l'étranger. — On ne paie rien d'avance.

www.ingramcontent.com/pod-product-compliance
Lightning Source LLC
Chambersburg PA
CBHW070212240426
43671CB00007B/624